# 2019 香港風暴

U0031037

《端傳媒》
反修例運動
報導精選

# STORM IN HONG KONG 2019

# 目次

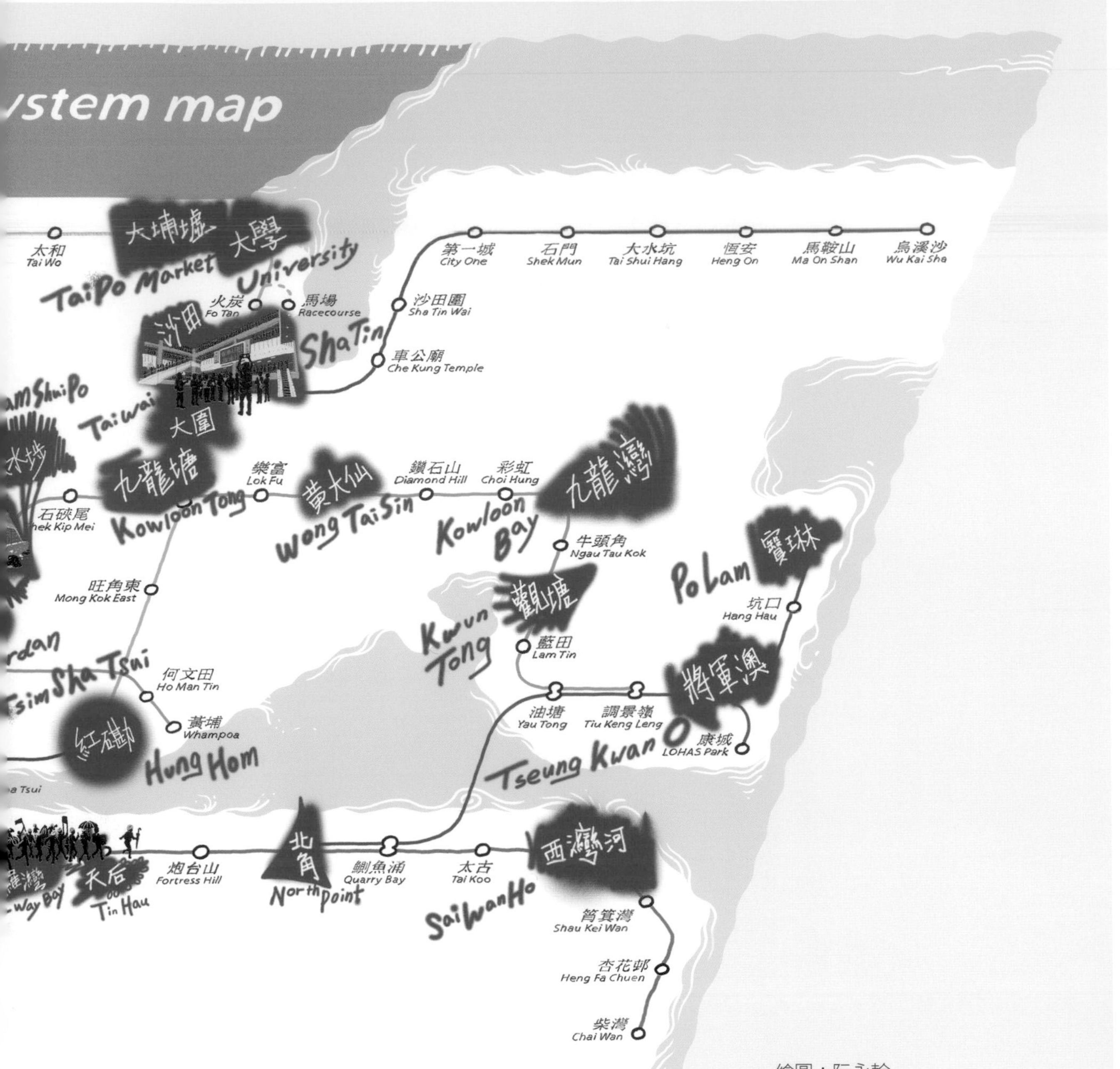


» 繪圖：阮永翰

7.28 港島遊行，警方反對後演成衝突。@上環、西營盤

7.29 國務院港澳辦首次就香港問題舉辦記者會。

8.2 公務員集會聲援反修例運動。@中環

8.3 旺角遊行，黃大仙街坊抗議、包圍警車。@旺角、紅磡、黃大仙

8.4 將軍澳遊行、港島西集會。@將軍澳、上環、西營盤、銅鑼灣、紅磡

8.5 全港大罷工。

8.9 「萬人接機」機場集會。@機場

8.10 大埔墟遊行，警方反對後演成衝突。@大埔墟

8.10 紅隧口、沙田、大圍、尖沙咀、九龍灣和荃灣多地警民衝突。@紅磡、沙田、大圍、尖沙咀、九龍灣、荃灣

8.11 深水埗、港島東遊行，多區快閃，一名急救員疑遭警察彈藥打瞎右眼。@尖沙咀、荃灣、北角、銅鑼灣、葵芳

8.11 機場集會中《環球時報》記者及一名大陸輔警被禁錮。@機場

8.19 示威者通過眾籌買下多國報紙廣告，宣傳抗爭理念。

8.21 一名廣東電視臺記者在記者會上被指拍攝其他記者照片，發生衝突。

8.21 國泰港龍空勤人員協會主席施安娜遭解僱。

8.23 示威者發起「香港之路」人鏈行動。

8.25 荃葵青遊行，水炮車首次出動，一傳道人擋在持槍警員面前，被警察踢倒。@荃灣

8.28 反送中 #metoo 集會。@中環

8.30 警方發動大搜捕，多位社運人士及立法會議員被捕。

8.31 太子站警察擊攻擊市民。@太子

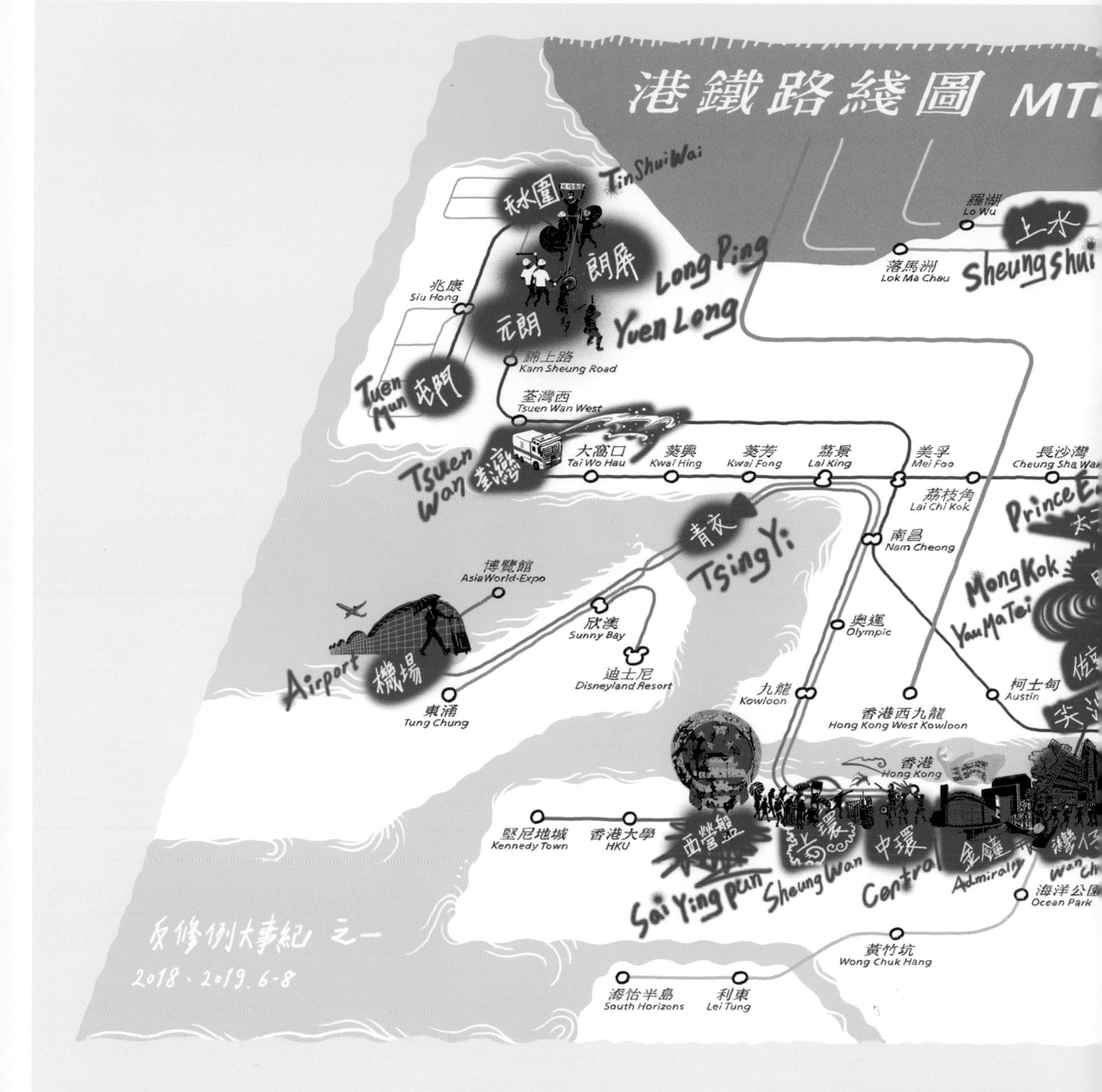


## 2018

2.17 香港女子潘曉穎在臺灣疑遭男友陳同佳殺害。

## 2019

3.29 港府公布《逃犯條例》修訂草案。

4.3 修例草案於立法會首讀。

6.6 法律界黑衣靜默遊行。

6.9 反修例百萬人大遊行。@ 天后～金鐘

6.12 民眾聚集立法會外，警方施放催淚彈驅散。@ 金鐘政府總部

6.15 林鄭月娥宣布暫緩修例。

6.15 市民梁凌杰墜樓身亡。@ 金鐘

6.16 反修例二百萬人大遊行。@ 天后～金鐘

6.18 林鄭月娥召開記者會致歉，但未回應五大訴求。

6.21 示威者包圍警察總部十二小時。

6.26 示威者向十九國駐港使館請願。

6.30 建制派舉行撐警集會。@ 金鐘政府總部

7.1 反修例遊行後示威者占領立法會。@ 金鐘立法會

7.6 「光復屯門公園」遊行。@ 屯門

7.7 九龍區遊行。@ 尖沙咀～旺角

7.8 何韻詩赴聯合國人權理事會發言。

7.9 港府宣布草案「壽終正寢」。

7.13 「光復上水」遊行。@ 上水

7.14 沙田商場警民衝突。@ 沙田

7.21 上環警民衝突，示威者塗汙中聯辦外國徽。@ 西營盤中聯辦

7.21 元朗襲擊事件。@ 元朗

7.26 抗議者機場集會。@ 機場

7.27 「光復元朗」遊行，警方反對後演成衝突。@ 元朗

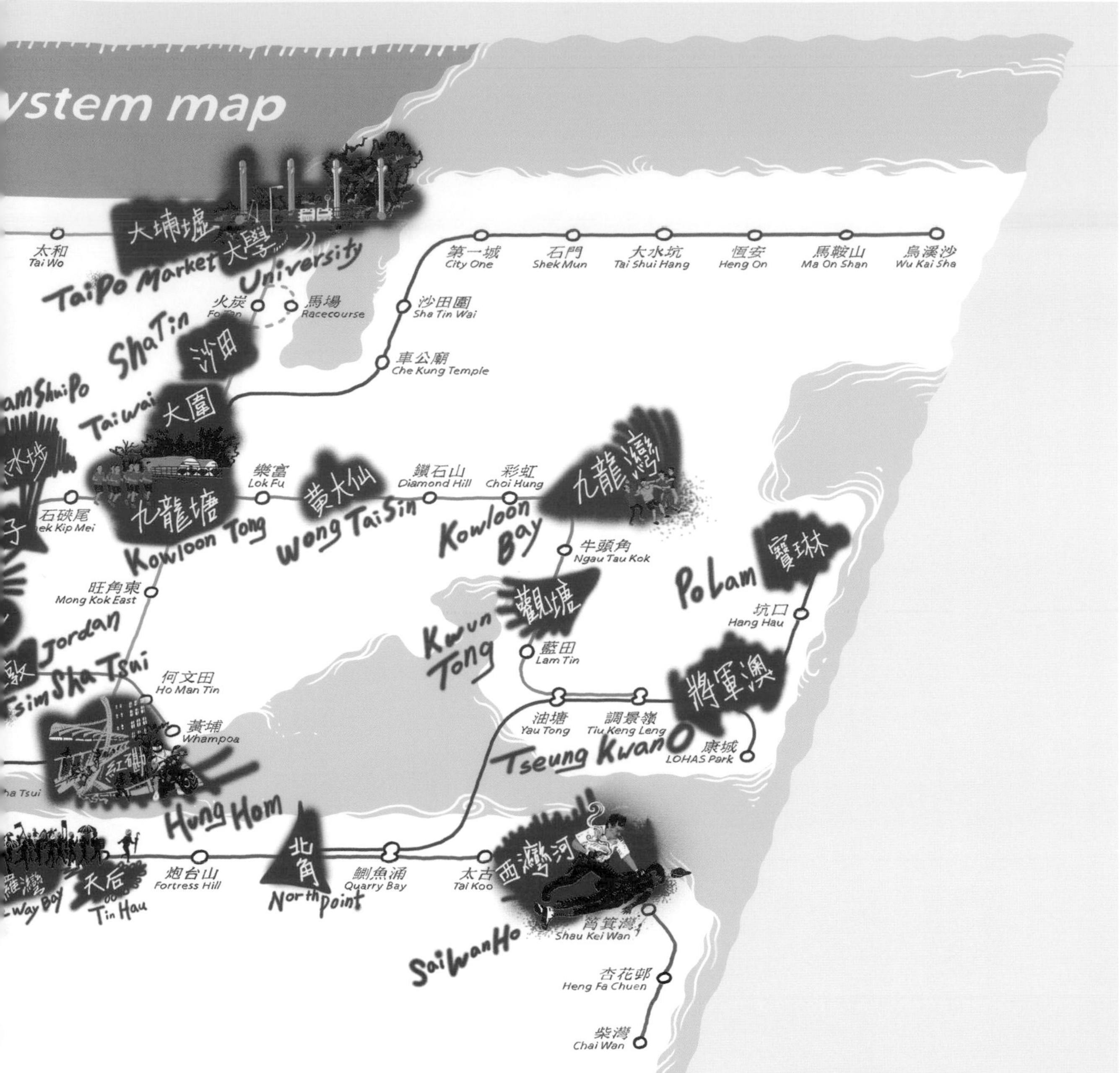


» 繪圖：阮永翰

10.13 示威者發起「十八區開花」行動，多處警民衝突。

10.14 香港人權民主法案集氣大會。@ 中環

10.16 美國眾議院通過《香港人權與民主法案》。

10.20 多區示威，警方水炮車射擊清真寺。@ 尖沙咀

10.23 陳同佳洗黑錢罪刑滿出獄。

11.2 逾百位民主派區議會候選人舉辦集會。@ 天后

11.4 香港科技大學學生周梓樂於將軍澳警民衝突期間墜樓，至 11.08 不治 @ 將軍澳

11.5 習近平在上海會見林鄭月娥，稱「中央高度信任」

11.7 中文大學、科技大學畢業典禮，學生抗議。@ 大學、坑口科技大學

11.11 示威者在全港突擊堵路及癱瘓交通；抗議青年周柏均遭員警以實彈射擊。@ 西灣河

11.11 有一名男子被澆液體及點火，致重傷。@ 馬鞍山

11.11 ~ 12 警方在中文大學校園與示威者爆發激烈衝突。@ 大學

11.13 一名七十歲清潔工在衝突中遭磚頭砸中頭部，多日後不治身亡 @ 上水

11.13 警方包圍理工大學，有示威者被困在校園內超過兩週。@ 紅磡

11.16 解放軍「自發性」出營外清理道路。@ 九龍塘

11.22 美國《香港人權與民主法案》通過，總統於 11.27 簽字立法。

11. 24 區議會選舉，民主派獲得 86% 席次，獲空前勝利。

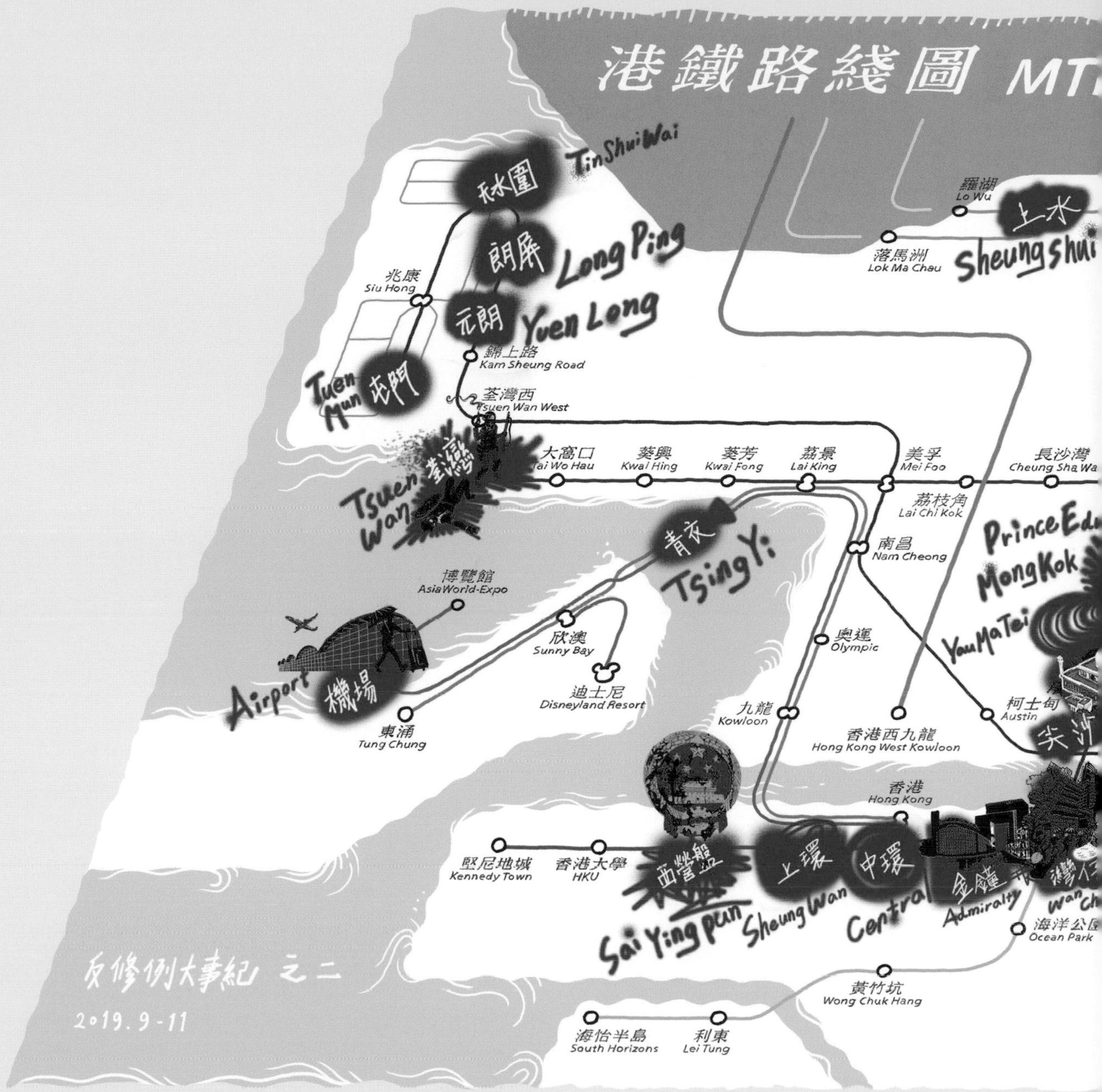


## 2019

9.1 示威者前往機場抗議，大量市民開車義載示威者撤離。@ 機場

9.1 港鐵大圍、寶琳、觀塘站，西鐵屯門、天水圍站都發生警民衝突。@ 大圍、寶琳、觀塘、屯門、天水圍

9.2 開學日罷課集會、罷工集會。

9.4 林鄭月娥宣布正式撤回修例。

9.6 惠譽國際二十四年來首度下調香港評級，展望評級為「負面」。

9.9 中學生組人鏈聲援反修例。

9.10 〈願榮光歸香港〉開始流行。

9.14 不同陣營人士在淘大商場互毆。@ 九龍灣

9.17 黃之鋒、何韻詩等赴美出席《香港人權與民主法案》聽證會。

9.22 示威者發起罷買商場，及癱瘓交通系統的不合作行動。

9.26 特首首場社區對話。@ 灣仔

9.28 「9.28 反抗威權　迎接黎明」傘運五週年集會。@ 金鐘政府總部

9.29 「929 全球反極權大遊行」，何韻詩在台灣遭潑漆。

9.29 一名印尼女記者遭警員擊中右眼。@ 灣仔

10.1 「十一國殤六區開花」集會、荃灣槍擊事件。@ 荃灣、屯門、深水埗、灣仔、黃大仙、沙田、油麻地

10.4 林鄭宣布引用《緊急法》訂立《禁止蒙面規例》。

10.5 《禁止蒙面規例》生效，全港陷入騷亂。

10.11 中大校長段崇智與學生公開對話。@ 大學

# 【推薦序】記錄一座抗爭城邦的誕生

——吳介民

香港示範了何謂抵抗。

香港原本不是一個「抗爭社會」，香港早有繁盛的公民組織，但政治抗爭性格不強，不像台灣的公民社會，是誕生於民間對抗威權黨國。但二〇〇三年以後的香港，政治性抗爭行動愈來愈多。二〇一二年高中生挺身反對「愛國教育」，青年人反抗意識開始發酵。二〇一三到一四年的「占中運動」爭取真普選，最後由大學生組織「學聯」接手領導。二〇一六年春節旺角「魚蛋革命」，由激進本土派主導。二〇一九年六月爆發，至今仍在蔓延的「反送中」（反修例運動），則是由青少年在街頭前線衝撞、前仆後繼抵禦重裝鎮暴警力。這一波又一波的抵抗行動，堆疊成一座抗爭城邦的史詩。說來詭譎，作為一個全球金融中心的超級城市，竟然在短短幾年變成世界矚目的「暴動嫌犯製造所」，逮捕成為日常，控罪成為日常。在煙硝烽火中，香港的金融地位卻仍屹立不搖，與日常抵抗比肩共存，而創造出另外一番奇景。在台灣，不少人知道香港今天的抗爭，是因為主權回歸後，自由與法治慢慢被侵蝕，北京踐踏了一國兩制的承諾，港人退無可退，終而奮起。就在這幾年，香港抵抗者的手段愈來愈直接而激烈，意志愈來愈堅定，犧牲也愈來愈巨大，而凸顯出港府與中國的傲慢與連串誤判。

然而，香港人抵抗中國新殖民統治，有一段蜿蜒曲折的歷程，有其自發的生命節奏。激進化只是局部面貌，本土主義歷經多重蛻變，故事複雜而曲折。首先，是無大台的組織形式。在占中運動時，由於運動陷於頓挫，進退失據，因此「大台」（指揮中心）成為眾矢之的。反送中運動最大特色則是「無大台」，但無大台並非抗爭行動沒有組織協調，相反的，這是組織的去中心化，行動策略在「連登討論區」上激盪，數以千計的 Telegram 群組協調行動，巨量而充滿創意的電子文宣在網路上流竄。此波運動把所謂社會運動「水平組織」發揮得淋漓盡致。

「勇武」和「和理非」的有機分工，是另一特色。

在之前，勇武和本土高度重疊，並被賦予某種「不理性過激」色彩。而在勇武眼中，和理非不過是儀式化的抗爭，根本動搖不了中共管控。但在反送中運動中，漫無節制的警黑高壓，使得勇武獲得多數香港人的認受，因為勇武搭配和理非才能有效動員，學界的街頭問卷調查也顯示了此種行動組合的正當性。以和平手段支援前線勇武抗爭的團體非常多，例如社工、護士、中小學教師、乃至義載接送、解圍營救，如同親人的「家長們」，在台灣尤其少見。我們在其中看到令人驚嘆的創意，還有合作無間的社會團結。即使歷經高張力與撕裂性的「中大保衛戰」和「理大圍城」，不割席、不分化的原則基本上還是守住了。

「攬炒」是另一個新創概念，意味著勇武對抗，與對手玉石俱焚，同歸於盡，抱著你一起燒死。也就是，當體悟到，無論你如何抗爭，對手都無所謂，麻木不仁，都不做出根本讓步，你只剩攬炒這個手段。攬炒就是自我燃燒，抗爭者把自己「工具化」，用肉身對抗一整個帝國。我們可以想像香港青年人的悲壯，意志的堅定。台灣自一九九〇年以降的世代，並沒有像上一代付出生命在對抗獨裁專制，因此，要體會香港人的自我燃燒，並不容易。然而，正因為今天台灣與香港唇齒相依的關係，我們更需要用心體會香港年輕人把遺書背在身上進行抵抗的心情。

在中國拿回主權後，香港原本誇張的貧富懸殊並無改善，相反的，中國資本大舉進入後，房地產更加飆漲，擠壓小商店生存空間。在此波抗爭，不少大資本連鎖企業表態撐警，反反送中，引起港人義憤抵制。同時，「黃色經濟圈」被提出來，倡導抗爭者履行「消費者責任」，只光顧支持運動的商家，要打造抗爭的物質經濟基礎，將抗爭融入日常生活。看似某種經濟烏托邦的想像，香港人真的幹起來。

以上所提只是無比複雜豐富的香港抵抗運動的幾個身影，香港這次是「全社會動員」，總體支援系統也反映了某種上一代對下一代虧欠補償的心理。經過這翻天覆地的動員，集體政治認同正在快速凝結，根據民意調查，香港人認同在量上面急速增加，但更重要的是質的轉化。香港人的自豪感在形成，自信心正在茁壯，如果香港運動的力道之強，可以挑動美中關係（如同台灣的太陽花運動可以中斷國共合作平台，打亂習近平兼併台灣的路線圖），那麼為何不能想像未來香港獲得普選權，獲得真正的自治（甚至自由政治地位）。當然，在可見而立即的未來，中國政府對香港的壓制絕不會手軟，但是誰知道在那較為遙遠（超過習近平這代統治者的生理極限）的未來，中國會怎樣？

撐下去，就是希望。

《二〇一九香港風暴》這本合輯為這段歷史留下紀錄。端傳媒在華語世界，是比較特別的組合，它集合了港、台、中的記者與編輯，是個「跨界媒體」。這本書，不僅展示端的新聞品質，更因為它的跨界特色，使得讀者能夠閱讀到在目前的中港關係中，如總編輯李志德所說的「夾在中間的大陸人的痛苦」。如同我認識的一些中國自由派的朋友，這些年中國急遽法西斯化，在收買與監控下，要爭取發言空間格外辛苦，因此，這三邊公民社會的自由對話也就更為珍貴。

二〇一九是台灣的選舉年，香港的鎮壓和抵抗，催化了台灣青年世代的「亡國感」。「今日香港，明日台灣」成為警示格言。這段期間，香港是作為被一國兩制踐踏的「意義重大的他者」（在此我遵循米德〔George Herbert Mead〕的原創定義）而被我們關注。我知道這是台灣人（作為愛國者的台灣人）在集體情緒上的必然。但只有這樣遠遠不夠。香港抗爭者，作為台灣人的「手足」，對台灣總統選舉的期許，既反映了她／他們嚮往自由民主的心情，也反映了抵抗極權的策略思維——台灣失守，香港也就失去了抵抗的腹地。

因而，台灣對香港的持續支持，在二〇二〇年元月大選之後，才是真正的考驗。

（本文作者為中央研究院社會學研究所研究員）

# 【總編輯序】必須為香港留下這一頁歷史

——李志德

我只能從眼角瞥到，那是個黑衣人。幾分之一秒，他從我身後竄出來，一個點燃著的燃燒瓶從他手上甩出來，飛過四分之三個彌敦道寬，在暗黑的天空劃下一道火光。在瓶子落地，火苗在幾名警察身後地上炸開之前，黑衣人已經消失。又驚又怒的警察一轉身，槍口對著的只剩我及五、六位裝束正常的路人——其中一位還拖著行李箱。

我慢慢地舉起雙手，攤開手掌，示意我沒有武器，亮白色背心上印的「PRESS」說明了我的身分。我沒有太緊張，因為一般情況下，警察會先看清目標才開槍。我當然不會是目標，除非他覺得無意間當了火魔法師的掩護也該同罪。

槍口對著我們左右擺動了幾下，我們懂那槍口要說什麼：「行開！快啲走！」（走開，快離開。）但我們不敢背對著警察往前走，而是退進了一棟大樓的入口樓梯間，一個半人寬的空間，連接斜斜往上的樓梯。我們六、七個人暫避在這個小空間裡往外看，一隊警察從我們收窄的視界裡快跑而過，不知道是不是追捕那位黑衣人。我們呼吸著彼此的氣息，你呼我吸，聞到的都是恐懼。

二〇一九年十月一日下午，彌敦道沿路店鋪大半關門，還有少部分遭到「裝修」。鐵門上貼著各種抗議文宣。「光復香港 時代革命」、「黑警死全家」這些口號，被黑色油漆噴在地面、牆面、柱子和安全島上。路面上處處是磚頭、石塊、鐵柵、竹竿、小巴站牌和各種雜物。我踩著抗議者撒下的溪錢（祭祀的紙錢）走過人行道，通過濾罐吸進的空氣仍然刺鼻。這時看到手機裡的訊息：在荃灣，一位抗議少年遭警察開槍擊中胸口。

港鐵在市區的站全面關閉，彌敦道上處處都可以見到在招計程車的人。我耳邊響起剛才在樓梯間裡，拖著行李的大叔的問話：「有誰知道可以怎麼去機場？」

上頭這一幕，是香港二〇一九下半年延續不斷抗議和衝突的某一個瞬間，從六月中以來，一個一個瞬間串成了這一代香港人從未經歷的日常。然而這些暴力對抗哪怕再激烈，都只是表象。反修例運動深層的內裡，既是一九八〇年代當年無份參與香港前途決定的「第三隻腳」的延遲回應；又是「二〇四七焦慮」的提早爆發。

一九八〇年代，中英開始對香港前途展開談判，中國已故領導人鄧小平一九八四年中接見鍾士元等三位香港立法局議員時，明確地說「過去所謂『三腳凳』，沒有三腳，只有兩腳」。所謂的「兩腳」，是中、英兩國政府；第三隻腳，則是所有香港市民。真正的持份者，在決定香港前途的關鍵時間點上，沒有發言權。

究竟怎麼樣的政府、怎麼樣的制度，才是香港人要的？從一九九七年以來，這個本質性的問題以不同的變體出現，而最接近核心的一次，應該就是雨傘運動——具體要求特首、立法會議員雙普選的落實方式。但最終仍然一無所得。

占中九子罪成（有罪確定）之後四十五天，就爆發了反修例百萬人大遊行，包含「雙真普選」的五大訴求，七月一日就搬上檯面。如今回望，恍然大悟，兩次運動表現形式差異極大，但驅動它們的就是同一股力量，雨傘運動和反修例必須連在一起看，始得全貌。而這全貌，就是一場民權運動。

鄧小平一句「五十年不變」，化為《中英聯合聲明》和《香港基本法》的承諾，但承諾時間還沒過半，香港人已經活在「二〇四七恐怕面目全非」的恐懼裡，屢仆屢起的民權運動，爭取的是讓人更安心、確定，並且能真正保障香港核心價值的未來。

反對《逃犯條例》修訂的聲浪在短短時間裡蔓延開來，而且感染力遠遠強過香港政府此前諸如DQ（取消資格）議員、DQ反對派人士參選資格等等出格行徑。主要原因就是它侵犯了香港得以立足世界的核心：自由、公平、法治和信譽可靠的經商環境。儘管香港政府之後回應商界的疑慮修了條文，但已經造成的傷害，和民權運動相互激盪，最終從一宗看似普通的殺人案，演成香港近半世紀以來最大的變局。

《二〇一九香港風暴》這本合輯，收錄了反修例運動裡各種面向，特別是「人」的深度報導：參與罷工的市民、前線牧師、陣地社工、港漂大陸人、勇武派青年……等等。除了盡可能以不同的面孔豐富運動不同的面向外，真正的考驗，來自這場運動裡許許多多前所未見的課題，它們嚴厲拷問著新聞工作者以往習以為常，卻不一定深刻思辨過的成規套路，以及它們之間的矛盾。

媒體該怎麼面對公權力的暴行？警察暴力和示威者的暴力應該等量齊觀嗎？「為什麼都不譴責示威者？」「端傳媒是黃媒！」自反修例運動以來，這樣的質疑和論斷無時無刻不在考驗編輯部。做為編輯部負最終成敗責任的人，我願意這麼說：這是一份沒有滿分答案的試卷，我們只能在有限的人力條件下，踩住一個價值基點，「做得幾多係幾多」，實踐多少算多少。

不可否認，即使是一場立意高尚的民權運動，也不可能面面盡善盡美，特別到了市民以暴力與體制及不同政見者對抗時，勢必江河與泥沙俱下。對於示威者個別的暴力事件，例如對「藍絲」（立場親政府者）、「中資」店鋪的打砸，對親政府人士的暴力相向，乃至於被稱為「火魔法」的燃燒彈攻擊。這些行為，自然有現行的法治流程處理。端傳媒沒有一篇報導或評論倡議「暴力無罪」，但與其對個別案件著墨、「譴責」，端傳媒寧願將篇幅集中在討論示威者的「暴力現象」背後的深層因素。

即便不用「抗暴之戰」這樣帶有正面價值的形容詞，都仍然必須承認反修例中的暴力行為與一般的暴力犯罪不是同一件事。在香港，這尤其是一個值得反覆探討、深究的課題。因為不過就在五年前的雨傘運動裡，「和理非非」（和平、理性、非暴力、非粗口）仍然是抗爭群體的鐵律。暴力手段不是沒有，但效果往往是導致抗爭群體相互指責、分崩離析。

但到了反修例運動，逐次升高的暴力不僅被容忍，而且在「不割席」、「不指責」的原則下，與「和理非」形成堅不可摧的協作關係。這在香港民權運動的歷史上堪稱僅見。部分示威者策動的暴力行為當然符合某種「犯罪行為」的構成條件，只把它當作單純的「犯罪事件」，事實上是迴避了問題的根源。它應該得到更嚴肅的看待，更深刻的思辨，這也正正是端傳媒編輯部報導、評論這些「暴力行為」的基本理念。

但另一方面，端傳媒對香港政府，特別是香港警察的過度，甚至涉嫌非法使用武力不能容忍。無數流傳在網路上，或者記者現場所見，甚至親身經歷的警察暴行，再三提醒傳媒工作者，香港面對的不是個別失控的警務人員，而是整個管治系統的失靈。

例如反修例抗議行動中，不只一次出現警察直接槍擊示威者。一般情況，這類案件一旦發生，立即就會啟動調查，開槍員警也可能被暫時停職，或者調內勤職務靜候調查。但反修例中見到的情況是，警隊最高層都在極短時間內公開表態，力挺開槍警察。在這樣的情況下，後續的內部調查還有什麼意義？更不要提內情更複雜的「七二一元朗」、「八三一太子站」等警察疑似涉及瀆職的大案件。特首林鄭月娥堅持力挺的正規機制「監警會」，則是在二〇一九年結束前，連一份調查報告都沒有，為本案特別邀來的外國專家集體辭職，更凸顯監警會是無牙老虎。

更有甚者，港警組織公然犯上的言論，愈發政治化的姿態，暴露的問題是香港恐怕連民主體制的基石——「文人領軍（警）」都響起了警鈴。在這本書裡，「警暴之殤」是唯一用了兩個單元的規畫，反映的是我們深切的憂慮。警察固然是合法暴力使用群體，但放任的權力必定越界，缺少監察執法人員會跟從「路西法效應」，這是今時今日香港的現況。在這種情況下的所謂「合法使用暴力」，只是一塊遮羞布，傳媒不掀開這個藏汙納垢的角落，不但是失職，更是共犯。

監督政府，是民主開放體制下的媒體最重要的使命之一。對於「公平」，有一種過度簡化的標準：「各打五十大板」。我們不同意這樣的態度，政府的暴力和抗議者「做為一種抗議現象的暴力」，各有脈絡，不該放在同一桿秤上，而是該放回各自生成的脈絡來評價。這是端傳媒堅持踩住的價值基點，不管是香港民權運動、中國維權事件，或者臺灣各種少數群體爭取自身權益，端傳媒自始至終標準齊一。

這本書收錄的，是自二〇一九年六月初反修例運動開始後，端傳媒報導和評論的精選，收錄的文章大多經過重編，主要是納入事件最新發展，例如「七二一」、「八三一」事件的報導，原文刊發的時間是事件發生後不久，但書中收錄的報導，則增補、更新了這些事件到二〇一九年年底的最新發展。

反修例運動走過了大半個二〇一九年，端傳媒的記者，特別是香港本地的文字、攝影同事，無日無夜地在這場變局的最前線奮戰。端傳媒自二〇一五年創立以來，帶著打造「華文閱讀共同體」的初衷，聚焦關注兩岸四地和世界華人時政新聞。香港反修例運動既是因為這個意義而應該獲高度關注，更加上香港是端傳媒立足扎根之地。細細密密地記下這場運動的一筆一畫，既是身為記者的責任，也是同事們為反饋自己生於斯、長於斯的家鄉的義之所在。

生於亂世的傳媒，有種責任，必須為香港留下這一頁歷史。

（本文作者為端傳媒總編輯）

序篇

# 風暴之前

「烈日和高溫下，七十五歲的朱耀明，雙腳踩上鐵馬（鐵欄杆），半個身子探出。他揮起黃色的手帕，向著黑漆漆的囚車喊道：『戴耀廷！陳健民！戴耀廷！陳健民！』。」

端傳媒的報導記錄了這一刻：二〇一九年四月二十四日，西九龍裁判法院判決「占中九子」全數有罪，戴耀廷、陳健民、邵家臻、黃浩銘四人即時入獄。因為年事已高，各方求情而免除牢獄之災的朱耀明牧師送走囚車時淚流滿面，大半個身子探出鐵馬，有人在後面奮力扶住他的腰，深怕他摔出去。

這一天，香港民主運動幾乎處在最低谷。但沒有人知道四十五天之後，香港會出現一場百萬人大遊行，更不要說之後為期幾個月，被形容成「翻天覆地」的反修例運動。

這四十五天，像是過去四年半的縮影。回想二〇一四年九月二十六日晚上，數百名學生在黃之鋒、周永康和岑敖暉的帶領下，翻越圍欄、衝入香港金鐘政府總部門前的一塊集會空地，高喊「重奪公民廣場」。被稱之為「雨傘運動」、長達七十九天的公民抗命由此展開。

訴求「我要真普選」的傘運在同年十二月結束，沒有取得具體政治成果，接續而來的是民主運動的低潮。指標性的「六四」集會、「七一」遊行，參與人數降到低點：二〇一五年的七一遊行人數不足五萬，是〇八年以來最低，往後三年，人數至多也在十萬左右。六四燭光晚會，二〇一五年的參與人數是二〇〇九年以來最低。

另一方面，特首梁振英領導的政府以前所未見的重手打擊民主運動。二〇一六年立法會選舉，「本土民主前線」發言人梁天琦、香港民族黨召集人陳浩天等人因倡議香港「民族自決」等政治主張，被認定主張港獨而被裁定失去競選資格，DQ（Disqualify，取消資格）這個縮寫日後不斷出現在政治新聞裡。

被DQ的不只候選人。二〇一六年立法會選後，梁頌恆、游蕙禎、姚松炎、劉小麗、梁國雄和羅冠聰六位當選議員，也因為在宣誓時夾帶其他政治表達，先後被取消當選資格，其間中國全國人大還祭出「釋法」手段確保DQ收效。

六位民主派議員失去資格，使民主派席次不足三分之一，意謂著對政治改革、修改基本法、彈劾特首等需要三分之二多數通過的議案，失去了否決權。然而，不管是對民主派人士參政權的不當剝奪，或者三分之一「關鍵否決權」的喪失，在社會都引不起大規模的抗議聲浪。

此後，二〇一七年就任的香港特首林鄭月娥施政再無阻礙，她高談「明日大嶼」的填海造陸計畫；北京規劃著大灣區，告訴香港年輕人：你們的未來，就在這裡。此時有觀察家斷言，香港從此再不會有「民主化」議程，最重要的公共議題，唯有大灣區。

然而在二〇一九年底回顧這段「處在低谷的時期」，卻會發現改變的種子正正就在此時種下。

# 序篇

首先，二〇一六年初「本民前」梁天琦參與立法會補選時，喊出了「光復香港，時代革命」的口號，他當時強調不管什麼年齡、哪個世代，都可以參與革新和改變，因此是「時代革命」。這個口號，後來被本土派政團「青年新政」接著使用。到了二〇一九年，這八個字成為反修例運動的主旋律。

另一起事件是二〇一六年大年初一的「旺角騷亂」，一群本土派政治理念成員為聲援路邊的流動熟食小販，阻止政府人員查緝，引發警民衝突。參與者日後多因暴動罪、襲警等罪名被判刑，其中黃台仰和李東昇二〇一七年逃離香港前往德國，隔年獲得政治庇護，梁天琦被判入獄六年。梁天琦、李東昇和他們同代人之間，如何因為不同的政治選擇，走上不同的人生道路，〈雨傘五年後，留下的我們：搵食、抗爭還是移民？〉，是這一班同學的故事。

在「旺角騷亂」裡，抗議者放棄了反對陣營一直以來「和理非非」（和平、理性、非暴力、非粗口）的行動準則，撿起磚頭、雜物當武器與警察對抗，開啟了對「暴力做為一種抗爭手段」的討論，加上本土意識的出現及「香港人共同體」意識的形成，這些二〇一九年反修例運動的主軸議題，都源於傘運之後令人窒息的四年半。〈後傘運大學生的蟄伏狀態〉，以民調數字呈現這四年半裡，年輕學生對政治、社會的熱情，如何升火待發。

接下來，抗爭的引信，就被一樁看似平凡的殺人案所點燃。

（李志德、趙安平）

# 雨傘五年後，留下的我們：搵食[1]、抗爭還是移民？

——楊子琪　文　編：陳倩兒

他們同在天水圍長大，中學畢業後，經歷了雨傘運動、旺角騷亂、中學好友李東昇流亡德國；五年之後，他們有的做了警察，有的慚愧自己一身包袱，無法走得更前，有的生長出往前衝的決心。

阿金的 Facebook 最近給他捎來一張九年前的舊照。中學時代一齊踢球的二十多個同學，穿著球衣、一臉青澀，在中學球場上排成兩列：阿金和李東昇互搭著肩膀，傻笑著；守門員梁天琦蹲在第一排，不苟言笑，看上去很酷；比阿金小三屆、後來成為他死黨和球友的路易，還未入鏡。

九年後，二〇一九年七月二十七日，香港反抗運動熾熱升溫。這天是元朗大遊行，阿金約了路易一起走。元朗，他們的中學所在地，舊照中的同學，再難一通電話就約到。幾年前，李東昇成為本土派組織「本土民主前線」（簡稱本民前）的創黨成員，因二〇一六年旺角騷亂[2]，被控暴動罪，逃亡德國，今年二十八歲的他不久前剛獲批難民庇護申請；與李東昇同齡的梁天琦也是「本民前」的發言人，同樣因旺角騷亂被控暴動罪，二〇一八年年夏天進了大嶼山石壁監獄，刑期六年。

香港這些年跌宕起伏，一群同學也經歷了人生抉擇：舊照中，兩個曾經的好友在雨傘運動前加入了香港警隊，據說駐守元朗區，說不定這天大家對峙街頭。示威人群中，阿金也不敢像以往那樣，走得很前面。雨傘運動的時候，他敢與警察在前線對抗，而現在，他出來工作幾年了，成了一名公務員，有穩定收入，有想與之結婚的女友，還有父母需要照顧，一身包袱。剛開始遊行不久，女友的父母就輪番打電話給阿金，敦囑他不要參與示威，阿金最後聽從了，與路易道別。

這一天，路易下了決心，要走到更前面更勇武，成為示威者的前線。他黑衣黑褲，雙眼以下用黑布包得嚴實，只露出一雙眼睛。過去很多年，他說，自己

1 意指討生活。

2 二〇一六年二月八日夜晚至二月九日早晨於發生在旺角的警民衝突事件。亦稱魚蛋革命、旺角暴亂、旺角暴動、旺角衝突、旺角事件等。

就是一隻「港豬[3]」。或許也算不上政治冷感，只是沒有真正投入參與。「我沒那麼宏大的政治理念，我是一粒微塵。」他總是這麼想。但來到二〇一九年的夏天，二十四歲的他發現，曾經一度未做好準備吃催淚彈的自己，成為了與防暴警察對抗的示威者前線。

一粒微塵的決心，來自香港，來自時局，也來自朋友李東昇。

## 如果回到二〇一六年，我要和朋友走同一陣線

「如果時間回到二〇一六年，我會參加魚蛋革命，因為我要和我朋友走同一陣線。我的朋友是李東昇。」我們與路易第一次見面，是上環一場示威行動，催淚彈不斷在遠方爆開，路易坐在馬路中間，平靜地說。

路易和阿金、李東昇、梁天琦都在天水圍長大，來自同一間中學，學校算得上該區名校，一群男生因為學校足球隊而相識。路易和阿金、李東昇比較熟絡，三人都出身公屋家庭，住得相近，一個電話就可以落樓吹水（下樓閒聊）。

他們出生於一九九一至九五年之間，做為在九七前出生的一代，大家在懵懂中度過了政權移交，又在中學時見證港人對中國人身分認同的高潮與急速消退。路易、阿金的父輩，與梁天琦母親一樣，年輕時從中國內地移民來港。不過，路易和朋友們長大以後都漸漸開始認同本土派的理念，希望香港與中國內地更好地區隔開來，而大約自二〇一〇年開始的一系列中港矛盾事件，更讓他們對於中國內地和內地人，並無好感。

從中學開始，阿金和路易就流連論壇「高登」，是資深用戶，習慣從高登看新聞、討論時事。高登從二〇〇一年開始營運，論壇上有大量網民對社會時事的評價、討論，不少二次創作內容被傳媒引用，逐漸對輿論產生影響力，後因經營問題，衍生出「連登」論壇另起爐灶。

二〇〇八年開始，伴隨著三聚氰胺毒奶粉此類內地食品質量安全問題和自由行的開放，內地旅客來港大量購買嬰兒奶粉、「雙非[4]」家庭來港生子等不斷增加，內地人與港人產生的摩擦漸長，水貨客影響北區市民生活，旅客區藥房爆發增長、租金高漲等新聞，不時爆發。這些新聞亦在高登上不斷傳播、發酵，構

3 指對政治冷感的香港人。

4 指父母（夫妻）雙方皆非香港居民。

» 二〇一九年十月九日，「旺角騷亂案」梁天琦等三人上訴案在香港高等法院審理，梁天琦由囚車押送到法院。（攝影：陳焯煇／端傳媒）

成了路易和阿金對中國內地的核心印象。

不過在中學時代，新聞和社會問題並不是校園的主調。對於未來，阿金和路易當時無甚規劃，對社會認識亦流於表面。在名校裡吊兒郎當的少年，最後踏入大學。阿金先攻讀副學士（Associate's Degree），後來升讀大學，他說總之要讀到大學，有學位才搵到錢（存得到錢）；路易在大學念的是國際關係，他當時的想法很簡單，希望畢業後能夠找到一份好工作。

李東昇卻在香港公開大學讀書期間，投入社運大海，成了本土派組織「本民前」創黨成員，後來本民前又邀請當時在香港大學讀書的梁天琦加入本民前，人生從此拐彎了。

## 雨傘運動上街頭

雨傘運動爆發的前一年，二〇一三年，路易在讀副學士，準備升大學，而李東昇

» 二〇一九年六月十二日，大批香港市民占領金鐘立法會和政府總部附近的街道，令原定當天上午十一時開始《逃犯條例》修訂草案二讀無法如期展開。（攝影：林振東／端傳媒）

和阿金已是大學生。由中學球隊開始的友誼仍在繼續。週末，大家一齊踢球，然後換身衣服去釣魚、打遊戲機。這一年後，李東昇很快投入社運圈子，再沒很多時間出來釣魚、踢球。起初，路易和阿金感覺有點吃驚，但也沒有細問。在偶爾的相聚裡，路易隱隱感覺，李東昇變穩重了，多了許多思考，「腦袋好似複雜了很多」。

二〇一四年九月二十六日晚上，雨傘運動在香港爆發。阿金當時留一頭長髮，染成了金毛，每天下課後都和幾個同學一起到金鐘占領區。他說，自己當時受民眾憤怒情緒的感染，又認為「民主未必選出好的政府，但至少我們有權力讓他們下台」。

他當時走得很前面，在金鐘，他試過衝上去向警察扔雜物。「不知為何站得那麼前，讀大學的時候唔識死（不怕死）。」阿金那時開始感覺，只是靜坐、占領的「和理非」方式，不會為爭取到香港人想要的任何東西。

當時，路易在讀副學士，他認為爭取普選，是公義的事情，應該要為之站出來。他也模糊地有一個想法，覺得多年來感受到的社會不公、大陸對香港資源的「掠奪」，可以由普選得到改善或解決。

「香港是一個極度資本主義的社會，流動性不足，年輕人感到灰心，讀那麼多書，都得不到理想的人工（薪水），」路易說，「我從中學就開始覺得，這個社會不太公平。進入大學，更加深刻體會到，有錢有 exposure（增長見識的機會），無錢就連夢想都無。」路易說，自己朋友圈中當醫生的，「十個有九個都是出身醫生家庭，剩下一個，家裡有錢。」

路易也偶爾去金鐘占領區，不過他更多時間花在讀書，一心希望升讀大學，不太關心運動發展。雨傘運動占領長達七十九天，抗爭群體內不同派別產生分歧，運動能量逐漸消退。後來，阿金也不怎麼去了，年末的考試期來了，他開始溫習。最終，期末考試還未結束，金鐘就被警察清場，運動唏噓散場，爭取落實真普選的目標，遙遙無期。

不過，由雨傘運動產生的新生代力量，仍然在嘗試突破無力感和雨傘後的陰霾。社區組織和新政黨紛紛誕生，希望將運動的能量轉化、延續。二〇一五年一月，在雨傘運動中反對香港傳統泛民和學聯、學民等組織的年輕人，成立新組織本土民主前線，李東昇、黃台仰為創黨成員，主張「民族自決」。這一年，他們發起「光復屯門」、「光復元朗」等反水貨客的抗議行動，直接針對水貨客、踢打行李箱的手法，在當時並不為社會主流接受。

路易、阿金與李東昇早已少了聯絡，李東昇也沒有找他們參與本民前的工作。「他或許不想牽連我們。」路易這樣猜測。雨傘運動後，路易曾經參加一個組織，計劃競選區議會議員，但只做了三個月左右就放棄，繼續埋頭讀書。在他的感知裡，整個香港社會都沉浸在雨傘的失敗情緒裡。

而阿金適逢畢業季，忙著找工作。他家人病了，家裡開支一直「搖搖緊」（拮据），他十分需要一份穩定的工作。

他們都沒料想，二〇一六年農曆新年，突然爆發旺角騷亂。從撐小販的活動出發，大量年輕人投入參與，在旺角演變為警民衝突，一名交通警鳴槍，示威者縱火、扔磚頭、焚燒垃圾反擊，政府隨即定性此為「暴動」，多人陸續被捕，其中包括梁天琦、黃台仰、李東昇等人，其中梁天琦被控兩項暴動、一項煽惑暴動罪及一項襲警罪，而黃台仰、李東昇被控暴動罪。眼見身邊曾朝夕相對的中學死黨走到最前，路易對社會運動的觸覺才真正開始啟動。

「我覺得他（李東昇）好厲害。那個年代肯出來做勇武派，是一件會犧牲自己的事。梁天琦得到的是六年監禁，而李東昇得到的是無法回家，無法再回香港。在二〇一六年那麼少人（支持勇武派）時，他都願意出來抗爭，把自己的想法做出來。我好佩服他。」三年後提起，路易仍是滿懷敬佩。

當時，社會主流並不認同本土派青年使用武力手段，「和理非」和「勇武派」互相對立、分裂。不過在路易和阿金看來，李東昇和本民前當時的做法應該被理解，甚至是一種突破。對於旺角騷亂，他們和高登當時流行的想法一樣，都認為「終於有人行動，終於有人醒了，做出一些類似革命的行動，不再是二〇一四年『和理非』靜坐了」。

「你每天被人毆打，然後你做出反抗，打回他，有些人出來譴責：你做什麼打他呀？你打他，他不是打得你更厲害？反而讓他把我們其他人也打了。×啦，要理解背後的整個背景啊！」阿金說。他們認為，旺角騷亂的「撐小販」不過是一個導火線，真正的深層矛盾在於青年對香港政府和北京中央的不滿。

## 走到更前面的位置

面對李東昇在旺角騷亂後被控暴動罪，路易和阿金只能精神上支持朋友。生活轟隆隆拖著大家向前，家庭負擔愈見增長，思考如何生存發展，多於思考社會民主走向，這似乎注定，路易和阿金不會走上社運路。

「大家都覺得沒希望了，現況不會有任何改變。之後又ＤＱ又各種手段，社會又沒有任何爆發點。」路易說，畢業之後，他開始找工作，不久後進入ＩＴ行業；而曾經投身雨傘街頭的阿金，則考了公務員，最終走入體制。

「總要搵食。」阿金說。有沒有過掙扎？「你問的問題，我也思考過。我覺得，成個建制裡面，總有一些部門是做實事的，比如水務處、渠務處、消防處。

我又不是做大奸大惡，不是做差佬（警察），食環署我也不做。長遠來說，年年有得升職，就算我不思進取，都唔駛（不用）爭取加人工。這是穩定的工作。」

二〇一七年底的一晚，久未見面的李東昇來找阿金下樓聊天。就像中學時代無數個夜晚一樣，那一晚，兩人站在樓下，抽菸，喝啤酒，有一搭沒一搭地聊。

李東昇告訴阿金，自己決定了，要離開香港。

「好突然。他當時已經決定好了。」阿金說，「我們就那樣在樓下聊了一晚。最後他決定了，那，尊重他的決定。」

「那晚談了一些對社會的看法，我們以前很少談這些。他說『和理非』這麼多年有什麼用？爭取不到什麼。又說不覺得魚蛋這件事叫作暴力。」

阿金最記得，是李東昇說，自己和梁天琦走的路不一樣。「他說梁天琦選擇留下來，因為梁已經有公眾關注，要負擔的東西和自己不一樣，而他覺得自己是nobody。」阿金回憶說，「他可能覺得，與其浪費時間去坐監，不如去其他地方，起碼可以做點事，有人支援一下。」

臨別之前，路易也去了李東昇家。路易已經畢業，兩人聊天，吃東西，就這樣過了一晚。「其實很不開心，很不捨得。」路易說，但大家都沒說什麼。

一度被主流社會視為手法激進的青年，坐監的坐監，逃亡的逃亡，DQ的DQ，民主進程、政制改革似乎一度沉在死水之中。誰料想，德國政府批准了李東昇和黃台仰的難民身分申請後不久，反修例運動就爆發了，至今愈演愈烈。

這一次，路易有了穩定工作、有了工餘時間，加上政府前所未有的傲慢回應激發民憤，他決定站出來。與二〇一四年的偶爾參與不同，這一次，路易走到更前的位置。

「我無法接受這樣的政府繼續管治香港。它根本不會解決社會不公的結構性問題。」路易說，「發達國家，大多是民主體制。我希望社會有平等的教育和工作機會，這是威權社會所做不到的。」

他十分接受現在前線示威者的「攬炒」（玉石俱焚）理念，即以要脅破壞香港經濟來損害中國利益，以此為博弈籌碼，迫使中港政府讓步，放寬治港政策。他認為攬炒不是目的而是手段，是以此逼中央回到普選的談判桌上，「當我們徹底輸了，才會真的會『攬炒』。」

當跳樓潮蔓延，運動期間出現第三個墮樓並留下遺言希望港人加油的死者時，路易一度感到精神崩潰，他發短訊告訴李東昇，自己「唔掂了（不行了）」。李東昇回覆信息安慰他，路易感到心酸、慚愧。路易說，李東昇從未對他們幾個朋友分享過半點

» 二〇一九年十月九日，「旺角騷亂案」上訴案在香港高等法院審理，囚車抵達法院時有數百市民在外聲援。（攝影：劉子康／端傳媒）

早前在難民營等候申請的艱辛，他也是後來看了媒體報道（報導），才得知李東昇曾經過得很辛苦，在異鄉一度感到抑鬱。

在示威者人群之中、渾身包裹嚴實的路易，這樣解釋他希望走得更前的決定：「知道他（李東昇）要離開香港，和他道別時，我好難過，好想抱住他，因為我知他這一走，肯定回不來了。」

「當年他那麼努力，為何我現在都不能更努力，為何我這麼多負擔？我好過意不去。那是一種無形的壓力。」路易說，「六月九日那天，我什麼都沒做到，去完（遊行），坐在那裡，我覺得自己好垃圾。我需要做點事，否則我對不起自己，也對不起他。」

做了公務員的阿金，很快體會到龐大體制的限制。八月五日全港大罷工，他因工作性質，不敢請假，結果被部門表揚，卻在朋友處成了「黑歷史」，成天被路易取笑。得知政府內會上報公務員請假的紀錄，他更加只敢在工餘時間及週末上街去參與示威。

「好矛盾的。」他說。「最慚愧的是，五年前的我敢走出來，五年後的我完全不同了。」

路易目前在ＩＴ行業中有一份穩定的工作，但他

仍不清楚自己其實想做什麼。「從小都不會有人問你夢想是什麼，找到工作，親戚來問你，一個月賺幾多？香港人都是被教育成這樣的。夢想，我想不出來。」

「周星馳話，一個人無夢想，同鹹魚有乜分別？」路易說。目前他的計畫是，只要有遊行、示威，有精力的話都會去參加，他覺得自己應該算是一個勇武派了，但又覺得，在真正的勇武派面前，自己應該還是太懦弱，顧忌太多。

不同的道路，令這班中學好友漸漸產生裂縫。同學之中，還有兩人畢業後投考警察，阿金、路易請了其中一個相熟的吃飯，慶祝他成為警察，那時二〇一四年還未到來。

雨傘運動後，市民對警察的印象和從前不同了，反修例運動爆發後，警民關係更加達到前所未有的緊張程度。但兩個警察同學還是再來找大家踢球，路易和阿金等其他同學則明顯杯葛他們。他們也曾經聽說，其中一個警察同學說，假若在現場見到示威者，他一定會「打到示威者仆街」。

這天的聚餐，警察同學不在受邀之列。啤酒喝過一杯又一杯，話題又回到李東昇。

「我們成班人都說想去探望他。」阿金說。

路易說，「你還好意思說？」

「你以為便宜呀去德國？時間有幾難湊？你又不會只留一日就走，對不對？有無這麼多假可以請啊，有沒這麼多錢呀？不過一萬多都可以的，只是時間難湊。」

路易又出去抽了支菸，回來說：「我打算移民。」

阿金：「我真的想過這件事，但我覺得，他日我有錢，我都不會移民。我真的覺得我喜歡香港這個地方。我在這個地方成長，我身邊的人都在香港。」

路易顯得堅定：「我打算移民。我要做好這份工作，技術移民。香港現在環境真的好差，我接受不了我生活在這樣的地方。」

他想了一下又說：「十年後，香港可能變成第二個澳門了，那時我應該已經移民了。」

「現在二〇一九年，說不定十年後我有了家庭，也會想移民呢。」阿金想了一下，又變了主意。

另一朋友在旁打趣：「通常說要走的人，最後都沒走；說不走的人，最後都走了。」

（尊重受訪者意願，路易、阿金均為化名。）

【民調】No. 1

## 後傘運大學生的蟄伏狀態

——趙安平

反修例運動從二〇一九年六月開始活躍，特別六月九日深夜和十二日在香港金鐘的衝突，都明顯地以青年人為骨幹。但在此之前，一般的印象「後雨傘一代」對政治並不熱中，為什麼他們會在這場運動中「突然出現」？背後有甚麼樣的基礎？

香港中文大學新聞與傳播學院教授李立峯在〈「突如其來」的新一代：後雨傘大學生如何看社運〉一文中，描述反修例運動前（二〇一九年三月至四月初）對香港大學生進行的「社交媒體使用和政治參與調查研究」，取樣九百零八人。

李立峯歸納四種態度，搭配不同的問題詢問受訪者反應，包括：

**激進取向**（Radicalism）

・香港人需要採取更激烈的手法抗議不公義

・社會運動需要考慮把行動升級

**悲觀主義**（Pessimism）

・在現時的情勢下，改變社會已變成不可能

・無論人們做什麼，政府都不會回應，社會運動已變得沒有意義

**休止取向**（Abeyance）

・為了能夠持續發展，社會運動在現階段稍作「休息」是恰當的

・在現時較差的情況下，人們可以先退一步，耐心等待時機再行動

**強調堅持**（Persistence）

・情況雖然不佳，但尋求社會轉變的人可以考慮不同的行動方式（如社區行動）繼續工作

・無論情況如何，堅持繼續行動是必要的

調查的結果發現，在可複選的情況下，有約三五%受訪者同意激進取向的表述，不同意者占四五%以上；悲觀取向的比率也差不多如此。值得注意的是「強調堅持」傾向的受訪者，六四．二%同意「堅持繼續行動是必要的」，更有七九．三%受訪者認為可以以不同行動式繼續工作。這也顯示在「休止取向」上，四九．九%受訪者同意「先退一步，耐心等待時機」以及五〇．二%同意「現階段稍作休息」。

李立峯的另一個問題是受訪者對雨傘運動的看法。六一．四%同意「占領運動令很多香港人覺醒」、二五．七%不同意。八〇．一%同意「占領運動雖然未能取得實際效果，但也是民主運動中的一步」、一一．二%不同意。三三．三%同意「整體而言，雨傘運動是失敗的」、四七．三%不同意。

值得注意的是在交叉分析中發現，當年經常參與占領的受訪者，超過一半同意雨傘運動是失敗的，但當年沒有參與占領運動的受訪者中，只有稍多於四分之一的被訪者認為傘運失敗。

以上的分析顯示，受訪大學生對社運的悲觀程度並不太高，他們認同堅持的重要性，也較認同社運可能只是在一種暫時休止的狀態。當年沒有參與占領運動的「傘後一代」年輕人，不是完全不受傘運影響，而是他們與傘運有一種距離，這距離反而使他們可以在整體上更正面地看雨傘運動的效果。

李立峯也引述其他調查結果指出，由於年輕一代對社交平台的使用從Facebook轉向Instagram，基於平台特性，現今大學生較少參與網絡上的政治傳播，對各種論爭的投入程度也較低。因此在一般情況下，年輕人好像對很多社會問題反應不大，要他們做出反應，可能需要更多時間的醞釀，或者需要更嚴重的事件來觸發。而一旦有事件觸動到他們的神經，他們仍會像整裝待發走出來。因此後雨傘年輕人的社運參與像是突如其來，但也並非憑空出世。

1

# 無大台的抗爭開始了

二〇一九年二月十二日，香港保安局提出修訂《逃犯條例》建議，且希望在立法會七月休會前完成。「反修例」抗議從此開始。〈誰將成為逃犯？〉報導、分析了可能受到嚴重影響的群體：商人、社工、民運人士等。

第一次「反修例遊行」在三月三十一日起步，約一萬兩千人參與，並沒有形成「全面反對」的聲勢。立法會因此仍在四月三日完成修例草案首讀。四月二十八日第二次反修例遊行，參與人數達十三萬人。同時，反修例民眾持續推動「反修例連署」、「白宮連署」，向市民、國際表達訴求。

六月六日，近三千名法律界人士參與「黑衣靜默遊行」，表達對港府修訂《逃犯條例》的不滿。接下來是六月九日登場，號稱超過一百零三萬人上街的第三次遊行；六月十六日第四次遊行，主辦單位宣布參與人數達兩百萬人。

儘管發生六一二鎮壓事件，但六月前半個月群眾的抗議手段仍相對平和，不過「和理非白天上街，勇武派夜戰警察」的「分工模式」開始浮現，平和與武力兩種路線彼此也有了「不割席、不指責、不篤灰（告密）」的默契和策略。更重要的是透過網路論壇「連登」，反修例運動成員找到完全不同以往的動員方式和討論、決策平台，〈連登仔大爆發〉和〈「無大台」運動中的即時資訊台〉，都是細緻描寫「無大台」模式的報導。

（李志德）

# 《逃犯條例》修訂後，誰將成為「逃犯」

——關震海 文　編：陳倩兒

「以前最壞打算是，在香港坐牢，但現在不是呀，在內地坐牢，內地沒有人道，怎信得過？」林榮基對端傳媒表示，他形容這次修例比《二十三條》更嚴峻。林榮基是香港銅鑼灣書店前店長，接受採訪時他正計劃離開香港。經歷銅鑼灣書店事件、在寧波被監視居住半年後，林榮基於二〇一六年六月返回香港，至今被內地公安通緝。二〇一九年四月，他下定決心離開香港，移居台灣重建銅鑼灣書店。他發動群眾募資，不僅一天之內達到二百八十萬的目標；截至十月中，募款金額已經突破五百五十萬，距離申辦台灣居留權的六百萬投資門檻只有一步之遙。林榮基因此成為《逃犯條例》修訂而走避海外的標幟性人物。

二〇一八年二月十七日，一名香港青年陳同佳涉嫌在台灣殺害女友，事發後逃回香港。香港政府二〇一九年二月表示要因此修訂《逃犯條例》，以引渡陳同佳往台灣受審。但香港現行的《逃犯條例》於一九九七年四月生效，條例明確表示，引渡不適用於「中華人民共和國的任何其他部分」，按港府理解，即不適用於中國大陸、澳門和台灣。儘管台灣三次向香港申請移交疑犯到台，但均未獲港方允許。因此港府提出的修例版本為「特別移交安排」適用於「中華人民共和國的任何其他部分」，意即包括台灣、澳門及中國大陸。

香港政府聲稱此次修例是「堵塞漏洞」，但消息一出，政商各界都恐慌四起，香港富商和民運人士罕有站在同一陣線。地產公司華人置業前主席劉鑾雄就《逃犯條例》修訂，向高等法院申請司法覆核，劉在入稟狀指出，他在澳門的歐文龍賄賂案中被不公義定罪，一旦修訂《逃犯條例》通過，唯有流亡海外。劉鑾雄此前已辭去至少八間公司的董事或授權代表的職務。

劉鑾雄的擔憂在商界裡並不罕見。在《逃犯條例》修訂草案公布之初，香港商界反對聲不斷，擔心多項罪行令商人誤墮法網。三月二十六日，政府宣布剔除商界最為關注的九項罪行，包括非法使用電腦、環境汙染或保障公共健康、保護知識產權、版權、專利或商標等罪行，因此修訂草案後來覆蓋三十七項罪行。對此，中華總商會會長和建制派議員表示歡迎，但認為未能令商界完全釋疑。

向來對政治噤聲的商界巨頭罕有地用言行表態其擔憂，或默默做出準備。除了劉鑾雄提出司法覆核外，全國政協常委、星島新聞集團主席何柱國出席星島八十週年晚宴時公開表示，擔憂《逃犯條例》修例後有朋友被捕。

在東莞開廠的負責人成哥（化名）對端傳媒透露，業界無不憂慮，《逃犯條例》修訂草案未刊憲、仍未剔除九項經濟罪行之前，政黨、商會已向商界群組發電郵或私訊，分析港商在這些罪行中被檢控的可能。成哥是香港永久居民，在東莞經營一間每年營業額達數千萬的成衣貿易公司，貨品由中國輸出美國。

成哥表示，根據業界、立法會議員向其分析，日前修訂條例囊括的三十七項罪名之中，中港工商界最容易「中招」的是「與賄賂、貪汙、祕密佣金及違反信託義務有關的法律所訂的罪行」一罪。

「上面『唔洗錢』根本做唔到生意，」成哥表示，所謂「洗錢」，是賄賂公職人員。他舉例說，品質保證的人員抽貨品調查，公司要付些錢給相關部門，使貨品容易通過檢測；廠方簡單的定期檢定如貨倉的消防設施，檢測前都要向消防付錢，「當然，也少不了送菸送酒給村頭。」

在內地做了二十年生意的成哥問：「這些Under Table的潛規則，算不算已觸犯了『賄賂、貪汙、祕密佣金』一罪？」

在中港貿易日常運作中，成哥表示讓他非常擔憂的還有「違反信託義務」一罪，因為不清晰的股東身分和佣金來往在內地亦可能犯法。成哥指，在中國內地，母公司和子公司股東、董事的重疊或存在不清晰的角色，有律師向他提醒可能觸犯「違反信託義務」罪。成哥透露，最近在內地營商的香港商人都忙於釐清股東、董事的身分，甚至要辭去子公司的職位，方便釐清公司架構。

對於突如其來的修例，成哥認為代表商界的立法會根本難以招架，只有逆來順受，他有加拿大護照，考慮過離港，不過不會在短期內決定。「開頭不會亂

» 二〇一九年三月二十六日，特首林鄭月娥及保安局局長李家超宣布就《逃犯條例》所做修訂提交立法會首讀。（攝影：Stanley Leung/ 端傳媒）

碰香港商人吧，但以後我們不敢有任何表態，連社交媒體、WhatsApp 等都要小心。」成哥說。

回歸後擱置二十年不討論《逃犯條例》，過去三個月來牽起的風波，亦影響走在議題倡議前線的職業。

香港社會工作者總工會總幹事許麗明對端傳媒表示，她細閱《逃犯條例》修訂三十七項罪名，其中不單包括謀殺或強姦等嚴重罪行，亦含有「阻止逮捕或檢控曾犯或相信曾犯本附表所述罪行的人」和「協助、教唆、慫使或促致他人犯本附表所述的罪行」等罪，她分析認為，這兩項罪名，一個普通的香港社工亦有可能墮入法網。

曾在沙頭角中心小學當駐校

» 二〇一九年四月三日，《逃犯條例》所做修訂提交立法會首讀，民主派議員所準備的反對紙牌。（攝影：Stanley Leung/ 端傳媒）

社工的許麗明指出，現時社工處理很多「雙非」（指父母都非香港人）、「單非」（指父母有一方不是香港人）的兒童個案，需要來往中港兩地工作，就算父母或孩子在內地是疑犯，香港社工亦須遵守「尊重私隱」的守則，按個案情況而定，未必主動報案。「社工會以個案為先，如果不向局方舉報個案，知情不報，在內地可能已觸犯法例。」許麗明說，「另外，在內地站在弱勢一邊，就是『維權』，中港價值觀不同，法例也很不同。」

許麗明擔心，法例修訂後社工根本「不知何時會牽涉內地的罪行」，難以保障自己。二〇一九年《粵港澳大灣區規劃綱要》公布，提出中港社工互認資歷，許麗明指出今日香港往內地交流的社工尚可以「督導工作」為主，避開具體的倡議工作，可是未來社工的中港交流更頻繁，難免涉及社會倡議，《逃犯條例》的修訂草案涉及太多灰色地帶，社工界很難再說「不上內地，在香港便沒有事」。

支聯會副主席蔡耀昌曾於北京清華大學修讀中國法律，他表示，「中國刑法的分析思維，是由思想到行動乃至結果，都涉及刑法的考慮，只要影響到大規模的群眾行動已算是犯法。」蔡耀昌以二〇一二年的烏坎村事件為例，在內地的角度，香港傳媒當年在烏坎村事件中不斷發放薛錦波在獄中死亡和村選遭打壓的報道，引發群眾事件，這可能涉及煽動的成分，「因為確實村民是看香港媒體，而知道更多。」

蔡耀昌非常關注，倘若此次修例通過，未來香港記者在香港進行有關網絡報道是否可能觸犯中國《刑法》，而因此被中國內地相關部門申請移交審訊？

另外，值得關注的是，在一國兩制的框架下，香港居民在司法上是否受中國《刑法》管轄？

中國《刑法》第七條規定其擁有「屬人管轄權」，即中國公民在「中華人民共和國領域外」違反本法，仍適用於本法。例如一九九八年發生在九龍灣德福花園一宗五屍命案，汕頭人李育輝犯事後逃往內地，被公安局拘捕，汕頭市中級人民法院以故意殺人罪，將李育輝處以死刑。縱使李育輝在香港犯案，內地都可以中國《刑法》判決，此為「屬人管轄權」。

問題是，此條款是否適用於香港居民？九七年以來，此問題一直未完全明朗。九八年香港政府曾表示，因為《刑法》並未載列於基本法第十八條附件三內，不適用於香港；不過在九九年，時任香港大學法律學院院長陳弘毅表示，「討論中的問題極為複雜，不能單憑香港特區政府單方面對《中國刑法》第七條做出解釋而獲得解決。此事須再做研究，並或許可以透過全國人大常務委員會做出立法解釋後，再由香港特區立法來解決。」

蔡耀昌指出，倘若《刑法》「屬人管轄權」適用於香港居民，再配合修訂後的《逃犯條例》，那麼香港居民在香港或世界任何其他國家的行為都有可能觸犯中國刑法，有機會被要求移交中國內地審訊。

## 誰能判定政治罪行？

由於一國兩制及兩地司法差異，香港長期以來都是中國民運人士和異見人士重要的避風塘。除了商人、社工和記者，此次修例亦令香港與八九民運相關的人士和異見人士非常憂慮。

目前，《逃犯條例》修訂草案仍保留不引渡政治犯的條款，而香港保安局局長李家超亦多次要市民放心，稱香港不會引渡政治犯到他國，不過社會各界仍然擔心。關鍵的問題是，政治罪行如何判定？誰能判定政治犯？

過往，不少政治敏感人士被中國檢察機關以不同刑事罪行來起訴。香港出版人姚文田被深圳中級人民法院控以「走私普通貨物罪」，二〇一四年被重判十年，被捕之前，他正計劃出版余杰新書《中國教父習近平》；二〇一五年，涉「銅鑼灣書店」事件的桂民海在泰國失蹤之後，在內地被控於二〇一二年犯下「交通肇事罪」後畏罪潛逃；二〇一五年，曾聲援占中的維權學者郭玉閃被控非法經營罪，二〇一六年獲釋。

蔡耀昌指出，八九民運人士周勇軍於二〇〇八年九月成功入境香港，隨即遭香港警方拘留，並被遣返回內地，區政府當時解釋稱，周勇軍持假護照入境香港。一九八九年，周勇軍曾任北京高校學生自治聯合會主席，周同年被捕後於一九九一獲釋，經香港流亡美國。

遭遣返後，周勇軍先後被判「偷越國境罪」和「詐騙罪」，二〇一八年被控「煽動顛覆國家政權罪」，正面臨重刑。蔡耀昌指表示，支聯會自此決定不再邀請海外的民運人士來港，而事實上，不少民運人士也長期被香港政府限制入港。

時至今日，對於十一年前周勇軍被押回內地，蔡耀昌亦難言是否跟六四有關：「表面上，《逃犯條例》三十七項罪行當中沒有『煽動顛覆國家政權罪』。可是，如果內裡檢控是政治目的，有誰能判斷？而且，如果《二十三條》一旦立法或釋法，會否再加罪行落去。就算我當林鄭不會聽命於習近平，『政治目的』本身也很難去判斷。」

## 香港法庭可以把關嗎？

對於市民的種種疑慮，香港保安局局長李家超僅稱法院、特首會為市民「把關」，不會遣送政治犯去他國。不過，香港法律關注團體「法夢」成員法律界基層工人Charles指出，局方所謂「把關」的法院，不是處理人身保護令或者司法覆核的高等法院，而是裁判法院；而裁判法院的角色只是核實疑犯身分、具備罪行屬可引渡的類別、要求引渡國提出的文件已「妥為認證」和舉證達到表證成立的程度。

「根據以前的案例，法官衡量的只是案件具備的引渡條件，便可頒令將被告交付拘押以候，交由特首決定是否移交，法院的審議範圍不涵蓋犯人有罪與否。」Charles又指出，據《逃犯條例》第二十三條第四項，被告不能在香港的各級法院舉證反駁外國的指控事實，能夠反駁的只能是疑犯身分：「即是說，疑犯只能反駁我不是案中指控的人。」

Charles強調，在引渡案件中，法院的「把關」能力有限，互相簽訂長期引渡協定的兩個地方信賴的是對方的司法制度，「確保兩地的司法制度水平、透明度差不多」；此外，每個國家的引渡條文均需經過立法會審議，細節如司法機關提交的文件證明方式；又如當第二方的要求國同時提出引渡要求，移交同一疑犯的情況等。

Charles質疑：「其他國家為何跟香港簽協定，是一個長期可信的關係，全部國家都做一次性的引渡，哪需要跟香港簽引渡協定？」

法院把關成疑，中華總商會建議，簽署移交文件的國家部門，應提高至中國最高人民法院等中央級別的部門。香港大學法律學院首席講師、香港律師會理事張達明對端傳媒表示，此舉不可行，因為根據《逃犯條例》，特首是引渡犯人的把關人，而特首與中央權力關係不對等。

「根據《基本法》，特首要向中央負責，中央最高機關簽署（移交文件），林鄭有權say no嗎？」張達明反問。四月八日，張達明曾隨香港律師會赴京與港澳辦主任張曉明會面，討論《逃犯條例》修訂等問題，他返港後撰文表示，會面後對《逃犯條例》的擔心「有增無減」。

此外，政府亦在修訂草案當中的二十三條（證據的可接納性等）加入（2A），「任何支持文件或其他文件，如看來是按有關訂明安排所訂的方式而簽署、核證、蓋印或以其他方法認證的，即須當作已妥為認證。」新修訂的《逃犯條例》省卻原先裁判官、法官和其他當局部門的簽署文件要求。

» 二〇一九年三月三十一日，由林榮基帶領出發的「反逃犯條例修訂」遊行。（攝影：Stanley Leung／端傳媒）

換言之，新修訂的《逃犯條例》沒有裁判官的簽署或蓋印文件，都可被視為「已妥為認證」。法夢成員 Charles 指出，「按有關訂明安排所訂的方式」不經立法會審議，只要特首允許便可，「即是說，省政府簽署的文件也可以。」

就此，香港大律師公會發聲明，要求政府解釋為何降低門檻，至今未得到政府的正面回應。

## 黑名單罪犯「可能三百，也可能是三萬」

《逃犯條例》修訂草案一提出，香港民間已現寒蟬效應。[1] 記者欲聯絡從內地流亡到港的文化人士，多人拒絕接受訪問，有受訪者短訊回覆「多謝關心……

1 香港政府已於二〇一九年十月二十三日撤回《逃犯條例》修訂草案。

我想說的和沒想到說的，都差不多被各方人士都說掉了」，拒絕回應《逃犯條例》事宜。

外界亦擔憂當年協助民運人士逃離香港的「黃雀行動」成員，已觸犯《逃犯條例》三十七項罪名當中的「關乎出入境事宜的罪行」，記者嘗試聯絡八九民運後策劃、執行民運人士逃出大陸的「黃雀行動」的關鍵人士，有成員改了電話，辦公室亦無人應門，其他成員拒絕傳媒訪問。

目前持續公開發聲的，只有林榮基。二〇一六年六月，內地當局指令林榮基回香港拿電腦等相關證據，林榮基在九龍塘車站抽一支菸後做出關鍵決定，決定不回內地助查，而是在港召開記者會公開一切。至今他仍被內地當局通緝。

「我開記者招待會，見完傳媒其實可以走，不走是因為我沒有做過壞事。不代表我有勇氣，而是中央做了一件違背我價值觀的事。」他近日對端傳媒表示，三年過去，林榮基未曾預料香港變得如此不安全。「那天聽到新聞修訂《逃犯條例》，已經心知不妙，那時還有寄望，香港人會站出來。現在有點似〇三年的《二十三條》，當年有五十萬人，其餘的人去了哪裡？」林榮基明言，《逃犯條例》儘管表面上是針對「逃犯」，但其實影響每一個香港人，他感受到香港人在「裝睡」，「火在山頭，未燒埋身，香港人不是不知的。」

二〇一九年三月三十一日，「反對修訂引渡條例」遊行，已宣布離開香港的林榮基當日領遊行人士在灣仔出發，民陣公布遊行人數達一萬二千人。

縱使內地目前通緝林榮基的「非法經營罪」並不在修訂條例的三十七項罪名之列，林榮基依然選擇離開。他認為自己面臨最大風險，即內地隨時改變罪名，例如以三十七項罪名中的「盜竊」罪來起訴他。

「政府有解答過大律師公會和其他團體的疑問？沒有。我被通緝，是幸運的一個，有多少人被列入做內地的『黑名單罪犯』？無人知，可能三百，也可能是三萬。」他說。

端傳媒邀請民建聯的議員就修訂《逃犯條例》進行專訪，對方稱要經過黨的通過，請記者等待，至今仍未回覆。

「我相信，中央布局是深思熟慮。中央決心落實兩年前習近平訂的『紅線』：『香港不能成為對內地進行顛覆和滲透的基地』。」蔡耀昌分析，修例之後寒蟬效應會更加明顯，最後連只在香港生活的香港人也不敢多言。

六四三十週年很快來臨，蔡耀昌表示，香港任何一個地方舉辦六四紀念活動都應該珍惜，「回歸前，司徒華請我們要教導下一代，每逢六月四日燃點燭光，就是害怕香港失去很多的自由，那時還可以辦一場無聲的燭光晚會。三十年來，我們都被人質疑『狼來了』。回歸後一、兩年，我們真的很悲觀，但現在……」

而林榮基已不做他想，決心離開。他引述出走美國的蘇聯文人索忍尼辛在《古拉格群島》中的話——「離開我的敵人去攻擊它」，表示未來將以「另一模式」來關心香港。

他並不介意被冠以「逃犯」之名。「根據中國憲法，國家有出版自由，郵寄書籍，我何罪之有？內地說誰是罪犯也可以，我不介意。」做為修訂《逃犯條例》風波之後宣布離開的第一人，他坦言協助他離開的一些朋友，都紛紛打算離開。

## 連登仔大爆發：他們「講得出做得到」

鄭佩珊　文
編：陳倩兒

星期一晚上六點，鬧市餐廳，我在等待「9up 議政」。這個網民活躍於香港論壇連登，「9up」是廣東話粗言「鳩噏」的諧音，大意是亂說一通。此君早前以「我宣布『保民生反修例大聯盟』正式成立」在連登發帖，呼籲大家模仿建制派語調宣傳，接觸立場保守的中老年群眾，結果平地一聲雷，帖子獲得逾萬正評，因此而製作的「長輩圖」流傳甚廣，大街小巷裡有街招，在巴士港鐵，網民通過 AirDrop（iOS 系統的隨建即連網路）轉發給身邊市民。

半小時後，兩個青年人匆匆趕來：穿著藍色恤衫的 Wins 和全身黑衣的 Alan。「我們打機認識，平日好多水吹（閒聊），就有不同想法出來。」Wins 一見面就說，「9up 議政」不是一個人，而是一班人。

六月十三日夜晚，Wins、Alan 與一眾朋友如常連線打機，順道線上議政。「打遊戲機讓我們有個原因集中一起傾（聊天），否則無緣無故打電話給人家會好怪。」Wins 說，一群人相識多年，結緣於戰術遊戲《英雄聯盟》，群組內有三十人，平日近半會積極發言，從事金融業、熟讀新聞的 Wins 更是當中佼佼者。這天晚上氣氛有點不一樣，六一二警民衝突剛過去，港府不顧民意，直接將六一二定性為暴動，並開始四出拘捕示威者。

閒談間，有人挑戰 Wins，「你常常講，那你今次如何救港？」Wins 還真有計謀，馬上告之心中大計——「保民生反修例大聯盟」。在金融業，他經常接觸建制派言論，鄰座同事曾直問他：「示威是否有錢？可以收多少？」在他看來，社運不斷被汙名化，那不如以其人之道還之：「對手用荒謬陰謀論，你就用荒謬陰謀論對付！」

他人紛紛和議，有人問：「是否認真？認真我便開連登 account。」

連登是在二〇一六年底脫離高登論壇而衍生的討論區，坊間流傳，兩者用戶水火不容。Wins 是高登資深會員，坦言「對高登有感情，不會去連登」，但因應連登現時用戶人數較多，最終妥協，讓成員開帳號。大家特意以新帳號發文，因網民必定會先起底，看其舊日發言。「若是玩假膠的（不認真、故意誇張引人注意），那就會無人信你。」Wins 說。

Wins、Alan 和另外二人，一起撰寫了「9up 議政」的首個帖文，此帖在凌晨十二點四十分發出，大約一個多小時內已登上熱門。眾人不想停留在「吹水」，打算接觸網友，一起行動。連登討論區沒有私訊功能，慣常做法是網民留下 Telegram 這個可隱藏身分的聯繫方式，讓對方接觸自己。觀其火熱程度，有成員立即跑到便利店購買電話卡，再翻出舊手機開設 Telegram 帳戶。

凌晨三點，網民紛紛加入 Telegram 文宣組群組，高峰期組內超過一百人。素不相識的網民各自行動起來，有人自行製作長輩圖，有人拿著文宣素材擺設街站（路邊攤位），還有人在維基百科增加大聯盟的條目。「連登是一個很大的智囊團，每人有不同專長。他們本身已想到，但不敢講，我們只是做一個引導，令到他們更加敢講。」Wins 說。

五、六月的香港，被稱為「反送中」的運動浪潮洶湧襲來，與過往不同，這場運動被認為並不存在中央指揮的大台，民主派的領袖退居，各路網友、市民登場，透過連登這個「虛擬大腦」或「中央協調中心」，加上 Telegram 等即時通訊，發揮澎湃創意和組織力。從上述大聯盟，到在不合作運動期間發起「道歉團」，再到短時間內眾籌刊登國際媒體頭版廣告，「連登仔」連環發功。這群連登仔在虛擬與現實世界

## LIHKG 討論區

**俗稱** 連登
**成立年份** 2016年11月
**會員註冊** 以ISP（網絡供應商）、大學及大專院校的電郵作註冊
**功能** 註冊後即可發帖、回覆、可針對一帖給予正、負評

**特別用語**

| 巴打 | 絲打 | CD-Rom |
| --- | --- | --- |
| Brother（兄弟）中文音譯，指男會員 | Sister（姐妹）中文音譯，指女會員 | 「唯讀光碟」，指只讀不回的網民 |

» 製圖：端傳媒設計部

中游走，他們的行動，和網名同出一轍：「在沉默中爆發」、「在 9up 中議政」。

## 可能是連登第一個成功實踐的反修例行動

Alvin 可能是第一個在連登就反修例提出線下行動、而又成功實踐的網民。他今年二十三歲，是一名大專生，網名「在沉默中爆發」，早在五月十六日開始，便在連登連續發帖關注反修例運動，希望邀請網友一同製作傳單，再上街派發。

連登仔大多是鍵盤戰士，誰願意真的上街派傳單？最初 Alvin 不太有信心。他不算資深網民，踏入虛擬世界源於二〇一六年，那一年，旺角騷亂爆發，梁天琦高票落選，香港時局變動。「自從二〇一六年經歷過好多事情後，我就想找一個平台去看更多、講更多。」

因為連登人流較多，二〇一七年，Alvin 正式註冊為連登用戶。他說過往上連登以「無聊話題」為主，說說最近買了什麼，不時發布一些新聞，停留在「吹水階段」。唯一一次感覺連登和現實有直接扣連，是一個網民發帖說自己丟失愛狗，地點剛好在 Alvin 家附近，他就去找找，同場發現居然真的有其他網民也在幫忙找。

Alvin 沒想到，兩年之後，有網民願意和他一同上街做事。發出呼籲帖四天之後，他和九個素不相識的年輕人透過 Telegram 聯繫，最後在紅磡站行動，派光了六百份自己製作和印刷的單張。Alvin 又連續做了八至十次這樣的街站行動。為了保護大家，每次見面行動，連登仔彼此不會留電話號碼。六月十二日金鐘爆發警民衝突，示威者常用作交流資訊的 Telegram 群組「公海總谷」的管理員，確認於前一日涉公眾妨擾被捕，Alvin 開始提醒大家，不要提及自己的連登網名。

「可能真的是先由我帶起，因為我在連登吹水，但真的有人出來。而且不是一個街站，之後是幾百個義工、幾十個街站。」一家咖啡廳內，身穿黑衣、體型瘦削的 Alvin 說，據他觀察，在他組織街站之後，網民自發組織其他街站，落街宣傳。

他感覺，自己一開始充當了一點領導角色，但很快，連登仔中冒出一個又一個領導，百花齊放。

根據連登現行機制，登記成為會員後即可發帖，其他會員可以簡單按「正評」或「負評」回應，亦可以「推 Post」，如在留言位置寫下推、push、故意寫錯的 pish，或加一個適當的 emoji（表情圖示），將自己認同的貼文維持在熱門帖文榜前列，讓更多人看見。

這種設計，變相促進了集體投票。

「透過投票正負評，我們愈來愈清楚，大家正在做什麼，例如有人說『明日不要去』的帖有很多負評，那就反映大多數人都會去，給了自己一個信心。最重要的是連登的人明白，正評，不單是正評而已，他們是真的會出來。」Alvin 分析，「事實證明，例如六九、六一二、六一六，連登是講得出就做得到。」

Alvin 認為，投票功能看似簡單，卻給人們一種參與和貢獻的體驗。五年前，他曾到雨傘運動的占領現場，但與社運圈子沒有接觸，按他的觀察，參與者是「跟隨大台發布的消息，自己走出來」。

「但今次不同，今次是自己可以決定、參與一些討論，令整個氣氛更好。『自己都可以影響到整個運動，自己都有貢獻』，這個心態就令到更多人參與。」

從五月中到六月多，短短一個多月，Alvin 說，連登不同了。「以前覺得討論區只是『齋講、吹水』，但近來連登裡面的意見，真的有人會實踐；連登說：幾月幾號要出來，真的有人出來，不是假的。」

意識到網絡輿論對現實的影響，連登仔變得更嚴謹。Alvin 以六月十五日為例，當日晚上，爬上高處掛「反送中」橫幅的黃衣人梁凌杰在太古廣場不幸墜樓身亡，連登開始流傳一些不同地方都有年輕人意圖自殺的帖子，大家一時不知真假。「頭幾個留言的人，可能都會被影響到，會有些憤怒的 emoji，但之後的人就會開始 fact check（事實查核），不會好容易被情緒導向。」Alvin 說，許多網友自發核對消息，甚至出動去尋找疑似自殺的年輕人，最終緩和恐慌。

而反修例運動發展至今，示威者的手法各異，集會示威，占據馬路，包圍警察總部，堵塞政府大樓等等，行動前後，連登持續發布「不篤灰、不割席」及「兄弟爬山，各自努力」的論調，與傘運時瀰漫著一片就路線紛爭而互相指責的氣氛，大有不同。

Alvin 形容，「以往可能有人會說，誰衝誰就是『鬼』（指臥底或刻意攪局者）。心態只是吹水，我想到什麼就用來鬧你，用最衰的（字眼）來鬧你」，對比今天，「想到自己會影響到那件事，就可以用較冷靜及客觀的心態去回應。」

## 有質素也可以紅起來

與 Alvin 相似，六月中加入連登行列的全新帳號「9up 議政」更加體會到連登仔發功的威力。「我宣布《保民生反修例大聯盟》正式成立」發帖後，約一個多小時內就登上連登的熱門頻道，長輩圖其後亦遍布街站。

「9up 議政」設立 Telegram 文宣組的當天凌晨，阿俊就加入了。阿俊的正職是科技從業員，平均日花兩至三小時瀏覽連登，在這一次運動中，他不時在討論決策或立場的帖文中給予正、負評，嘗試協助推 Post，將示威活動的帖文推至熱門頻道。

阿俊認為，連登的熱門頻道可以令有質素的帖子浮面，取代過去意見領袖的話語權。「能夠上到熱門，是因為這個討論有質素，而非這是某個人的意見。早前陳方安生提及政府可以特赦的新聞上了熱門半日，是因為大家覺得這是好橋（好主意），與陳方安生無關。」

今年初，他開始監察連登的數據，也關注「熱門」頻道的運作，雖不清楚確實演算法的公式，但阿俊估計，連登一般是以正負評數字、單一會員及來自不同會員的回覆率等為基準計算。五年前，阿俊曾以政黨成員身分，積極參與傘運。當年連登尚未成立，市面同類的討論區只有高登，他也是高登會員。雨傘運動期間，為何高登沒有如此活躍？阿俊認為，其中一大原因是，其時高登未有「熱門」選項，而網站的設計容許他人大量洗版，變相使討論區中只有單一聲音，不利於百家爭鳴的討論和行動。

六月十四日，「9up 議政」凌晨發帖之後，大批網民「推 Post」，還自發製作長輩圖，說要開街站派傳單。在 Telegram 群組，許多連登仔準備投入現實行動。

Wins 的計畫是針對較保守市民「以金錢為重」的觀念，他建議示威者可以模擬建制派常用語，以各種「推論」製作文宣，例如將《逃犯條例》與撤資、樓價大跌等扯上關係，動搖他們對政府的信心。

「我們不會講大話，但推論可以無限延伸。民建聯及建制派一直在用，因占中沒了夏慤道，真是損失

» G20 高峰會前夕，有網民透過連登和 Telegram 發起眾籌活動，以求在國際媒體刊登公開信，希望國際社會施壓。

這麼多億？他說而已，無人證明到。」談及這個策略時，Wins 滔滔不絕。

這是否會在社會中傳播空談或不實信息？Wins 這樣認為，「不要再說道德與否，這件事已經不能夠再用道德來釐量。在香港不公平的政治選舉制度來說，你還跟人家下君子棋？你會無法生存。」

他補充，這策略只是希望使建制派群眾混淆，要不爭取他們轉為反對修例，要不使他們感到混淆，凸顯對方本來的無稽之談，「不會對一個民智已開發的人有任何影響。」

六月十四日凌晨，「9up 議政」的這群核心成員主力修改文宣至合適語調，圖片製作則交給網友處理。這晚凌晨他們還製作一個 Facebook 專頁，改名為「保民生抗修例大聯盟」，由「反」變為「抗」，顯示與「反送中」切割，增加宣傳效果，隨即吸走接近二萬 Like。

隨著行動深化，「9up 議政」的成員不停調整，目前有九名成員，其中六人來自原有的電競群組，三人是與他們本來不認識的連登仔，年齡最大者不過二十五歲。Wins 在正職之外，還有副業，工餘時間還要進修，未能即時跟進所有細節，他猶如小組指揮，主力對答；而 Alan 則從事文職，說話不多，負責協調聯絡，並管理連登和 Telegram 帳戶，文案大多亦由 Wins 主筆，其他成員則共享帳戶模擬其口吻延續。

不過，他們仍然非常小心，「網上始終要留一手，未能盡信。那我們就不給他們 admin right（專頁管理員權限）。」

## 從連登到 Telegram：既開放又保密

倘若連登是一個大腦，Telegram 就是其活動細胞。

Telegram 是由俄羅斯杜洛夫兄弟創辦的即時通訊軟件，用戶可以在不披露電話、只利用自訂帳號名稱的情況下與另一方溝通，更可互相交換加密與自毀訊息，被示威者視為保密性較高的社交軟件；Telegram 群組還設有投票等功能。

從 Alvin 的街站，到「9up 議政」的長輩圖文宣組，他們的行動總是先在連登發布，其後才在帖文內公開一個 Telegram 群組連結，允許網民加入相關群組，或待有志趣者自報名號，讓主事人決定是否將其加入群組內，討論行動細節。

這是一個既開放又保密的世界。在 Telegram 軟件搜尋，總會有大量因反修例運動而生的群組，有的稱為「公海谷」，即人數及資訊較多而雜亂的群組，有的則是工作小組，部分若無邀請連結，則無法進入。

端傳媒接觸到其中一個化名為「不灰心」的公海谷管員，他表示，群組本身是由連登發起，現已獨立運作；網民相繼加入後，會按大家參與的熱切程度辨識誰可以擔任管理員一角。他介紹說，一個群組不只有一個管理員，群組與群組之間亦有溝通，連登在宣傳方面甚有效用，情報則集中在 Telegram 內交流，管理員不時亦會參考帖文，或影響部分行動的決定。

## 社運新模式：去中心化的決策過程

參照連登而判斷行動方向的不只 Telegram 群組內的網民。六月二十七日，香港眾志響應連登網民呼籲，參與包圍律政中心的行動，向律政司司長鄭若驊表達撤回暴動定性、釋放抗爭者等訴求。

香港眾志祕書長黃之鋒對端傳媒表示，在這次運動中，群眾強調自發，政治組織拿捏角色不容易，現時參與的身位已不同，由過往領導角色轉為支援和協調網民。

G20峰會前夕，有網民透過連登和Telegram發起眾籌活動，以求在國際媒體刊登公開信，望國際社會施壓，六月二十五日早上公布眾籌計畫，十一小時內籌得六百七十萬港幣，在這背後，有眾多網民參與撰文、協調、聯絡媒體等工作。

黃之鋒說，早上收到訊息，邀請他加入Telegram群組一同跟進，因黨內常委周庭與日本傳媒相熟，故協助處理相關事項，而主席林朗彥則負責設計，日本廣告審批嚴格，必須由當地認可的團體下單，最終使用香港眾志名稱登報。他表示，「香港要有一個團體，可以在一日之內、二十四小時，完成十份報紙登廣告，按民主派的目前架構和人手編製，是無可能的。若非群眾自發，根本搞不成。」

坊間關注連登在這一次運動扮演的角色，有指它造就「無大台」，亦有指它成為了一個「大台」。香港中文大學新聞與傳播學院院長李立峯認為，討論前要先搞清楚大台的定義，傳統大台是指決定策略、公布活動訊息、或能夠代表群眾與政府對話的組織或人物，而這次運動強調自發性，基本上沒有人有膽量自稱為大台，亦沒有傳統由上而下領袖式大台。

李立峯對端傳媒分析指出，連登這次扮演的是讓各方能夠集中討論的中央平台，他形容，每個社交媒體的設置及功能不一，連登系統則設計特殊，因正負評、推post是一種即時投票的功能，使用者可以同時看見結果，熱門榜則可以反映當下群眾關注的議題及意向，較香港其他討論區為優。

他舉例說明，六月二十一日示威者首次包圍警察總部，觀乎當晚截至六點的連登熱門帖文，主題為：「狗屋絕對唔衝得！大伏嚟（警察總部絕對衝不得，是個大的陷阱）！」、「前線拜託千祈！千祈！唔好！唔好衝！」故早已預料他們不會發起大型衝擊。

連登一大特色為匿名發言，李立峯認為，這有利於抹去個人背景的影響，減少「因人廢言」的情況，但他強調，這不等於發言者沒有身分，也不等於運動沒有任何領袖，反而在每個細小的行動都有發起人，他形容這只是一個去中心化（decentralized）的決策模式。

如今連登有一批不時發言、引導運動方向的用戶，被問到他們會否被視為領袖，李立峯形容，他們只是能夠捕捉群眾的情緒，再將其以行動明確表達出來，令大眾跟從，但若果決策一有失誤、偏離，即不會受歡迎，情況是「leader follow followers，多於 followers follow leader，他不可以離地」。

李立峯分析指出，在全新的社運模式之下，傳統社運或政治人物正面對身分轉變，但他們的角色仍然重要，例如泛民議員曾在現場監察警察搜身、控制場面等，有一定的作用，因他們是警察與示威者雙方都認識的公眾人物，無法由他人輕易取代。

網絡平台自有其演算法，決定熱門資訊內容，連登會否藉演算法操縱輿論？而近日，連登討論區也開始浮現零星聲音，擔心連登會引起政府關注而備受打壓，甚至創辦人會否將個人資料出售。李立峯指出，不要輕易看輕用戶，演算法一旦改動，他們一定能夠發覺；至於打壓，他亦認為毋須太擔心，社交媒體總是「一雞死一雞鳴」，回顧過去，連登正是因為高登的分裂而應運而生。

**「之前我太小看香港人，我以為香港人不會理」**

創辦三年多以來，連登創辦人甚為低調，網名為「連尼住」的創辦人過去多年未曾接受傳媒訪問。Alvin 看來，任何發聲都存在風險，他只能盡力去判斷和持續觀察一個平台是否值得信任。「都是看以前是否曾經出事，經過這次的事都沒有被出賣，」Alvin 認為連登值得信任。不過，他也非常注意保護自己的身分。

儘管以連登仔身分接受過多個傳媒訪問，但身邊朋友幾乎無一知道報道中的 Alvin 正是本尊，也不知道他的連登網名，他強調，自己一直將連登與現實生活切割。「如果我不是做這麼多，單純去遊行或留守，我就會對朋友說，但我做得太多，可以說是為了保護自己。」

同樣小心謹慎地探索現實行動的，還有 Wins 和 Alan。他們毫不諱言，「9up 議政」接到端傳媒的採訪邀請，先花五至十分鐘在網絡搜尋，瞭解記者背景後，才答允受訪。當自己有了影響力和支持的網民，他們也在摸索定位和行動節奏。

他們從六月十四日凌晨首度在連登發帖，至今只有四個帖子，兩個關於「大聯盟」，兩個關於「真建設派」，Wins 透露，當初建立的大聯盟 Facebook 專頁被封鎖，其後再建立的後備專頁人氣不夠旺盛，只有不到五千個 Likes，近日亦疑因被檢舉，管理員帳號亦無法運作，現已暫停文宣組工作，因文案已無處可放。

那為何不直接將圖文放到連登或 Telegram 群組？他表示，要顧及運動走向及會否消耗民意。Wins 表示，雖然運動沒有大台，但某程度上，「9up 議政」也是一個大台，「猶如民陣，不會持續叫人日日示威，你日日示威的話，人數會下跌。」

為商討在區議會選舉的工作，「9up 議政」與超過五十名網民見面，會議接近五小時，與會者身分多元，有律師、會計師、教師等等，平日從事文職的 Alan 形容，過程猶如公司開會，出席者簽到，不過大家都是留下 Telegram 帳號，不留私人電話。

這一股連登熱潮，到底會持續多久？高潮過後，連登會否重返「吹水」階段？

Alvin 認為，從「心裡想」到真正投入行動，需要跨過一個個心理關口，但跨過之後，就不會再回到從前。

「我以前有什麼事都只會在心裡說，連打都不會打出來，經過這件事後就令我想在網上打出來，打又打過，遊行又試過，現在又派過傳單，那我以後的層次就一定是在此之上，一步一步去參與。」Alvin 說，「今次政府的做法，是令完全什麼都不理的市民，一步就跳到遊行這個階段，跨過眾多的關口，甚至是有人連遊行都未試過就直接留守，直接到前線……之前我亦都太小看香港人，我以為香港人不會理。」

「除非我老人癡呆，如果有任何的不公或問題，我一定會站出來在現實世界發聲。」

Alvin 形容自己這一次是「醒了」，我問他，「你覺得自己可以維持多久去做這事？」他秒回：「一世，係啊，這件事真的是一世。」

（尊重受訪者意願，文中 Wins、Alan、阿俊及不灰心皆為化名。）

（實習記者梁中勝對此文亦有貢獻）

# 「無大台」運動中的即時資訊台

——田月 文編：陳倩兒

身穿T恤、腳踢拖鞋的阿朗，早就待在香港國際機場第二航廈的一角，雙手不停按電話，像極一個享受著冷氣的愜意旅客。

二〇一九年九月一日，香港反送中人士發起「和你塞」行動，以堵塞機場為手段向政府施壓，爭取五大訴求。做為 Telegram 群組「機場 Fact Check 資訊頻道」的主要管理員之一，阿朗正在默默查看各方傳來的爆料消息，把重要訊息轉發給團隊跟進查證。訊息確認無誤後，就會在這個三萬多人訂閱的頻道裡發布，消息包括當地交通情況，警方布防和突發事件等。

建制派議員葉劉淑儀曾總結，此場運動反應快、利用連登及 Telegram 連結，背後必由「隱形、非常精密的大腦指揮」，更有「一股強大的外部勢力在背後支持、推動」。然而，「機場 Fact Check 資訊頻道」的團隊組成似乎不足以支撐這個論斷：阿朗是從事金融業的八〇後，其他團隊成員有機場員工、學生等，十多個義工互不相識，只以網名稱呼對方，連對方的性別也不清楚。

像「機場 Fact Check 資訊頻道」這樣的情報發布平台不是孤例。自六月開始，抗爭運動在香港各處爆發，具訊息加密、雙重認證、隱藏電話號碼功能的通訊軟件 Telegram 成為運動參與者的重要通訊渠道；由於運動「無大台」，群眾自發的 Telegram 群組及網頁湧現，像一座座置於雲中的「訊號台」，為參與者提供運動的即時資訊。

端傳媒記者採訪了多名即時資訊平台的參與者，他們都是來自社會各行業各階層的「素人」，他們素未謀面卻一起籌謀，有人甚至自稱「烏合之眾」。

## 「無大台」帶來的不安

自六月起，每到週末，香港街頭總會湧現一浪浪黑色人潮，時而烈火街頭，時而商場合唱。「無大台」運動解放了運動的創意及靈活性，但同時也因沒有統籌及統一資訊頻道，引起慌亂及恐懼。

流言與 Fact Check 是這次運動的一條重要戰線，阿朗印象最深刻的是八月十二日機場集會。

「當天傳出許多流言，說（機管局）會截斷電力和網絡什麼的，甚至有張機場關燈的照片流出。我比較有批判性思考，知道哪些消息可信、哪些有待觀察。但當時已有許多人叫大家離開，我覺得很可惜。」

阿朗向來熱衷社會運動。雨傘運動期間，他在占領區「瞓足九十幾日」。雖然在今次的反送中運動中，他也當過急救和哨兵，卻不敢走到最前。「我不怕跟你說，我是懦夫，我不敢衝太前，怕坐監。」他帶點愧疚地說。

既然不能衝鋒陷陣，阿朗找了另一個合適的位置。在那場流言滿天飛的機場集會翌日，阿朗加入了「機場 Fact Check 資訊頻道」做義工，並因積極投入，現在成為主要管理員之一。

## 有沒有收過假消息？「有！好多！」

阿朗表示，最誇張的一次，有人向他們報告警隊會全面接管機場；程度較為輕微的還有巴士線或地鐵站關閉的消息等。阿朗認為發放假消息的人很精明，懂得在真實文件上做改動，令消息真假難分，幸好團隊在求證後都能辨別真偽。

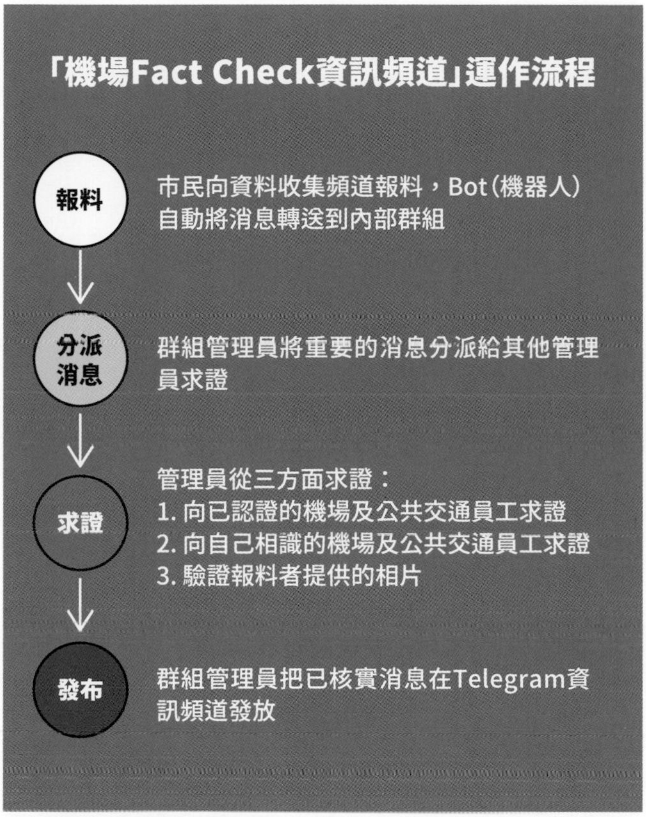
「機場Fact Check資訊頻道」運作流程
報料
市民向資料收集頻道報料，Bot（機器人）自動將消息轉送到內部群組
分派消息
群組管理員將重要的消息分派給其他管理員求證
求證
管理員從三方面求證：
1. 向已認證的機場及公共交通員工求證
2. 向自己相識的機場及公共交通員工求證
3. 驗證報料者提供的相片
發布
群組管理員把已核實消息在Telegram資訊頻道發放

» 製圖：端傳媒設計部

在阿朗看來，香港人的批判力比較一般。「可能因為大家對整場運動有太多情緒，所以傾向相信他們想相信的事情。」

近月難以查核的傳言不停擴散——如行政會議成員羅范椒芬的「少女為前線義士提供免費性愛論」；在示威者陣營中，亦瘋傳八月三十一日太子站有示威者被打死、新屋嶺扣留中心有被捕少女遭強姦等傳聞。阿朗認為對待流言，一定要保持距離、冷靜思考。

「因為這種流言會助長仇恨，而仇恨會掩蓋理智。國家機器最懂得挑引示威者情緒，繼續矮化你，令你走向死胡同。」他說。

» 截自「機場 Fact Check 資訊頻道」群組

在法庭頒布禁制令，禁止任何人士故意干擾機場的正常使用後，阿朗認為機場不合作運動「愈來愈難進行」，於是正跟團隊考慮擴大戰線，成為主動查驗資訊的媒體平台。

「我們希望有更多『一手料』（第一手資料），不想做只是轉發訊息的內容農場呀。」阿朗笑說。

## 從實戰中學習的地圖素人

現場訊息的發布，如今已經不限於文字和圖片。

七月起，抗爭現場地圖開始在網絡流傳。這種地圖顯示警方布陣、哪裡出過催淚彈和橡膠子彈、救護站位置及示威者所在地點等。

「我希望香港不會無限期出現示威和占領。有人用得著我們，其實是很教人難過的。」（I hope Hong Kong don't need to keep going to protests and occupy indefinitely. We being useful is a very sorrowful situation.〉「103.hk 實時地圖」的網頁上有這樣的一句話。它是其中一個最受歡迎的地圖，曾創下單日六十四萬兩千瀏覽人次的紀錄。

103.hk 地圖創辦人之柔不是IT人，也沒有做地圖經驗，只是一個中學老師。「We support the supporters.」他說話總帶著笑，流露一種靦腆。

六月十二日全港「三罷」及七月十四日沙田遊行，讓之柔萌生做實時地圖的想法。六一二當天，他的一個學生處於中信大廈被兩邊催淚彈圍困的人群之中，當時示威者無路可走，驚慌地從大廈兩道玻璃門擠進去，險造成人踩人意外。而七月十四日，身在外地的之柔從直播看到他熟悉的沙田瞬間變成白煙戰區，看著警方在商場間包抄圍捕，示威者在他長大的地方奔走，不知去路。

目堵無助人群的之柔決定要做實時地圖，一是讓參與者減少現場不安感，二是讓大家得到現場資訊後，能自己判斷去向。

「一〇三」的命名源於六月九日參與「反送中」遊行的一百零三萬人，而地圖最希望服務的群眾，亦是占多數的「和理非」市民。「最前線的一班有自己組織，有 walkie-talkies，不需靠我們的資訊。」之柔認為，一般市民們出席大型示威活動，需要感覺安全放心。

「我記得有人對我說想帶孩子參加八一〇『守護孩子行動』，但配偶怕危險。但有了地圖，他們就放心參加。」

在大型活動期間，103.hk 實時地圖約十五分鐘更新一次，列明警察、示威者、救護站等位置，以及人流方向和密度，讓市民更確切掌握現場資訊。之柔先找來一些朋友，後來又在 Telegram 招募義工，組成約十多人的團隊，並在七月二十一日遊行第一次上陣。

「我之前一直疑惑為什麼無人做？做完就明白，因為真的很 chur（費勁）。」

剛開始時，之柔想先製作背景乾淨的地圖，但又不懂相關技術。為準備七二一遊行，他以人手畫了足足八小時才畫好銅鑼灣到中環的範圍；誰知當天示威者行至西環中聯辦，同時元朗又發生白衣人襲擊事件，地圖遠遠跟不上現場情況的急變。

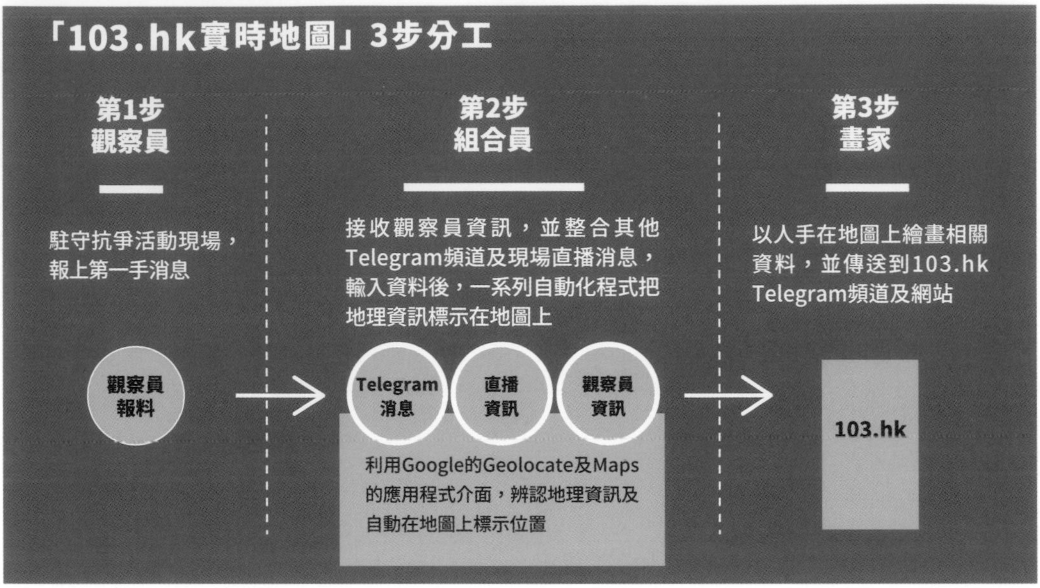
「103.hk實時地圖」3步分工
第1步
觀察員
駐守抗爭活動現場，
報上第一手消息
觀察員
報料
第2步
組合員
接收觀察員資訊，並整合其他
Telegram頻道及現場直播消息，
輸入資料後，一系列自動化程式把
地理資訊標示在地圖上
Telegram
消息
直播
資訊
觀察員
資訊
利用Google的Geolocate及Maps
的應用程式介面，辨認地理資訊及
自動在地圖上標示位置
第3步
畫家
以人手在地圖上繪畫相關
資料，並傳送到103.hk
Telegram頻道及網站
103.hk

» 製圖：端傳媒設計部

後來之柔找到個省時間的方式，以設計軟體 Mapbox Studio 製作底圖，以一格格螢幕截圖的方式完成幾乎覆蓋全港的底圖。同時團隊的運作程序也成型了——由「觀察員」、「組合員」及「畫家」組成，於不同崗位緊密合作。

不是每次合作都那麼理想。群組裡，有人答應當觀察員，報了幾句消息就忽然失聯；也試過有首次報料的觀察員報告「龍和道花槽後面有兩個可疑男子」，但是是哪個花槽？男子為何可疑？這些都讓之柔啼笑皆非。

觀察員海母是團隊中難得的「資深觀察員」。剛大學畢業的他，跟許多抗爭者一樣，在反送中運動爆發時，他就思索自己的位置在哪、可以幫上什麼忙。後來他在 Telegram 群組中發現 103.hk 地圖，便自動請纓幫忙。

「我讀英文的，起初打算幫忙翻譯文宣，但好像已有不少人幫忙；我也上過前線，但體能始終不太好。我有部 iPad，也比較會認路，所以成為『觀察員』應該是我對這場運動所發揮的最大功用。」海母笑說。

另一個在運動期間廣泛使用的即時地圖是「hkmap.live」。這個網站是以群眾外包（crowdsourcing）形式運作的互動地圖，接受任何人報上資訊。

hkmap.live 團隊現在有四至五人。正職為「金融界九〇後打工仔」的創辦人坦言，類似想法在六月已有人在連登提出，最後他從八月三日開始做網頁，八月四日網頁未完全完成，便先推出去。「可能我來自金融行業，明白假如慢了一步，多好的想法也沒有用。」

» hkmap.live 製作的地圖。截圖自 hkmap.live

「其實我自己也很後悔。為什麼有這個想法這麼久，但到八月才實行？如果我六月已整好 hkmap.live，會否避免到七月二十八日上環圍捕（編按：當天的示威中，警方共拘捕約五十人）發生？」他說。

103.hk 地圖和 hkmap.live 恰巧在功能上互相補足。103.hk 地圖從觀察員及媒體直播中獲得訊息，再繪製地圖，雖然資料相對準確，但會有數分鐘的延遲；hkmap.live 則是由群眾即時標示位置的互動地圖，可做到即時更新，但卻犧牲了準確性，hkmap.live 其後加入功能，讓地圖管理員標出認證過的資訊，又讓註冊用戶「讚好」或「踩」地圖標示等等，提高資訊的可信度。

## 互相不認識，但無礙行動力量

「無天理有地理」Telegram 頻道是另一個由民眾自發的地圖平台。創辦人「約翰福音戰士」所發布的地圖記錄運動後城市空間的轉變，如閉路電視的分布、警署附近地磚以膠水加固的情況等等。

「今次見到，不同的製圖頻道積極研究製圖流程、如何驗證資料，不斷地學習及改進，進步非常快，體現了非常強的民間智慧。」除了自己的地圖平台外，約翰福音戰士還參與了四、五個 Telegram 工作小組，從不同方向推進運動。

「Telegram 這個匿名平台真是超級無敵重要！」他說。

二〇一六年農曆新年旺角發生騷亂，多名示威者被判暴動罪成並面對最長七年的刑期。其後，參與示威的人行動明顯比雨傘運動時更小心。而 Telegram 正正為參與者提供匿名保護，讓他們可放心參與行動。然而，二〇一九年六月十一日一名 Telegram 群組「公海總谷」的管理員被警方以「串謀公眾妨擾」罪名拘捕，又掀起了一輪恐慌。

自此，參於反送中運動的 Telegram 用戶更顯謹慎。「在許多工作小組，大家互不相識，未見過真人。有的工作小組更講明就是見到面也不要相認。」

但是，這並不妨礙大家為運動發力。「有人可能因為其身分不可以上前線，就用他的方式去 commit（付出）。而大家心裡都有其同憤恨，需要發洩！有小組所做的工作是好癡線（瘋狂）的。」約翰福音戰士說。

他指的是自己有分參與的「專業清算師」小組。此團隊僅僅用了一個月時間，實現「國際級反套丁」任務——大家合力找出約三千七百個疑似可用作套丁的地段，並向地政總署、申訴專員公署及廉政公署投訴，希望阻止有關地段申請建丁屋，以此「清算」七月二十一日在元朗西鐵站無差別襲擊市民的元朗勢力人士。

約翰福音戰士稱，有機構有類似的研究項目，但動輒需數個月至半年時間。「我們用一個月就完成，大部分人還有正職在身，做到通宵達旦！好瘋狂！」

## 大家覺得有用的，就自然去用

實時地圖及 Fact Check 頻道，皆非常倚賴媒體直播平台提供訊息，而市民對即時資訊的渴求亦已非單看一個直播就能滿足。六月十二日，可同時播放四台直播（現已加至二十五台）的「反送中直播台」上線，成為坊間最常使用的直播網頁之一。

從事IT工作的Ezio和Lotso，在六月九日一百零三萬人大遊行後開始有搞多台直播網站的想法。六月十二日早上，才剛起床的他們發現「好大件事」，

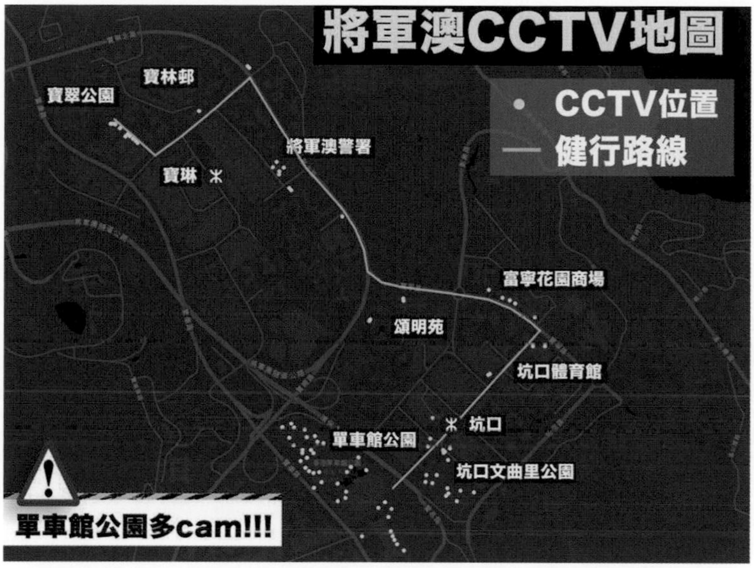


» 截圖自「無天理有地理」Telegram 頻道

幾萬人已在政總集會，於是急忙推出尚未完善的直播網站。

一切就像滾雪球，以無法預知的速度愈滾愈快。在零宣傳、只在朋友圈子流傳的情況下，網站卻在運動參與者間瘋傳起來。兩人看著流量直線上升，火速超越該免費網域所能提供的頻寬，唯有即時將網頁搬去另一免費網域。上線當天最高峰有一萬三、四千人同時在看直播，單日人次有好幾十萬。

「後來發現原來看的不只是香港人。差不多有一半的觀看人次來自海外地區——澳洲、台灣、英國等。」「效用比想像中大。因為他們可能不會知道香港有什麼電視台、傳媒。在這裡，他們可集中看到不同直播，不需刻意找尋。」沒有任何的推力，網站就被傳開來，「我想這跟整場運動的性質有很大關係。許多事情，都不是由什麼有身分的人去做，而是大家覺得有用的，就自然去用。」Ezio說。

「以前大家參與運動都像跟著指示去行動，去遊行像是『湊人數』，覺得重要性較低，完全控制不了方向。」但當沒有領袖，就每人都是持份者，大家就會盡量運用自己所識的去幫忙。「本身香港人就是懂

這麼多，就是咁叻（聰明）。」Ezio 笑說。

## 「始終大家都是烏合之眾」

但是有時，群眾渴望有清晰的方向指示。「我們只是發布資訊，不是大台。」記者在現場旁觀阿朗處理訊息時，聽到他這樣回覆某個 Telegram 用戶。

「我們不時也會收到問題，問下一步會如何？我們都只能這樣答。」阿朗說。

「雨傘運動時我也曾寄望過黃之鋒再踏前一步，寄望有大台帶領。」阿朗在這場運動，見證過無大台情況下偶爾出現的混亂。「鐵馬推來推去，不知推去哪裡，看見也覺得累。索帶也是，明明前面已夠，後面還繼續傳。沒大台統籌，物資自發捐出去，許多時候是被警察清走。」

不過同一時間，他亦見到因「無大台」而爆發的民眾力量和創意——人鏈、連儂牆，以及雨後春筍湧現的 Telegram 小組。

「之前是你聽大台講，然後去做。現在多了人踏前一步（指更多人願意出來負更多責任），因覺得有 ownership（持份），所以遍地開花，包括我們這種媒體。」阿朗說。

這班「即時信差」面對這場龐雜且變化無常的運動，做法絕不完美，也得常常適應調整。

「機場 Fact Check 資訊頻道」管理員阿朗希望把頻道定性為客觀中立的媒體，但團隊之間沒有討論過用字措辭。發布與警察相關的消息時，他用「警察」，有隊友用「警犬」；他會跟著警方通告用「驅散」示威者，而不是「清場」，但亦容許團隊用「清場」一字。「始終大家都是烏合之眾。」他這樣說。「但只要不去觸及我的底線——求真，便可以了。」

「我們的地圖準確嗎？絕對不是完全準確，純粹是聊勝於無。」103.hk 地圖的之柔也說，實時地圖始終未能反映最即時狀況，所以難免出現誤差。八月二十五日荃葵青區遊行，西鐵站及多個巴士站暫停服務。之柔認為由遊行原路葵福路離開比較安全，沒警察駐守，於是上報消息，團隊也因此在地圖上建議撤離方向。但四十五分鐘後，他走到葵福路，看見一排長盾防暴警察已在路一端守候，手心捏一把冷汗，並立即通知團隊更新地圖。

之柔對此感到有點愧疚：「希望沒有送羊入虎

口。」

## 「勇武派」：我們還是憑自己一雙眼做判斷

Katy 自稱「和理非」，每次見警方出動警告「非法集結」的藍旗時，便會離開現場。對她來說，至關重要的實時資訊必定是「撤離路線」。「警察近期喜歡採用包抄策略，所以我決定離開時會先看看哪裡有警察、警車，從哪條路去較安全。」

在緊急關頭，Katy 認為文字即時資訊較地圖實用，一來文字較地圖方便讀，二來她擔心始終需要時間繪製的地圖有時差，未能反映即時狀況。但整體來說，有這種即時資訊會讓她這種「和理非」感到安全，因為可減低被捕風險。

「和理非」尚有閒暇打開電話收看 Telegram 群組訊息，但在前線的「勇武派」不會常有這樣的奢侈。

二十三歲的「速龍先生」會於現場積極進攻以打退警方防線，是「真勇武派」。他偶爾也有在現場看 103.map 實時地圖、Scott Scout 認證哨兵頻道以得到最新資訊。

「好驚看資訊好複雜的地圖，也很少打開直播看。」「速龍先生」早在落場前已計劃好大概的「入去」和「出去」方式；同時，他們十多個勇武派自組一個小隊，當中已有一位專門留意 Telegram 頻道做為哨兵，跟大家以 walkie-talkies 聯絡通訊。

更重要的是，他們更希望憑自己一雙眼做判斷。「其實運動去到第三個月，仍然可以出來勇武抗爭的，都有被捕的心理準備。即使被包抄也好，大家都會選擇『殺』出去，而不是防暴警察未到就先行撤離。」

速龍先生指前線不一定死守，影響他們決定的往往是現場人數——人太少就走，但如果多人就一定會留守。「我想是互相相信吧。團結，會有更好的出路。」

速龍先生亦表示，在這場運動中他最期望得到的資訊是戰略分析——警方如何部署、哪個地方值得駐守。「其實指揮官跟示威者在下一盤棋，看看誰較先洞悉對方的戰略，就會勝出。」但是他目前尚未見到有平台提供此類資訊，也懷疑有沒有人有這樣的專業及信心去建議採用什麼戰略。

在無大台領導的情況下，他也坦言其實好多時前線不知道接下來該怎做。「好像之前八月尾有幾次圍堵深水埗警署，大家圍著警署罵、唱歌、照鐳射燈，但經過一輪激昂行動後，後面的人看著前面，大家都不知做什麼。」他形容這場行動「戰略價值」不高，但卻招來大圍捕，以致許多戰友被捕，十分不值。

「我也不提倡有大台，但希望有方向，可以讓經驗不多的參與者有心理準備。」速龍先生說。

## 個人和整體

在一次行動中，記者跟著103.hk地圖的觀察員海母跑了大半天，為察看不同地點的人流方向同密度，我們從銅鑼灣急步走到金鐘、又搭車到灣仔走回銅鑼灣。兩個小時，海母就把三瓶運動飲料喝光了。

見證雨傘運動的失敗後，海母希望今次自己可不遺餘力地幫忙。他這樣看自己在運動的位置：「勇武保護和理非不受催淚彈和橡膠子彈攻擊；而警方進攻前，和理非慢慢撤退，就幫到勇武；我就在另一方面保護和理非，讓他們知道哪裡慢慢撤走、哪裡要火速撤離。這樣便幫到整體。」

（尊重受訪者意願，阿朗、之柔、海母、約翰福音戰士、Ezio、Lotso、Katy、速龍先生皆為化名。）

## 延伸閱讀

在反送中抗議之初，對於「無大台」這種組織型態的思考和效果的預測，還可以閱讀李峻嶸教授在的撰文：〈無大台、去中心化和「三罷」，能幫「反送中運動」走多遠？〉

而陸委會港澳處長杜嘉芬的專訪〈殺人案演變成進退失據，港府要負完全責任〉，對台港官方就陳同佳案的交涉過程，揭露了第一手觀察和評析。

2

# 街頭上的臉孔

二〇一九年六月十二日下午三點四十七分，香港警察向群眾發射了反修例運動中第一發催淚彈。五年不見的催淚彈回來了！

經過了六月九日一場號稱百萬人參與的遊行，特首林鄭月娥仍然表示將繼續《逃犯條例》二讀程序。為了阻止立法會針對修例繼續二讀，大批民眾在十一日晚間便聚集金鐘立法會一帶徹夜留守，試圖阻止立法會開議。

六月十二日下午，警方開始以催淚彈、布袋彈和橡膠子彈驅散示威者。當時，立法會對面的中信大廈門外，一場合法集會正在進行，但警方卻在沒有任何警告之下發射至少四枚催淚彈，造成超過百名集會民眾一度逃向中信大廈一扇約莫兩人寬的玻璃門內，險釀「人踩人」事件。

「六一二」是警民對抗升級的起始。〈十九歲少年在六一二現場〉記下了當時現場年輕學生的行動和思考。〈他們最漫長的暑假〉和〈催淚煙中的孩子〉兩篇報導設定非常特別的主題：反修例抗議運動下的親子關係。

除了抗議者，也有一批社工和牧師走進警民對峙前線，希望藉助專業或宗教力量，緩和對峙，但隨著日後抗爭強度愈來愈高，連社工也難免遭警察逮捕。〈「救火」牧師〉和〈陣地社工〉，是火線上「心靈工作者」的故事。〈踰越與隔限，香港反修例運動的女流力〉則深入探索女性抗爭者的世界。

〈參與一場不懷期望的社會運動，人們心裡在想什麼？〉是運動初期的一次民意調查，希望解答一個根本的問題：如果認定這一仗「打不贏」，為什麼還要打？

（李志德、趙安平）

# 十九歲少年在六一二現場

——楊子琪　文
編：陳倩兒

「到這一刻，我都無法相信剛才三小時所發生的一切。香港真的還是一個我們引以為豪的自由的國家嗎？」

二〇一九年六月十二日傍晚六時許，我和Justin坐在中環一個角落的樓梯上，他摘下口罩，「國家」這兩個字自然而然從他嘴裡說出來，可能是這個世代的「心口如一」。此時，警方的防線已經從金鐘夏慤道推進到太古廣場，離我們大約十五分鐘路程。眼前匆匆來往著戴口罩、稍顯狼狽的示威者，他們正抱著一箱箱礦泉水、口罩、保鮮紙、生理鹽水，奔向前線。遠處不時傳來不知是催淚彈還是橡膠子彈的發射槍聲，還有隱隱的人群嚷叫的聲音。偶爾，一兩個剛下班的白領閒聊著從街上走過，彷彿兩個平行世界。

早上九點多，我第一次見到Justin。他坐在馬路欄杆上晃著腿，手臂纏著軟墊，這是示威者常見的「裝備」，可以擋警棍。這裡是龍和道與添華道交界處，成千上萬的年輕示威者平靜站立，正對著添華道鐵馬後全副武裝的防暴警察。就在早上八點左右，Justin和他們一道，衝出龍和道，占領了這條馬路。他們要求香港政府撤銷《逃犯條例》修訂，在Justin等年輕人之後，愈來愈多市民來到金鐘。

二〇一四年雨傘運動結束之後四年半，香港人再次占領這座城市的中心。

民主派議員許智峯早早到場。他站在示威者與警察之間，透過擴音器不斷為身後的年輕人們打氣，呼籲他們克制、保護自己，又向前方的警察喊話，要求他們不得找藉口清場。

許智峯向占領者喊：「現在，立法會已經被我們完整包圍了！就算我們什麼都不做，我們也已經贏了！今天的（草案二讀）會議已經取消了！是不是！」[1]

占領者齊聲答：「是——！」

許智峯又說：「答應我，大家一定要保護自己，不要流血，不要受傷，好不好！」

1 當日早上約十點四十五分，立法會主席梁君彥稱將會議延遲，至下午祕書處才確定取消。

占領者再齊聲答：「好——！」

身處一場和平的占領與對峙裡，Justin 沒有想到，約七小時後，他將親身體驗二〇一四年在電視上看到的畫面：警方發射多枚催淚彈，白煙瀰漫如戰場，鐵馬、欄杆、雨傘堆疊在地，尖叫、怒斥、口號聲此起彼伏……

## 在暗夜被警察追捕

就在三天前，六月九日，Justin 響應民陣號召，出來參與反《逃犯條例》修訂的大遊行，民陣呼籲遊行人士身穿白衣。那時的他還未曾想過，自己會站到運動的更前線。

九日下午兩點，他和朋友們各自從家裡出發。剛出門的時候，看到路上好像人不多，他心裡一陣憂慮：要是今天遊行的人數很少怎麼辦？這個時刻了，大家為什麼還不出來？直到他踏入地鐵站，發現月台上站滿了人，全部穿著大會呼籲的白恤衫時，懸著的心一下落地，隨之而來是一陣湧上心頭的感動。當來到灣仔，走在示威人潮洶湧至無法前進的馬路上時，Justin 感受到從未有過的強烈希望。

「一百萬人的民意，政府不可能不理吧？對不對？」三天之後，坐在中環一個樓梯上，他問我。

「可是二〇一四年雨傘運動也有過百萬人，最後政府也沒有動搖？」我反問他。

他彷彿沒有聽到，仍堅持：「一百萬人喎（啊）！係一百萬人！」

六月九日的遊行路線不長，但由於人數眾多，Justin 走到立法會，已經天黑了。聽到「香港眾志」號召人們在立法會門口靜坐，他感覺這個做法行得通，便坐下了。

深夜十一點，遊行大潮還未散去，政府就發出書面回應，明確表示修例將內容不變、二讀時程不變。

這一刻，Justin 憤怒了。從小到大，他只跟著父輩參加過七一遊行、六四維園紀念晚會，他從未做過更進一步的行動。而這一刻，他做出了決定：要留守立法會，直到十二日條例修訂二讀。

現場有點紛亂。他先是聽到有婆婆在海富中心被警察圍困的消息，趕緊跑過去希望幫忙；再而聽到警方在立法會「煲底」（立法會大樓示威區）強力清場，那裡曾坐著數百甚至上千名示威者，他又趕緊朝立法會跑去。此時已經午夜十二點半，示威者已被防暴警察及速龍小隊[2]全數趕到立法會大樓外迴旋處，Justin 剛到達不久，防暴警察便發起衝鋒，將人群趕至三個不同方向。他被趕往龍匯道方向，一直被追到告士打道。他仍記得，一齊逃跑的，是十一個和他一樣的「〇〇後」少年。

「這是我第一次站出來，面對面見到防暴警察。以前都是電視上看到。」他說。

他從未曾想過，自己會在這樣一個深夜，成為被警察驅趕的人，在香港的大馬路上，至少二、三十個警察排成一線，在後邊追趕，他只能拚命狂跑。

「我們跑了好久好久，一直跑到碼頭附近的工地，真的跑了好久。」

半路突然有一隊速龍衝出來追趕他們，這群年輕人奪路而逃，跨過欄杆，不顧一切逃命。當他們穿過只有半個人寬的巷子時，同伴在前艱難移動，速龍小隊的黑衣警察就在身後揮舞警棍。在這些年輕人的心裡，速龍對示威者不會手下留情。Justin 快要被恐懼吞噬：「太恐怖了，好害怕好害怕。」

就這樣跑到碼頭一個隱蔽的位置，大家躲在那裡，不敢說話，屏息凝神，直到天明，才敢出來。而這一晚的徹夜狂奔後，他感覺，「我對警察剩下的一絲希望，也破滅了。」

回家後，他重溫了兒時印象深刻的一段視頻，是時任香港警隊助理警務處長李明逵在一九九七香港主權移交前的訪問。片段裡，李明逵正在巡視示威人群，他向記者講述，自己擔憂香港主權移交後的未來：「我們可能會被要求違背自己的意願，執行我們不想執行的任務。以控制人群為例，現在我們只需維持法紀和秩序，但九七後或會使用不必要的武力。我們害怕被逼做違反意願的事情。」

「我會抗命，如果我被要求做不道德或錯誤的事。」李明逵最後如此說。

這段視頻，Justin 反覆看了好幾遍。

## 當警察，曾是夢想

Justin 今年十九歲，副學士讀了一年剛輟學，在做兼職工作，他說自己對未來仍在摸索。小時候，他的夢想是成為一名警察。

「做為〇〇後，我們出生的時候，正是香港最繁

2 特別戰術小隊（Special Tactical Squad），俗稱速龍小隊，隸屬香港警務處，為準軍事化的特遣防暴警察。

» 二〇一九年六月十日凌晨，警方強行清理立法會停車場，向集會人士噴射胡椒噴霧。（攝影：林振東／端傳媒）

» 二〇一九年六月十二日，警方數十名速龍小隊在龍和道驅趕示威者，他們以雨傘來對抗。（攝影：林振東／端傳媒）

華的時代。我小學、幼稚園，都一心想做警察。二十年前，警察一身制服，穿出來，那麼有型。那時候警民關係又很好，你會覺得他找到一份好工作。電視劇都有播，TVB那些，我真的好想成為他們。」

二〇一四年雨傘運動，他還是一個十四歲的中學生，父母不准他到金鐘參與占領。那時候，他天天看著電視新聞，看到警察打示威者的畫面，幻滅的感覺無法釋懷。他記得那時在網絡視頻裡，看到有警察對著一位民眾的臉噴胡椒噴霧，至今無法忘記。

二〇一七年，中學生的他從電視上目睹劉曉波的死亡。「說得難聽些，我真的好討厭中國啊。」他說，「我覺得太羞恥了。這個國家這樣對人權。我好生氣，雖然香港和中國很不一樣，但的確仍然屬於中國，我還是希望中國能做得好一點。可是現在，我覺得要講出自己是『中國人』三個字，真的好羞恥。」

兩年後，香港政府推動《逃犯條例》修訂，倘若通過，香港將徹底打破以往不往中國移交嫌疑人的慣例，在香港居住的人士將可以被移交到中國內地受審及服刑。社會各界均在質疑中國的司法狀況，不能保障基本人權。

「香港會不會也將有自己的劉曉波事件？我們愈來愈害怕，『一國兩制』的第二種制度正在消失。這個條例修訂，正正讓這一切成為可能。」Justin 認為，「這將會從法治上打破香港與中國界線。這令人恐懼。」

## 被雨傘與魚蛋革命洗禮的一代

六月十二日，早上的龍和道，Justin 一度站在了占領者最前方。看著對面兩、三排防暴警察，持盾牌、警棍，甚至持槍，他不覺得太害怕，因為身邊有成千上萬人在一起。

他這天非常早就出門了，大約七點左右，他在地鐵裡，再次見到滿滿的人潮——這一次，他發現身邊的人，都是十幾二十歲的中學生、大專生。

「其實我覺得我們這一代最好的是，我們經歷過雨傘、魚蛋革命，這兩件事對我們的成長真的影響很大。我們這一代，雨傘運動的時候，我們只有十四、十六歲，我們自己話唔到事（無法作主），要聽家裡人的指示，不能出來。但有一顆種子埋在我們心裡。」

「好想有一天，當香港需要我們的時候，我們會走出來。我們會做一件事，會盡我們本分。這次有這樣一個機會給我們，我覺得我們香港年輕這一代，是真的盡到我們的本分了。我覺得好自豪。」他說。

十二日早上七點多，當他來到添馬公園，已經人山人海。沒多久，忽然看到一些人衝到龍和道上，邊衝邊回頭朝他們喊：「過來啊！過來幫忙啊！別怕！大家一齊過來啊！」

還沒想好什麼，他發現自己已經往龍和道跑過去了。回頭一看，他沒法忘記身後人們臉上的表情，那麼猶豫，夾雜一絲害怕。他忽然就醒悟過來：我不是也曾經這樣嗎？

他突然就堅定了，開始和占領者們一起朝周圍的人群大喊：「過來幫忙吧！別害怕！」

「當你去到那一刻，你真的好想多做一些事；當你明白，你坐在那裡真的沒用的時候，你明白你一定要做出第二步的行動。」

半小時不到，龍和道被占領了。

## 沒有預警，警方發射催淚彈

在議員許智峯長達約七小時的持續呼籲下，占領者和警察基本能夠和平共處。

「我真的好明白他在做什麼，我好感謝他。有他在，我們真的感到很安心，我們第一次感覺到，受到議員的保護，原來是這樣的。」Justin 說，曾經他也和很多同輩人一樣，批評泛民「和理非非」，不夠激進；他其實也理解這些泛民政黨人士的立場和想法，而到了這一天，他覺得，彼此之間過去十年以上的縫隙，似乎彌合了。

「真沒想到，《逃犯條例》有這樣的效果。」他笑說。

下午三點左右，對峙的警察突然全部撤了回去，只留下二十人不到的速龍小隊。此時，處於龍和道的占領者們看到隔著添華道那邊的夏慤道，警方正在那裡舉起紅旗警告，Justin 聽到後面有人突然喊：「他們只剩下這麼幾個人！不用怕他們！」還沒反應過來，一群占領者忽然就向前衝去，推動鐵馬，一度占領添華道，再被警察趕了回來。

他和另一群占領者沒有動。他望向許智峯，看到他雙眼通紅，感覺他非常悲傷。Justin 走過去，對許智峯輕輕說了句：「謝謝你。」

» 二〇一九年六月十二日下午三點左右，示威者衝擊防線，對峙的警察突然全部撤了回去，只留下二十人不到的速龍小隊，示威者最終能成功占領添華道。（攝影：林振東╱端傳媒）

「感覺浪費了七小時的『和理非』行動，給了藉口警方清場。」Justin 說。

此後的一切，不再平靜。他身處的這群龍和道占領者，與夏愨道等其他道路的占領者一樣，被防暴警察和速龍沿路追趕，胡椒噴霧很快就出動，這一次，催淚彈也上場了。

「我很確定，沒有任何預警，沒有舉旗，警方直接向我們發射了催淚彈。」他回憶著第一枚催淚彈丟下的瞬間，睜大了眼睛，「我們根本沒有準備，我們處於驚慌之中。我們當中有不少哮喘病人士。」

多枚催淚彈在人群中迅速炸開，白煙四起。有經驗一點的示威者拿著礦泉水瓶追著彈頭澆水，希望把煙霧撲滅。

Justin 再次狂奔起來。這是三天裡，他第二次被警察在大馬路上追趕。

「有人跑，有人尖叫，成件（整件）事真係好恐怖。你明白嗎？」他說，「求生的本能驅使我奔跑。我們沒有任何還手能力，也根本沒想過還手。我真的像逃命一樣。」三小時後，他仍心有餘悸。我們坐在樓梯上，夜色裡，大街上，示威者仍在準備物資，奔赴太古廣場那邊警方的防線。

「警察被政府推出來做擋箭牌和棋子，不是他們做錯事的藉口。政府也不能這麼做啊。」他如此總結。

「我的想法是，如果我戴著頭盔，拎著盾牌，後面是我的上司，前面是一些為我們自己家爭取民主的年輕人，我會怎樣做？」他說，「我給自己的答案是，我一定不會做警察這份工。」

從六月九日的百萬港人大遊行，到六月十二日占領金鐘再被清場，短短三日，Justin 說，他感覺自己經歷了從希望到絕望，再到希望不死的歷程。但在希望、幻滅、驚恐之後，Justin 能夠想到的，並不是絕望。

「我們今天至少包圍了立法會，讓會議取消了。我覺得香港人是有能力讓修例撤銷，但香港人會不會這麼做，我不清楚，也不敢想。但我覺得香港真的還有希望的。」他說，「但就不要給任何希望這個政府了。」

# 他們最漫長的暑假：未成年抗爭——

李亞妹　文　編：陳倩兒

白靈十六歲，她穿黑衣，整個夏天從手機和電視讀著反修例運動的消息，但大部分時間她並沒有在現場，即使在現場，她也是選擇後退的一群。

她媽媽是位清潔工，有時白靈幫她在公屋拾垃圾，這成了她唯一能在運動裡奉獻的技能。她自覺自己是一個站得遠遠的溫和群眾，尋找著一種安全又合適的參與方式。「這種抗爭是長期的，厭惡性工作沒什麼人想做，就我來做吧。」

反修例運動遍地開花，經歷了不同階段，不斷刷新人們認知的除了運動本身的能量和型態以外，還有街頭示威者的年齡——大學生固然不少，但還有許許多多一看就是中學生模樣的年輕人，他們有的衝在前線，但似乎更多人選擇站在後頭。在十五、六歲的年齡，他們大膽又小心地嘗試表達自己的訴求，也處理著和校園，和家庭的緊張關係。

從一條條例，引發對一個政權或威權管治方式的抗拒，那抗拒不是突如其來。抗拒的脈絡，從這群學生出生的二〇〇三年已經開始，他們童年的記憶裡都是一宗宗「反」的事件，他們記得反雙非、反國教、反水貨客。各種「反」發展到日常生活裡，甚至成為倫理批判，有時成為「我要成為一個怎樣的人」之道德指標，彷彿他們愈能從日常裡與中國內地和內地管治拉開一段距離，便愈忠誠於香港的獨特。

## 當學校直面政治

「有些人遊行完了就去喝喜茶。」朗的同學說。

「我從來不喝喜茶。」朗立刻自清，他不去消費喜茶這個來自大陸的品牌。

朗今年十五歲，他讀的中學有校友在運動之初發起了網路連署抗議。事實上，回到二〇一九年五月中旬，網路上發生一場突如其來的「校友實名連署」潮。全港四百四十九間中學裡，有三百四十九所的校友，在網路上發起實名連署抗議逃犯條例。這是整場運動由冷變熱的關鍵，人們之後也從網路走上街頭。不過學生、校友連署歸連署，學校表不表態又是另一回事。

朗在學校的內聯網裡發了一封電郵給全校師生，全校師生都讀著這郵件，主旨寫「明天一起推倒惡法」，內文說，「修改《逃犯條例》最恐怖的，是可以引渡上大陸，並沒有追溯期，極為影響香港東方之珠的美譽，以及國際地位。」翌日是六月九日，反修例的第一場百萬遊行，朗的同學有十三個參加。

校長起初對這事情沒有表示，他總是說「學校是政治中立的場所」。過了三天，十二日，教協開記者會，宣布全港啟動罷課，朗的一些師兄師姐（學長學姐）在內聯網裡，問學校罷不罷課，並且開始討論如何參與反修例運動，突然間，整個內聯網死（當）掉，「網頁無法顯示」。六一二罷課過後，金鐘爆發大規模警民衝突，催淚彈放了一百五十枚，接著運動被命為「暴動」後，學校的內聯網重開了，校長面對師生的交代依然是，「學校是政治中立的場所。」

儘管網頁只是被禁了幾天而已，朗的一些同學們在討論，「學校是不是在封鎖我們的言論自由？」無論如何，這事情一方面顯現校方的不知所措，一方面折射了做為學生，他們表達的權利某程度正被學校支配著。

朗後來開始向社區著手。他在網絡論壇連登裡認識了幾個同區的中學生，十四、五個人開帖召開一場學生集會，本來時間地點都安排好，連新聞稿也寫好，誰知這帖惹來批評，說集會要求學生穿校服出席，是沒有顧及學生們的安全。集會馬上取消，朗在帖裡道歉，自此他行事更小心了，特別是保障身分方面。

這十四、五個人後來成了區裡的核心，運動流水般流落社區時，他們也在區裡建起一道連儂牆，晚上在旁邊守護，叫著口號。

## 「老師」這個角色

朗的執著，有一部分原因來自於他的班主任的啟蒙。

據朗的形容，他的班主任是位「男神」，不因外表，而是因為班主任在課堂內外總是有意無意談起時政，他不說特定立場，而是重在啟發，比如他會突然問，「如果街頭的示威者與警察的角色交換，你覺得情況會不一樣嗎？」

在此次反修例運動中，不同中學選擇了和學生保

» 二〇一九年九月九日，全港中學生發起人鏈活動，於早上上課前，在學校門口手拖手連成延綿人鏈，以和平方式表達訴求。（攝影：Paul Yeung ／端傳媒）

持不同關係。有些學校尊重學生參與遊行集會的權利，卻又擔心學生安全，於是安排了老師陪同學生去上街。朗和班主任沒有這種安排，他們只是各自上街，但遊行過程裡，兩師生總在 Facebook Inbox 聊天，班主任用年輕的語言與朗交流著：「不要當衝衝仔（衝組）呀！」得知西方記者來訪問朗時，班主任取笑他說，「你揚威國際了！」這種陪伴，讓朗感覺他在這場運動的參與權利還是自由的。

安琪今年十六歲，她感覺自己在這場運動裡是完全自由的，學校很開放，家庭也很開放。

六一二全港啟動罷課時，正逢考試季節。罷課前一晚，安琪的學校在 WhatsApp 群組讓所有家長，投票決定明天要罷課延考

» 二〇一九年年九月二十三日，林鄭月娥的母校嘉諾撒聖方濟各書院，中學牛組成「連儂人」，給同學們貼上自己寫的便條。（攝影：陳焯煇／端傳媒）

還是不罷課繼續考試。安琪媽媽說，那些家長群組裡的日常對話「通常政治潔癖」，免得立場不合，大家都識相在組裡沉默。投票結果是考試順延一天，投完了也沒有人異議，家長們有默契地再次沉默。

學校安排了一個課室，成為臨時的情緒輔導所，面對整場運動，若學生有什麼困惑，可以到那輔導所找老師傾訴。而至於罷課的學生，可以到學校禮堂聽分享會，分享的人包括，站在運動前線的同學、老師，以及畢了業讀法律，回來解讀《逃犯條例》的師姐。安琪說，禮堂幾乎坐滿八成座位。

安琪記得，有一位老師在台上分享他這次運動站到前線，他人生第一次站到前線，並且被身邊的年輕人指責，「你不要在這裡阻礙我們。」這老師後來因這指責反省，「一個社運裡並不需要所有人都在前線衝，就算你不是當最熱血的人，起碼你選擇了不當一個冷血的人。」

## 「一起成長吧，整個家庭」

安琪沒有選擇成為冷血的人，也沒有成為熱血的人，她選擇後退，她選擇冷靜。

在安琪看來，政府修例最大的影響，是可能觸碰香港司法獨立的邊界。七月一日那天，香港回歸中國的第二十二個年頭，安琪和媽媽下午一同在街頭遊行。兩母女從反國教以來，幾乎每場遊行都出席。但她們的遊行有個約定，天一黑就是警號，抵達金鐘就是表達了訴求，就得離開，「安全最重要」。

七月一日走到金鐘時，立法會外穿黑衣的人已經在撞玻璃，希望占領立法會。立法會外頭的人那天像浪潮一樣，一浪一浪傳物資，「剪刀」、「剪刀」，一浪一浪傳進立法會裡。安琪媽媽的一位朋友這時候在人群裡出現，逆著人群奔向她們兩母女，要求她們留下來，「妳們留下吧，妳們留下吧，否則裡面的小朋友沒有人幫助了。」

安琪和媽媽沒有留下，按約定離開。

母女回家看直播，那個晚上立法會的議事廳被塗鴉了，一個叫梁繼平的黑衣人站上議事會桌上，脫下口罩說，「我們已經無法回頭了。」

他們一家四口看完直播，準備各自回房間睡覺，安琪無法睡，她忍不住把心裡的矛盾說出來：「我實在不想承認他們是暴徒，但他們在破壞區徽，他們在破壞香港的象徵。」

於是一家人半夜穿著睡衣，坐在飯桌，來了一場「什麼是暴力」的家庭會議。在這個夏天，他們有過不少類似的會議。

這個會議存在著兩個世代、兩種成長背景——安琪父母都是從中國內地來的移民，七〇年代出生的人，一個做會計，一個做銀行，他們趕上香港回歸前的經濟起飛與知識開放，給予他們那代人如今的安定，有樓、有專業、有自由可以判斷是非。他們憂慮安琪和哥哥這一代，未來將漸漸被迫至單一，「單一的新聞發布，什麼都掩蓋住，不能有丁點反對聲音，從一個原本比較自由的思想，你要他們一下子去一個這樣的社會，那麼單一，自然是恐懼的。」安琪媽媽說。

在家庭會議上，爸爸問安琪：「戴著口罩的他們毀壞的是物件，比起整個政府、或是整個制度的崩壞，你覺得哪個更重要？」

哥哥也加入其中，他說他覺得這是一場空城計，「為什麼突然間沒有警力了？為什麼這場破壞能夠發生？」

臨睡前，一家人對於「暴不暴徒」沒有定論，但起碼情緒隔著直播畫面，再隔著一場討論，冷靜了不少。安琪媽媽說笑，「好在我們政治立場一致，不然會打架。」這家庭會議可貴於聆聽與討論，試著梳理各人的糾結，「一起成長吧，整個家庭。」

那晚以後，第二十二個年頭的七月一日以後，醒來的香港進一步面對難以拆解的困局，三方勢力持續在蔓延：政府對民眾訴求的冷漠和回避；警民之間不斷上升的衝突，警方大量施放催淚彈、橡膠子彈、海綿彈，武力無間斷地升級；而從元朗的白衣人至北角的紅衫軍，涉黑的力量也在蔓延。

群眾除了尋找面對這個困局的方式，還尋找著梳理自己內在的路徑。安琪家裡的會議因此更加頻密，安琪說，「正所謂閒話家常」，運動和公共議題已經成為他們家飯桌上家常便飯。

後來，安琪又試著把這種對話方式發展到學校裡去。「我又膽小，又怕催淚彈，又怕受傷，總之怕很多事情，我想不是每個人的性格都適合衝的。如果說這場運動我做得比較多的，應該是學校，我試著用冷靜的方式，與身邊那些政治冷感的同學，心平氣和地展開對話——如果我跟你們聊《逃犯條例》，你們不介意吧？」

## 「我看見背後更大的框架是家庭」

一般來說，安琪以「關心時事」與「不關心時事」辨別她對話的對象，這可以從他們的Instagram內容和日常談話裡輕易分辨，在她的朋友圈子裡，吃喝玩樂、「不關心時事」同學還是占大多數，如此一來，安琪說，自己對話的對象就多了。

安琪問同學，對於條例的看法，對於運動者的看法，對於警方、對於政府的看法，安琪得到的答案，不時使得她失望。在她看來，一些同學不習慣批判的思考方式：傳媒報道著示威者打人的畫面，他們也就真的相信示威者打人，沒有求探打人畫面的來龍去脈。有時她也看見身邊同學的「自我蒙蔽」，所有社交媒體或媒體都在鋪天蓋地說著這場運動，他們卻選擇閉起眼睛，活在小確幸的吃喝玩樂裡，草草把事情詮釋為「打人就是錯的，所以反送中都是錯的」。

「改變一個人很難，特別是沿自於家庭的一種思維方式，我好像實在沒有辦法撼動，卻又不想看見他們如此被蒙蔽。」安琪說，「我看見背後更大的框架是家庭。」

安琪覺得，她和同學們接受一樣的學校教育，但對於時局有著不一樣的關心程度，那背後更大的原因來自於家庭。有些同學的家庭怕「亂」，同學也順從，從整場運動裡抽身保持了距離。如果安琪要讓同學們面對這場運動，等於挑戰他們對家庭價值的順從，所以安琪認為，很難，改變很難。

改變以前必先有撕裂，二〇一四年的雨傘運動，至今在人心埋下兩種兩極化的伏線，一是警民之間，一是家庭價值觀。如今，警民裂痕每個週末撕得更裂，人們很明顯從交戰的畫面察覺到，倒是家庭價值這道裂痕那麼隱藏，並且私人得難以啟齒。有些家庭在五年前曾經有過的爭執——有無外國勢力煽動、有無收錢破壞穩定之類的話，在這個夏天又重新上演了。有些子女因此在運動期間暫時搬家。

故事又回到白靈，雨傘運動的時候，白靈才十二歲，讀小六，做建築的爸爸告訴她，金鐘很亂。這場運動之初，爸爸也同樣告訴她，很亂，要保障自己安全。她有些同學想要出門遊行，卻被父母禁錮在家裡，確確實實地被反鎖在房裡，有的同學要撒謊、換衣服偷偷出門來參與運動。

## 我們的時代意義

白靈起初到示威集會拾垃圾，回家總要和爸爸大吵一架，說她被人洗腦了，直到警民的衝突愈來愈暴烈了，爸爸向工友瞭解一切後，才明白這是香港面對的大時代。

他回家告訴女兒，「妳才十六歲，留一條命，不要為了一條條例犧牲自己，不做前線就好。」

這些年輕的學生們，很難說有多少人認真想過要把性命交付，但他們很清楚，這場運動是在爭取屬於

» 安琪和她的媽媽行過連儂牆（攝影：Stanley Leung／端傳媒）

他們的未來，「司法獨立、三權分立，這是香港的核心，是我們未來的核心。」安琪說，所以必須有所行動，即使是溫柔地。

面對著政府的冷漠、社會的撕裂，以及一場將來臨的大拘捕，有人攜著寫好的遺書站到前線去了，學生們對自己的生命價值也開始有了不同的想法。

「誰和我一起跳，一個小時跳一個，要林鄭出來對話！」朗曾經在 Instagram 裡說過這樣的話。

他最後沒有跳，也沒有人響應他的呼召，他消失了半個下午，身邊人都在擔心著他安危，他才出現說有朋友被捕了，覺得無力，也覺得內疚，「我坐在家裡，收到電話，說誰誰誰又被抓了，我真的很不開心，為什麼那個不是我？」這無力這內疚正在他們這群運動者裡傳遞開，這個暑假碰面的話題常常離不開死、自殺、不安。

很難想像一場巨大的運動，在這些年輕的生命裡，正在埋下什麼集體創傷。社會學家曼海姆（Karl Mannheim）的看法是，十七歲至二十五歲的青年還在形塑的過程，社會大事成為他們的成長經歷時，將影響他們未來的世界觀、價值取向。白靈、安琪、朗三個十五、六歲的少年，說著在這場運動裡成長，話裡除了強調「香港人」這種身分以外，參與運動也讓他們思考自身意志，提高道德要求，比如說，面對暴力的自我克制、是非對錯的判斷、對權力結構不公的覺察。

日本在六〇年代有過一場新左運動，在《新左運動與公民社會》裡寫那時候運動的參與者存在著「自我變革」的思想，反省著生活裡誰支配誰的體制現象，在日常性的政治裡改變並且解放自己。這場運動後來因著警方的暴力而走向武裝化，失去了民意，雖然衰退，卻也成為日本公民社會重要的遺產。而在那之前，運動最美麗的創造時期，人人也尋找著自己能全力奉獻的角色，要求「忠於自我，並且正直地活著」。

他們也不僅著眼於運動，而是開始想像著未來，讀完書要去拍電影、要做記者，要當一個改變思想的人，就是不當警察，也不當官員這種磨心角色。

「我們的十六歲，本該是最無憂無慮的年紀，本該想著學習、運動，現在我們想著抗爭、想著上街。很累很累，但很多人還在堅持。」白靈說。無論結局如何，一些生命也將不一樣了。

（為尊重受訪者意願，文中白靈、安琪、阿朗均為化名。）

# 「救火」牧師：他們唱哈利路亞擋警察——楊子琪

文編：陳倩兒

烈日當空，立法會大門前，手持長盾牌、全副武裝的防暴警察，與數以千計甚至上萬的年輕示威者們，正緊張對峙。這是二〇一九年六月十二日中午十一點，《逃犯條例》修訂草案要在立法會恢復二讀，儘管三天前有百萬港人上街抗議，政府卻並無退意。空氣裡是一觸即發的氣息，眼見雙方均準備有所動作，劍拔弩張之際，一位女牧師跑來對王少勇說：「你叫其他人衝出去吧！」王少勇二話不說，向身後二十多位牧師叫道：「那裡好像要衝了，我們大家走過去，隔開他們！」

這群牧師一齊衝了上去，他們穿著便衣，手拉著手，以身體擋在了防暴警察和示威的年輕人之間。王少勇就站在第一排，他和這些牧師唱起了那首後來在香港變得耳熟能詳的聖詩：「Sing Hallelujah to the Lord……」所有牧師又舉起彼此緊牽的雙手，以示和平。

這一幕被他們身後的示威者及記者攝下，在社交媒體廣傳。一個多小時後，在網絡論壇連登上，有人發出帖子：「[耶撚]十多位牧師在立法會大門最前線手拖手擋著警察，不讓他們對學生動武力」。

帖子獲近四千五百個正評、十七頁網友回應，大多是感動之聲，然後開始有人呼籲，不要再叫基督徒做「耶撚」，其中有一條留言如此說道：「唔好叫人耶撚，哩啲堅係神既使者（別叫他們耶撚，這些真的是神的使者）。」

## 民眾對教會行動的態度轉變

所謂「耶撚」，是對基督徒具有貶義的形容，源自於香港另一個流行論壇高登。「撚」本是粵語裡男性性器官的粗口，不過在高登卻形成了一種「撚文化」，用「撚」將喜好不同事物的人分類，例如經常容易不安的人，叫「不安撚」，又如女權主義者經常被形容為「女權撚」。而「耶撚」則是高登用戶用來指代他們所認為虔誠到走火入魔、或行為差劣的基督徒。

「耶撚」在高登、連登上已被使用多年。看到今次感謝牧師的帖子，以及年輕人對牧者行動的感激，對王少勇來說，這些都是以前無法想像的。

二〇一四年雨傘運動，他記得好清楚，在十月二日，當大批示威者因政府寸步不讓而憤怒、要即時占領龍和道時，王少勇和四十多名牧師身穿牧師服，奮力擠到百多名防暴警察前面，身後同樣是情緒高漲的示威者。他們那時希望，萬一局勢惡化，可用身體擋在兩者之間，化解危機。沒想到，當他們唱起〈Sing Hallelujah To The Lord〉時，幾個年輕示威者向他們呼喝：「牧師！唱歌唔該唔好喺呢度唱吖，唔該！（唱歌請不要在這裡唱，拜託！）」「慳啲啦（省省吧）！」「唱詩返（回）教會唱！」

「我們那時是被拒絕的感覺。」王少勇說，自己那天晚上十分「悲憤」，無法入睡，遂起身憤而寫文投書：「……群眾對代表著教會的教牧棄如敝屣……香港教會在牧養上的失效，原來已經跌到一個難以想像的尺度。」

不過，五年後，情況大為不同。

就在「神的使者」這樣的讚譽出現之前，王少勇就發現，原本不怎麼受歡迎的祈禱會，竟前所未有地吸引了大批基督徒及部分示威民眾參與。

二〇一九年五月下旬的香港，社會各界反對《逃犯條例》修訂的聲音已愈來愈強烈，全港掀起一股連署風暴，近五百間中學裡有約三百間的校友發起連署，社福界、文化界、法律界、新聞界等人士亦紛紛響應。六月九日爆發百萬人大遊行前後，由楊建強牧師所發起的基督教教牧連署籌委會，與王少勇所在的關懷團，還有香港基督徒社關團契一齊，發起「七十二小時馬拉松禱告」行動，由六月九日起，連續四日在政府總部外舉行晚會或早會禱告。

祈禱會成效驚人。不算六月九日遊行那晚，十日星期一的晚上，雨後，祈禱會來了約四百人；第二晚下大雨，來了超過一千人；第三天，十二日占領的早上，來了超過二千人。

「如果你去過教會就知道，香港教會聚會人數最少的就是祈禱會，有些教會是取消了祈禱會的。一間數百人的教會，可能只有十個人去祈禱會，當中還有一個是牧師。」王少勇說，「但這一次不同了。」

四十出頭的王少勇是一間中型獨立教會的主任牧

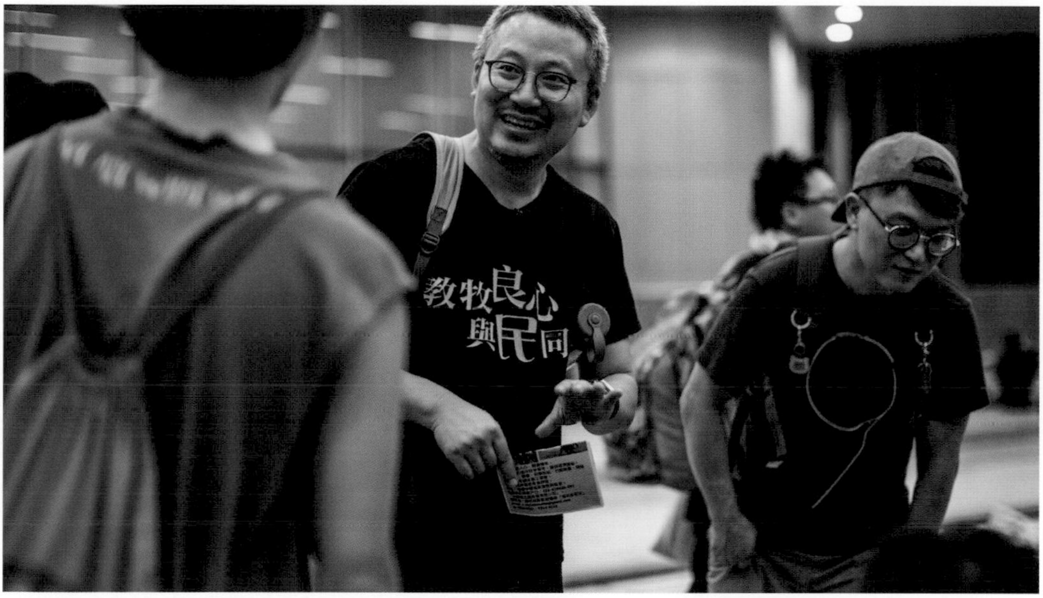


» 王少勇牧帥在立法會前示威區跟年輕人交談（攝影：Stanley Leung／端傳媒）

師。他頭髮微微有些花白，戴黑框眼鏡，自六月九日百萬人反《逃犯條例》修訂大遊行以來，他幾乎每日到有示威者的現場，身上常穿黑色恤衫，踢一雙涼鞋，「現場太熱了，方便一點。」

「為什麼五年後會變成這樣？我把credit（功勞）給朱耀明牧師、戴耀廷和陳健民教授（戴、陳均信仰基督教）。」王少勇說，「人們因此發現，原來基督徒會走出來，基督的信仰原來不是那麼離地的。」

唱聖詩在雨傘運動時曾被群眾喝罵，可在這次反修例運動中，一度成為基督徒甚至普通市民的抗爭手段。這一切都從六月十一日晚上那次祈禱會開始。

十一日的夜晚八點，不少市民響應網絡號召，聚集在政總、立法會門口。祈禱會內容平常，但到了尾聲，參與的上千名基督徒看起來並不想這麼快離開政府總部。於是，主持的牧師說：「讓我們用一首歌來結束今天的祈禱會吧。」他帶頭唱了起來：「Sing Hallelujah To The Lord……」

這是一首反覆重複一句話的小調，現場的基督徒開始用不同的聲部合唱起來。不久後這名牧師發現，現場的年輕人不用帶領，繼續傳唱下去。

這時，大批手持盾牌的防暴警察陸續到場，在立法會門口與示威者對峙，氣氛一度緊張。警方又在立法會對出添美道路口截查每一輛駛入的車。然而，在場唱歌的人愈來愈多，甚至有非信徒的市民也加入了這聖詩隊伍。不同聲部的聲音此起彼伏，天橋上、地面上，人們彼此應和，柔和中透出力量，令現場對峙氣氛稍微降溫。

組織祈禱會的牧師之一楊建強，是在第二天早上起床時看報紙才知道，這群基督徒和市民，昨晚一直馬拉松式唱了整整九個小時。

「這是上帝的工作。」他由衷地說。

## 六四之後，教會首次大規模為政治議題發聲

「天主教同基督教幾時關心過社會政治？我印象中無。我出來社會二十九年，從未見過教會如此大規模為政治議題發聲。」從事社福工作的基督徒吳先生對記者表示，「所以當我見到連浸信聯會都出聲，真係好驚訝。」

說兩教沒關心過社會政治，是誇張說法，過去數十年，兩教的神職人員以個人名義或教會屬下某部門的名義，對社會、政治議題的發聲，時有發生，例如天主教陳日君樞機、基督教朱耀明牧師對雨傘運動的支持和參與。不少基督教自發組織的團體亦持續參與公民社會運動，例如嘗試連結神學院、堂會及民間團體的「香港基督徒學會」。不過，能夠令不同宗派的教會如此大規模明確表達反對當權者意見的事件，在王少勇的認知中，「上一次可能是六四了。」

「在香港，有些教會對政治議題的參與程度是比較低的，」香港中文大學崇基學院神學院副教授、香港基督徒學會總幹事龔立人說，這種現象的背後有值得留意的歷史原因，「一個地方的教會對政治的參與程度，同地區的公民教育有關。香港社會很特別，它所經歷過的殖民地時期，港英政府是不鼓勵市民參與政治的，尤其在六七暴動之後，政府刻意要香港人不要太政治化。教會做為社會一分子，自然受此影響。」

此外，教會自身的利益或許亦有影響。

龔立人指出，規模較大的教會，需要一定經濟能力維持；由於教會的主要收入來自會員的奉獻，大教會的會員往往是經濟能力好的人，而經濟能力好的人，往往是制度的既得利益者，所以「通常都不會觸

» 為抗議者阻擋警察的牧者與教會人士們。左起林海盛牧師、邢福增教授、袁天佑牧師、王少勇牧師、龔立人博士、楊建強牧師。（攝影：林振東／端傳媒）

碰那個制度，他們就會叫你不要再亂」。

龔立人又分析，教會過去在政治議題上較少發聲的原因，還包括與政府的合作關係：「這種關係是存在的，無論是辦學、社會服務、轉換已有的土地用途。所以對某些教會是不傾向跟政府「撐到咁行」（把關係弄僵），教會的制度本身使它不想如此。」

另一個原因是每年會上固定會有同工進入大陸做交流等工作，如果要公開對政府意見說不，部分教會中人會擔心危及他們在中國的工作。

近年由於各種政治事件，香港社會的公民意識高漲，教會人士對社會、政治議題的參與似乎亦開始增加。五年前雨傘運動，不少牧師、教友自發到場，參與情緒支援等工作。王少勇做為召集人之一的「教牧關懷團」，正是雨傘運動所延續下來的一股基督教牧者力量。

## 教牧中的少數派

在二〇一四年雨傘運動爆發之前，胡志偉牧師連同三十多名來自不同宗派、教會的教牧，成立了這個關懷團，在宗派以外，以自發團體身分，靈活應對政治運動。

「全港有四千個教牧，我們這裡不過三十人。」王少勇說，成立之初，第一次開會，他們借用了素來較傾向開明派的基督教協進會的地下室房間，「你想一下，有什麼教會願意借地方給我們呢？」

關懷團一開始分了內圍、中圍和外圍三部分，參與內圍的牧師，是做好了被捕的打算。關懷團在占領區設立小站，主要做情緒支援工作。常有占領者走過來對他們說：「牧師可否為我祈禱？」王少勇便為他們祈禱。他主動走到街上，看到神情呆滯、表情傷心的人，便與對方聊天。

王少勇還堅持在講道時抨擊政府，討論時弊，有信眾無法接受，起身離開，再也沒回到王少勇的教會。王少勇告訴自己：「福音不只是講信耶穌、永遠都幸福平安，真正的福音是講公義、甚至是會吃苦的。」

「這次條例修訂，是非黑白分明，不像雨傘運動那樣，可能各人對占領行動有不同意見。現在好多市民心裡有憤怒，基督徒也一樣。」袁天佑牧師說。

雖然民意似乎不少站在反對條例修訂這邊，但回到教會，王少勇仍聽到一些不一樣的聲音：在教會的WhatsApp群組裡，有教友毫不客氣批評他「騎劫（綁架）了上帝」。

他苦笑道：「我怎有那麼大本事？不過我覺得自己在不斷進化，從前我在講道時好直率批評七警[4]打人事件，現在我學會用更加溫和的方式，分享親身經歷，希望讓意見不一的弟兄姊妹更願意聽我講。」

## 兩票之差通過聲明，浸信會公開呼籲撤回條例

當王少勇、楊建強等牧師聯合不同宗派牧者成立關懷團、籌委會這樣的小團體，以靈活姿態應對政治大時代，尚且會收到教會內部的反對聲音之時，一些大宗派教會所做出的聲明行動，更遭遇外人所不知的困難。

六月七日，信眾超過八萬人的大教會香港浸信會聯會發出聲明，呼籲政府撤回《逃犯條例》修訂。大教會聯會罕見發聲，輿論一片驚訝，不過王少勇、袁天佑卻不太意外。二〇一八年，會長羅慶才牧師、第二副會長林海盛牧師剛剛於浸信會聯會履新。「羅牧師是一個非常勇敢的人，」袁天佑如此評價。「羅牧師是我老一輩的牧師，一直非常出名，看到他的聲明

4 指二〇一四年十月十四日香港雨傘運動期間，有七名警務人員將示威者抬到添馬公園暗角毆打的事件。

以後，更覺得他非常厲害，」王少勇說，「而林海盛牧師絕對是資深一輩牧者中的開明派，從六月九日開始，我多次在（行動）現場遇見他。」

將近六十二歲的林海盛，形容自己「一向走得比較前」：二〇一八年，他和羅慶才二人發起連署，就中國多地拆除十字架事件，批評大陸政府打壓宗教自由；二〇一四年，香港另一大教會聖公會的大主教鄺保羅在講道中諷刺七一遊行及預演占中的參與者，林海盛聯同多名牧師發起「抗保羅」行動，刊登《鄺保羅言論不代表我們》的聯連署聲明。三十年前，林海盛還曾跟隨朱耀明牧師，攜捐款上京支援八九民運學生。林海盛同時承認自己在同性戀議題上屬「保守」取態：他曾任香港反同性戀組織「明光社」主席。

五月中旬，林海盛就與羅慶才討論，認為應該就《逃犯條例》修訂問題出一份反對聲明。「重要的是，如果條例修訂通過，一國兩制就『散散地』（有點散架）了。我們會活在恐懼中。我們不相信大陸法制，這很明顯，這是關乎我們眾人的事。一國兩制散掉，香港還是香港嗎？」

五月十六日，林海盛火速草擬了一份聲明，五天後就帶進八人的常務委員會討論，以微弱票勢通過，提上五百人的理事會議程。六月四日，浸信會聯會在旺角的會址，一間能容納數百人的會議室裡，本來有約五百人的理事會，僅有八十

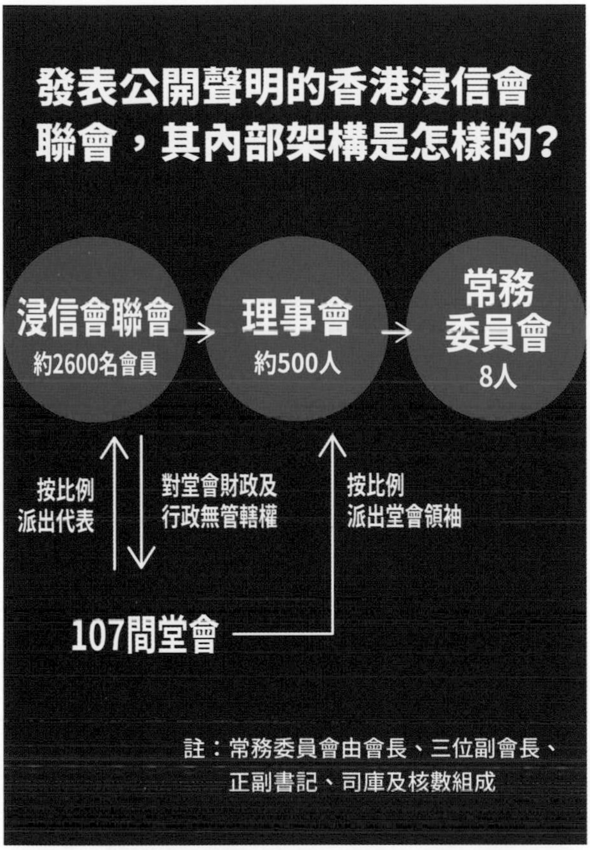


» 製圖：端傳媒設計部

多人出席了會議。浸信會聯會是由各間獨立浸信會聯合組成的一個組織，旨在事工上合作，對各堂會並無實際管轄權力，於是平日出席理事會的各堂會人員也不多。

這一次理事會，從晚上七點多一直開到十點鐘。最終，發布聲明的提議，以二十八比二十六僅兩票之差，獲得大會通過。

「我好驚訝，竟然有兩票！原本打定輸數，預計不會通過的……這是神蹟。」林海盛說，「那他們不來開會，我們全按章程，大家舉手，過了。」

## 政教分離並非是對社會的不公義保持沉默

六月七日，聯會發布聲明，要求政府撤回條例修訂，沒來參與會議的理事如夢初醒，共六十八人馬上簽署反對該聲明，將反對聲音推上林海盛案頭。浸信會聯會過去很少以整個聯會的名義對政治議題發聲，林海盛說，這可能是因為一句聖經金句：「同心合意，興旺福音。」

「所謂爭議性的題目，大家就會覺得，『算啦』，『唔好搞咁多』，最多用個人連署，不要在聯會的層面搞。」他說。

這種心態似乎成了教會對政治表現冷感的一個原因。「神學裡有一個有趣的概念，叫『復和』。如果大家都爭吵的事，就不要多談。」龔立人分析道，「於是，政治事件大家根本不討論，沒有機會去討論，甚至辦一場討論會都覺得不好，會令大家嘈交（吵架）。但其實嘈交已經存在，倒不如呈上來。」

「政教分離」經常被用作教會不觸碰政治議題的理由。林海盛說，這是教會內常見的誤解：「說政教分離就是我們不要參與政治，其實這是一個錯誤。政教分離指的是『seperation of church and state』，意思是教會在組織行政和財政上完全獨立於政府，而並非指對社會不公義不發聲。」

一八〇一年，康乃狄克州丹伯里（Danbury）浸信會寫信給美國總統傑佛遜（Thomas Jefferson），表達對行使宗教自由的擔心，於是傑佛遜回信，要建立一道「教會與國家分離的牆」（wall of separation between Church and State），指宗教自由不受政府管控，將是美國願景的關鍵部分，這是「政教分離」一說的來源。

龔立人就認為，「對政教分離的理解其實很簡單，我反而覺得這成了一個藉口，因為我們對政治本身採取比較負面的態度，覺得政治是骯髒、牽涉權力的，而我不想被利用，所以用一個政教分離做藉口。人們對政治不理解、對權力不信任，講『政教分離』就是『不要搞我』這樣。」

「教會就是公民社會的一員。」龔立人續指，「公民社會有一樣很特別的東西：對話。大家走到一起，學會彼此相處，就他們所認為什麼是美好的社會，而參與談論並付諸行動。」

在香港社會，教會可以怎樣參與到公民社會的討論和行動？龔立人認為，參與的方式其實十分廣闊。「教會在整個議題討論、行動策劃與動員裡，也應該有自己的角色。」龔立人如此說。「是否可以參與得更多？我們對 good society（良好社會）的實踐可以如何去做？這是教會和所有人都可以思考的問題。」

「可能我們以前真係少出聲，令他們這一代人受好大的苦。我感到好難過。」六十七歲的袁天佑最後說，「見到今次教會的表現，我覺得好有希望；見到年輕人的努力，我感到香港好有希望。」

不過，持續高強度的運動，加上港府官員的消極回應，似乎正在消磨年輕人的希望感，到了七月一日這天，絕望和奮力一搏的情緒更見強烈。衝擊立法會事件過去，政府、警方、建制派不斷強烈譴責，稱衝擊者為「暴徒」，而運動的支持者則呼籲理解年輕人的絕望。

## 他們的行為也許犯了地上的法，但這不一定是錯的

臨發稿前，王少勇突然致電記者：「剛才問我如何看待衝擊立法會，我有說話想補充。好想說，對，他們的行為是犯法了，但犯的是地上的法，這不一定是錯的。耶穌潔淨聖殿，他也在當時的聖殿裡搗亂，但大家會說，當時環境不公義，要體諒耶穌。那我們為何不體諒年輕人？我不覺得衝擊是犯錯，當把它放在整個不公的立法機關之下審視。」

講完，他長舒一口氣：「我如果講完呢句，畀教會炒咗就算了（我如果說完這句，被教會炒了就算了）。」

（梁敏琪、佘美霞、尹詩瑜對此文亦有貢獻。）

# 陣地社工：把自己放在警民之間

——趙安平、楊小川 文編：鄭佩珊

二〇一九年七月二十七日晚間，新界元朗街頭，「光復元朗」的遊行接近尾聲，二十三歲的劉家棟整個人被警察壓制，左臉頰貼在地面上，左手奮力向前方伸出去，舉著自己的社工證。劉家棟被控「阻差辦公」（妨礙公務）。

八月三十一日，港島軒尼詩道，陳虹秀在防暴警察的防線前被捕，她雙手被反扣在身後，防毒面具搭掛在脖子上。她身穿純黑T恤，兩行白字說明了她的身分：「我哋係社工，守護公義（我們是社工，守護公義）。」之後她被控「暴動罪」。

九月二十九日，太古廣場外的金鐘道上，許麗明在收集、登錄著抗議被捕者的資料，多名警察圍住她要求離開，儘管許麗明已經表明自己會離開，但她隨即被推、撞倒後壓制在地。許麗明是香港社會工作者總工會（社總）總幹事，她被控「襲警罪」。

「陣地社工」，是陳虹秀和許麗明等一班香港社工的共同的身分。這個名字說明了他們的自我期許：希望在抗爭前線以社工專業，安撫示威者情緒，並且成為警、民之間的溝通橋梁。儘管隨著日後抗爭的強度愈來愈高，不僅原本的期待遙不可及，就連社工自己都難免成為警察鎮壓的階下囚，但這一批人卻憑藉著對公義的追求，給了「社工」更寬廣、更不一樣的定義。

## 從示威者變成調解員

六月二十一日下午兩點半，位於香港灣仔的警察總部被人群一層又一層包圍，警察一字排開，與人山人海的市民隔著一道鐵馬對峙。

在鐵馬的最前邊，許麗明拿著麥克風，對兩名警察喊話：「我們也理解你們，你們也不過是執行命令而已。但我們不過是要合理表達訴求，也請你們轉達我們的訴求給盧偉聰（警務處長）聽，你們有轉達嗎？」兩名警察不苟言笑，抬眼望天。

許麗明身後，有人大聲高喊著罵警察。許麗明輕

» 二〇一九年七月十四日，沙田新城市廣場的衝突現場，社工陳虹秀在警察的盾牌前呼籲警察冷靜。（攝影：林振東／端傳媒）

輕放下麥克風，回頭小聲地說「慢慢來」，有人即刻停下。不過，龐大的人群中，抗議聲仍然鼎沸不絕。站在她身邊的陳虹秀拿著一個音箱，滿臉汗水，不時把麥克風交給身後想要說話的示威者，也不斷嘗試安撫示威者的情緒。

許麗明和陳虹秀，兩人手臂都戴著寫有「社工」二字的袖章。做為香港註冊社工，連日來她們一直站在警民之間，嘗試去做一個調解員，承擔緩衝的角色。「我們是在幫示威者表達他們的訴求，同時也是想幫警方，不要讓事態升級。」許麗明說。

陳虹秀今年四十二歲，多年來一直在服務特殊兒童的機構做社工，也身兼香港社會工作會總工會理事。過去她也常常出現在各種社運場面，不過主要身分是一名示威者，偶爾兼任情緒支援的工作。二〇一四年七一遊行後，千人徹夜留守在中環遮打道，預演「占領中環」，五百一十一名市民被捕，陳虹秀是其中一人。

二〇一九年六月十二日傍晚，持續了一個下午的催淚彈、胡椒噴霧稍稍歇息，在金鐘多地，警民仍在對峙。陳虹秀背著一個擴音機，準備與社總同工為年輕示威者做心理輔導和分享活動，但走到海富中心附近，突然間，警察又再次開始發射催淚彈，煙霧瀰漫，群眾四散，大家驚慌、憤怒。

一片混亂之際，她決定走到群眾與警察中間，開麥講話。她首先介紹社工的身分，清楚向警方表達自己跟群眾身上都沒有武器，表明大家不是「暴徒」，嘗試減緩警察緊張的情緒，也提醒警方勿濫用武力傷害市民。

另一方面，她也透過麥克風向警方指揮官喊話，請他們留意前線警察的精神健康，一旦有情緒失控、罵髒話、開槍射人、踢人、打人等情況，應該要安排他們抽離現場，安排心理輔導。警察沒有回話。

做社工時，陳虹秀接觸過許多受虐兒童，面對重重困難的家庭，她要去調節，為這些家庭抽絲剝繭，嘗試緩和衝突。髒話、暴力和各種問題行為對她而言並不陌生，在她看來，重要的是去思考這些行為背後的深層因素。

「市民失序的行為，其實很像兒童院舍裡打架、講粗口的小朋友。」陳虹秀舉例，「我們會去看這些傷害性行為背後的原因，是不是因為他來自有問題的家庭，家人不理他、打他，所以不信任這個家庭，覺得很憤怒？」她說，這情況就像現在的香港，「政府不是應該要照顧市民的嗎？結果卻還派出警察打人，（市民）這種無助跟憤怒的情況，有點像院舍裡的小朋友。」

帶著社工經驗，陳虹秀在十二日晚上跑了四、五個地點，麥克風開了十幾次，在不同的衝突場合中，嘗試讓憤怒和緊繃的雙方「化干戈為玉帛」。

晚上十時許，灣仔軒尼詩道，就在警察總部的不遠處，市民占領了馬路，有警察突然走進路旁的一幢大廈，市民懷疑警察舉動的目的，當中有人激動地衝過去，用花盆等各種物品封死大門，但另一些市民認為這樣不對，隨即搬離了障礙物。這時候，一隊速龍小隊衝過來，高聲衝著市民大喊：「我們的同事在哪裡？我們的同事在哪裡？」

陳虹秀拿著麥克風，沉穩地向警方喊話：「現場人士會如此憤怒，是因為今天實在發生了太多事了。大家手上沒有任何武器，就算戴了口罩和頭盔，也只是想保護自己而已。你們不需要再度前進，記住，你不必要如此兇狠。」

透過她緩慢而平靜的聲音，警察慢慢放下警棍，站成一排。其中一員回應：「好，大家都冷靜點，我們也只是想帶我的同事走，好不好？」

「我說那些話表面上是要講給那些警察聽，但實際上是一語雙關，同時讓市民知道自己在做什麼。」除了安撫警察激動的情緒，她也梳理出雙方言行背後的感受和對對方的誤解，希望藉此協助大家恢復理性。

在衝突前線，經常聽到陳虹秀對著警察說：「市民一定會將所有情緒發洩在你身上，都是沒辦法的啦！這些都是因為林鄭拒絕聆聽民意。」表面上，陳虹秀是幫警方說出心中的委屈；實際上，「這樣也平和了警察的情緒，（令他們的情緒）不會這麼激動。」她說。

另一邊，她也能夠理解示威者情緒激動背後的原因——他們對政府的作為感到生氣、失望、絕望，所以對著「代表政府」的警察憤怒大吼、罵髒話。

陳虹秀說，她無法、也不需阻止示威者表達不滿，她能做的，是協助他們表達憤怒背後的感受、期望和渴求。

## 「我陪你一起去跟前面的警察講」

在前線遊走，數次調停紛爭之後，陳虹秀感到調節工作確實略有成效。「（六月十二日）那幾次的衝突事件，我在前線確實也讓警方收斂了一些。」

自六月十二日大型流血衝突之後，政府和警方迅速將六一二衝突定性為「暴動」，並四處去醫院等地拘捕示威者，引發市民強烈不滿，警民關係高度緊張。出於各種未明的原因，警方似乎也在調整策略——在六月十六日第四次反修例大遊行中，即便多達二百萬市民走上街頭，但全天幾乎甚少見到警察在街道上協調秩序，而後幾次衝突前線，也少有全副武裝的防暴警察出現。

在陳虹秀看來，大型衝突之中，其實警民雙方都有「害怕」的情緒。「其實那個情況大家都很怕的，我相信警察也很害怕。」陳虹秀說，警察在面對衝擊事件或受到威脅時，便會本能地認為眼前的市民全是暴徒，特別是戴頭盔、眼罩、口罩，穿著黑衣黑褲的市民；在她看來，她需要做的是告訴警察他們的認知有偏頗之處，協助大家回歸理性，避免大型衝突發生。

六月十二日當天夜晚，陳虹秀便決定要與社總的同工一起籌組「陣地社工」，希望結合社工之力，在日後警民衝突場合中相互合作，緩和示威者情緒，避免警方濫用武力。

經過幾日討論，「陣地社工」於六月十五日正式公開招募，除了駐守衝突警戒線外，也要遊走留守範圍，保障民眾被警察搜身時的權利，同時預先教育示威者被捕後需面對的程序，萬一有人被捕，社工亦會提供法律支援。截至二十一日，已有逾四十名註冊社工加入。招募表單上，陣地社工寫明，他們希望可以變成「好像First Aid（現場急救人員）或記者的特定身分，於衝突現場或警戒線監察警方使用警力的狀況及平衡現場氣氛身分」。

在招募社工加入時，「陣地社工」明確指出社工在衝突現場是有風險的，包括人身安全、被捕風險、情緒衝擊、身心俱疲等等；陳虹秀補充，協助的社工性格上要夠膽量，面對衝突場面時，依然能拿起麥克風、以冷靜的語調與人群溝通；同時要承擔說錯話、或一段話被誤解時產生的壓力。

社總總幹事許麗明也是「陣地社工」的創始成員之一。

警察與示威者的對峙，由六月十二日下午警方發射催淚彈開始，持續至翌日凌晨。當日下午，留在現場的許麗明及另外兩名社工系舊同學，站在了防暴警察和市民中間，一邊舉起社工證，一邊面向警方表示「正在離開」，隨後與示威群眾一起後退，希望不起更大爭端。

警方不斷在道路上推進清場，示威者則不斷地由會展中心、添馬公園一直退，直到退到中環摩天輪附近才暫告停止。有人在後面大聲罵警察、說粗口，許麗明就過去跟對方說：「你這樣子，前面的人怎麼辦？」後來有示威者在遠處大聲罵警察，她乾脆發揮社工同行者的角色，跟那名示威者說，若對方願意，可陪他上前與警察對話。

「我陪你一起去跟前面的警察講，我是社工，我知道你很不開心，其實我也是，不如我們一起上前講？」

對方真的願意上前，跟警察說話。當他情緒激動的時候，許麗明就安撫他，「慢慢講」，讓他表達自己。那人也就沒再說粗口，轉而對警察說：「其實我們手無寸鐵，你們為什麼要這樣做？」一旁的許麗明

» 二〇一九年七月一日，金鐘對峙現場，社工許麗明站在示威者前。（攝影：林振東／端傳媒）

陪著他，防止他情緒太激動。

「他後來抱著我哭了很久，我想至少有半分鐘。」

「人人都有情緒的，這很正常，」許麗明說，「不過我也確實擔心（粗言穢語）會影響到警方的情緒，令他們做出可能更激烈的行為。」

許麗明覺得，說話而不是喊話，讓一些示威者可以真正抒發自己的情緒，後來，愈來愈多示威者分享了自己的想法。「有幾個示威者分享了他們的故事，都是想告訴警察，他們不是暴徒，他們只不過是愛香港。」

她憶述，曾有一位幼稚園教師說，她以前在教小朋友時，會形容警察「是幫助我們的」，但經歷了近日的警民衝突之後，她說，「我再也無法講這種話了。」之後，這名老師哭了出來，現場多人拍掌鼓勵她。

**警察的日的不是打人，很多示威者也根本不想衝擊**

六月十七日早上七點，大批警員再度逼近夏慤道與添美道，現場上百名留守的示威者認為警方又要清場，氣氛一度緊張。

警方的談判專家抵達現場，拿著麥克風說：「不是想你們走，而是希望你們回到行人路上。」這一句話，卻引發更多示威者憤怒及高叫，最前面的一位示威者憤怒質問道：「既然不是希望我們走，那你們為什麼派整支軍隊過來？」這名示威者手腳揮舞，似乎想衝上前去。這時，許麗明拉住那位女示威者，輕輕拍拍她說，「慢慢來，理性些。」

警民雙方僵持約二十分鐘之後，許麗明持續拿著麥克風喊話，警方終於決定收隊離隊。許麗明再向著所有人說，「各位，我們這次，真的是用了一個極度和平的方法取得成功。」話音未落，示威者的掌聲與歡呼聲響徹雲霄。她頓了頓，接著說，「若有下次，我們都希望用這樣的方法，大家都安全，是不是？」示威者的歡呼，更是一浪高過一浪。

「其實我剛剛都滿怕的。」許麗明鬆了一口氣。衝突結束後，有示威者路過她身邊，向她豎起大拇指，她笑了笑，低著頭後退了一步，似在表示謙辭不受。

許麗明覺得，市民在現場說話的方式，既舒緩了他們的情緒，同時也是向警方隔空喊話。她說，不知道是不是自己的錯覺，她確實感覺有些警察聽了市民的分享之後，表情似乎有點動容。

「我見到對面有一位女警，眼眶似乎有些微微泛紅，旁邊的一位男警也時時點頭。」這些畫面，也讓她記憶深刻。在許麗明看來，大型衝突之中，警民之間確實力量懸殊，但同樣都會對對方產生一些誤解，她希望做的，是盡量減少雙方的誤解。

「警察的目的不是打人，而是想讓人離開。很多示威者也根本不是想衝擊，他們只是在後面站著看或者幫忙而已。」許麗明分析道。

## 調節盡量從雙方情緒中抽離

每當問到自己在警察和示威者中間的角色，站在警民中間的陳虹秀和許麗明覺得，自己雖然是社工，並不是絕對的中立者。

陳虹秀不諱言，她認為站在警民之間，自己的角色不是中立的，她更多的，還是站在市民的一方。「我們很多時候都是站在市民這邊的，只差在我們不會叫他們留下或撤退。」

被問到會否當作自己是示威者，如何在中立與示威者之間取捨，許麗明坦承自己事實上是一個示威者，「不需要完全中立的。坦白講，我來到這裡，是反對修訂逃犯條例，立場很清楚。」

許麗明以《社工守則》舉例，第一條列明「社工的首要使命為協助有需要的人士及致力處理社會問題」，而第四條則提及，社工要「維護人權及促進社會公義」。

儘管沒有絕對的中立，許麗明說，站在警民之間進行調節時，她仍然會不斷提醒自己要做到「抽離」雙方情緒，更好地進行調節，減低暴力和流血的風險。「我想如何將雙方可能的衝突，轉化成一種比較平靜的現實，阻止暴力的發生，這應該就是我做為社工應該做的事。」許麗明補充。

香港城市大學專上學院社會科學部前高級講師莫慶聯，曾任教社工文憑及副學士二十五年。他對端傳媒分析指出，在社工專業領域，一直就社工對社會運動的參與方式爭論多時，而過去，很多香港社工受制於服務對象的立場多元，以及任職機構的撥款來自政府，故少有表達鮮明立場；不過，在近來的社會運動，至這場反《逃犯條例》修訂運動中，也有愈來愈多的社工參與。

除了「陣地社工」的前線衝突參與之外，也有不同社工會以擺街站方式宣傳運動，以及在示威現場提供被捕後法律支援資訊等等。他強調，社工做法各異，無違反任何守則，只是「不同牌子的社工」。

不過莫慶聯也提醒，若社工站在警民之間，用傾向示威者的姿態去發言，前線警察未必接受，或反而減少示威者與警方之間的斡旋空間。

在這一波反修例運動中，衝突頻生，不少泛民立法會議員也會走上前線，他們不時攜著一個麥克風，嘗試承擔調解員的角色，勸止雙方緩和氣氛。站在警民之間，許麗明也在不斷摸索自己的角色。六月十七日早上約八點，「雙方對峙停止，警察收隊的時候，我沒有講『多謝』，也沒有參與到民眾的鼓掌與歡呼中，這時我心裡蠻開心，但沒有表達。」許麗明說，那一刻，她認為自己在做一個中立的角色。

六月二十一日晚上，灣仔警察總部外依舊被人群擠得水洩不通，陳虹秀拖著無線擴音機穿梭在人群中間，「我要睇住（照顧）這些市民呀嘛，」她看著被群眾「蛋洗」的警察總部圍牆，得意地拍了一張相，笑著說：「因為我好清楚，雞蛋與高牆，我永遠會站在雞蛋這一邊。」

# 催淚煙中的孩子：當他們迷路還問警察嗎？

——洪曉嫻 文
編：曹疏影

二〇一九年八月九日，Facebook 上有六萬多名成員的群組「Hong Kong Moms」裡，一名媽媽發布帖文：「小孩在會所大叫『……切勿進入示威範圍，否則發放催淚彈……』」貼文回應眾多，有四歲孩子的母親表示在家聽見孩子說：「我是警察，如果你不聽話，我會發射催淚彈！」也有母親感慨如今香港警察已不再保護市民，自己做為家長，該如何對孩子解釋與此相關的種種。

由反對《逃犯條例》修訂草案觸發的社會運動，自早期集氣階段，已有「全港九新界離島師奶反送中」群體出現，帶動政治情勢對親子領域影響的討論；到六月十四日約六千名黑衣母親舉行「香港媽媽反送中集氣大會」，譴責政府及警方暴力，重申母親要保護下一代的願望與天職。真正將「孩子」做為暴力承受者帶入公眾視野的，則是七月十四日沙田新城市廣場激烈的警民衝突，電影散場後跟家長路過現場，目睹暴力而面露驚恐的女孩照片隨傳媒與社交媒體傳播甚廣。此後，警方於民居密集社區施放催淚彈的舉動漸趨「平常」，路過市民和孩子多有無辜受襲，部分吸入催淚煙的兒童視頻在網路流傳。

從六月十二日起，催淚彈成了香港人的家常便飯，如八月五日全港大罷工，警方一日內施放八百枚催淚彈，部分靠近民居，有報導不足一歲嬰兒不適入院，又有兒童被催淚煙波及掩眼嚎哭。八月十日，一批防暴警察進入荃灣知名親子商場愉景新城如廁，愉景新城 Facebook 發文表示遺憾及抱歉，帖文旋即得到逾五千生氣表情，其下數千留言，幾乎一面倒講述自己做為家長，如何擔心警察進入商場重演沙田事件，對小朋友造成童年陰影。

香港眾多幼兒及兒童，或於集會參與或路過現場時親眼目睹防暴警察作為，被催淚煙波及；或於屏幕、連儂牆及圖片上，反覆見到各種暴力場面；或如近日頻傳十五歲及以下少年被警方拘捕。我們訪問了運動內外的父母、兒童，與心理學家和社工，嘗試解

» 二〇一九年八月十日，一群父母正申請舉辦的「守護孩子未來」遊行，在中環愛丁堡廣場集會，並遊行至政府總部。（攝影：林振東／端傳媒）

答上述經驗給幼兒及兒童這一特殊群體，帶來哪些顯性、隱性影響，帶給父母怎樣的困惑與情緒，以及有什麼較好的方法去面對如此非常時期的非常問題。

## 現場二：當催淚彈遇到母乳媽媽、胎兒及小童

正是在發放了八百枚催淚彈的八月五日，居於黃大仙的張小姐購買家庭用品後回家，見有記者受傷便在路邊為其洗眼，突然一顆催淚彈降落腳邊，「我背著催淚彈一直跑，有種接近死亡的恐怖。」張小姐又是一位母乳媽媽，家樓下就是當時一處催淚彈施放點，「就算關窗也好、開冷氣也好，在家裡都會聞到催淚彈

的味道。我究竟如何確保自己的身體可以健康餵哺母乳呢？」催淚彈與母乳餵養。這樣的話題在《哺乳媽媽問題大全》（暫譯，*The Nursing Mother's Problem Solver*[5]）一書有所探討，書中以美國哺乳女兵的例子，建議母親於暴露在催淚氣體下六至八小時後再進行母乳餵哺，並且把此間的人奶擠出丟棄。

香港警方發放在社區裡的催淚彈，據稱是使用CS系催淚彈[6]，這種氣體的半衰退期很短，不過CS氣體在加熱後有機會轉化成為俗稱山埃的氰化物，而且有害物質會依附在衣物上，透過皮膚持續吸收。醫學界政改及普選關注組「杏林覺醒」建議，母親在事後需以大量清水與肥皂清洗身體，並且更換所有衣物（包括內衣褲）後才開始接觸及餵哺嬰兒。註冊護士及助產士蘇衍霈則說，除母親徹底清潔身體及衣物，擔心的話，還需隔一至兩餐才餵哺；她指出氣體進入母體後、再溶入母乳的比率是低過〇．一%，所以建議那些曾暴露在催淚氣體的母親們，若無特別不適，不需要隔太多時間才再度餵哺嬰兒，「嬰兒與母親之間有著紐帶和回饋反應機制，例如媽媽生病的時候其實更應餵哺，因為母乳會因應媽媽身體狀況去調整，生產出更多適合孩子的抗體。而且對比起身體上的受創，我更關心母親的心理狀況。親餵母乳可以讓母親釋放更多催產素，減低壓力，並讓母親們在嬰兒身上得到快樂及舒適感，建議餵前先跟寶寶講一講媽媽的情況。」

也是八月五日，警方於大埔超級城外的一段大埔太和路施放過百粒催淚彈，示威者阿加指當日傍晚六時半在商場二樓充斥着濃烈的催淚彈氣味，後來走上大埔中心住宅平台，也不斷聽到催淚彈發射的聲音，「我看見一個母親帶著穿泳裝的六、七歲小女孩，表情驚恐，雙眼通紅走向義務急救員，我剛好身上有大支裝生理鹽水，即時幫她們洗眼洗鼻。」大埔戰場雖位於林村河畔，四處廣闊，但催淚氣體於社區裡流竄，甚至有家長感覺到在離施放位置七百公尺左右的大埔舊墟遊樂場，也籠罩著刺鼻的氣體。

而那日事後在民間記者會上，又有居於深水埗的孕婦表示擔憂因吸入催淚彈而影響胎兒健康。記者翻查紀錄發現二〇一二年在巴林的反政府示威中，防暴警察亦曾向示威者施放大量催淚彈，導致超過二十宗孕婦流產及至少十宗死亡個案。註冊護士及助產士蘇

5 Claire Martin, New York : Simon & Schuster, 2000.

6 主要成分為學名鄰-氯代苯亞甲基丙二 2-chlorobenzalmalononitrile 的化學分子。

衍霈坦言，導致流產的原因往往複雜，催淚彈對胎兒的影響暫時在醫學界未知，而她也相信若有毒氣體吸入身體後，經過分解再傳送到胎盤，當中殘留的成分「已非常少」，「不過，母親可能會因為對催淚氣體或胡椒噴霧等有過敏反應，或出現換氣過度、突發性哮喘的情況，這樣便有機會導致胎兒供氧不足。特別要留意的，是孕婦在受創後的情緒，在巴林的個案中，有部分孕婦是因為驚恐與壓力導致流產。」

## 現場二：參與示威現場的孩子們

這個夏天的香港，不僅無數年輕人在催淚煙霧裡度過暑假，再小些的孩子們，也從摩天輪和遊樂場來到街道和廣場上，直接或間接目睹、參與、被參與這些社會上的暴力事件。

八月十日家長發起「守護孩子未來」親子遊行，烈日下幾百名家長帶同孩子來到愛丁堡廣場，地上橫額畫了彩虹和黃雨衣，孩子們稚嫩的手跡書寫「光復香港，時代革命」、「警黑合作」等口號，也畫上象徵自由、公平、公正的雲朵。廣場上兩個戴頭盔的小兄弟特別顯眼，媽媽說他們一家四月開始參與反送中遊行至今，今日戴頭盔出席，是和兄弟倆討論後的結果，「昨天晚上跟孩子說要去一個小朋友集會，但弟弟擔心遭到警察暴力對待，我就建議他們戴頭盔，保護自己，又可以表示支持示威者。」五歲的君浩和七歲的君樂這時搶著說：「我擔心警察會開槍」，「我看見警察會很害怕，擔心他們開槍或捉人。」

七歲的 Chloe 也和媽媽 Jade 出席了遊行，Chloe 希望今天警察不要施放催淚彈，「我很不開心，因為催淚彈會令示威者好像呼吸不到一樣。」和很多孩子一樣，Chloe 也說害怕警察，「他們會對人發射胡椒彈、橡膠子彈。」以前媽媽常說有事可找警察叔叔幫忙，現在 Chloe 自認即使迷路，也不敢找警察，「我會找保安員姐姐或清潔工人，借他們的電話找媽媽，不找警察是因為我覺得警察有點壞。」孩子言及於此，母親 Jade 連忙澄清她未說過警察全是壞人，「我對她說其實有好的警察。但有一次我們在商場見到數名軍裝警察，女兒第一反應是『媽媽我們快點找地方躲起來，幸好我們今日不是穿黑色衣服』。當下我覺得好悲哀，為什麼一個小朋友會對我說一番這樣的話呢？」

Jeffrey 和 Diana 也是四月開始攜三歲大的女兒參與遊行的，最初女兒以為遊行是去找一個叫「有恆」的朋友玩，結果發現遊行又熱又悶。Jeffrey 解釋說一次又一次上街，是因為政府沒有聆聽我們的訴求，所以要用行動去表達。每次遊行完，女兒都問：「乜政府仲未聽我哋講嘢咩？（難道政府還沒聽到我們的話嗎）？」眼見一個連ABC和數字都未分辨到的孩子亦知道遊行的意義，父親 Jeffrey 百感交雜。他們坦承很難向小朋友說明什麼是自由民主，但選擇把運動中的暴力轉移到人性的光輝上，「最重要是讓小朋友認識做人的質素，愛心、良知、勇敢，這些可以體現在前線的哥哥姐姐身上、集會過後收拾垃圾的人身上。我希望孩子能思考我們可以成為一個怎樣的人，在二〇四七來到以前，不只是守護城市不沉淪，而是人性也不要沉淪。」

## 現場三：戰場惜別，爹哋你打贏怪獸了嗎？

Chloe 一家於八月五日「三罷」（罷工、罷課和罷市）也有上街，沿路聽到示威者哥哥姐姐說「前面有防暴（警察），你們帶著小朋友快回家」，於是 Chloe 先跟媽媽回家，而爸爸留在了現場。抵家後小女生難過地說：「我很傷心，因為爸爸被噴了催淚彈，而他又是我最喜歡的人。」

就這樣，運動之中的香港孩子，除了可能置身前線，也會經歷這種於從前的香港罕見的、類似至親「戰場惜別」的場景。為前線爸爸心痛的不只 Chloe，三歲豬豬的爸爸 Ivan，其表哥是現職警察，Ivan 自己卻是身在前線的抗爭者。豬豬剛升讀幼稚園，Ivan 早已知悉同校有警察子女，說已經想像到豬豬對來自警察家庭的小朋友說：「哦！你爹哋媽咪是壞人。」所以他一向盡力對孩子說不是所有警察都是壞人。

在街頭的日子，Ivan 捱（挨）過警棍，吃過過期催淚彈，頭痛肚瀉皮膚出疹，兒子問爸爸為什麼不舒服，媽媽說爸爸去上街保護哥哥姐姐所以這樣。家裡，Ivan 把裝備放在櫃上，孩子覺得那是父親的榮耀，想像爸爸換了裝備就像超人一樣保護哥哥姐姐，即使警察射炸彈過來，爸爸也不會死。

七月二十一日大遊行，Ivan 在金鐘送太太和子女到地鐵站，豬豬問爸爸：「爹哋不和豬豬一起回家了嗎？」太太說：「爹哋留下來保護哥哥姐姐，他會晚

» 二〇一九年八月十日「守護孩子未來」遊行。不少父母帶著孩子一同參與。（攝影：林振東／端傳媒）

» 二〇一九年九月十六日，一名女孩參加彩虹邨的合唱活動，參與者在籃球場上高唱〈願榮光歸香港〉。（攝影：林振東／端傳媒）

點回來。」Ivan 一邊聽著，一邊換衣、穿上防具，身旁的老人眼見此景也泣不成聲。Ivan 說，「我流著眼淚很難受。」當晚有示威者聚集中聯辦，離開時看直播才發現元朗襲擊事件，Ivan 氣憤又無奈，恨自己不在現場幫忙。第二天醒來，兒子見到爸爸卻問：「咦，爹哋你打贏怪獸未啊（爸爸你打贏怪獸了嗎）？」

## 後果一：防範急性壓力症候群？

八月開始，防暴警察多次進入港鐵車站月台集結，註冊心理學家程衞強也同許多市民父母一樣，不時看見夜晚家長們牽著孩子於防暴警察身邊匆匆走過。他認為，其實對兒童而言，即便只是看到一群防暴警察在集結，也會感受到那種緊張的氣氛，「所以父母要留意自己的用語，例如『『快啲走喇打人喇！走喫啦放催淚彈喇（快點走要打人了！要趕快離開很快會施放催淚彈了）！』若父母這樣說，便會增加小朋友的不安；與此相反，家長可以試著說：『不要緊，爸爸媽媽在這裡和你一起，我們走快一點點。』」在他看來，必須於防暴現場攜子路過的家長，可以用溫和字眼軟化衝突圖像，同時緊緊牽著、抱著孩子，給兒童安全感，緩和其情緒——儘管事實上，不僅兒童，亦不難見到成人在防暴警察集結的情形下出現條件反射式的恐慌。

而程衞強特別提醒家長留意子女會否在目睹／經歷暴力事件後，出現急性壓力症候群或是創傷後遺症，「包括閃回（flashback）、時常回想當時情況、當時的驚恐等，即使只是父母受到暴力對待，對於小朋友而言也等同直接暴力，出現這種情況的話建議尋求專業社工或者輔導員、心理學家協助。」可幸的是，兩、三歲的幼童因為仍較自我中心期，專注力集中在自己或父母身上，他們或會觀察到父母的疼痛與驚慌，除非直接讓其觀看有關暴力畫面，否則影響性較學齡兒童為低。

另一方面，即使兒童沒有在街頭直接面對衝突，也會在媒體或連儂牆海報看到暴力畫面。程衞強對此認為，父母應該盡量隔離暴力資訊，「很多父母會認為不如解釋給孩子聽當下的情況，但其實初小以下的兒童，很難分析到整個故事真相。當小朋友看到血淋淋的拘捕畫面，會造成認知上的混亂和情緒壓力。假如真的看到，父母在解釋時可以即時抽離原先的畫面；在做公民教育時，也應該挑選較不暴力和血腥的畫面。」

事後的解釋對於小朋友而言是很重要的，現時社會政見對立鮮明，大人很多時候也受到波動，父母在面對小朋友的時候，首先要放開自己的立場和情緒，「當小朋友見到家長都情緒激動的時候，他們也會受到影響，家長應該盡量中立講述事件，小朋友仍未發展到高階的道德理念，難以理解公民抗命、人權的觀念。」程衞強引述柯爾伯格道德發展階段理論（Lawrence Kohlberg's stages of moral development），把人面臨倫理困境時的反應分為六個階段，分屬於「前習俗水準、習俗水準和後習俗水準」三種水平，初小以下學童的道德觀念停留在避罰服從和利己取向，較高階的法治和普世價值倫理，要到十二歲後才能發展出來。故此，他建議父母在解說時一方面要說明示威者擲物放火是不對的，但另一方面也說明警察過度用武的行為也是有錯的。

## 後果二：秩序的困惑，孩子迷路還找警察嗎？

在香港，大部分幼稚園都會跟兒童教授「幫助我們的人」——警察富有正義感、保護市民，是兒童被授予的認知。但近三月來的運動令許多孩子對「警察」認識一百八十度轉變，警察濫暴造成更深遠的社會影響，是顛覆了兒童對是非黑白的認知，特別是對幼兒的認知造成很大衝突，如程衞強所說：「一個最直接和普遍的反應，是小朋友不再想做警察了，包括我十歲的兒子，他原本的志願是當一名警察。」而「我們迷路是否還可以找警察叔叔幫忙」，相信也成為近期香港家長最頭痛的問題。

曾在大埔遭受過催淚彈刺激的李太和五歲大的兒子，事後腹瀉求醫，李太說兒子從前喜歡看《Paw Patrol》（兩隻狗扮演警察的加拿大卡通片），但是最近看到街上有警車駛過，都會用很緊張和徬徨的語氣對媽媽說：「隔籬（旁邊）有警車呀！」「我不斷說服自己要相信警察，但我說服不了，也不知道怎樣和小朋友說。」李太表示這幾個月發生的事，顛倒了她所認知的黑白和對錯，她笑言自己是「港豬」媽媽，「從前不會察覺，很信任警察，不會懷疑警察會和黑社會、鄉紳勾結。現在我連見工（求職面試）需要穿黑色的衣服也會怕被黑社會和警察毆打。」

» 二〇一九年七月二十八日，西環衝突現場，警察發射催淚彈後推進防線。（攝影：Stanley Leung／端傳媒）

從事婦女工作的註冊社工蘇嘉儀，兒子今年七歲，喜歡看超級英雄電影，愛和同學玩遊戲扮演英雄，成為警察更是他從前的志願。但自從七月二十一日警察放任白衣人在元朗西鐵站無差別襲擊市民後，小男孩對警察能否鋤強扶弱有了質疑，母親蘇嘉儀則說：「小朋友會說，元朗那天警察不接聽求助電話，任由壞人在車廂裡打人，又打大人又打小朋友。其實警察的行為連小朋友都騙不過去。」她又續言，小朋友是黑白分明的，覺得正義是要伸張的、正義是要幫助別人的、正義是對不公義的事發聲，對於孩子來說，維持治安的警察就是正義的，可惜現時有部分警察行動針對弱小，「令人失望」。

小朋友對警察的角色幻滅來問家長，家長自然遇到困難。良心理政召集人、臨床心理學家葉劍青則提醒我們，無論是什麼政治立場，不要完全變成人身攻擊，否則一旦小朋友接受了這種觀念，日後會很危險。「我們敘述警察行為時，千萬不能說全部警察都不好。因為文明社會裡，始終會有警隊。」蘇嘉儀則鼓勵家長培養小朋友明辨是非，稱自己不

» 二〇一九年十二月一日，小女孩手持黃色汽球參與「孩子不要催淚彈」遊行，參加者指出催淚彈對社區衛生、兒童健康造成的影響，並要求警方停止發射催淚彈。（攝影：劉子康／端傳媒）

會迴避事實，「我會告訴他們示威者放火、掟磚的行為是不對的，示威者有機會要負起刑責。」「現在家長要解說起來，最困難的是沒有絕對的對和絕對的錯，只能兩方面情況都跟他們談。各行各業都有好人和壞人，並非所有的警察都是壞人。」

## 後果三：支持警察的孩子學到了什麼？

並非所有兒童都是反對警察的，正如社會上也有支持警察的市民，之前就有警署內被拍到，有相信是出於小朋友手筆的速龍大戰甲由的畫作釘在布滿支持警察心意卡的告示版上。八月二十五日是數百名警察親屬出席的「還警於民」集會。集會的發言者坦言，從小到大香港市民都被灌輸警察是正義的，會捉壞人，但近幾個月部分警察情緒失控，對於襲擊的事件遲遲不作為，自己身為家屬，也無法和孩子說警察是「正義」的。

Joey 是一名警嫂，她也以這身分出席了集會，她對我們說：「他們（警察）像林鄭一樣把人當成低等的昆蟲。稱呼市民為甲由的警察也是侮辱和看不起自己，因為他們自己也是市民。」提起那幅速龍大戰甲甴的童畫，Joey 說：「警察五十多歲就退休，不會一生都做警察。但孩子的價值觀是一生的。甲甴論是一種扭曲的觀念，教孩子如此作畫的大人是把大人世界扭曲的觀念和小朋友說，好可悲。傘下媽媽的小朋友畫的是彩虹，動物、植物，你們教自己的小朋友畫甲甴，是在害小孩。」

程衞強跟 Joey 的擔心也類似，他講述「模仿」做為兒童學習歷程的重要階段，「如果孩子認同警察就是我的英雄，於是認同他的做法，那麼他也會認為暴力行為可以解決問題，可能會把暴力行為帶到社交應用和學校裡面。」他舉學校為例，班長、風紀在執行職務的時候也不能使用武力，「如果班長也認同警察武力，會否有一個錯誤訊息或者價值觀，即是『我可以用過分的武力去達到職務』。整個局面危險的地方是，小學生很難分辨什麼謂之合理的武力，對他們來說界線很模糊。但一旦出現了模仿的情況，就可能會複製了這套價值觀——『只要我是做對的事，或者我要你去聽話的話，我就可以用棍去打你的了。』」

他強調在小朋友道德發展階段，他們未必能明白太多政治層面的議題，最重要是要讓孩子知道暴力的後果，「對於高小的小朋友，可以嘗試給他看世界各地新聞，例如蘇聯的警察射盲了示威者眼睛要坐牢、法國黃背心運動亦有很多濫權警察受到法律制裁。香港的事情，也可以用二〇一四年七警案和朱經緯案件去說明，濫權是有後果的。家長可以用普世標準去和孩子說明現時警察行為的問題。法律面前，無論是風紀也好、班長也好、警察也好，在執行職務或維持秩序時過了火，是會有後果的，這個就是法治的核心。」

## 後果四：當孩子扮演警察，玩具槍也可以指著別人的頭？

兒童喜歡通過模擬或者扮演不同的社會角色來建立社會認知。Vancy Au 育有八歲及五歲的兩子，她一貫的教育方針是在家不玩暴力遊戲，包括玩具手槍。孰料最近兩兄弟在家吃飯會突然戴起頭盔，叫嚷催淚彈、出大炮。男生本對打打殺殺特別感興趣，兄弟倆在電視畫面或連儂牆上看到警槍對示威者射頭畫面，就會不斷問媽媽那是在做什麼。

「我不想他們覺得槍是玩具，雖然我知道男生喜歡玩槍是天性，不可以完全禁絕。所以我的態度是我不買，但不禁玩。」然而最近的經歷，令兄弟二人時常玩槍，媽媽不買他們便以廢紙自製手槍，曾發生過兩個小男孩舉槍指著嬸嬸頭部，屢勸不改因而受到責罰。

臨床心理學研究發現，暴力通常會對小朋友產生負面影響，小朋友會學習模仿、繼而產生認知混亂與質疑。葉劍青以家暴為例，當小朋友目睹父親施暴、打人行為，便有機會長大後模仿，心理學上稱為模仿學習，「其實小朋友學習能力很高，你試回想小時看警匪片、戰爭片，看完後就會玩槍、打來打去。」就算是家暴受害者，心理學上也可能發展出對施虐者認同的情況（Identification with aggressor），受害者內心可能會認同施暴者，並模仿施暴者行為，這樣會使受害者內心產生很大的割裂，對情緒或者心理產生很大的創傷，「其實放回警暴都是一樣的，警察是一個執法者、公職人員，小朋友看到執法者原來可以這樣的，打人都可以，他可能會覺得這個世界有強權沒有公理。」

而如何有意識地避免孩子傾向暴力？Vancy 有自己的想法，雖然現時仍未有任何警察因大型濫權事件而負上責任乃至受到懲罰，但她依然認為教養的核心不是懲罰，而是要讓孩子明白自己選擇的對錯與後果，「未必一定是法律懲罰，是否坐了牢懲罰了下次就可繼續？我會告訴他們這是一種選擇，正如衝（闖）紅燈是一個選擇，你選擇了衝紅燈，你就要承受被車撞殘、甚至致死的風險。做好事與做壞事都是一個選擇，我不想他們因為懲罰而決定做與不做，而是希望他們自己知道什麼對、什麼不對，如果現在的警察是知道有些事就算不用坐牢也不可以做，就不會發生這樣的事了。」

# 【評論】踰越與隔限，香港反修例運動的女流力

——阿離 文

編：李志德

「港女」在香港社會是嬌柔纖弱、任性勢利的代名詞，但曾幾何時，在反修例運動裡，「港女」的意涵在公共輿論中大逆轉，成為勇武的救港巾幗。女性抗爭者在反修例運動的不同場域均擔當重要角色。豐富的行動力源於精神的甦醒，而蛻變來自與暴力的親身接觸；一如小陽和青宜，即使故事迥異，但也踏上了相同的覺醒路徑，走向運動凝聚為一。

**「六一二的第一顆催淚彈，令一班人覺醒了，包括我自己。」**

二〇一九年六月十二日，數千人聚集在政府總部反對立法會通過逃犯條例草案，二十九歲的小陽（化名）本來一身輕裝來到現場，沒想過背包上的頭盔和眼罩真能派上用場。午後，連串的槍聲劃破灰黃煙霞，一顆催淚彈射進她身旁三米，她震驚，被侵犯的感覺自身體冒上心頭，「我那時想：你竟如此對待我？」小陽戴上眼罩，走著淚就流，她分不清催淚的是化學物質還是翻騰的情緒。一路走著，竟身臨前線，她自覺地以水澆熄星羅棋布的催淚彈。不只她，身旁眾人迅成一體，遞水滅煙。政權的暴力混雜著煙霧，灼得小陽皮膚燥痛，「那一刻很實在，我感覺到自己的存在。我正用身體對抗外來的侵犯，那種記憶已經藏在我的皮膚裡。」身體的感受令她切膚體會到壓迫的辛暴，心底升騰出的不甘催逼她奮步趨前。

雨傘運動時，小陽並沒有吃過催淚彈。她形容那時的自己只是「出席」，是「表面的陪伴」；但這次運動，她說她是真實的存在，「六一二令我知道自己潛藏了勇武的特質。」

青宜（化名）說，六一二時，自己是個「和理非」；二十歲的細胞真正激化，是在七月一日。那天，她與同伴到政總要阻止升旗禮，沒想到防暴警在龍和道築起防線；她被擠上前線，手空無一物，只能用手臂抵擋警察的推進或攻擊。防暴警驟起，彼此間距離拉近，她拔足狂奔，甚至感到警棍碰觸其身，可幸

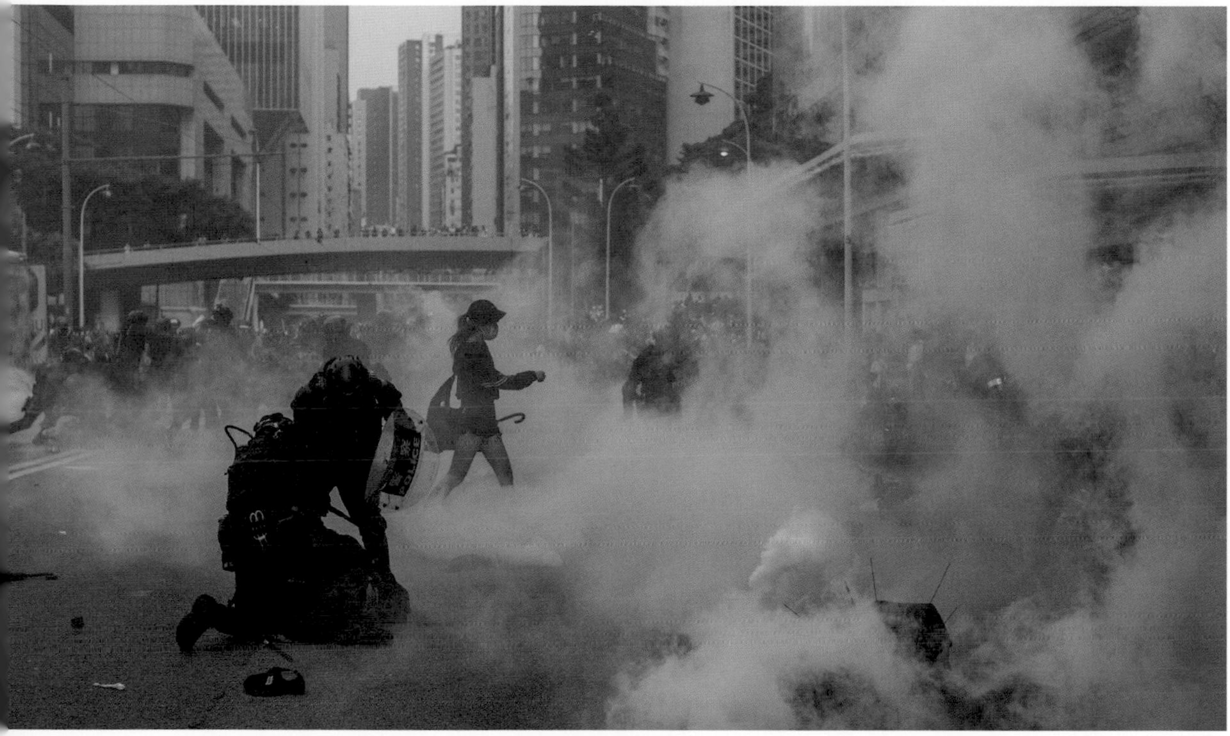

» 二〇一九年九月二十九日，大批防暴警察到金鐘拘捕示威者，一名女士走過現場。（攝影：林振東／端傳媒）

最終成功逃脫。這趟警民衝突的切身洗禮，防暴警一張張猙獰臉濺滿她的腦袋，洗不褪。

自此，她的裝備由六一二時的地盤頭盔、和理非眼罩、3311K單罐面罩和保鮮紙（保鮮膜），逐步進化為單車頭盔、長褲冰袖（袖套）、手套黑鞋、6200豬嘴面罩（防毒面具）和行山杖。上前線時，便在前臂戴上浮條當成盔甲，「可擋一擋，起碼不會斷手，斷了的話可以固定。我的夢想是當小提琴手，很多前線手足都是玩樂器的，最怕斷手指。」青宜最初不攻擊、只防禦；然而經過七二一元朗白衣人無差別攻擊事件後，她的心理關口被完全打破，「其實挾一塊豆腐（磚頭）防身也可接受。」她試過拋磚擲物，當過滅煙隊和物資兵，遊走二、三線支援一線手足。

「我本來長頭髮，差不多及腰，

後來剪了，因為戴頭盔不舒服。」

## 「無大台」社運中女性的高度參與

在前仆後繼的抗爭者人潮中，女性抗爭者一直守在重要位置，從不缺席。這場在香港史上關鍵且影響深廣的社會運動中，女性的積極參與，將為香港的性別文化帶來何樣影響？社會運動與性別平權，又能否相輔相成，相得益彰？

一直觀察運動走向的香港中文大學社會學教授蔡玉萍分析，反修例運動的「無大台」狀態為女性抗爭者帶來突破父權限制、固有性別分工和刻板印象的可能性；男女參與者的比例不相上下，而女性參與運動的方式亦極為多元。

自二〇一九年六月以來，女性參加者便以不同的性別身分投身運動，除了像小陽和青宜般在前中後線抗爭的年輕女性，也有不同年齡、階級、職業、家庭崗位、種族、身體狀況的女性在運動中一盡己力，例如由一班「師奶（主婦）」組成的「全港九新界離島師奶反修例」行動，顛覆了香港大眾把「師奶」視為無知婦孺的固有認知；其後，一眾母親發起的「香港媽媽反修例集氣大會」亦曾兩次舉辦集會，聲援前線的年輕抗爭者，展現出溫柔堅定的力量；在前線保護年輕人的「守護孩子」隊伍中，亦有不少女性，甚至是祖母輩的銀髮參加者。

當公眾都聚焦在手舉丫叉（彈弓）的勇武女抗爭者時，不少女性正默默地以多樣的方式或運用其性別身分為運動貢獻；其中一個關鍵的角色是「家長」——她們擔當著照顧前線的重任，包括接送、輔導、照料飲食，恍如親人。做為前線抗爭者的青宜，對「家長」的重要性有切身體會，「很多家長都是女人，真是母愛泛濫的，令你覺得人間有愛。她們會給你做飯，會關心你有沒有錢吃飯。有人關心，是很快樂的事。」不少前線勇武年輕人，因為政見與家人反目，卻在陌生的同路人身上，感受到親情，「她們的幫助很大，做了很多前線無法做到的事。」這些無形而必要的支援網絡，由不少女性冒險編織而成。

## 女性身分的限制與策略

性別身分是一把雙刃刀，這對女性抗爭者尤其真實。

走在前線，青宜確切地體會到男女的體能差別，「一個女仔大約一百二十磅，但男生普通也重一百五十磅，你跟他打拳頭架很吃虧。」前線男女比較大約為八比二，女生大多在二、三線，似青宜，拿著棍和竹做支援，拉著最前的人，以防他們被警察一下拉走（抓走）；而這些二線抗爭者需要隨時準備「打狗（警察）救人」，「男生覺得我們能做的事比較少，打不到狗，掟不了魔法（汽油彈）。不是歧視，因為真的實測過。」她聽聞一些前線小隊不接受女生加入，因為全男班較容易籌謀，「有些男生覺得女生跑得慢，體力又不足，出事還要救她，就更煩了。」女生人少，身體特徵又較易辨認，在前線尤為出眾，易被防暴警針對。對於因為性別而被排斥，青宜雖無奈但也接受，「當運動愈來愈向勇武發展時，女生做到的事愈來愈少。對比七一時可以上前線，而現在不能，只可以在二、三線運物資。」

這種現象可稱之為陽剛前線（Masculine Frontline），體現在成員、行動類別和編制組織當中：男性成員占大多數，以體力行動為主；編制上，由男性率領行動，而女性在後線支援。前線的陽剛化，源於警察武力的持續升級；為應付殺傷力愈來愈高的武力，前線抗爭者亦不得不在武力上升級，以增加攻防能力；如此，在性別分工下體能較弱的女性，自然被淘汰在後線位置。

陽剛前線自然形成了異性戀男性主導的同性氛圍（homosociality），使女性更難以融入其中。外表較中性化的青宜是少數能打入這種男性氛圍的女性抗爭者，但她亦感到一種男性氣質主導的狀態，而她要調適自己與男隊友們的相處模式，才能在前線圈占一個位置。縱然如此，「我也整天覺得男生認為自己是負累。」

對淡出前線的小陽而言，前線圈已升級到一個令她難以貿貿然進入的狀態，而她不希望成為負累，特別因為性別身分。她記得在六一二時，男生還會特意保護女生。然而，其後在一次衝突現場，她和男友舉著傘蹲行，與不到二十步之外的防暴警對峙。催淚彈橫天掃射如擲地殞石，她心裡恐懼，直覺彈頭會向他們擊射。這時，一位前線男手足突然一手推開她喊到：「不要阻礙！我看不到東西！」她本是一驚，後來心裡欣喜，「因為我覺得他沒有當女生是差一等的，那一刻覺得終於是一分子了。」

» 二〇一九年九月二十九日，灣仔一名女示威者。（攝影：林振東／端傳媒）

即使體能上不足，女性的性別身分卻賦予她們特有的優勢。平日中性打扮的青宜，在前線大多一身黑，看上去像個男生；但退下火線回到社區時，為了策略需要，她會顯露自己的女性特質，以避過警察的監控。一次，她為了收集情報，特地用嬌聲細語向警察搭訕，「當運動需要的時候，我不介意運用女生的優勢。平時我不會穿裙，但在運動時你會想怎樣可以更安全，所以會犧牲色相，穿裙上街。我也很不喜歡性別定型，但這時候性別定型的確有點作用！」女性的性別身分比男性身分具更高的流動性，例如青宜，可以在不同的場景中以不同的性別身分做出應對。

除了體力和武力上的劣勢外，女性還要面對警察可能施加的性暴力。警察的性暴力能施加在任何性別的人身上，但性暴力對女性的影響尤其嚴重。在一個由保守性文化主導的社會裡，女性的價值依然被認為是建基於其性和身體的完整和純潔性，因此性暴力將對女性的身心帶來更大的傷害。為了避開警暴，一些前線女生會穿著較寬身的衣服，讓自己的性別不被輕易辨識出來。

有趣的是，女性面對社會性暴力的獨有經驗，竟

» 二〇一九年七月二十八日，上環警察驅散示威者。（攝影：林振東／端傳媒）

也成為應付性警暴的資源。小陽提到，她早已設想過倘若被抓到新屋嶺遭受性暴力時將要如何應對，「我心裡面不停排練，如果我遇到這種事要怎麼做？我排練的是不表現任何情緒，我想我的反應令他愕然。」在日常生活中，女性自小也需要面對大大小小的性侵害危機，自我防禦是日復日的演練。小陽就曾跟朋友排練過如何應對平日遇到的露體狂，她也打算用同樣的方法，面對警察，「我想，我只會看著他們。」

「如果他要搜身，我就會跳舞。我會提醒自己，不可介意身體被人看到。」不介意，其實是捍衛自身的尊嚴與完整。

## 父權女權「大和解」？運動的派別協作與矛盾

運動發展至今，抗議群體間縱然依舊能保持較高的團結性，但內部亦有不少路線之爭，包括存在於抗爭者和女性主義者之間的矛盾。香港大學社會工作及社會行政學系教授何式凝曾批評運動的父權傾向，而女性更容易成為被攻擊的對象。例如，網民不時以「女權在哪裡？」譏諷女性主義者無所作為，無視她／他們在運動的位置和參與。

做為女性主義者，我不時也無法認同運動中某些具有性別偏見的策略、意識形態和文化。例如嘲諷女警及警察伴侶的性感照，或是以高喊「警察OT，警嫂3P（警察加班，太太玩3P）」這種厭女保守性文化來羞辱警察；在「光復屯門公園」一役，不少示威者以「勿摸活家禽」譏諷公園的歌舞大媽為「雞」（指性工作者），不但再製了針對性工作者的汙名，亦無視不少支持反修例運動的性工作者民間組織的貢獻。而反修例運動的重要平台連登討論區，早年還是個充滿性別偏見的網上平台，筆者亦曾撰文批評連登網民如何對性暴力受害者做出二次傷害。

意想不到的是，在兩年後的反修例運動裡，曾被我形容為「厭女俱樂部」的連登成了社運最前線，而一直被連登仔敵視的「女權撚」，亦在第一線奮力對抗性警暴。由平等婦女聯席在八月發起的#ProtestToo集會中，男性參與度為前所未有的高；一些網民更形容在性警暴的議題上，連登和女權歷史性「大和解」。可是，其後中大女生吳傲雪以真面目示人，控訴警察向她及其他抗爭者施加性暴力後，卻出現了不少針對指控的真實性質疑，「誣告性侵犯」的性侵文化再次復燃，有些懷疑聲音甚至出自連登。雖然這些帖子有可能是滲透連登的親政府人士帶風向的手段，但當衡量整場運動和參與者的性別敏感度時，有論者批評，反修例運動參與者對性別議題的支持到底是功利性的，一邊以性暴力議題攻擊警察，一邊卻以性別身分和性嘲諷敵對陣營，並非真誠地追求性別平等。

我們必須認知到，社運參與者對女性主義者或性平運動的誤解，並非一朝一夕；而消除社會的厭女文化和性別偏見，亦不能透過一次性的集體運動。運動的互補和修正，必須透過長期的磨合與協作，並建基於運動中的參與者對抱持不同立場同伴的理解與尊重；更重要的是，個人是否能超越己身的限制和盲點，在運動中尋找一個能發揮所長的位置，不斷進化——不論在身體、智力，抑或個人修為上。畢竟勇氣，從來無分性別。

在這個基礎上，我們應該繼續思考，我們（區議員、運動參加者／支持者，任何人）如何運用性別運動當中一直深耕的議題：性別歧視、照顧者支援、弱勢婦女勞動者、基層家庭、生育公義、性暴力、性自主、同志平權、環保／動保議題等等，把專注直接行動（direct action）的社會運動，以及政治表態背後的民主意識接連和植根到社區，真正改變人的生活，以及他／她對香港社會未來的想像。戰線不分前後，議題無分大小，區議員們可以在四年任期裡令人們明白民主和民生根本是源於一體，政策議題不一定只靠立法會去做，社區就是政治。

例如，觀塘區在這次區議會選舉中仍有不少紅區（建制派票倉），例如民建聯的柯創盛仍然盤據藍田。有人批評觀塘不爭氣，但其實不爭氣的背景是，觀塘是十八區當中老人比例和貧窮比例最高的地區之一，而不少紅區都是在公共屋邨，包括四個新增選區。這樣說明了什麼？基層家庭、老人和照顧者的問題，必然是觀塘——做為一個社區特有的重要議題。我們不應讓這些議題被建制以小恩小惠收割，而應該把它上升至政策層面的改革，也讓居民看到個人問題如何通過政策去改善；但如果不能在制度內改革，也要讓居民理解制度失效和崩潰的原因，包括不民主的制度，和長期維護權貴利益的施政操作，令他／她為未來可能發生的直接衝突做好心理準備，更能體諒激進的直接行動。同時，更要在社區層面，處理直接行動和衝突為基層市民帶來的衝擊，如催淚彈、流浪動物、被燒毀的紙皮（廢紙）手推車等等。

這個社會不需要每個人成為女性主義者，或認同女性主義。但可以花更多時於思考性別政治和女性主義，如何能夠更接近被壓迫的人。

「這次運動令我反思自己在這個社會的崗位——我可以做什麼？」小陽說，「我不肯定是否有關性別，我覺得是那份勇敢的心，對我而言，是我自己夠不夠勇敢。」

「死我不怕，最怕沒自由。」青宜說，害怕是一定的。如果警察衝襲她，她一定無法反抗，「但我走出來，是因為我衝破了這個恐懼。」「我們走出來是為了自由，但面對的風險是被捕，可能一生沒有自由。但我們能克服這個恐懼，那麼其他恐懼都能克服。」

（本文作者為自由撰稿人，關注性別議題，來自香港。）

【民調】No. 2

# 參與一場不懷期望的社會運動，人們心裡在想什麼？——趙安平

反修例運動在二〇一九年六月上旬爆發後，聲勢迅速推上高峰。但走上街頭的抗爭者是誰？他們真正的訴求和政治認同是什麼？為了更清晰地描繪出「抗爭者輪廓」，一個由四位教授主持的團隊，針對六千六百八十八位示威者進行了一場大型民調。

這項計畫主持者包括中文大學教授李立峯、嶺南大學袁瑋熙、恒生大學鄧鍵一、浸會大學鄭煒。他們從六月九日民間人權陣線的「守護香港反送中」起到八月四日西環集會為止，在現場進行了十二次問卷調查。

鄧鍵一、袁瑋熙在〈參與一場不懷期望的社會運動，人們心裡在想什麼？〉一文中指出，這項調查的特別之處在於，除了詢問受訪者政府可能「因應這次的抗議行動做出甚麼回應？」外，還有一個選項是政府「不再做任何讓步」。這種在無力感底下，不計成效，純粹從原則出發的政治參與，是值得探討的政治取態。

民調結果顯示，認為政府「不再做任何讓步」的受訪者，在六月九日大遊行中占三五．九％。之後兩個月在四四．五％至六〇．四％之間，八月四日將軍澳、西環集會則占五一．五％。

鄧鍵一、袁瑋熙教授把這些認為政府「不再做任何讓步」的示威者稱為「不懷期望的示威者」。兩位教授指出，即便香港政府多半「冷對待」示威者的訴求，但群眾的抗爭熱情反而更趨激進。

以八月四日的結果來觀察，不懷期望的示威者中近三成至少參加了九次動員。另外他們參與網上眾籌捐款、捐贈物資、在現場傳遞、在前線阻止警方前進、在連儂牆發表意見、轉發文宣、參與網上連署等方面都比其他示威者更積極。

在不懷期望的示威者中，也有六〇．九％主張「如果政府除了『暫緩』修例之外不再做其他讓步的話」

應「進一步把抗爭升級」。至於該怎麼升級？五〇．三%認為應升級「抗爭的武力」，八四%選擇「癱瘓政府運作」。「不懷期望的示威者」激進化的傾向是最高的。

對調查結果，鄧鍵一、袁瑋熙教授認為部分示威者一方面對政府讓步不懷期望，卻同時支持以至親身參與各種升級行動，背後涉及政府與示威者之間的期望互動：示威者並非希望透過行動升級換取政府讓步，相反，他們正正因為認為政府堅決不會讓步，才尋求透過行動升級，進一步為打擊政府的政治認受性。在比較學理的層面，我們甚至可以說，對政府讓步的期望，本身就是示威者自己認知的「政治機會」（political opportunity）。當為數不少的示威者認為政府不會再讓步是既成的定局，他們就會把運動向其他更激烈的方向推進。

### 延伸閱讀

對於香港社工和宗教界投入反修例運動的報導和評析，還可參考葉靜倫〈香港街頭的「陣地社工」，如何突破「社工只是做愛心」的刻板想像？〉。邢福增教授〈反修例運動中的香港基督宗教〉。

3

# 暴力，點解？

二〇一四年三月十八日，一群台灣大學生及社運人士為了阻擋《服貿協議》強行通過，衝入立法院，占領了二十三天。五年後的二〇一九年，香港立法會也在七月一日回歸紀念二十二週年當晚遭示威者打碎外牆玻璃後衝進會內，寫下香港立法會史上首次被占領的紀錄。示威者在立法會主席位置背後的牆上，以黑色噴漆噴上了「太陽花ＨＫ」。

七一衝擊立法會後，連同其後暴力抗爭強度升高的程度，在回歸後香港政治抗爭的歷史上實屬空前。在〈七一這天，他們為何衝擊立法會？〉一文中，五名「勇武派」示威者受訪時有親身說法。

七一衝擊是勇武派登場的一個分水嶺，此後示威者的勇武手法在七月和八月主要聚焦警署、政府總部等權力象徵機構，九月之後，因為不同事件，開啟了針對港鐵、港府機關、中資企業和「親中商號」加以「裝修」（示威者對打砸破壞的代稱）的抗議手段，甚而是對不同意見者的攻擊。

為什麼一部分抗議者對以往「和（平）理（性）非（暴力）」的抗爭原則棄如敝屣？更有甚者，面對暴力手段，相當一部分示威者依舊選擇「不割席」、「不指責」。這在香港民主運動歷史上，也是前所未見。

為什麼使用暴力？暴力，點解？示威者採用暴力或者「暴力邊緣」手段一定是錯的嗎？有沒有「正義的暴力」？如果有，正義與不正義的暴力分野在哪裡？〈無大台運動裡，「不割席」的異見與包容〉這篇評論裡，作者郭志針對「以暴力做為一種抗爭手段」做了一番哲學高度的思考。

（李志德、趙安平）

# 進擊的年輕人：七一這天，他們為何衝擊立法會？

——楊子琪、鄭佩珊、陳倩兒　文編：陳倩兒

二〇一九年七月一日，香港主權移交二十二週年，金鐘的示威行動延燒近二十四小時，從凌晨延續至午夜，大量年輕示威者商討行動，其後占領道路，前方衝擊立法會外牆，後方以「人鏈」傳遞物資。晚上九時，外牆玻璃被衝破，警察受命撤退，立法會被示威者完全占領。

立法會大樓內包括圖書館門口、走廊電器開關、閉路電視、多個電子顯示屏幕等遭到破壞，有人取走一批電腦硬碟，多面牆壁被塗鴉，標語包括「林鄭下台」、「官逼民反」等。

議事廳外，立法會主席肖像倒地並被塗黑，議事廳內，區徽被塗黑、「沒有暴徒只有暴政」橫幅掛起，有人一度擺放港英旗。不過，與此同時，亦有示威者在圖書館門口貼上告示呼籲不要破壞書本及文物，在立法會餐廳，示威者在拿取飲品時均主動放下現金；在衝擊激烈的示威區，雜物散落一地，有示威者清潔打掃。

這是香港歷史上，立法會大樓首次被示威人士完全占領。

## 想要取回尊嚴與尊重

七月一日下午約一時半，一批示威者突然以鐵馬等撞向立法會議員出入口的玻璃門，泛民立法會議員一度到場勸阻，惟撞擊行動仍然持續。二十歲的大專生Peter在衝擊稍後時間才到場，隨即加入隊伍，他戴著眼罩和3M口罩，手臂包裹著保鮮紙，站在首幾排的位置。

「洩憤，還有Back Up，讓手足知道有人，不用驚。」

他形容，衝擊是共識。他重複說，大家已經「無計（無辦法）」。

「我們不暴力，它還是不聽。一百零三萬人（遊

行），完了，二百萬加一人，還是這樣。其實，你覺得還有什麼方法是可以……令它回應我們？」

「一直迫政府回應，若警察用更惡劣手法驅散，那我們就可以製造輿論。」

下午四點，玻璃門近半破碎，示威者退後，Peter稍息，隨即轉往立法會示威區煲底（指立法會外北側的示威區）位置，他先推開原先在玻璃門外的防禦欄柵，再次撞擊玻璃。「好累。總之用盡一切方法撞，我有什麼工具就用什麼工具。」

他說，撞擊的時候滿腦子是憤怒，「嬲囉（生氣

» 二〇一九年七月一日，示威者在立法會外衝擊立法會的玻璃門。（攝影：陳焯煇／端傳媒）

» 二〇一九年七月一日晚上，示威者占領立法會議事廳。（攝影：陳焯煇／端傳媒）

咯），×你老母，打！激發下（刺激一下）自己的憤怒情緒，可能會大力點。」

網上流言，應對這類型的強化玻璃需要敲打四角，Peter 搖搖頭，「打完都無用」。「玻璃與玻璃之間有一層膠，會卸力。撞好耐（久），撞了兩個小時。」

玻璃破碎，示威者的下一步是撬開裡面的一層鐵閘。Peter 轉變角色，擔任後援，為前方的人撐傘遮擋鏡頭。後來，閘門已破，他跟著人群進入，但只停留在地面指揮引路，叫後來者去上層的議事廳支援，之後他離開了，嘗試會合其他朋友。

這是 Peter 第二次進入立法會，第一次是學校安排的參觀活動。「那時是參觀心情，今次入來是有少少『想攞返啲嘢的感覺』（想取回一些東西的感覺）。『啲嘢』（這些東西）不是實質的，是一種精神，一種尊嚴。一個尊重，對我們來說，慢慢被人攞走了。」

他認為，這一次衝擊選擇了立法會，是因為「立法會是最貼近施政和屬於人民的地方」，不過，「立法會只是渠道，不是立法會，也可以是其他地方。」

Peter 是社運初哥（新手），雨傘運動期間，曾以中三學生身分參與校內罷課，假日曾往占領區過夜留守，後來一直沒有參與社會運動。至二〇一九年《逃犯條例》爭議備受關注，他擔心香港法律制度被摧毀，即投身運動。

從六月九日參與遊行開始，Peter 的投入愈來愈高。九日晚上遊行之後，他本來只是想觀望一下事態發展，身上也沒什麼裝備，惟政府書面回應，表示會在六月十二日如期二讀，他便跟隨大隊衝擊。當晚有大批示威者被警方圍堵在舊灣仔警署外，警察要求他們除下口罩，逐一登記其身分證及搜身。Peter 沒有被圍堵，在街頭仍感怒氣未消，他將垃圾桶推離街道，「比啲嘢警察煩下（找點事情給警察做）」。

六月十六日，香港再有二百萬市民上街，下午五點許，人們逐漸走出夏慤道，有巴士無法離去。Peter 和三個朋友一起主動上前指揮，為巴士開路。六月二十一日包圍警察總部，Peter 也在場，他是物資組成員，協助運送雞蛋到現場，另一舉動是高喊「黑警」，「這樣做沒有後果，但會舒暢一點。」

七月一日這天，他看到路過現場的警察，在毫無預兆之下會向對方高喊「屌你老母」，與此同時，又走到花店買一束白花，默默放到太古廣場前的馬路，悼念早前墮樓的「黃衣人」。他說，自己從不到一個月前的和理非，到現時的勇武派，其實也有點「接受不來」。

「但這是迫出來的。有得和平，有誰不想用和平的方法？我自己也不想這樣做，如果有解決方法。」

「和平，他會當你無到（和平，他當你什麼都不是）。」

## 進去立法會的原因，是因為看不見希望

二〇一九年七月一日，是香港移交政權二十二週年，也是Felix的生日，他是一個〇〇後。這天清晨，他占領了龍匯道；晚上，他與其他示威者一齊衝進立法會大樓。

「我不知道明年的七一會怎樣，但今天，七一將永遠是香港人最同心協力指證這個政府（過失）的日子。」Felix說，無論示威者是什麼立場，想採取什麼程度的行動，「後面不衝的示威者，前面衝擊的示威者，一定有一群人在這裡等著你（政府）。」

這是下午五點多，滾燙的太陽光落在腳邊，我們坐在立法會外的馬路邊，不遠處的煲底，年輕的示威者們正奮力拆卸貼近立法會大樓牆身的L型鋼板圍欄，敲打聲、拖動聲、口號聲響徹數百米。而立法會位於添美道另一邊的議員入口，其中一塊防爆玻璃在兩小時前被示威者以回收廢物的鐵籠車撞破，警民正緊張對峙。

怎麼看待用暴力衝擊立法會？「這一次七一，我們有種『all in』（孤注一擲）的感覺。好老實講，就算現在這樣衝進去，意義不大，裡面又沒有開會。但我覺得，香港人被逼到牆角了，所以任何程度、任何方式的抗爭都願意去做，只要能夠抗爭，能夠表達我們的聲音。已經不是有沒有效、安不安全的問題，都不是一個考慮因素，而是能不能表達到自己的聲音。只要能表達到，我們就願意去做。」

從六月三十日下午開始留守在立法會一帶，Felix已經近二十四小時沒怎麼闔眼，體力透支。他雙手前臂包裹著透明保鮮紙。此時他手臂略微紅腫，今天清晨，他在占領時被警察胡椒噴霧射中，清洗後仍然刺痛。

» 二〇一九年七月一日，民陣發起七一大遊行，有參加者拿著寫有「攰」（累）字的橫幅。（攝影：Stanley Leung ／端傳媒）

七一清晨的占領行動，是由一個網絡流傳的號召，以及一場街頭討論而生的。

六月三十日，一張在網絡廣傳的海報，呼籲市民在七一早上六時半到金紫荊廣場的升旗禮聚集，抗議政府不理會民間五項訴求。Felix 決定投入，三十日晚上約十點，他來到立法會附近，同行的還有二十四歲的阿樂等，其中年齡最小的是一名十六歲的中學生。兩日之前，他們參加議員朱凱廸發起的「反海濱送中」行動而認識，該行動是為了抗議政府將一段濱海地交給解放軍使用。

Felix 沒想到，當晚來到現場的年輕人愈來愈多，圈子愈圍愈大，到最後，大約兩百人在一起討論第二天早上的行動計畫。因為人數太多，主持人號召大家分為兩組：「和理非」與「勇武派」。每個組均討論兩小時以上，現場選出祕書進行筆錄，人們輪流發言，然後再整合討論。

「討論的形式是，先有一兩個人拋出一些 idea，例如哪條路進去，然後大家再細微一些研究警方的布防（部署防守），」Felix 說，大約三十人充當了「哨兵」的角色，整整兩、三個小時跑去不同的幹道，查

» 二〇一九年七月一日，示威者占領金鐘龍和道。（攝影：林振東／端傳媒）

看警方「有沒有改布防」。

「他們查看了三條路線，然後我們分析，比如從這裡過去，那警方第一重是水馬（充水式護欄）加鐵閘再有警察。我們一層層分析，計算可能需要的行動時間。雖然，其實很多都是紙上談兵，最終警方也沒有出動水馬。」Felix 回憶，「大家的共識是，阻止升旗。」

在分組討論裡，以往的 Felix 可能會選擇和理非，但這一次，他認為自己轉向了「輕微勇武派」。

「其實是一個程度問題。總有一天和理非都會變勇武，真的。你看那個議員，對警察大喊『我要見指揮官』那個，叫什麼名字？」記者告知是民主黨主席胡志偉，Felix 續說：「他不是原本極致和理非嗎？有催淚彈在他旁邊爆，他就忍不了了。每個人都有條底線，當你觸發他底線時，他一定會反抗。」

過去兩星期，香港接連有市民墮樓身亡，並留下遺書，希望抗議政府。這種死亡，令 Felix 覺得要從和理非向前邁進一步。

「我不鼓勵這種方法，但到了第二個，第三個女孩……我覺得有更大一個動力去做多一點事情。留意第二個女孩的遺書，她是寫給香港人看的。我覺得政府要讓步的話就真的不用再想了，它要讓的話一早就讓了，七月都來了。我們是否可以做更多的事呢？」

七一清晨到來，經過一番占領行動，Felix 和朋友們最終沒能阻止升旗儀式舉行。不過，下午一點多，示威者們開始衝擊立法會。Felix 覺得，他可以留下來，幫助傳遞物資，以及澆滅可能出現的催淚彈。

晚上九時許，立法會示威區的示威者們終於撬開鐵閘，進入立法會。Felix 和阿樂等朋友經過商量，在十點多的時候決定入內看有無示威者需要幫忙。那一刻，他並不害怕被捕：「你看到比你更小的年輕人都進去，你不會再猶豫。某程度上，我們和那四位決定死守立法會的人一樣，進去立法會的原因，是因為我們看不見希望。我們就是要告訴政權：我們願意為了表達訴求而承擔坐牢風險。我們希望改變現狀，我們更看重社會公義，即使我們可能要賠上十年光陰。」

在立法會裡上下走了兩圈，Felix 看到，「破壞的確是有的，立法會不少電子屏幕都被弄爛了，後來有人勸不要這樣，他們就停止了。」

「我認為示威者沒有『暴力』。請看清楚我們，我們是爆（砸）玻璃，但我們根本沒有傷害任何人的意圖。相反，警察這些天都在打示威者。我們的塗鴉、破壞，都是針對這個政權，而非普通人。你看被塗黑的立法會主席肖像，九七前那兩位主席根本沒人碰過，幾百人走過那裡，是（現任主席）梁君彥的肖像一上去就被摔爛。是我們暴力，還是他們這些官員對市民做錯事？三個星期以來，無論和理非還是占領包圍，政府都不理。」

至於有人擺放英國旗，Felix 如此認為：「這是一種方法，希望告訴政府，為何二十二年來，香港人的生活愈來愈差。我們並不是真的要回到英國時代，我們沒那麼天真，而是希望有個比較：為何二十二年前的香港，好像比現在更靠近文明一些？」

Felix 在午夜十二點前離開了立法會，到中信大廈附近。當午夜一過，警方開始向中信大廈一帶發射催淚彈，Felix 與那裡的示威者卻不肯退縮：「已經睜不開眼，但前排的人退都沒退過。我們要頂住這邊的警察，讓立法會裡的人離開。」

「其實，這場運動已經不僅關於《逃犯條例》，而擴展到社會公義與否了。」Felix 最後說，「就算明天林鄭答應撤回，時勢已不止如此。當你尋找不公義的根源，你會發現是整個制度出現問題。因此我們最終要求的是實現雙普選，這是運動的趨勢。」

## 「議會終於回到人民手上」

七月一日傍晚八點多，立法會「煲底」，上千名示威者嚴陣以待，等待大樓公眾入口鐵閘被撬開的一刻。阿樂和 Felix 正幫手傳遞物資。前方手握擴音器的年輕人大聲警告，稱鐵閘就快撬開，屆時裡面的警察一定有所行動。

氣氛非常緊張，所有人開始檢查自己的防護裝備。「頭盔需要嗎？口罩戴好了嗎？」人們彼此查看對方。二十四歲的阿樂已是群組裡年紀最大的人，開始逐個叮囑 Felix 他們：「等下開閘，催淚煙霧一定出動，我們的任務是用礦泉水澆滅它，或者用溼毛巾撿起它。」這是他們昨晚在立法會道電箱附近的街頭商討會討論好的角色——「消防」。

阿樂神情嚴肅：「記住，我們最重要的是救人，一旦有傷者，手上什麼都放下，礦泉水瓶全部不要，優先救人，知道嗎？」幾位年輕人紛紛點頭。

所有人排成一條又一條小隊，後面的人抓住前面的人的背包。阿樂不斷確認記者的防護裝備，並叫記者不要向前衝，留在他們後面。「有事就跑。」他說。

九時許，經歷整整四小時的敲打、撬動，立法會公眾入口跳閘被撬開了一角。前排示威者開始進入立法會，立法會入口內原本站滿了幾排防暴警察，卻已撤退。

但身處後方，阿樂不瞭解情況，一度以為前面的人衝進去肯定在和警察發生衝撞了，非常緊張。他與 Felix 商量，最終決定四個人進去，其餘人留下。

「我係驚架（我是害怕的）！要盡快出來。」

此時已經十點多，進入以後，阿樂才發現，警察都走了。阿樂留意到滿地玻璃碎片，亦聽到更裡面的示威者在指揮大家搬開大型物件，希望留出更大空間給示威者出入。他聽到一些示威者不斷對其他人說：「唔好搞，唔好掂，唔好整爛（不要搞，不要碰，不要砸爛東西）。」

「衝擊、破壞是有的，但我認為立法會裡不算暴力。裡面的氣氛給我感覺，好有文化，好和平，有一種秩序感。你見過有示威者拿飲料還放下錢嗎？」

五分鐘後，阿樂就趕緊從立法會出來了。但當他發現 Felix 和 Angel 還在裡面，便決心返回，帶他們出來。那時候，留在立法會外「煲底」的人們互相傳遞警力消息，只有被確認的消息，會由手握擴音器的人廣播出來。在立法會裡面的人因為擔心被捕，開始陸續出來。「走了走了，（警察）打過來了！」聲音此起彼伏。雖人心惶惶，但阿樂看來，大家撤離十分有序。

這晚十一點半，行政會議非官守議員由祕書處發出針對「示威者暴力衝擊立法會大樓」的聲明，「支持警方追究責任，把違法者繩之於法。」

「我想找回裡面的兩個隊友。我其實是真的害怕，十一點多他們發了那個聲明。我和煲底的隊友說，我十分鐘內一定出來。」

阿樂再次一頭扎進了立法會。「裡面氣氛變得好平靜，」他回憶，「大家好冷靜，set 好了小站派手套，讓急救人員進入，指揮出入口。」

經過一番搜索，無論如何都找不到 Felix 和 Angel，網路也不通，阿樂只好離開。

及至十一點半左右，整個立法會「煲底」及旁邊添馬公園的示威者人潮，突然開始大喊：「一齊走！一齊走！」

原來大家都知道，有四個立法會內的示威者不願離開，希望死守。於是，十幾個示威者從「煲底」進入立法會，到議事廳，希望把這四個「死士」帶走。

「我們都非常非常害怕，害怕裡面打死都要留下的人被逮捕。因為一旦過了十二點清場，我們覺得，在那裡是完全走不了的。」阿樂說。當他得知 Felix 他們安全出來的消息，他鬆了口氣。「他們年紀都比我細，我當他們細佬妹咁（我當他們是弟弟妹妹）。」

阿樂最終都沒有進入立法會議事廳。他透過新聞，看到示威者在議事廳把區徽塗黑，並掛出「沒有暴徒祇有暴政」的黑色橫幅，他感覺：「議會終於回到人民的手上。可能只是短短一晚，但表達出一個信息：立法會是用來議事、通過法例的，可原來那個討論的價值一早失去了。立法會只是用來通知我們，他們要做什麼。」

「他們進去，塗黑、接受採訪、貼標語，是告訴所有人，立法會的職責原本是什麼？希望平民百姓記起來，曾經，投票、立法，這都是我們的權利；關於這個城市應該變成怎樣，我們都應該能夠有方法，把我們的聲音，帶進來議事廳，然後再做出公平討論。可是公平討論一早就沒有了。」

經過一晚，阿樂說，「這一次，我覺得許多原本的『和理非』都接受了衝擊抗爭。我接受衝擊的抗爭方法，因為香港人除了採取更大膽一步以外，都不會有出路了。」

## 馬騮：「我好累了，可能下一個就是我。」

「我預料會被捕，」七一這天，這是馬騮講得最

» 二〇一九年七月一日，示威者集結在通往金紫荊廣場的一分域碼頭街，被防暴警察驅散。（攝影：Stanley Leung／端傳媒）

» 二〇一九年七月一日，示威者占領立法會議事廳。（攝影：陳焯煇／端傳媒）

多的一句。清晨六點半，她和幾個朋友來到金鐘立法會附近，「有人管物資，有人周圍去睇有無差佬（警察），我就負責衝前線。」衝突驟起，馬騮向前衝，「有差佬扔東西出來，扔中我手臂，好痛，敷了冰袋才好一點。」

過去兩個多星期，她總是睡不好，常做噩夢。她夢見警察衝過來，她大叫「唔好打我（不要打我）」。入睡前，她想起黃衣人，「一想起就喊，要抱著公仔（娃娃）才能睡。」六月十五日晚上，她和朋友路過太古廣場，目睹身穿黃色雨衣的梁先生在太古廣場懸掛「反送中」橫額後墜樓，「我們什麼都做不到」。後來，有從事防止自殺危機的社工韋小姐在太古廣場附近認識了她，發現她神情呆滯，開始陪伴她。

「已經做了咁多（這麼多），還有什麼可以做？」「已經失去了三個戰友了。」靜下來時，馬騮常這樣說。

她今年二十多歲，身型不算高大，但結實有力，動作靈活，所以被稱為馬騮——廣東話猴子的意思。過去幾年，她總是走在衝擊前線。雨傘運動的時候，她在金鐘和旺角兩邊跑，更多是在旺角。她說，和平的時候，自己不一定要出現，但搬運和衝突的時候最需要自己。

「你睇我的肌肉？」她笑著曲起手臂，露出小老鼠肌肉。她中學未畢業就開始打工生涯，目前做物流搬運。工餘，她喜歡做義工。「（颱風）山竹之後，我們一班人出去拾垃圾，幫手砍樹，開了好多路。」她興奮地分享砍樹的照片。

示威衝突的時候，她有時去衝，但覺得更大的責任是去保護現場手足無措的中老年人和比她更年輕的人。「占旺（雨傘運動期間占領旺角行動）時，有藍絲過來搗亂，我們就打回去，」她因此三次被捕，最後沒有被落案起訴。期間有數位朋友湊錢為她請律師，「他們不是會出來的人，只會叫我小心，我有事就幫我。」其中一次被捕，警察說她襲警。「是差佬故意過來撞我，好彩我提早發現，馬上使眼色，叫朋友開手機拍片，保障了自己。」

她不喜歡警察，六一二衝突的經歷更加增添了她的痛恨。當日她在上班，中午時分，朋友叫她去金鐘幫手，她回家拿了頭盔、防護背心和護臂等，就趕過去。她說在中信大廈附近被警察追打，警棍打在她背上，「當時只是覺得好痛，後來才發現好似骨歪了，我不敢去睇醫生，驚被人拉，朋友介紹我去睇跌打（我不敢去看醫生，怕被抓，朋友介紹我去看跌打師傅）。」她說，後來一班人被警察追，逃到了金鐘地鐵站，「已經落了樓梯，警察還在追，向我們噴胡椒水，好多人講粗口。」

她分享說，自己在一些非示威的場合也遇到過警察執法，「警察都有幫我，執法正常」，但這無助於消滅她的憤怒。

不過比起警察，她說自己更痛恨林鄭月娥，尤其是她的「冷笑」，「想起她就想講粗口」。「她總是笑笑口，我真的不明白，其實有咩（啥）好笑？」

六月三十日晚，她和朋友一起來到金鐘煲底，參與悼念活動。前一天下午，二十一歲盧姓女生從高處墜下身亡，離世前在牆壁上留下「致香港人」的字句，反對《逃犯條例》修訂並籲大家「堅持下去」。悼念活動的這天晚上，新聞又傳來消息，當日下午在中環ＩＦＣ天橋墜下的二十七歲女子搶救後不治離世，這名鄔姓女子離世前在臉書上發帖表示絕望、「七一我去不了」等。看到新聞後，馬騮哭得停不下來。

「我好累了，可能下一個就是我，」在立法會煲底，她對朋友說。

可是只要來到金鐘現場，她就充滿精力。現場都是陌生人，但在她看來都是她並肩作戰的朋友，這邊需要雨傘，那邊需要人搬鐵馬，遠處又要人爬高去用雨傘遮閉路電視，無論見到什麼，她都馬上跑去幫手。下午時分，示威者用鐵籠車撞擊立法會玻璃門，她就在後方幫手，搬運鐵馬，警察噴射的胡椒水灑到了她背上。

到了晚上，她和一班示威者一起拉開立法會添美道入口處的重型鐵閘。「入面有電錶房，其他人想入去拉掣斷電，我就在外面幫手睇水（把風）。」馬騮說，現場人潮洶湧，有一些時候，她確實感覺到現場「混亂、危險、失控」。

問她擔心嗎？大多數時候，她都說自己有心理準備，不擔心。不過，也有一些時候，她會有點擔心自己被捕。「今日有警察查了身分證，抄牌（記下個人資料）了。」

如何看待武力？她說，那是一種「發洩」，是透過肢體「直接將心裡的不滿表達出來」。「我之前已經

» 二〇一九年七月一日，立法會大樓內，立法會主席梁君彥的照片遭示威者拆下。（攝影：林振東／端傳媒）

容忍它們（政府）很久了。」

不過，她也認為，自己是比較容易衝動的人，在衝突現場，對於自己過分衝動的行為，如果朋友勸阻，她都會接受。七一的深夜，部分示威者占領了立法會大樓，在人山人海的添美道街頭，馬騮遇到了社工韋姑娘，二人商量了一番之後，她同意和社工一同離開現場，日後再加入戰友的隊伍。

那一刻她為什麼願意離開？馬騮也不太說得清楚。她幾乎一天都沒有進食，背上也因為胡椒水而癢痛，她先和社工去了麥當勞，後來又去了添美草地傾談，「我心裡明白，社工都是擔心我。」

## YOSHI：「為什麼我們這一代人比上一代人激？」

參與社運的時候，Yoshi的角色多做物資管理。她是九〇後，目前從事設計行業，斯文瘦弱，朋友都笑說她不適合衝。她也同意，自己更屬於「和理非」一派。七一這天早上，她接近十一時來到金鐘現場，馬上投入物資站工作。

從金鐘站A出口走出來，一路走到立法會大樓，

» 二〇一九年七月一日，占領立法會現場，其中一位示威者站在地下大堂的桌上。（攝影：陳焯煇／端傳媒）

道路上全被占領，眼前一片黑衣人海。「其實沒什麼leader，見到哪兒有物資，就幫手收拾、傳遞，大家好自發，好團結，可能六一二那天警察那樣清場，大家之後更團結了，」Yoshi 說，人們有默契地並肩站立，連成延綿數百米的「人鏈」，將口罩、索帶等較輕的物資從金鐘站一路傳遞給立法會的示威者，礦泉水等較重的物資就用手推車搬運。

「有些人會問物資怎麼來？其實好多是一些年紀大的人，甚至公公婆婆買來給我們，有些路人見到我們需要什麼，馬上就幫手去附近的便利店掃貨。」

以前出來遊行示威和參與雨傘運動，Yoshi 總是和朋友一起，「但今次我覺得，自己一個都要出來。」修訂《逃犯條例》讓她覺得恐懼，她不信任中國司法，擔心即使在香港，也會被內地政府安插罪名，送回大陸，「去到大陸，就真的不是司法審理那麼簡單。」「今日不出來，以後條例通過，更加不用出來了。」

過去十年，Yoshi 對中國大陸的觀感，幾乎是一百八十度大轉彎。九七回歸那天，正讀小學的她，「感覺真的好光榮」。她當時還小，但模模糊糊的感覺是，被殖民統治不好，「終於做返中國人更好，畢竟我們是華裔。」但自從二〇一二年反國教運動以來，她愈發關注社會時政，愈發覺得香港和中國內地的邊界變得模糊。二〇一六年，她有份投票選出的立法會議員梁頌恆被DQ，議員資格被取消了。

「為什麼我們這一代人比上一代人更激？」Yoshi說：「因為我們這一代人從小就被教育，我們是一國兩制，港人治港，高度自治，法治自由等等，但等到我們出來社會之後，發現根本不是這回事。講好話：五十年不變，現在才過了二十二年，已經變成什麼樣子？」

六一二那天，她特意請假，一早來到金鐘，最初也是幫手管理物資。「我真的有想過，要不要今日自己都去衝，去前線？」但未到三點，她突然收到媽媽來電。「她平時不是經常打給我，但那天在電話裡一直叫我小心啲，小心啲，但她沒有問我在哪，我想她是知道的。」

媽媽的電話，令她最後沒有去衝，但憤怒卻愈發積結。「死了三個人，政府都沒有回應，照撐警察，說警察沒有錯，這個政府真的是冷血的，」她說自己始終不太認同暴力手段，但認為不應譴責，一定要「各有各做」，就好像市民在金鐘現場，有人出錢送物資，有人管理物資和後方聲援，有人在前線衝擊。

七月一日金鐘現場，約一點半，示威者開始衝擊立法會，用鐵籠車撞擊玻璃。Yoshi在後方收到消息，一開始感到不理解，她不停發即使訊息去問前方的朋友：「其實打爛玻璃是為了什麼？」她嘗試一邊繼續支援，一邊去理解前方的行動。晚上八九點，她去了煲底附近查看情況，後來感到現場人流太多，不停有市民加入，她就隨著另一波人流離開了金鐘。

經過七月一日一天的思考，以及收看不同新聞信息，Yoshi說，自己後來理解了前方衝擊的人。「其實他們不是完全因為衝動或情緒，他們完全知道刑責，是有思考過的，他們背負了罪名，去為香港人爭取，為什麼我們還要責怪他們？」

「說實話，和平有用嗎？一百萬人、二百萬人都出過來行了，我想就算今天四百萬人出來，都沒有用吧。」

（為尊重受訪者意願，文中Peter、Felix、阿樂、馬騮、Yoshi均為化名。）

（梁敏琪、余美霞、梁中勝對本文亦有貢獻。）

# 【評論】無大台運動裡，「不割席」的異見與包容

——郭志　文

編：符雨欣

在任何的社會運動裡，代表性以及由之而來的正當性問題都是無可避免卻又難以解決的問題。社會運動雖然是自主參與的，但運動之中一般有不同的組織與網路，而不同的組織與網路所掌握的資源又不盡相同。有些組織會比其他組織掌握更多資源與聚焦能力，於是便更有能力去主導一場運動當中訴求和內容。在二〇一四年，「大台」一詞首先浮現，指的便是握有主要資源的組織透過它的資源（例如媒體網路、物資、人手等）繞過部分抗爭者的意願去單方面定義運動的目標、手段及整體戰略。因此，「大台」一詞並非指向任何類型的協調組織，它指的更多是一種「沒有正當性」的協調組織。組織缺乏正當性是由於有一定數量的抗爭者對組織的決定不滿，而同時組織又沒有有效而公正的程序去解決這些不滿。

故此，「大台」不僅僅是協調組織，它指的是一種非經民主授權的領導型組織，而同時這領導型組織的決定在抗爭者間又具有相當程度的爭議性。但首先，大台為何會存在？一般而言，大台扮演著協調行動、配送物資、解決內部爭議以及處理抗爭後續事宜的角色。

許多論者此前已指出，反修例運動透過新世代的即時傳訊科技，已經可以擺脫大台的部分功能而直接由抗爭者自行協調物資的配部以及戰略的部署。有緊跟是次抗爭消息的人都知道，透過Telegram和連登，抗爭者能有效地向所有支持是次運動的市民徵求物資及相關的運送地點，也能有效地馬上報告各區的即時現況及哪些抗爭地點要守要撤等信息。這些即時及自行的協調，在十年前是難以想像的。

亦由於這個原因，從未接觸新世代科技的建制中人，一直無法想像一場沒有大台而能曠日持久並協調有度的抗爭。於是，他們寧願相信是背後有一個連他們自己都沒法點明的大台存在，而無法相信任何其他解釋。這就像從未接觸科學的人，不相信閃電是自然現象，而總認為閃電背後一定其他更高層次的生物在

操控。

## 去中心化運動中「不割席」的意義

然而，當既沒有大台，也沒有中間的協調組織，一個運動裡又各個個體有各自的想法，那麼各個不同的自我決定又如何得到正當性，並且能夠維持住正當性？反修例運動最讓人驚訝之處是抗爭者們各自的個體決定的確能得到正當性，而這正當性是源於在持續政權壓逼下所衍生的「核彈都唔割[1]」（下稱「不割席原則」）。不割席原則主要是指：所有抗爭者的行為，只要是為反抗政權的，無論我個人的判斷認為這種行為在當刻（當下）在道德上是對還是錯，策略上是理智還是不智，我都仍會公開支持，並且絕不在公開場合譴責。

因此，只要抗爭者的目的是抵抗政權，無論行動行為如何，不割席原則都要求支持者支持這些行為。換言之，不割席原則背後其實體現了兩種價值（value）：一種是團結（solidarity）——既是手足，既是戰友，無論如何，理當互相支持，而這種支持理應是無條件的，這是「生死之交」的含意所在；另一種是謙恭（humble）：既然前線的抗爭者有了某種行動的決定，我雖有不同意，但每個人都可能是錯的，又或許我不在現場，不瞭解現場情況，考慮不周，故此雖然個人判斷與前線抗爭者判斷有異，個人仍願意放下自我判斷而自願遵服前線抗爭者的決定。

不割席原則的由來大致有三。首先，二〇一四年雨傘運動的歷史讓大家明白，內部對策略的爭執可以成為讓運動消亡的重要內耗。這並非無稽之談。因為比爾・畢曉普（Bill Bishop）在CNN的訪問中曾指出，中國政府看似有意讓抗爭武力升級，令香港市民對抗爭手段的意見矛盾升級進而從內部消解抗爭。二〇一四年對占領的冷處理便是以同樣的手法去消解抗爭。

其次，我在較早前在端發表的另一篇文章中曾談及「情感同行」這一概念（參見延伸閱讀）。不割席原則也是來源於許多支持反修例運動的港人，不論親身或從直播所看到的前線抗爭者為抗爭所做的犧牲，因而深受這股精神所代表的崇高以及背後的理念所感動。

最後，在政治問題從未解決的情況下，警方武力

---

1 反修例運動在示威者陣營裡，有「不指責、不篤灰、不割席」的「三不共識」，意思是示威者之間不互相指責，不告密出賣戰友，以及團結一致，互不切割。「核子彈爆炸都不（切）割」，是用誇張方式強調「絕不切割」。

» 二〇一九年十一月十三日，示威者在中文大學二號橋現場。（攝影：廖雁雄／端傳媒）

的進一步升級也令許多對運動同情的人接受抗爭者的武力升級，因此武力升級並沒有根本性地動搖不割席原則。

不割席原則幾乎是維繫「無大台」行動凝聚力與正當性的唯一方式。過往數月我們一般所看到的是不割席原則的果效及美好，但卻較少去批判性地審視它可能為運動帶來的潛在危險。

## 審視不割席

這裡首先要說明的是，批判地去審視不割席原則並不等同要放棄不割席原則。相反，當我們理解不割席原則可能帶來的危機時，我們便可能以其他具創意的方式去緩解這些危機而令不割席原則得以進一步維持鞏固。換言之，審視不割席原則可能帶來的弊端，是在鞏固而不是捨棄不割席原則。對於不割席原則可能帶來的問題，我初步有以下幾點想法。

### ・不割席原則可能逐漸變得與商討互相矛盾

本來不割席原則與討論之間是沒有任何衝突的。因為不割席原則並不要求持有不同意見的人不可在內部討論時發聲。原則僅僅要求同路人在抗爭行為已經成為現實後，不應公開批判抗爭者的決定。於是，對抗爭者的行為做善意的提醒或討論其背後的原則是否有誤，不應被視為是違反不割席原則的行為。

更深一步想下去，不割席原則背後的一個重要基礎是「信任」(trust)。這種信任意指同路人都相信抗爭者在行動前會理性考慮行動對抗爭整體和其他同路人所帶來的影響，而這些行為背後是有充分而良好的理由去解釋的。一旦行為背後有良好理由，不同意的人仍有基於謙恭及團結的原因去接受抗爭者行動的理由。然而，假若一旦提出反對的觀點或意見就被視為是割席的行為，這將令不割席原則與審議(deliberation)產生衝突，並且會愈益將不割席原則置於理性思辯的對立點。

在抗爭中，信任其實是一種資源，而它並不是無窮無盡的，在每一次的互相攻伐與質疑當中，信任便會愈益減少，而每一次的減少，將會影響下一步的協作。而我相信這是所有抗爭者都不願意看見的結果。相反，若果能在不割席原則下構建一個良好的審議平台，這將進一步加深彼此間的信任，並且會有利於將來的協作。故此，在討論與反思的時候，我們都應當自我克制，減少使用割席的批評來使持有不同意見的同路人噤聲。

### ・不割席與非原則性的武力

不割席原則本來的目的是為了運動的延續，在汲取歷史教訓後，以團結而非當刻判斷的道德對錯做為支持與反對運動中個體行為的核心理據與判斷標準。但不割席原則並不是暴力升級和忽視原則的理由。暴力升級的理由只能來自於回應所對抗的不公政權，而暴力的對象和手段必須有相應的道德理由及比例原則去支持。這是任何正義抗爭的必要條件。許多市民為何對抗爭者友善而從不恐懼抗爭者，便是由於假設抗爭者在使用武力前會堅守相應的原則——例如不會濫傷無辜亦不會不合比例地使用武力。

有些武力的使用，我相信連前線的抗爭者自己也明白，是不合比例的。而恰恰所有抗爭者會願意承擔這些不合比例的武力抗爭的指責，便是來自於不割席原則。於是，沒有很好的理由去支持的非原則性武力（例如破壞與壓逼者無關的設施、不合比例地去破壞沒有直接協助壓逼者而只曾表達政見的店鋪等），除了會讓「正義之戰」的說法可能顯得自相矛盾外，更會為其他的戰線帶來壓力。故此，不割席是一把雙刃劍。一方面它雖然可令抗爭更為團結、力量更強，但另一方面它也可能鼓勵了非原則性的武力，並且為整個抗爭群體帶來壓力。如何使得這把雙刃劍不至於傷害到抗爭群體，在無大台的情況下，這只能回歸到每位抗爭者的自身責任之上。

### ・不割席原則與流水式抗爭

流水式抗爭的核心在於，抗爭者只在短時間內（數小時至數天）聚集做游擊，然後散去。在流水式抗爭之中，之所以內部正當性問題較難出現，是由於流水式抗爭一般都是高度緊張，而且協作的目標相當清晰（例如在一定時間內抵擋壓逼者的武力，造成相當效果後隨即散去）以及時間緊絀。於是，在這些條件下，現場內部的策略分歧便較難浮現。而即使現場抗爭者做出事後看來較不理智的決定，其他抗爭者也會基於這些條件限制而同情諒解當時的決定。故此，流水式抗爭本身是有利於鞏固不割席原則的。

與二〇一四年的占領不同，政府是次似是汲取了二〇一四年的教訓，但凡有人群聚集，警方必定會即時採取驅散措施，因而由二〇一九年六月至今多次的抗爭都沒有形成占領。流水式抗爭要處理的議題比起占領少得多：後者除了抗爭策略外，還要處理地域管理、長期物資的供應、應對封鎖線、衛生等等的問題。更重要的是，占領區域內誰有權決策占領區域的議題。一旦形成占領區，正當性問題很難不浮現並變得尖銳。二〇一四年不同占領區之間的衝突以及廣場公投的失敗，到二〇一九年在中大占領區期間出現的反修例運動中可能是最嚴重的內部衝突，都說明了，即便沒有大台，正當性問題依然存在。因此，大台的存在與否並不是正當性危機產生的原因。

換言之，在離開了流水式抗爭而進入占領式抗爭

» 二〇一九年七月二十八日，示威者在中聯辦外築起防線。（攝影：林振東／端傳媒）

時，在持續政權打壓的和數月對不割席原則堅持的背景下，不割席原則依然在中大事件中受到了相當程度的挑戰。因此我們要問，假若情勢轉變而抗爭轉型，我們會否有除了「去大台＋不割席原則」以外更好的應對方式？

區家麟[2]在其網誌中提到「中大數夜，舉行過兩場大型討論會，乃五個月來絕少見；討論會雖然公開、包容、能平和地各抒己見，但沒有完善決策機制，最後流於吹水」。這是相當重要的觀察。在雨傘運動中，「大台」曾經嘗試合併使用各種不同的方式去解決正當性危機。包括依賴：

一、政治及學生領袖的個人感召及魅力；
二、大台在功能上的必要性的論述；
三、派遣人員到各區進行討論會以尋求共識；
四、甚至推行直接民主（雖然最終因為無法區分「真正」的參與者而取消）。

前兩種方法在現今處境下幾近已不可能再用。一來抗爭白熱化，所有運動的領袖都會注定被捕，

2 香港資深新聞工作者，曾為香港著名的新聞節目《新聞透視》主持人。

» 二〇一九年十一月十三日，示威者繼續留守香港中文大學。（攝影：廖雁雄／端傳媒）

反修例運動注定只能是一場「沒有領袖的運動」（a leaderless movement）。二來在沒有大台的情況下運動仍可持續，那麼大台必要性的論述也自然不攻自破。而區家麟的觀察，正正是提醒我們，一旦運動轉型成更為持久的陣地戰，要解決正當性危機，只能透過第三及第四兩種方式結合，透過審議結合民主投票去為抗爭選項建立內部的正當性（例如運用新世代傳訊軟件的功能，在一定時間內會過期的邀請連結或邀請碼，再於群組內對以審議方式討論出來的選項進行民主投票等等。因此，解決正當式危機的方式，不在重建大台，而在於思考，有沒有可能透過新傳訊科技所創造的空間去建立一種新式的抗爭者間的民主機制。

固然，我們並不是活在一個理型的世界中，正當性問題不可能完全解決。但有嘗試解決與沒有嘗試解決，對將來的抗爭走向可以有重大影響。透過民主程序確立的選項，再配以不割席原則，不但能深化不割席原則的道德意涵，而且更能有效避免不割席原則可能帶來的正當性危機。更重要的是，即便沒有外在的民主機制，抗爭者在行動前的自我疑問與思考，以及對同路人意見的寬容與理解，都有助於建立一個更好的審議文化（deliberative culture），令抗爭行動可以受益於各方的思考與建言。

（本文作者為加拿大多倫多大學政治理論博士生）

## 延伸閱讀

在運動初期，對於衝進立法會及暴力會導致「失控」的思辯和評價，推薦閱讀評論人吉漢的〈暴力抗爭先天有道德包袱嗎？〉以及一篇讀者來函〈承認我們的無知，讓出一條道路給年輕人吧〉。甚而在法律專業人之間，對於暴力手段的評價同樣南轅北轍，〈香港法律界對暴力的兩種反思〉一文，白描出這場尖銳的同儕矛盾。

面對日益升高的武力抗爭，評論家郭志從哲學的高度反思暴力，分析〈義戰、私了、裝修……「勇武」的可與不可〉。而郭志對示威者間「情感同行」的說法，可以參考〈反修例運動，不要讓不正當的憤恨主導〉一文。

# 4

# 暗夜出擊的「勢力人士」

二〇一九年七月二十一日深夜接近十一點，一列從紅磡開往天水圍的港鐵列車，在元朗站停下，列車門一開，一個年輕男子衝進來：「樓下要人！有冇 first aid（有沒有急救員？樓下有需要）？」此時樓下大堂傳來嘈雜喧鬧聲，車上的乘客沒有想到，他們接下來將經歷驚恐無助的二十分鐘。

在日後被稱為「七二一」的白衣人元朗襲擊事件，是「勢力人士」第一次在反修例抗議運動中現身登場。後來的種種證據顯示，這是一場由建制派、新界部分地方勢力和黑社會共同策劃的攻擊行動，或許原本可能是鎖定抗議者，但在「行動」時卻成了一場無差別恐怖攻擊。

七二一事件中警察的緩慢反應和消極態度引來社會強烈抨擊，甚至有評論直接稱為「警黑勾結」。「七二一，不見人（警察）」，成為抗議現場時刻不停的口號。追究七二一事件也是訴求成立「獨立調查委員會」最重要的動機之一。

除了致使警民關係嚴重惡化，港鐵公司在七二一事件中的應對備受爭議，也種下日後港鐵成為群眾抗議打砸對象的因子。在〈七問元朗黑夜〉一文中，都有詳盡分析。

在元朗事件之後，繼而有被稱為「福建幫」的勢力介入抗議事件，高調站在港府一方，形成了建制方「政府主導，警察鎮壓，『社團』協力」的結構。立法會議員朱凱迪在專訪裡沉痛地問：「藉黑社會鎮壓會成為香港常態嗎？」

（李志德、趙安平）

# 七問元朗黑夜：「預先張揚」的襲擊與多次缺席的警力

——鄭佩珊、彭嘉林、楊子琪、陳倩兒、梁中勝、梁敏琪 文編：陳倩兒

七月二十一日晚上至翌日凌晨時分，大批白衣人無差別在元朗街頭及元朗西鐵站襲擊途人，多人流血受傷，包括記者、立法會議員、下班回家的廚師、孕婦、前往協助義載的市民等。這場無差別襲擊，至少造成四十五人受傷送院。

二十二日凌晨，白衣人退回元朗站附近的南邊圍村，上百人手持鐵管及木棍等聚集，防暴警察在圍村停車場外駐守逾兩小時後入村，但當時並未拘捕任何人。

截至二〇一九年十月底，警方逮捕了三十多名涉嫌參與襲擊的人士，其中六人依暴動罪起訴，十月二十五日，再追加控訴「串謀而有意圖傷人罪」。

「元朗黑夜」來臨之前，網絡上已流傳有「勢力人士」或有行動。這是否是一場「預先張揚」的襲擊？打人的白衣人是誰？為何立法會議員何君堯在現場和他們握手？警方行動連番遭質疑，未有預先應對、拒絕報案、冷處理涉案疑犯，是否與惡勢力合作？而港鐵又如何處理這宗案件？我們綜合迄今各家傳媒報導及現場觀察，以七個問題嘗試剖析這宗襲擊案中尚未釐清的謎團。

## 1. 這是否是一場「預先張揚」的襲擊事件？白衣人是誰？

綜合多個報道，七月二十一日早於晚上六點半，元朗開始有白衣人出現，並派發口罩，至約八點半，白衣人大批聚集，手持藤條，未及十點，他們先在街頭襲擊途人，及後前往西鐵站無差別毆打市民，多人浴血受傷。

不過，白衣人襲擊事件似早有先兆，在網上早已流傳大量信息，指元朗有勢力人士將有所行動，而早於襲擊發生之前，已有元朗區議員麥業成等就此通報警方，而警方亦回應知悉情況。

» 二〇一九年七月二十二日，約凌晨十二時二十九分，大批白衣人撬開鐵閘衝進元朗港鐵站，以棍棒等物件毆打市民，並追打至商場。（本頁圖片攝影：Alan KwanKit）

在七月十一日舉行的十八鄉鄉事委員會就職典禮，中聯辦新界工作部部長李薊貽曾上台發言，強調「不容許他們來元朗搞事」。此後，七月十六日市民發起的「黑警惡行觀賞會」亦被百多人襲擊。出席放映會的葉小姐對端傳媒表示，放映會舉行的公園一街之隔，有大量戴著口罩的惡漢聚集和叫囂，其後甚至衝過來打人和投擲不明液體。

七月二十日，建制派舉辦「守護香港集會」，香港《經濟日報》時任副社長石鏡泉呼籲參加者學習元朗鄉親，用藤條和軟膠水喉通（水管）「教仔」（教小孩）。當日有元朗十八鄉居民周先生主動提醒記者，翌日要到元朗拍攝，強調「元朗不容許有人來搞事，將會有一場好戲」。

其後無差別襲擊事件與二人的言論不謀而合，周亦被拍攝到在七月二十一日手持木棍、戴口罩，在追打市民的商場出現。石鏡泉遭質疑煽動事件，他在襲擊後否認知情，道歉並收回言論，同時辭任《經濟日報》執董及副社長。

當天早上，元朗區議員黃偉賢知悉有地方政治、幫派勢力已經「動員」，因而致電當地警方「警民關係組」。而另一區議員麥業成亦在二十一日中午亦收到相關消息通知警方，其後在晚上見到白衣人聚集，二人亦分別通知警方。警方先後四次回應表示，他們有部署應付，會派員處理。

到了七月二十一日，下午二時四十五分，建制派 Facebook 專頁「聲討教協」發布貼文，上傳白衣人在酒樓用膳、卷著中國國旗的藤條配上「捍衛元朗和諧，維護地區安寧」橫幅的照片，並稱「元朗六鄉已準備好」、「元朗酒樓、茶客全白衫、備戰中」以及「元朗準備大量藤條教仔」。至晚上八點二十七分及三十分，「聲討教協」先後發布兩段短片，顯示白衣人已聚集在元朗街頭，手舉特區區旗和「保衛元朗、保衛家園」的標語，並打鑼及高呼口號。該批白衣人手持的標語及繫著區旗的藤條，與其後施襲者所採用的雷同。

### 2. 警方為何收到情報，報稱已有部署，但遲遲不現身？

元朗無差別襲擊案，警方長時間缺席，只與白衣人交替現身，被批評不作為，甚至被懷疑與黑勢力合作。端傳媒歸納警方處理的三大問題，包括警力調度、報案處理和「冷處理」涉嫌施襲者。

按上述有線電視的報導，元朗區議員在七月二十日及七月二十一日中午先後至少四次在襲擊發生前通知元朗警方，麥業成的電話訊息截圖顯示，警方回應「已安排人手應付」，「一定有相應部署，但要視乎情況。」根據香港電台《鏗鏘集》翻查元朗鳳攸北街一帶的商戶閉路電視，當晚九點半至十點半期間，有警車三次經過，其時街上已有人批白衣人聚集，但警車只是經過後離開，不見有警員下車。

### 3. 元朗警區警力全港第二，為何遲遲不出動？

二十一日當晚，白衣人在未到十點先在街頭襲擊途人，及後轉往西鐵站發動第一輪無差別毆打市民。警方先後表示在十點四十一分接到首宗報案，有兩名警察一度在十點五十二分趕至現場站內，但以裝備不足為由離去。惟增援部隊姍姍來遲，綜合傳媒直播、網上流傳片段及港鐵新聞稿，他們約在十一點十五分到場，白衣人剛好離場，兩方交替現身，相距不遠，警方未有拘捕任何涉案者。警方官方說法是十一點二十分到場。為何即在首次接報後三十九分鐘才協助？

香港警務處所定下的服務承諾，警方在新界區回應九九九緊急求助的既定時限為十五分鐘。警務處處長盧偉聰解釋，當時接獲區內三宗打鬥及一宗火警，已派多部衝鋒車處理；同時上環有「嚴重暴力衝突」，警方從其他總區包括新界北總區抽調警力到港島支援，其後需從其他總區再抽人手返元朗。後來警方召開記者會承認事前接獲情報，當晚六時在元朗成立行動指揮中心，但行動及結果與市民期望「有少少落差」，「有需要檢討」；又承認接報至到場需時三十九分鐘「比正常延長」（比正常時間長）。署理新界北總區指揮官曾正科表示，因同日港島區遊行示威情況「十分嚴重」，判斷元朗區風險相對較低，加上有區議員收到信息稱「啲人唔入嚟（那些〔白衣人〕不來）」，於是在人手調派上元朗「相對無咁（沒這麼）緊張」。

該四宗案件及上環示威是否導致警力不足，而無法處理元朗的情況？

根據九九九報案中心紀錄顯示，在元朗站首宗報案前，元朗區有糾紛有人受傷案、打鬥案及傷人案，分別在晚上八時十八分、九時五十六分及十時二十八分發生。「糾紛有人受傷案」發生於洪水橋，兩女因放狗問題爭執，警員到場後證實事主未有遇襲。「打鬥案」發生在元朗元龍街九號，報案人指籃球場有黑衣人白衣人打鬥，最後警方列為「毆打案」。元朗安寧路福安樓傷人案則有人在便利店受傷，需要送醫。而在十時二十二分，警方接獲報案指南生圍路有火警，由消防到場處理，無人受傷毋須疏散，事件無可疑，在十一時零二分收隊。

根據警方的警區劃分，元朗站爆發傷人事故，應由元朗警區和鐵路警區負責。按警方二〇一七年年報，元朗警區共有九百九十名紀律警員，是繼邊界警區後全港警力第二多的陸上警區，而鐵路警區亦有三百九十二名紀律警員。另外，鐵路警區於二〇一八年成立專責隊伍：「鐵路應變部隊」，負責即時處理影響鐵路系統的恐怖襲擊及其他重大事故，並承諾九分鐘內趕到現場。

為何警力全港第二的元朗未有調度足夠警力戒備？警方至今仍未正式公布詳情。

## 4. 為何警署落閘，九九九無法接通？

此與同時，多名傷者、目擊者及網民曾嘗試致電九九九報警，均無法接通或被掛線。元朗區議員杜嘉倫則轉述曾有市民報警要求處理時，九九九專線回覆「驚就唔好出街（害怕就不要出上街）」然後掛線。元朗、天水圍警署亦一度落閘（關門）。

根據服務承諾，警方會在九秒內接聽一個九九九來電。警方只在Facebook發文解釋，當時新界北警區由七月二十一日的十時三十分至翌日凌晨一時三十分，共收到超過二萬四千個求助電話，平均每分鐘超過一百三十三個，望市民諒解。至於警署落閘，盧偉聰的說法是，因有人包圍警署，基於安全原因落閘，但市民仍可致電九九九。端傳媒亦曾查詢警方有何指引可以關閉警署大門，迄今仍無任何回應。

## 5. 為何嚴待疑似示威者，冷處理白衣疑兇？

白衣人在約凌晨十二時二十九分第二次襲擊元朗站，防暴警察再度缺席，在兇徒施襲後才到場，其後回應案件的手法再度惹起爭議。白衣人在襲擊後前往鄰近的南邊圍村集結，部分人戴上口罩及面具，手持鐵管、木棍，不時摩擦地面發出「噹噹」聲響。約凌晨一點半開始，防暴警察駐守在圍村停車場外，未有對白衣人採取行動，反而截查附近的市民，要求查閱身分證及搜身，並要求在場記者停止拍攝。

至約凌晨三點半左右，防暴警察在外圍戒備，便衣警員則進村蒐證，警方表示，傳媒只能站在防暴警察身後，不能進村拍攝。其後，有十幾名白衣人士散走，大批記者上前追訪，對方拒絕回答，先登上兩架私家車，內突然加速駛向記者離去。

至約凌晨五時許，元朗區助理指揮官（刑事）游

» 二〇一九年七月二十一日，約晚上十一時四十五分，警察抵達元朗站增援，其時白衣人已離開。市民鼓噪，警員一度揮動警棍，舉起噴劑。（攝影：Alan KwanKit）

» 二〇一九年七月二十二日，凌晨約一時，大批防暴警察到達元朗西鐵站，在已無白衣人及市民的站內戒備駐守。（攝影：林振東／端傳媒）

乃強在現場向媒體記者說明，說沒有發現白衣人有攻擊性武器。現場記者立即質問，明明人們親眼看到有白衣人持有鐵管。游重覆，刑事警察沒看到，也沒有拘捕任何人，也沒有能力全部抄錄白衣人士的身分證號碼。游乃強又指，身穿白衣不等於參與打鬥，不能證實村口聚集的人士涉及群毆事件。

反觀六月十一日金鐘港鐵站，在反修例運動占路的前一晚，大批警員進駐，大舉截查在場年輕人，要求他們一字排開，逐一查閱身分證及搜身搜袋，已引起極大爭議，有警司當時表示，「戴口罩、揹背囊，加上同事觀察，覺得有機會運載可疑物品」便會截查，做法與處理元朗白衣人大相逕庭。

警方預早獲知情報，聲稱有其他案件，要再抽調警力，同時落閘拒聽市民報案，手法已連番受到質疑，引向警方與黑勢力合作的猜測。

時任元朗區八鄉分區指揮官李漢民當晚被記者問道警察何時到場時，他先以「看不到手銬」拒絕正面回答。記者追問為何案發時無警員在場，李漢民表示，「你咁樣係唔會令到我驚（你這樣〔問〕嚇不倒我）。」

及後網上流傳一則未確定實際時間的影片，李漢民一度與白衣群眾對話交談。白衣人問，「（被打的市民們）被趕上車了沒有？他們沒走，我就去趕他們走……我再斬，他們就麻煩！」李回覆，「心領的，不過我都不想大家幫忙，令到我們辛苦。」當時李輕拍在場人士肩頭，稱「不用擔心！」這一段話令人質疑，李漢民是不是與白衣人串通？但警方對此沒有回應短片的內容。

## 6. 港鐵如何處理此次事故？為何要求乘客下車？

港鐵被指處理不當，任由白衣人於站內大堂毆打市民。當白衣人追打至月台及車廂，其時列車車門大開，未有駛離月台，職員更一度要求乘客下車，結果導致多人受傷，其後被諷為「屍殺列車」。市民林傑（化名）對端傳媒表示，未到十一點，他乘搭的列車抵達元朗，停在站內未有如常駛走，其後，白衣人追打上月台，港鐵職員則叫乘客下車，但月台滿是白衣人士，他感到非常「諷刺」。

到底港鐵何時發現白衣人蹤影？當時如何處理？市民郭小姐為端傳媒提供當晚十時四十一分拍攝的片

段，有白衣人手持長傘、藤條和標語牌，跳入元朗西鐵站閘內先追打圍毆身穿黑衣人士。港鐵連日回應稱，職員在十點四十五分發現大堂有人爭執，隨即通知車務控制中心，中心於十時四十七分透過專線報警，已是襲擊開始六分鐘之後。

而在港鐵職員應獲悉月台情況危險，為何還指示乘客下車？綜合港鐵的新聞稿、在二十五日回應端傳媒的查詢，受影響列車於十時五十五分到站，初步調查發現，「當時車長沒有察覺有暴力發生」，只留意到列車車門受阻，加上車上的緊急掣（緊急按鈕）被啟動，列車未能離開車站。至十時五十九分，車門仍未能關上，月台和車廂內亦未有衝突跡象，車務控制中心指示車長安排乘客落車，轉乘下班列車，但未能成功。在十一時六分，有大批人士衝上月台發生打鬥，車長於十一時七分向中心報告情況，並繼續嘗試關車門，最後列車於十一時十三分成功關上車門，十一時十四分離開車站。港鐵車務總監劉天成指，當時元朗站接近「收車」，站內只有三名職員及一名承辦商職員，而港鐵並非治安組織，沒有相關訓練及準備，治安的工作依靠警察負責，並由對方部署。

## 7. 何君堯是誰？他跟白衣人有何關係？

建制派議員何君堯被指與白衣人襲擊有關。何君堯本身為律師，是近年崛起的建制派議員，言論激烈，與中聯辦關係密切，甚至被民間人士稱為「西環契仔」（編按：意為「西環乾兒子」，中聯辦辦公大樓位處香港西環，常用「西環」指代中聯辦）。

身為屯門良田村原居民的他，在二〇一一年推動鄉委會修改會章，禁止任何人連任三屆主席，令「新界王」劉皇發不能再參選，而何君堯則在無人競逐下，取代劉皇發之位，成為屯門鄉事委員會主席，並晉身成為鄉事區議會和新界鄉議局成員。

自此，他在政治路上愈爬愈高，先是在二〇一五年被委任為嶺南大學校委，其後又得到政府器重，獲授新界太平紳士一職。二〇一六年，何君堯參選為新界西立法會議員，捲入另一名候選人、自由黨周永勤被威嚇退選的事件，他的選舉義工曾揚言「追擊周永勤」。

何君堯的言論出位（離譜乖張），屢屢惹起爭議。在二〇一七年的「革走戴耀廷吶喊大會」中，屏山鄉鄉事委員會主席曾樹和，指提倡港獨者「若不認自己

» 二〇一九年七月二十二日，凌晨兩點二十八分，有市民在遠處呼喊挑釁南邊圍村集結的白衣人，數名白衣人手持棍棒突然衝上前，兩名防暴警察過去調停，期間拍打白衣人肩膀。（攝影：林振東／端傳媒）

» 二〇一九年七月二十二日三點三十分，南邊圍村外布防近三個小時的警察開始入村，過程未有遭遇村口一眾白衣人的反抗。（攝影：林振東／端傳媒）

是中國人，就是外來人士，必須要殺」，何君堯即和應說「無赦」。其後他在回應記者指如果港獨人士顛覆國家命運，「呢啲人，唔殺咗佢做咩（這些人，不殺掉的話幹啥）？」

是次元朗白衣人襲擊事件，何君堯被指一早「獻計」鄉事派，又有片段顯示事發當晚會見白衣人。何君堯在七月十一日其Facebook直播稱，若有示威者到元朗，鄉事派要「密啲手」（動作快點），將他們打至「片甲不留」，更建議鄉議局動員十八區「民團」成立「機動部隊」，到不同地方「支援」。

» 二〇一九年七月二十二日四點十六分，警方在村內調查，檢示地上的鐵棍。（攝影：陳焯煇／端傳媒）

事發當晚，網上片段顯示何君堯與白衣人握手，並向對方鼓掌、豎起拇指，說「辛苦你」，還讚另一名白衣人「你們是我的英雄」。何君堯否認策劃事件，但承認事後飯後路過握手，表示對白衣行動知情，亦認識部分白衣男。何君堯又形容事件是「元朗居民保家衛族」，曾稱讚他們「做得好」。

何君堯後來將事件歸咎到打算來元朗的示威者，稱示威者令社區氣氛緊張，「當佢哋（他們）刻意去（做）挑釁嘅行為去衝擊一個和平而寧靜嘅社區，人哋有反應係好正常。」何君堯說與暴力割席，但被問到會否與白衣人割席，他反稱任何人犯法都可以原諒，「你對罪行不認同，不代表要割席。」其連日的言行引起多人憤怒，何君堯的辦事處被圍攻，父母墳墓遭破壞，牆上被噴「官黑勾結」字樣，地面被噴「何君堯孝子」及粗口字句。

## 七二一元朗事件時間線

| | |
|---|---|
| 20:30 | 白衣人在鬧市聚集，區議員報警。 |
| 21:16 | 白衣人在 YOHO 商場附近聚集。 |
| 22:00 | 街頭零星襲擊，立法會議員就白衣人聚集報案。 |
| 22:28 | 市民就白衣人打人報案。 |
| 22:38 | 白衣人從街頭追打市民至元朗站。 |
| 22:40 - 23:14 | 白衣人在元朗站內第一輪襲擊。 |
| 22:41 | 警方接獲元朗站首宗報案。 |
| 22:43 | 消防處召喚一輛救護車出動，22:52 到達元朗站。 |
| 22:45 | 立法會議員林卓廷趕到元朗站開始直播。 |
| 22:53 | 兩名軍裝警員到場，瞭解情況後轉身離開。 |
| 23:00 | 白衣人衝破閘門而入，追打月台及車廂內的乘客。 |
| 23:14 | 受困列車駛離，白衣人第一次離去。 |
| 23:15 | 警方增援隊伍抵達元朗站，官方說法為 23:20，不久後離去。 |
| 23:55 | 港鐵關閉元朗站。 |
| 00:29 | 元朗站內第二輪襲擊，大批白衣人撬開鐵閘衝進元朗港鐵站，以棍棒等物件追打市民。 |
| 00:39 | 再有四輛消防車，兩輛救護車到場，但站內不見警察。 |
| 01:00 | 防暴警察到場，白衣人士在南邊圍村集結。 |
| 02:15 | 警方原地不動，截查市民，白衣人士繼續集結。 |
| 02:27 | 市民挑釁，白衣人衝上前，被警方阻止。 |
| 03:30 | 警方進入南邊圍村搜查，傳媒無法進入拍攝。 |
| 04:00 | 白衣人士從警方防線前離開，駕車加速衝向記者。 |
| 04:30 | 警力撤退。 |

## 專訪朱凱迪：藉黑社會鎮壓會成為香港常態嗎？——符雨欣 文編：陳倩兒

香港立法會議員朱凱迪最近戰戰兢兢。他故意脫離固定的作息和出入時間，不返回原本的住所，借用朋友的車，在夜晚的香港街頭打起十二分精神，留意身邊人的一動一靜。

不過防不勝防——朋友的車才開了幾天，一條 WhatsApp 信息發來，報出他車牌的準確號碼。

這是二〇一九年八月的香港，恐懼和警惕快速滲入日常。這些轉變來自七月二十一日夜晚，大批白衣人在元朗西鐵站附近無差別襲擊路人，有人被打得頭破血流，多人受傷，兩輪襲擊中，警察不知所終，而影片拍到建制派立法會議員何君堯和白衣人握手道謝。兩天之後，何君堯宣布自己家墳被毀，網絡謠言傳出：是長期在元朗鄉村深耕的朱凱廸派助手毀壞何君堯家墳。

八月一日，朱凱廸召開記者會，公開自己收到四條死亡威脅信息：何君堯直接在 Facebook 上讓朱選擇「生路」或「不生路」；有信息說江湖「暗花」（指黑社會為暗殺所出的價碼）要抓朱的助手；也有朱相熟的鄉事人士（新界鄉村地方人士）和政府人士告誡他，江湖上已有暗花，找一個身患絕症的人暗殺他等，一切只是開端。

「政權及其支持者的暴力正在增加強度，也蔓延至不同地區，未來可能會繼續惡化，」在立法會大樓內接受端傳媒訪問時，朱凱廸說出憂慮。過去十二年，他從城市走入許多港人甚為陌生的新界鄉郊，扎根元朗八鄉，並於二〇一六年立法會選舉中打出「反官商鄉黑」的鮮明口號，將長期存在卻又遠離公眾視野的「鄉黑」議題帶入主流視野。對於和鄉事盤根錯節的黑社會力量，他早已不陌生。只是他沒有想到，二〇一九年，「鄉黑」背後，纏繞了更複雜的政治力量，而本應制衡「黑」的警察力量，似乎變得無法依靠。

「黑社會無處不在，好像草一樣哪裡都會冒出來，如果沒有警察去除草、做鏟草機，就會飛啊飛啊，變

» 二〇一九年七月二十二日，網民發起包圍荃灣荃豐中心二樓何君堯立法會議員辦事處抗議。（攝影：林振東／端傳媒）

成一個森林。」朱凱廸語氣平緩地說著，「關鍵不是黑社會存不存在，而是你除不除草，如果香港的警察都壓不住，那就死定了。」他乾澀地笑了笑。

## 元朗壓力煲的「失控爆炸」

朱凱廸上一次感受到嚴峻的死亡威脅，是二〇一六年九月。九月五日，他以票王之姿當選新界西議員，三天之後，他報警並召開記者會，公開自己在選舉過程中多次被跟蹤、恐嚇。兩週後，警察在八鄉、荃灣等地以涉嫌恐嚇罪名拘捕六名男子。朱凱廸當時指出，雖然樂見警方執法，但「背後操控恐嚇者、包庇『官商鄉黑[1]』勾結的權力仍然控制着香港政治發展及港人生活」。

香港是健忘的。過去，「鄉黑」問題並不常見於輿論熱點。在港島和九龍之外，新界鄉郊依舊長期維持著獨特的權力結構。根據土地正義聯盟成員梁俊彥的分

1「官商鄉黑」是討論香港新界地方政治、社會議題中出現的用詞，用以指涉一種利益結構。在二〇一六年朱凱迪競選立法會議員時提出後變得較普及。其中「官」指政府；「商」指商界，特別是地產商；「鄉」指新界鄉村地方有較強政治、社會影響力的人士；「黑」則是黑道、幫派。

» 二〇一九年七月二十七日，元朗西邊圍村外，示威者與警方發生激烈衝突。（攝影：林振東／端傳媒）

析，新界分三大勢力，俗稱「三大約」：「南約」包括荃灣、大嶼山、離島等，政治實力相對低；「大埔約」包括大埔墟一代，掌權主力為新社聯派系，而政治實力最強的是「元朗約」，是新界鄉事最核心的重鎮。

因為龐大的土地利益和歷史沿襲，黑社會長期活躍於元朗鄉郊，某種程度上，已成為居民生活的日常。同一個村的家族裡，可能有人做警察，有人經商，又有人投身黑社會，大家同枱（桌）吃飯，不是新鮮事。在朱凱廸看來，與城市黑幫有別，鄉村黑幫流動性沒有那麼強，幫和村混雜融合，韌性強度更大。

反修例運動開始之初，鄉事派和黑社會都顯得和運動無甚關係。七月中旬，朱凱廸留意到，元朗開始氣氛緊張，但不為外界察覺。

七月十六日，元朗區鳳攸北街公園舉行「黑警惡行觀賞會」。有流言威嚇活動，「真元朗人要趕走光復元朗的搞事分子」、「光復元朗千萬不要來，否則打死你」、「十八鄉守衛隊拿着機關槍要把人趕走」。

「是在元朗的人才知道的，一種很嚴重的氣氛，很危險的——你在元朗搞事就死定了。」活動當日，朱凱廸沒有出席，但其議員辦公室的工作人員有下場協助活動。放映會途中，大批戴口罩的人士現身圍堵、叫囂，雙方更衝出馬路發生衝突，衝突過後，十名警方機動部隊人員才到場調查。

直到七二一無差別襲擊事件之後，朱凱廸才明白，十六日的衝突就像一場「預演」。

七二一襲擊事件之後，朱凱廸才知道，七月十一日，中聯辦新界工作部部長李薊貽曾出席十八鄉鄉事委員會就職典禮，席上呼籲元朗村民充分準備，相信村民「唔會畀佢哋（示威者）入嚟元朗搞事（不會讓他們進元朗搞事）」。

朱凱迪說，響應李的人一定不會是主流的鄉事派……這些（響應的）人是想去嘗試激進路線，在這個亂局中殺出一條血路……既然中聯辦有動員，他們便可以嘗試操作一個很 localized（本土）的反擊。

元朗有著很強的本土特色。朱凱廸認為，在香港各區中，元朗鄉民「保家衛族」的意識，無人能出其右。「你無緣無故去灣仔地鐵站，叫灣仔居民去保家衛族，是騙不到人的。」

種種元素碰在一起，「就好像壓力煲（鍋），滿足了所有條件，到最後就發生了一個失控的爆炸。」

當然，操作過程可能比許多人想像的複雜。「我聽說在現場白衣都有很多種人，有一些人是勸架，叫別的白衣人不要癲（胡來）。」朱凱廸分析，「白衣人可能是多樣化組合，有的人是收 order 收錢的，有的人是在群組裡被動員起來的。群組可能是一條村，可能是一個幫派；沒有錢的群組可能比較大，被動員的人自己穿了白衣衝出去『保家衛族』；收錢的群組可能比較小，都是一些很能打的人。」

「到底這是否一個、是否一種利用黑社會去做為鎮壓機器的一種常態化呢？還是一個 accident（意外）呢？如果它是常態化，比如說我天水圍有煙花射人，或者將軍澳今天淋鏹水[2]。」朱凱迪說，這類攻擊在雨傘運動就發生過，如今一旦「常態化」，然後警察又不管，恐怕就定型成一種模式。

2 「鏹水」指強酸液體。朱凱迪提到的「將軍澳淋鏹水」和「天水圍煙花射人」，都是反修例運動中，疑似幫派人士攻擊示威者的事件。

## 假新聞殺人事件

這些年來，似有似無的關聯、若隱若現的變化在香港政界和公民社會此起彼伏，草蛇灰線，指向一個不明朗的、充滿憂慮的前景。

二〇一二年，仍是特首候選人身分的梁振英被曝與部分新界鄉紳在流浮山小桃園酒家出席飯局，據聞席上有「江湖社團人物」。二〇一三年，時任特首梁振英到天水圍朗晴邨出席地區論壇，大批市民在場外大批抗議，元朗黑幫則前來滋擾市民，成為當年政府涉嫌以黑社會做政治打手的標幟性事件。二〇一七年習近平訪港，社民連準備了一副棺材做為示威道具，但當時有自稱黑社會的人在社民連總部流連，最後示威物資被破壞。

「這些事來來去去、不是有很大變化，組合上有一些不同，但那條線就是由二〇一二、一三年開始的。何君堯當選之後，中間就再多了一層人。」朱凱廸憂慮，黑社會正在愈來愈多地參與到香港政治中，而反修例運動中爆發的涉黑事件，又在不斷加強他這一憂慮。

而他始終不認為，我們需要消滅黑社會，真正的問題是：黑勢力背後的力量是什麼，而另一邊，有沒有力量去制衡黑勢力？

「當政權和黑社會勾結，或者是派黑社會出來的時候，我們可以怎樣呢？中聯辦、激進建制派、鄉黑混合的元朗、所謂『保家衛族』的意識……」朱凱廸觀察，這些都還不足夠，要將各種力量更好地調動起來，還需要編織各種「故事」，而他自己，原來也在這些「故事」中被安排了角色。

七月二十一日晚上，朱凱廸在上環參加反修例遊行。他表示，當天他參加了遊行全過程，跟著遊行隊伍從維園走到灣仔，後來留在上環警民衝突前線，和立法會議員區諾軒、黃之鋒等在現場做警民之間的協調工作。傳媒報道顯示，接近十點的時候，朱凱廸還在上環的警民對峙現場呼籲警方冷靜。等到示威者全部散去，他才返回金鐘的立法會辦公室，離開示威現場的時間大概是凌晨一點多。

幾天之後，他卻從消息人士處看到七二一當天的一些群組訊息。「就是動員那些白衣人去打人的group……他們說，現在（晚上十點）朱凱廸下來了，需要更多的人到西鐵站；朱凱廸殺緊入來，現在打到

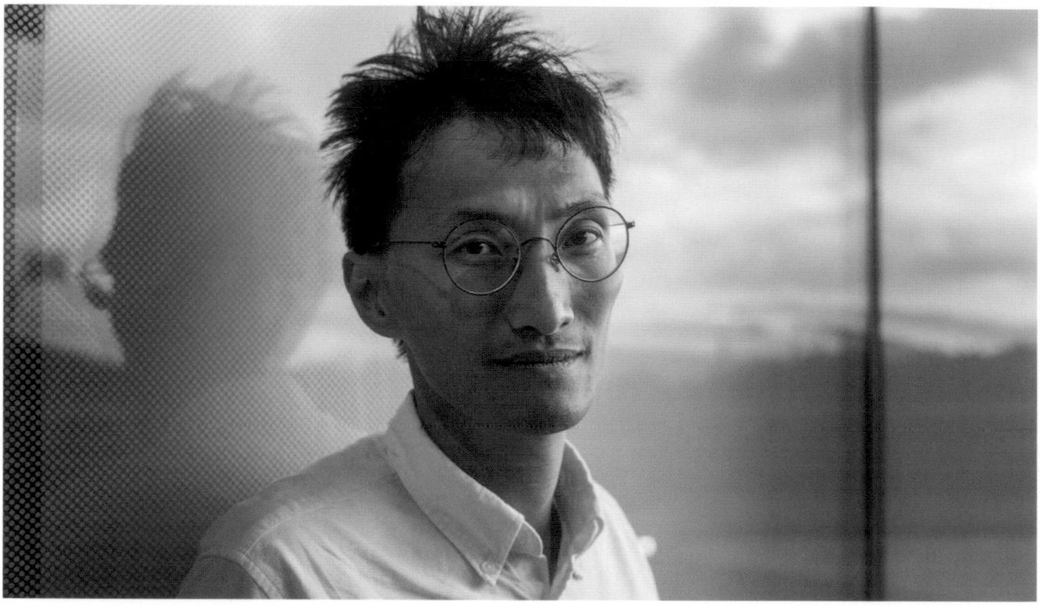

» 香港立法會議員朱凱廸（攝影：林振東／端傳媒）

七彩，快點過來……在那些很核心的動員群組裡，都相信那刻我是到了的。」再深究，他才知道早於七二一之前已經流傳，他和黃之鋒「要帶人入元朗」。

「它要建立的故事線是，打的不是元朗人，而是入侵者……所以要創造我們這些外面的人、黑衣人，成為故仔（故事）、角色。」朱凱廸分析，在這個過程中，「真元朗人」意識被渲染到極致，是連「搬進元朗住在市區的人，也可能不被認為是元朗人，而是搞壞元朗的一部分」。「在這個意識形態之上，才能一層層合理化攻擊。」

朱凱迪觀察，其實假新聞的問題早已存在，「有人說某種物資已經放在我的 office 的某個地方，辦事處已成為物資基地。關於我這部分（的信息）是假的，但我的辦公室是真的。」「黃之鋒就最多經驗，說他們去過美國軍訓之類。」他說，這些資訊在某一個年齡層、學校或是村民的圈子裡，傳播的速度比所有主流媒體和機構都快，「我認識的很多人是在這些群組，在同一個時間收到這個訊息，接着基本上所有人都會當是真的去理解。」

朱凱迪無法確定這些大面積假新聞的源頭和背後

操作者，暫時亦無法阻止這危險的趨勢，「其實都挺危險的，因為 fake news（假新聞）是很有吸引力的一件事，大家都在這裡 fake 來 fake 去，」他說，這已經不是個體的資訊選擇問題，「是一個大面積的訊息汙染，或者一個大數據的操作，就是我拋某些東西進去，你是可以 catch（捕捉）到多少人，令到他們改變想法。」

七月二十三日下午，何君堯家墳被毀，二十四日，何在 Facebook 直播上，直指「毀墳」的是朱凱廸的追隨者。而朱凱廸指，二十三日上午，他和何君堯在港台做直播節目，之後就一直開會和留在立法會的辦公室裡工作。關於「毀墳」的新聞，他也是從網上得知。

不過，一段錄音短時間在坊間快速流傳，錄音中有個男人與人竊竊私語，說道朱凱廸與何君堯有「世仇」，是朱凱廸派助手去破壞何家祖墳。

「你聽下去就會覺得正、很好聽，」他無奈笑著說，「所以，現在全新界西都知道我『掘墳』了，不止在鄉郊，連公共屋邨都是。」朱凱廸表示，自己並無派人去做這事，也想要為自己澄清，但無從下手。

「我覺得我現在的狀況，是七二一之前的假消息與七二一的關係的延伸，在所謂掘墳墓去報仇的那個故事底下，成了一個受威脅的對象，」八月一日，朱凱廸報警，稱從二十五日開始的一週，他及團隊收到連串恐嚇，說他「掘墳」而要暗殺他。

「我死了的話就是 fake news 殺人事件了，」他苦笑，「fake news（假新聞）殺人在江湖上不少見，但變成一個政治上的手段，挺新的。」

（余美霞、梁中勝對本文亦有貢獻。）

**延伸閱讀**

關於元朗地方政治和剖析同鄉會「社團」的深度報導，還推薦閱讀梁俊彥所著〈這些年，激進何君堯如何收編元朗鄉事力量〉；〈從聯誼鄉親到政治動員的鐵軍〉，則是解構「福建幫」的深度報導。

除了端傳媒的報導外，關於七二一事發過程的追蹤，也推薦觀看：

〈元朗黑夜〉，《經緯線》，Now 新聞台

〈元朗黑夜：重整襲擊事件全過程〉，《新聞刺針》，有線電視台

# 5

# 烽火遍地

反修例運動在不同時期呈現不同的空間特色：六月的大型、中型遊行集會，大都在港島的「維多利亞公園——金鐘政府總部」之間進行，這也是香港人最熟悉的政治抗議空間。

七月，抗議空間開始擴大到全港：七月七日九龍遊行、七一三上水、七一四沙田、七二一上環、七二八元朗、八〇三旺角和黃大仙、八〇四將軍澳。空間上快速蔓延到港島、九龍和東西新界。最能具體代表抗議之火蔓延到全港鄉里社區的，就是無處不在的連儂牆了。

從空間和運動的角度看「八〇五大罷工」，可以發現這是第一次大規模「異地同時」的抗議行動，號召者意圖以罷工這種人人能夠普遍參與的形式，將抗議之火一次在全港不同地點同時點燃。

六月十二日為了防止逃犯條例修正案在立法會強行闖關，曾有一場罷市行動，有近千家商戶響應。八〇五則是反修例運動繼六月十二日後再次倡議罷工，〈他們為什麼罷工？〉一文裡，當天不同行業參與罷工的市民們，訴說著個人的心情。〈一起學習維修香港〉則是關於香港社會特殊的少數族裔——印度裔社工怎麼看待、參與反修例運動的故事。

抗議空間的擴展，也讓抗議運動的支援體系浮現出來，例如「九〇一機場見」行動後，大批市民開著被稱作「校巴」的自家車輛「義載」參加示威的年輕人從大嶼山、青衣和欣澳等地撤離。〈義載中年〉就是一個「校巴司機」的故事。

宣傳，是運動的重要環節，反修例對內宣傳的作品則是在通訊軟體 Telegram 上架設開放平台，任何人都可以創作上傳或取用作品，〈文宣組的故事〉深入報導了平台的運作及背後努力的團隊。

反修例運動給不同背景企業財團帶來不同的影響，由英資太古集團擁有的國泰航空在反修例運動之初一直被認為更接近、同情示威一方，例如八月底開始的機場占領運動中，一位國泰機師曾經在降落前的廣播裡解釋香港機場的集會，讓乘客不用擔心，並呼籲「香港人加油，萬事小心」。也因此在運動中期，港中政府加大對運動的打擊力道時，國泰航空首當其衝。CEO何杲於八月十六日傳出辭職的消息，國泰港龍空勤人員協會主席施安娜被解僱，她說管理層只展示她的 Facebook 帖文，拒絕解釋原因。

公司截查職工言論，員工之間相互舉報，〈那些被查手機的國泰員工〉，是他們身處「紅色恐怖」中的故事。

（李志德）

## 刪帖、退群，那些被查手機的國泰員工

——林可欣 文 編：吳婧

二〇一九年八月末，中午，飛抵上海的港龍空少林哲岳剛到酒店，就接到來自香港公司總部的電話：他被停飛兩日，需立即返回香港。

林哲岳心想，一定有事要發生了。他告訴同行的同事，對方驚呼：「不要開玩笑啊」，得知是真的，又旋即哭了。「我想是這段時間公司和社會給大家的壓力太大了，在這一刻才忍不住哭。」林哲岳說。一個多星期前，港龍空姐施安娜也是在執行大陸航班的途中，突然被召回公司，而後被無理由解僱。

翌日，林哲岳與兩名公司管理層人員會面，對方神情嚴肅地遞上兩張社交媒體的截圖，截圖內容是批評警方在示威現場的處理手法涉及濫暴、選擇性執法。管理層問林哲岳，這些帖子是否是他發布的？林哲岳答，那是有人模仿他開設的社交帳號。林哲岳事後向端傳媒解釋，他當時拒絕承認帳號是自己的，是不想成為下一個施安娜，也想為之後可能經歷相似遭遇的同事試試——有沒有另一條路。公司隨後要求他寫一封解釋信並延長停職時間，表示會做進一步調查。八天後，他被召回公司，眼前是一封解僱信。

「有什麼理由解僱我？」林哲岳問。

「No reason.（沒有原因。）」對方答。

這次會面前，林哲岳叫了關係最親近的同事在會議室外等他，走出會議室，兩人相擁而泣。

他當場上交了禁區證和員工證，由管理層職員護送去儲物櫃收拾物品、離開國泰城。這是他在國泰工作的第三年，眼看快過生日了，他苦笑道，公司送了他一份三十歲大禮。

「這是很無情的解僱方式，死得不明不白。」林哲岳說。根據香港空勤人員總工會統計，截至十月底香港航空界最少有三十六人被解僱或被辭職，包括八名機師、十八名空中服務員、四名地勤人員、六名管理層及其他級別員工，其中三十二人屬於國泰及港龍航空。

## 這是機長廣播：香港人加油，萬事小心

在前期的反修例運動中，航空界是不可忽視的一股力量。六月九日百萬人大遊行（警方稱最高峰為二十四萬人）後，港府決定如期於六月十二日恢復立法會二讀，全港遂發起「三罷」行動，這其中，航空界有超過一千七百名員工連署罷工。「那時沒人覺得會被秋後算帳，大家覺得連署是最基本的，用我們的名字去表達聲音。」國泰空姐舒辰說。

在愈發焦灼的社會氛圍中，航空業界於七月二十五日公開第二次連署聲明，譴責政府未回應五大訴求、警方濫用暴力。來自機管局、民航處、香港航空和國泰航空的七百多人參與了連署，他們拍下工作證或空勤人員證書的相片，並附上寫有心聲字句的紙條。

第二天，航空業界在香港國際機場接機大堂舉辦「和你飛」集會，這是反修例運動的「戰場」首次轉移到機場。近萬人參加了這次集會，許多人在Telegram的公海群組討論[1]，「很難得有一個行業可以這麼大規模組織出來，大家覺得航空業可以帶頭。」舒辰說。

集會前幾天，擅長美術的舒辰被朋友拉去準備集會文宣。「當時我不在香港，在一個陽光海灘躺著，拿一部電腦整理文宣。」回到香港已是集會當天，舒辰回家放下行李，轉身就回到機場參加集會，還有很多同事顧不上安置行李，直接來到現場。

網絡流傳出一班當晚降落香港的國泰航班的機艙廣播，機長向旅客說道：

> 謝謝與我們一起飛行，希望很快能再看到你。此外，特此告知，此刻一場非常和平且有秩序的示威運動，正在香港國際機場入境大廳內舉行，這是關於要求撤回具有爭議的引渡條例。目前，一切都非常平靜，請不要恐懼穿著黑色衣服坐在入境大廳的人們。事實上，如果你願意的話，也可以與他們交談，試著更瞭解香港。最後，香港人加油，萬事小心。

兩個多星期後，廣播「香港人加油」的機師，經國泰證實已經離職。站在反修例運動前線的國泰員工，以始料未及的速度被噤聲。

1 反修例運動期間，Telegram群組成為示威者最常用來發布和傳播消息的平台，其中規模最大的群組稱為「公海」。

## 「沒想到國泰會跪低」

事態是從八月急轉直下的。八〇五全港大罷工當日，清晨六時，香港機場已有一百七十次航班取消。職工盟主席吳敏兒於六日出席香港電台節目時表示，五日有約一千五百名國泰員工沒有上班，而國泰一天需要三千名員工。

就在人們感嘆航空業界的積極參與時，國泰出現第一波震盪。中國民航局在八月九日向國泰發出「重大航空安全風險警示」（下稱「警示」），要求「有過激行為的機組人員」停飛中國航線，並交出所有飛往和飛越內地領空的機組人員的身分信息。

「八〇五罷工那天，我們收到消息，那時的CEO何生是不肯交罷工名單上去的，就說支持言論自由。」空姐傅雯對端傳媒表示。她從WhatsApp群組裡獲悉警示的新聞，在此之後，「大家都變得戒備了很多。」

國泰高層態度旋即出現大轉彎。據多間傳媒報道，八月十二日，當時的英籍行政總裁何杲（Rupert Hogg）發內部電郵指出，支持及參與違法示威活動的員工均要面對嚴重紀律處分，包括可能遭到解僱。他還強調，員工不得在社交媒體公開同事私隱，或發布任何構成欺凌、騷擾、令公司蒙羞的資訊。

十三日，國泰在微博發布聲明：「堅決支持特區政府和香港警方止暴制亂」，國泰大股東太古集團亦在同日發布新聞稿強調：「全力支持國泰嚴格執行中國民航局關於確保航空安全的所有指示，以及對非法活動採取零容忍態度。」事實上，中國民航局發出指引後，航空業界四個工會均收到指令，希望工會發出文宣、與公司合作。

三天後，第二波震盪襲來，國泰宣布CEO何杲辭職。《紐約時報》報道何杲曾向員工發送電郵表示，國泰的聲譽和品牌承受了巨大壓力，「尤其在至關重要的中國大陸市場。」

這一切令舒辰感到錯愕。CEO辭職的消息，舒辰是從NOW TV新聞看到的。她詢問公司的朋友，竟無人在新聞曝光前得知消息。而最早披露這一消息的，是內地官媒中央電視台。

「沒想到國泰會跪低（跪下）。」舒辰說。

更多炒人的消息被曝出。十四日，國泰證實有兩名機師被解僱，一人是涉七二八上環衝突事件、被控暴動罪的機師，另一位則涉及不當取用公司資訊。此外，國泰還證實有兩名地勤員工，因涉洩露警方足球隊航班資料、呼籲接機，以行為不當為由遭解僱。

二十八日，事態進一步崩壞，國泰內部更新員工守則，明文鼓勵員工就身邊的違法事件舉報。

「我心想這是做什麼，現在是文革嗎？你叫我們和你共度時艱，又叫你的員工互相出賣。」傅雯十分憤慨。

## 「公司現在兩邊不是人」

至今想起來，施安娜對自己被炒這件事，仍感到「十級震驚」。

八月中旬，她的身分還是港龍空勤人員協會主席，發現有網友將自己在飛機上慶祝生日的照片，演繹為工會主席在飛機搞連儂牆，或散播她會對不同政見的人找麻煩的謠言。

八月十九日，她在一次前往大陸兩天三夜的任務中途，被公司召回香港。做為工會主席，施安娜經常需要與公司管理層見面，她以為這次與往常一樣，又或是，自己被網絡霸凌的事，終於引起了公司重視。

但她沒想到，那場短短三分鐘的會面，讓她十七年的飛行生活戛然而止。

兩名管理層人員向她出示了三張她社交媒體的截圖，第一張是與同事慶祝生日的相片；第二張是Facebook 限時動態的截圖，寫了CEO辭職後的感受，她認為公司出現互相「篤灰」，局面非常不健康；第三張，則是她在今次飛大陸執勤前，表達擔心能否成功飛抵大陸。而這三則發帖，均非公開，是「朋友可見」。

「我知道自己的身分，所以言論一直很小心。」施安娜在香港電台的節目上表示。她對端傳媒回憶，儘管當時公司氛圍緊張，但從未想過於社交媒體噤聲。

而後，管理層詢問該帳號是否為她本人所屬。施安娜承認後，被終止了僱傭關係。做為工會主席，施安娜曾接觸過不少解僱案例。「一般最少有三個月的warning（警告期），寫解釋信，再看有沒有改善。」輪到她頭上時，對方只有一句：「I'm sorry, I can't tell you the reason.」（對不起，我無法告知解僱妳的原因。）

幾天之後，施安娜與職工盟召開記者會，講述事

» 二〇一九年八月十二日，網民發起「百萬人塞爆機場」，表達對警察過度武力的不滿，身穿黑衣的示威者坐滿接機大堂。（攝影：陳焯煇／端傳媒）

件經過。「無理由炒工會主席，是很大件事。」施安娜說，「公司現在兩邊不是人。」

港龍空勤人員是施安娜的第一份工作，一晃就過了十七年。空勤人員的編排不固定，每次飛行搭班的幾乎都是不同的同事，因此人際關係比較疏離，但正因為要與不熟悉的同事一起執行關乎飛行安全的工作，團結、互信成為這份工作的特質。相比於國泰有一萬名機組人員，港龍空勤人數較少，同事之間的關係更為親密。但這樣的日子正逐漸成為過去式。「現在發現，原來朋友間都有人會舉報你。」

在不少解僱傳聞中，當事人都是因為在社交平台上發表關於反修例運動的言論，被同事舉報，隨即遭到解僱。

舒辰在何杲辭職後的一個多星

期內，不斷聽聞同事被公司召見的案例。第一種，公司表示曾收到該名職員在社交媒體發表不當言論的舉報，通過調查後，認為可以結案，並對該名員工予以警告；第二種，召見職員時，公司將社交媒體的言論打印出來，並確認是否為該名員工的帳號，若答「不是」，需要證明，若答「是」，便被解僱。

「舊CEO在的時候，公司風氣是包容員工、有言論自由，大家可以講自己想講的。但換了CEO後，好似之前做的所有事都被人清算了，你都沒辦法和公司辯論。」舒辰備感無奈。接替CEO一職的鄧健榮現年六十歲，於一九八二年就加入國泰的大股東太古集團，現在是太古集團董事。「公司Guideline（工作方針）寫『不可以參與不合法的活動』，也『不可以支持不合法的活動』，」舒辰質疑，「是不是講句加油，就是支持呢？」

林哲岳這樣形容不斷升溫的解僱風波，「好似隨便刪除一個（員工）編號。」職工盟主席吳敏兒告訴端傳媒，最新情況顯示，部分被解僱者已經不被要求確認任何社交媒體截圖，「叫他們回到辦公室後，給他們一個大信封，就這樣打發他們走。」

## 國泰員工的日常：刪帖、退群組、查手機和行李

成為國泰空少十二年的柯梓捷，回想起十年前的風氣，「國泰那時的名聲好好。」柯梓捷說，二〇〇三年的SARS事件，令國泰收入驟跌，公司對員工提出Unpaid Leave（無薪假）機制，以求共度時艱，當公司業績好轉，會將這部分薪水再發給員工。「大家好似一家人，管理層比較開明。」二〇一四年，國泰連續四年獲全球最佳航空公司。

這幾年航空業生意愈發難做，國泰在商言商，不斷減少開支。柯梓捷形容，國泰形象從內到外都變得「好cheap」。端傳媒採訪的幾位空勤人員，均表示因減少開支，近年在工作上的難度不斷增大。傳雯坦言，二〇一五年後入職的同事，有收入上限，但以前的同事沒有。林哲岳也說，工資漲幅少得驚人，在他在職期間，工資升幅每年僅有一至二%，「差不多每小時加〇．七至一．六港元，每個月漲七十至一百六十元。」

「今次國泰事件，發現大陸的介入原來已經這麼深了。」柯梓捷認為，在中資機構的公司上班，比如

中國銀行，裡面有親建制的同事較多，不發表政治言論都算合理，「始終是打中國公司的工。但國泰不是（中資），都可以這樣。」

施安娜被解僱後，她和同事交流都害怕被錄音、告密。每個人都覺得，一條看不見的繩索，已悄然環繞在自己的脖頸上。

傅雯告訴同事自己決定接受採訪時，同事用「自焚」形容她的做法：「妳是不是瘋了，公司可能會找到妳。」在採訪當日，同事也不斷詢問她，記者到底到了沒。「她們都很驚，我覺得好可悲。現在公司真的好像大追捕。」

中國民航局發布警示後，傅雯的同事飛抵大陸，在機場停留時，遭遇機場人員上飛機檢查空勤人員的手機，不僅會查看社交媒體的發帖，也會查看收藏的頁面，有人甚至會看 WhatsApp 的電話號碼。「大家講的時候就很生氣，覺得自己被強姦，」傅雯激動說道，「他要 check 你，你不能反抗，他記錄下你的名，你知道之後他在大陸會做什麼嗎？不給入境、加入黑名單？大家不知道之後會怎樣。而你明知的是，公司一定不會撐你。」

林哲岳也提到，儘管過往大家都清楚飛大陸不能帶太多敏感的東西，但近期會格外緊張。飛行前的會議，經理會提醒大家：「小心點，大家知道有些可以帶，有些不應該帶的啦。」林哲岳說，「特別檢查」不會出現在所有航班，「時間、地點、人物是完全琢磨不透的，平時你離開飛機就沒事了，現在可能出了電梯也會突然被拉回去，好像直到你到達酒店房間才能鬆一口氣。」

傅雯還聽聞，國泰空勤人員返回香港時，突然開始需要經 X-Ray 機檢查個人行李。儘管這屬於例行事項，但此前默認不需通過這個程序。傅雯認為，此舉是擔心國泰員工從外地運「豬嘴」（用來過濾催淚煙的3M口罩）回香港。有同事憤然，「帶裝備回港是犯法嗎？」「現在是想用白色恐怖嚇死 crew（全體乘務員）吧。」

在運動中被廣泛使用社交平台 Telegram 中，有一個名叫「父母搵仔女（逃犯條例）」的群組，專門起底示威者或親民主派政見人士。這個群組發布大量黑衣市民、學生、示威者等人士的大頭相和個人資料。傅雯發現，在民航局警示發布後，群組開始「瘋狂追

» 二〇一九年八月二十八日，中環愛丁堡廣場舉行的國泰員工集會。（攝影：林振東／端傳媒）

擊」支持運動的空少空姐，裡面不乏有同事Facebook和Instagram的私生活照片，或是家人的資料。她認出了其中一、兩個同事。還有人只是發了「沒有暴徒只有暴政」的帖子，也被截圖發在群組中。

「這個群組的氛圍十分重仇恨，大多都是叫人向公司舉報這些暴徒，讓暴徒失去工作，沒有好日子。」每次打開這個群組，傅雯的心情都戰戰兢兢，她擔心見到認識的同事，也害怕下一個就是自己。

公司開始炒人後，傅雯與身邊最親近的同事都感到恐懼，開始刪除在Facebook發過的帖子、自己身著航空制服的照片，生怕被人發現自己是一名空姐。以往看到某則新聞，隨手便會轉發、評論，現在想要在社交媒體發表看法或分享新聞，不自覺變得猶疑，最終作罷。

» 二〇一九年九月一日，大批示威者響應網上號召前往香港國際機場，擬阻礙機場交通及正常運作，繼續向政府施壓。（攝影：林振東／端傳媒）

連家人都叮囑她，關於運動的帖子都不要「like」。

改變最大的，或許是與同事的關係變得小心翼翼，彷彿一不留神，自己的工作就會支離破碎。

以前，住在同區的國泰同事，在 WhatsApp 上有個 Taxi group，方便同事上下班共同搭一起共同搭車。運動爆發後，群組的話題自然圍繞運動展開，不時有同事分享新聞或視頻到群組中。員工守則更新後，傅雯發現，好多人開始退組，也有人建議開新組，或是提議不再在群組內討論政治話題、分享新聞。

傅雯常飛長途航班，休息時間大家往往會聚在一起聊天。這個夏天，傅雯也常與同事聊起運動見聞。「那時候還夠膽講。」傅雯說，「你有時都會感受到有同事不一樣，但覺得『只是聊聊』，起碼那時還有討論空間。」如今，她開始對不熟悉個人立場的同事感到害怕。現在發現政見不同的人，自己便不說話了。

入職國泰的時候，傅雯有一群一起培訓、考試的人，這些同事稱為「同學」，「好似有革命感情。」二十多個同學，一直有個小群組。八月初，發現有同學的家人是警察，熟悉彼此政見的同學便決定開個新群組，小組只剩六人。

八月底，傅雯見到記者時，全身黑衣，戴鴨舌帽、口罩，找了一個空曠的平台接受採訪。有朋友（同事）陪她來，不多話，偶爾在我們的交談中補充一些信息。相似的場景也出現在舒辰的採訪中，那天她也身穿黑色上衣、配戴口罩和帽子，有人陪同，特意挑選了一個相對隱密的環境。

大多時間裡，傅雯的語氣平穩、堅定，透出憤怒，談到施安娜的記者會，剎那間流下眼淚。

經歷一次抗議清場後，傅雯情緒有些崩潰，並不斷做惡夢，有一晚夢到防暴警察追進屋苑，她爸爸的腳受了傷，走得慢，在天台走了好久，剛逃回家中警察就開槍了。最近，傅雯的惡夢換了內容，「大概情節是，給妳一封信，說妳可以走了。」

採訪臨近結束時，傅雯掃視四周，突然發現牆邊有一個攝像頭，下意識輕輕地叫了一聲，眼神閃過一絲慌張。當晚她將飛離香港，「我今天返工都不打算和同事聊天了，立場一樣會好激心（激動），立場不一樣會不開心，又怕被篤灰，還是乖乖派餐（發餐點）吧。」

（據受訪者要求，林哲岳、舒辰、傅雯、柯梓捷為化名。）

# 八〇五大罷工，他們為什麼響應、怎麼參與？

——楊子琪、陳倩兒、林可欣、鄧子盈 文　編：陳倩兒

**投資銀行年輕職員：「我已有物業，我都出來上街。」**

八〇五罷工當天中午，立法會煲底坐滿了黑衣年輕人，二十九歲的 Charles（化名）可能是他們當中收入最高的一員。Charles 在一家頗有知名度的外資投資銀行任職，公司在全球有上萬名雇員，在香港則至少雇員一千。他月入超過十萬港元，擁有自己的物業。根據政府統計處二〇一八年最新數字，港人月收入中位數為一萬七千一百元。

「有人說香港人是向上流動性低、民生差才上街，我自己是一個很好的例子，恰恰可以反駁這個說法：我已經有自己的物業，我都出來上街。」

八月五日，香港掀起罷工、罷市、罷課「三罷」浪潮，並在港九新界七區發起集會，要求政府回應民間五大訴求。三罷、集會等行動均由網民率先發起呼籲。這是自一九六七年六七暴動左派工會發動罷工後，五十二年來香港首次發生的非工會正式發動、無領袖的全港性大罷工。

Charles 表明，出來罷工並非一定為了反《逃犯條例》修訂或者警察濫權問題，一種無法釋懷的憤怒感令他比參與和平遊行更走前一步：「香港如果是所謂的民主社會，沒理由政府可以對過百萬人上街視而不見、毫不回應訴求。」

「我很接受自己是中國人的身分，也接受中國一黨專政的情況。如果香港只是中國的一個城市，如果它不是民主的社會，那沒問題；但我沒法接受的是，那種虛偽，是一國兩制的虛偽。實質根本不是一國兩制。」

他現在最大的訴求，是成立獨立調查委員會，以及爭取雙普選，因為他認為真正問題並不在於修訂《逃犯條例》，而是香港長久以來積累的政制問題。「雨傘運動後，政制問題就像一堆垃圾被藏在梳化（沙

» 二〇一九年八月五日，金鐘添馬公園舉行罷工集會。（攝影：陳焯煇／端傳媒）

發）底，而修例正好把這些問題一次爆發出來，令我這種政治冷感的人都開始反思、參與。」

Charles 說，自己不用 Instagram，不用 Facebook，不開《蘋果日報》帳號。二〇一四年雨傘運動，爭取雙普選議題令他感覺宏大、不貼身，一度亦不太理會。直到二〇一九年政府強力推行《逃犯條例》修訂，做為投資銀行的人，他和同事最初都擔憂修例影響投資者信心、香港國際金融城市的地位，因此開始思考政制、民主問題。

「香港是中產主導的社會，core value（核心價值）係『繁榮安定』，但去到這一刻，很多人把這 core value 擺到次一級，因為大家知道有更重要的價值要追求。」Charles 說自己曾一度覺得追求民主很「unrealistic」（不現實），但如今他為連月來港人

» 二〇一九年八月五日，黃大仙罷工集會者走出集會地點，到龍翔道及地鐵站周邊占據道路。（攝影：Stanley Leung ／端傳媒）

反修例運動所表現出的團結而感到觸動，「這刻我都覺得成功幾率不大，但年輕人卻 take risk（冒險）去抗爭，追求自己認為正確的價值。」

「我開始諗，呢樣嘢係咪真係值得追求（我開始想，那樣的事是不是真的值得追求）？」他說，「原來生命不止於溫飽。」

Charles 的朋友發起八月一日金融人「快閃」中環行動，他二話不說決定前去，「我好『和理非』，一定參加。」那天收工後，他發現公司有一班同事原來都打算參與快閃，於是和大家成立群組，討論起要做有「中環特色」的連儂牆。「什麼是中環特色？大概就是中產、金融吧。我們希望連儂牆不只供人發洩憤怒，因為香港現在已經太多沮喪。」Charles 和朋友們購買了一萬元的食物優惠券，放在連儂牆上，供人任取。「瞭解到有些年輕抗爭者有經濟困難，希望幫助他們。」

八月四日，就在全港「三罷」行動前夕，Charles 與朋友到中環國際金融中心人行天橋下，花了五個小時，設置連儂牆。「我不戴口罩，我不怕。」他說，「如果被人拍到，傳回公司，那就承受影響，對得住良心。」

## 市場營銷老闆：內地生意跌逾三成，「我哋有一份香港人嘅任性。」

「我哋有一份香港人嘅任性。有啲生意，我哋唔做（我們有一份香港人的任性。有些生意，我們不做）。」三十九歲的 Keith Tse 站在添馬公園草地上如是說。今日天氣晴朗，他罷工一天，參加金鐘下午一點鐘開始的集會。早上十點半，他已來到現場，在海旁的草地中央，用支架撐起了一把黃色雨傘，又在傘上放了一個塑膠護目鏡，這是示威者最近常用的抗催淚彈防護裝備。這一舉動，Keith 稱之為「無聲的支持」。

Keith 是一家小規模市場營銷公司的老闆，他說同事們今天都參與罷工，很開心他們都「認同小朋友（指年輕抗爭者）的信念」。

「我可以出真名。」Keith 說，「罷工是很低成本的事。做為中年人，出少少力，係好合理嘅事。」

Keith 公司有很多大灣區的生意，「（內心）都有掙扎的。雖然我是老闆，但公司也有其他同事的……」最近兩個月，反修例運動持續，Keith 的個人 Instagram 有許多內地網民前來謾罵，他一直不怎麼回應。被問及對內地生意的影響，他說：「跌了三成幾。」言罷大笑起來：「只是這兩個月，還沒算之後來緊嘅時間呢（還沒算之後時間的影響呢）。」

「這次對生意的影響非常迅速，而且他們（內地客戶）會很兇。」Keith 說，「他們接收的是什麼樣的資訊，大家都知。他們接收的就是『香港人是暴民』『香港不懂得感恩祖國的偉大照顧』。」

「他們是故意抽起一些生意。你明白嗎？現在流行『藤條教仔』，不只是（元朗）白衫人才有藤條。」

抽起生意的內地客戶，私下還會交流嗎？「哦，你講得太客氣了，他們一上來就『TMD』（他媽的），直接『開波』（開罵），罵你是不是收了錢，你們香港人到底在想什麼，懂不懂感恩啊。」對比五年前雨傘運動，Keith 說，那時候內地客戶只是覺得香港人「傻」。

「我們都這個年紀，沒那麼執著（反駁）。有些人你再講，都沒法改變。他在籠裡面，你在籠外面，他覺得你為什麼要飛出去，你有得食有得訓，點解要咁，係咪白癡呀？」他說，「他們不是來『攻擊』你，他們是來『鞭策』你，說你不聽教。」

「直投係灰心架（真的感到灰心）。」他笑著承認自己的沮喪。

「係咯，我哋有份任性，我哋有一份香港人嘅任性。有啲錢我哋唔賺，有啲生意我哋唔做。唔緊要，咁咪堅持返香港人果份任性咯（不要緊，那就繼續堅持做香港人的這份任性）。」他像是自言自語。

七月二十八日晚，警方在上環以數以幾十計的催淚彈清場，確切數字至今未公布。Keith 說自己當時下樓去超市買水，想送給一些年輕示威者。其實他從不會去前線，只參加獲得不反對通知書的遊行，結果這次因為買水，吃了催淚煙，雙眼受刺激淚流不止，皮膚刺痛不已，而旁邊正好有一位路過的老人家反應更嚴重，喘不上氣。Keith 與示威者跑過去進行救護，「除了示威者和救護員，還有誰會救人？警方不理的。」

怎樣評價警方當晚的清場行動？「迅速，有效，再爆幾句粗口。」他一本正經說道，再微笑。

對於最近備受爭議的「勇武派」年輕人，Keith 認為，「你沒法要求他們更多，他們已經付出全部。我對他們，只有 respect，冇其他嘢講（只有尊重，沒有其他要說的）。」Keith 見過有朋友坐在冷氣房裡，看新聞畫面，罵示威者「仆街」、「爛仔」。他無法同意：「如果你上過前線就知，他們全部好好、好乖，全部很有思考的一群年輕人，知道自己在做什麼。催淚彈下來，他們第一時間不是躲，而是去救人。」

## 退休廠家高管：「這次輸了的話，我一定走——輸的可能性是六成吧。」

曾生六十歲，半世在珠三角管理港資工廠。他沒想過，退休不久，自己就投入香港反修例運動，八月之前，他忙於各個抗爭現場，除了七月十四日的沙田遊行，其他都一一參與。

「六一二都有食到催淚彈。我幫手傳遞物資供應，什麼裝備都沒有。我覺得前線示威者是一路學習一路進步，一路加一些東西進去。」過去兩個多月，他認為擁有龐大資源和集中指揮的香港政府「每一步、每一次部署都做錯」，而在他看來，沒有大台、流動的示威者反而「做得好好」。

「攻入立法會那天，我覺得大家都看得出來，他們（警察）是特地讓示威者進去的，讓他們大肆破壞，爭取民意，但很不好彩（運氣不好），示威者進去破壞的東西都是我們市民覺得要破壞的，衝入立法會後他們獲得的支持更大了。你不是紀律部隊，紀律部隊有長官指揮，但示威者都是靠個人意志，整體我覺得做得好好了。」

自九〇年代初開始，曾生就赴珠三角港資工廠做管理，一路做到高層。他承認，中國自改革開放以來，經濟成就巨大，而在這個過程中，香港也對內地貢獻不少，以他個人為例，「我在內地做了二十七年，都教了很多內地同事管理的事，他們現在都發展得很好，很多自己做了老闆、高層。」

返回香港，曾生慢慢觀察到，香港「這些年愈來愈大陸了」，特別是政府的管治方式，似乎也趨同中國內地政府。「港府那些說法用語都很像大陸了，那些肉酸（難看、令人生厭）的做法，蠻不講理的，白變黑、黑變白的說法。」曾生強調，「香港人現在就想未來二十八年可以有《基本法》（承諾）給的東西，《基本法》講明行政長官選舉，是通報人大，但八三一是改成什麼樣，這些不就是不守法，沒信用，你讓別人怎麼相信你？現在香港人不是要二〇四七之後要和現在一樣，但二〇四七前已經變成這樣了。」曾生說，他的結論是，「專制的政權，是不懂得如何管自由開放的地方。」

曾生的太太從事旅遊業，公司負責為客戶處理酒店預定和票務等。她說公司不大，但昨日「所有同事都一起出來罷工」。對於港府強推《逃犯條例》修訂，曾太感到非常氣憤：「一百萬人出來，還要繼續二讀，兩百萬人才暫緩。香港政府哪裡是為人民服務，是為黨服務。」

「如果還有罷工，我都會繼續支持。自由的環境都沒有了，我怎麼不和你搏一搏？」曾太直言。

參與罷工這日，曾生一家三口都來到旺角，兩夫婦坐在洗衣街邊，拿著自製標語，不時喊著「香港

» 二〇一九年八月五日，有示威者在砲台山站月台阻止列車關門，期間與車上乘客發生爭執。（攝影：Stanley Leung／端傳媒）

人，加油」，他們二十多歲的女兒則在麥花臣球場內參與集會。反修例運動中，女兒經常落場參與示威，「我們都不會阻攔她，讓她做自己的事。」

曾生坦言，「這次輸了的話，我一定走，不一定移民，但不會以香港為主要居住地方。雨傘運動的時候，都還未有這樣的想法。」他反覆說到，「如果今次輸了，一定走。」

什麼是「輸」？「輸就是鎮壓吧，或者見人就拉，或者戒嚴。」不過他仍然心存希望，「輸的可能性是六成吧。」

**抱著小兒子的年輕夫婦：「政府有無真的很想為香港人 fight for？我們看不到。」**

八月五日下午，沙田新城市廣場人山人海，不是為了娛樂購物，而是全部身穿黑T恤，席地而坐。從沙田火車站出閘，在商場內步行近千米，一路走到戶外的百步梯廣場，室內和戶外的地上全坐著市民，人頭密密麻麻，不時有節奏的鼓掌歡呼，大喊「香港人，加油！」商場的欄杆上、戶外的天橋上，掛滿了黃底的「反送中」標語。商場內部分店鋪關閉，部分則如常營業。

八〇後的年輕夫婦何生何太抱著八個月大的兒子在商場內坐著，他們身邊也有不少年輕家庭，大人聊著時局，小孩在一邊玩耍。何生在一家歐洲體育用品企業的香港分部從事採購工作，他今天特意「請假罷工」，表達對政府的不滿，身邊也有好幾個同事罷工，而何太以前在大企業做行政工作，生了寶寶後決定做全職媽媽。

「到底政府有沒有真的很想為香港人fight for（努力）？我們看不到。香港政府是否真的願意聽取民意呢？」何太說，她和丈夫一直關注《逃犯條例》修訂的問題，從一開始就擔憂修例會影響香港未來的自由和法治程度，「主要不是擔心自己，而是擔心小朋友的將來。」她認為香港和其他一些地區，例如台灣地區，建立引渡條款沒有任何問題，但和中國內地建立司法合作就要小心，因為「中國執法、法治的程度不理想」。

讓何太的不滿進一步升溫的是六一二衝突。那天是《逃犯條例》修訂原本在立法會進行二讀的日子，何太抱著兒子來到金鐘，參與和平集會，並在衝突前離開。她不理解為何政府將隨後的警察清場和警民衝突定性為示威者「暴動」，並且不顧民意，一度繼續推動修例。

六月以來，大量市民和前線示威者嘗試過不同方法表達意見，何太觀察到，最近一段時間示威者行動和武力有升級，但她認為不應譴責示威者，而且是應該先去問：「點解他們要升級？」

「當你行動沒有人聽的時候，你自然要用其他方法，有些人嘗試更武力的，有些人嘗試其他創意，不同人有不同選擇。當然最後可能媒體會更集中呈現武力的，因為那些比較吸引眼球，很自然嘛。」何太認為。

對於運動未來的走向，何生何太也無法確定。自從雨傘運動失敗之後，過去幾年，他們身邊都有不少朋友選擇移民，去澳洲、新西蘭、台灣、新加坡的都有。何太說，這些朋友選擇移民，一來是希望小孩在更寬鬆健康的制度下接受教育，另一方面則是源於對政府的不滿。何太說自己也有考慮過移民，但不會在短期內行動，特別是這次參與了整個反修例運動之後，她發現身邊有很多市民很愛香港，願意為這個城市付出。

「我三十幾歲，由細（小）到大在香港都未見過這樣的畫面，這麼多人為了香港行出來，這裡是我們的屋企（家），家人、朋友很多都在香港，」何太說，不到最後，她不想走。

## 美甲姐姐：「我們九〇後一直被人說是廢青，但這次看得出來我們不是，我們是醒覺了吧。」

二十二歲的吳小姐在銅鑼灣一家美容店做美容師，負責美甲。六月以來，吳小姐一步步經歷了不少轉變，特別是對於不同媒體的報導，她更加敏感了。

「TVB很多大的新聞沒有播，比如金鐘有人跳樓的時候就沒有播，昨晚有女仔被警察捉，裙子底褲都刻意被露出來，但這些TVB都沒有播出來，還是有偏向中方的嫌疑。」吳小姐說，「還有我們的特首還是要很堅持推送這個法例的時候，TVB立馬有行政長官的專訪。對於沒有出來參加這件事情，只在家裡看新聞的人，我覺得這真的很誤導，這也是為什麼很多老人總覺得年輕人在搞事情，沒有意識到政府在做一些無理的動作，推一條全世界都不覺得OK的法理。」

現在，只要有任何事情發生，她都會先去看直播，一個運動的衝突現場，她會去看不同角度的直播。做美甲的時候，總有客人想跟她聊最近的反修例運動，其中不乏內地新移民或港漂，她建議大家先看直播。

「我和你說，你可能還會受我影響，但你看直播可以直接看，你自己去分辨是對錯。」吳小姐說，「我覺得這是最公平的，你可以看到任何角度。我真的有看到，很多時候沒人去衝擊防線，但他依然會去傷害別人。現場的指揮官有很大責任需要檢討。」

吳小姐沒有去過前線衝，一來自己「和理非」，二來也怕家人擔心。雨傘運動的時候，她去占領現場派物資，這次反修例，她參加了部分遊行，六一二那天也去金鐘派物資，不能去現場的，她就一直盯著直

» 二〇一九年八月五日，沙田百步梯外舉行罷工集會。（攝影：林振東／端傳媒）

播看。

「我們九〇後一直被人說是廢青，但這次看得出來我們不是，我們是醒覺了吧，」吳小姐說，她認為，最大的問題是政府始終不回應民意，「躲在後面」。

「現在的問題不是黃還是藍，是政府覺得已經不需要理你們這些人，我只要躲在警察盾牌後面。」

八月五日這天，她特意請假罷工，來到旺角參與集會。她說自己丈夫不太支持她出來參與行動，不過她還是希望出來，做力所能及的事情。在麥花臣球場，她帶了二十多瓶寶礦力來派給集會市民，派完後又去附近便利店買更多的水。「我不像那些男生可以在前線拿很重的東西，做為一個女性我就做力所能及的事情。」

## 八〇後社工：「我們出來不是純粹發洩憤怒，也希望討論香港怎麼變得更好。」

在沙田新城市廣場外面的百步梯廣場，人頭洶湧，有人演講、有人派傳單，八〇後的張生坐在地上，看守他的「書攤」。

「隨便看看，隨便拿走去看，」張生對往來的集會市民說，二十多本書隨意擺在地上，有《性別覺醒》、《大江大海》、《香港情緒學》、《四代香港人》等。一個女生來還剛剛看完的《塗鴉》，不停說這本書「好正」，「它表面是講塗鴉，其實是講了人們對於社會和現行法律的不滿，令我反思好多。」

張生在新生精神康復會（新生會）做精神健康的社工，八月五日這天特意請假，他說新生會目前有職員一千多人，據他瞭解，至少有一百二十位社工在這一天「請假罷工」。張生說自己是典型「左膠」，反修例運動以來他不停參與遊行示威，「但未必去到衝擊最前線」。不過他認為，強硬區分「和理非」和勇武派意義不大。

「每一個和理非都可變成勇武派，每一個勇武派也可以變和理非，關鍵是看你當下要做什麼，」張生說。

張生認為，反修例運動民怒大爆發，實際上源於一直以來社會累積的許多問題，特別是長期以來，政府和主流社會都以經濟和發展為重，而忽視、壓制了其他許多社會和政制的問題。他希望除了反修例之外，社會可以更持續地反思，「在經濟主導之外，對我們的社會多一些想像。」

在運動現場，假若是和平集會，他就會嘗試約幾個市民一起圍在一起聊天，討論大家碰到的各種問題。昨日，他第一次嘗試把自己家中的書帶出來，和參與集會的市民分享，同時也希望藉著書本，和不同的人展開對話。

「我們出來，不是純粹發洩憤怒，也希望討論香港怎麼變得更好，」他還在思考，之後能否在香港各區發起不定期的「民間論壇」，讓有不同意見的人不僅僅停留於網上討論，而是真正面對面地交流。

# 義載中年：與年輕陌生客的暗夜逃亡

——楊子琪 文編：馬家豪、陳倩兒

當截查警員來到阿祖面前時，阿祖即破口大罵示威者：「屌！啲示威者左×住曬！頭先塞咗好耐啦！你唔使搵食人哋都要搵食啦！（幹！那些示威者走了啦！之前塞〔車〕了好久啦，你不用賺錢別人還要賺錢啦！）」警員聞言，態度馬上變了，讓阿祖拉一拉起車尾箱，阿祖問：「好啊，怎樣查？」警員說：「不用，你揭一揭就可以。」此時，前面被截查的車輛，正被警察開箱翻了個底朝天，就要被拖車拖走了。

搜查結束，阿祖關上車門，打火、踩油門，車子發動起來，在不遠的目的地，還有人在等著他。

阿祖的車就像流動的深夜食堂，穿梭於每個週末的黑夜。他備好飲料、供替換的十數件衣物，車內打掃得乾淨利落，定時清理可能成為拘捕理由的物件。一個又一個十幾二十歲的陌生年輕人，在兵荒馬亂之下，跳進他的車裡，展開一場又一場萍水相逢的暗夜「逃亡」。

阿祖今年三十八歲，從事金融行業。從二〇一九年七月下旬開始，他加入了一些義載 Telegram 群組，所謂義載，即在示威衝突發生時，按接到的信息駕車前往現場，把因交通管制或警察封鎖而無法離開的示威者接走，安全撤離至他處。他又試過在示威現場離開座駕，在大街小巷觀察警察動向，為示威者提前預報。

在反修例運動裡，義載司機一直是支援前線抗爭者的重要力量，尤其當事態發展到七月下旬，警方清場策略改變，使用催淚彈等武器愈發頻密，行動從驅散示威者轉變為圍捕時，幫助示威者撤離的義載工作顯得愈發重要。義載司機以「家長接送子女」，或者「校巴接學生放學」來代稱義載，以和理非的方式和力量，在後面支撐著前線勇武派抗爭者。但與此同時，義載風險也愈來愈高。從七月分開始，就有司機被警方以藏有工具可做非法用途為由拘捕。儘管如此，阿祖所在的義載司機 Telegram 頻道，仍有上萬的訂閱者；像阿祖這樣的義載司機，仍盡力在工餘時間趕往現場。

## 回想自己十幾歲在做什麼，真的自愧不如

在電視目睹七月二十一日元朗地鐵站有白衣人襲擊市民、而警察姍姍來遲之後，阿祖一夜無眠。他深感自己與其出來參與遊行、為示威者買礦泉水買物資，不如向前踏一步，充分利用自己優勢：紋身、熟悉全港各區道路，以及面對警察的老練鎮靜、處變不驚。

面對警察能氣定神閒，來自於少年時與他們的「交手」經驗。阿祖年少時跟過社團，「出過來行咁啦（出來混過啦）」，他含糊帶過。「打架被抓也有，喝酒醉打架被抓也有……」試過在遊戲機室打機，被警察拉去後樓梯搜身，警察口氣很兇：「你做乜喺到（你在這裡做什麼）？」然後就打了阿祖一巴掌，「任達華那種。」

「警察一直都有打人，以前在街上、在警署裡面打，只不過以前不會做給全世界看，現在他們不介意做給全世界看而已。」阿祖說。

義載司機大多通過熟人之間互相推薦、核實信息，加入大大小小的義載 Telegram 群組，每次有示威，司機們就主動報上自己的車牌及可載人的範圍，由群組管理員將之與有需要的示威者配對。警察假扮義載司機誘捕示威者的流言不時出現，每個上車的示威者，都變得如驚弓之鳥，小心翼翼。阿祖在加入群組時發現，原來自己的紋身竟有點用處——人們相信，警察大多不會有紋身，這令群組管理員及後來上車的示威者，或多或少都感到心安。

每次義載，阿祖都不詳細問車上年輕人的身分背景。「我知道自己不會『篤灰』（出賣他們），但他們不知道我是什麼人嘛。這麼大個人，知道有什麼事不可以問。」

阿祖和乘客的對話，通常從「車上有水、有衫換」開始，有時年輕人信任他，便會說起自己的經歷，他們當中大多是十五、六歲的中學生，與家人政見不合，有的還被趕出家門、被斷絕經濟來源。每每如此，阿祖就會塞給他們幾百元，而學生一律是拚命推脫，甚至想付車錢，最後都會被阿祖說服，收下捐贈。在阿祖的義載經驗裡，這些在現場無法離開的年輕人，有的最後還不願上車，寧願把逃離的機會讓給更有需

» 二〇一九年九月一日，大量私家車在青馬廣場收費巴士站義載市民離開。（攝影：林振東／端傳媒）

要的人。

「回想自己十幾歲在做什麼，現在看到他們，真的自愧不如。所以幫得到就盡量幫。」阿祖說。

九月八日夜晚，示威者正在旺角與警察對峙，在衝突常態化之下，這不過是香港又一個「平常」的週末。阿祖決定出發，而太太就要求陪同前往。「她怕我衝動，想拉一拉住我。」

「爸爸，你出去啦？不出可以嗎？很危險呀。」聽到父母對話的小女兒開口道。

「沒事的，我們不會走去前線，會及時走的。」阿祖太太安慰道，「有什麼事就報警呀。」順口一說，其實心裡卻並不信任警察，於是太太又加了一句：「如果凌晨兩點都不見我們，你就找阿公。」小女兒答：「好啦，你們出去自己小心點

» 二〇一九年九月一日，北大嶼山公路上的巴士乘客在手機打上「香港人加油」向示威者致意。（攝影：林振東／端傳媒）

啦！」

阿祖這晚果然接到兩個年輕勇武派。通常而言，他是不載帶著「文具」（裝備）的人的，但這晚他嗅到情勢危險，警察正周圍截查停在附近的車輛，於是先讓兩個年輕人上了車，再問他們：「有『文具』在身上嗎？」一個男生說帶了防毒面具，另一個說帶了眼罩等防護裝備。

「算了吧，都上車了。」阿祖這樣想著。

就在阿祖思緒紛亂、內心掙扎之時，他聽見車上這兩名年輕人的對話：「今天真的好累啊……對了，你有沒有被人扣零用錢？」「當然有扣啦！」詢問之下，原來兩個年輕人是十五、六歲的中學生，互不相識，其中一個人六月分就和家裡人翻了臉，離家出走兩星期，回來後至今和家人彼此不說話，到最近家裡連飯都不煮給他了。

車子一路走到隧道，有個男生想拿八達通卡出來幫阿祖付隧道費，阿祖連連擺手：「不用啦！」臨別，阿祖又分別各塞了五百塊錢給他們，年輕人頭搖得像撥浪鼓，阿祖說：「得啦！之後你們幫其他人啦！」

「每次這麼多人在現場，我都覺得沒法安心在家，不出來，心不安樂。」當阿祖成功把年輕人安全送回家時，他總覺得心裡又踏實了一點。

## 心理諮詢無法驅散的愧疚

義載司機的龐大隊伍有各色人物。與行走過江湖的阿祖不同，三十九歲的 Keith 從小成績優異，在九〇年代考進香港大學就讀商科，走著令父母欣慰的人生道路。

Keith 比阿祖更早行前一步。六月十二日清早，反修例運動裡人們第一次占領立法會附近道路時，Keith 已經在場。讓他吃驚的是，現場大部分都是十幾二十歲的年輕人，當中不少看起來是中學生。就在 Keith 的前面，站著幾個中學生，有說有笑，毫不擔心的樣子，令 Keith 覺得他們「好天真」。

憑藉參加二〇一四年雨傘運動的經驗，Keith 習慣了找高位進行觀察。下午快到三點鐘，他見到速龍小隊開始行動。這時候他回到路面，聽到那幾個中學生說：「不如行前啲啦！我睇唔清楚呀（不如走前面一點，我看不清楚）。」還有人把背包都脫了放在地上，這其實不利於逃走，Keith 哭笑不得，趕緊上前搭訕：「速龍已經在動作，時間差不多了，叔叔收到一些消息，有朋友告訴我……」

就這樣 Keith 認識了這幾個中學生，有人還不夠十六歲。「三個月前他們（在行動方面）就像BB，而我在他們看來可能是怪人、癡線佬（怪叔叔）。」Keith 偶然會關心他們的動向，也試過帶他們出來吃飯、聊天。他亦試過向熟悉的朋友發起籌款，把錢用來為學生們添置防護裝備。

漸漸這些學生在示威現場迅速成長，各種防護裝備也準備齊全，有時候示威結束，他們不便帶裝備回家，還會存放在 Keith 家中。Keith 不時會到他們的行動現場，嘗試用車載他們避開警察、安全離開。

「其實他們某種程度已經成長了，不再需要我了。關於行動，他們會自己投票，我已經不再是叔叔了。」

七月二十八日，Keith 如常把車子開到示威現場附近，然後去買礦泉水。沒想到，警方的清場行動比以往大幅升級，高頻率高密度發射催淚彈，示威者被迫一直後退，Keith 也吸入了催淚煙，他沒有任何裝備，情急之下，跑上了一棟大廈的天台躲避。向下看，年輕的示威者們仍在樓下。那一刻，Keith 覺得自己「好懦弱」。

「每時每刻都想去做前線，但生活負擔令我不敢。」

最終，Keith 所認識的中學生裡，有一個同學被捕了。後來，Keith 開始去看心理醫生，二千塊錢一小時的諮詢服務，無法驅散他內心的愧疚。

「那個時刻我後退了，」他緩緩地說，「你看，其實我們大人真的好迂腐、好懦弱。」

他對運動的前景是絕望的。Keith 父親從大陸移民到香港，從小耳濡目染，他對共產黨的管治方式極度不信任。「之後他們一定會秋後算帳的，」Keith 認真道，「到時我們所有人，示威者、老師、社工、記者……我們都會被清算的。」

但他仍希望繼續盡自己所能，為勇武年輕人提供幫助。

「如果我爸爸還在，他也一定會在示威現場的。」Keith 說，父親當年走難（逃難）來港，很多當時的大陸人帶的都是毛澤東照片，他小時候打開過父親的錢包，裡面裝的是孫中山。

## 港式「鄧寇克行動」

二〇一四年雨傘運動後，和理非和勇武派意見對立，撕裂嚴重，成為運動瓦解的原因之一。沒人料想到五年之後，兩派會通力合作，甚至有學者認為，現在和理非與勇武的界線模糊。

「市民對勇武使用武力的接受程度比從前高了，」香港中文大學社會學系教授蔡玉萍說，「和理非與勇武現在界線模糊，有的勇武派也會去參加和理非集會，和理非也有可能參與更進一步的行動，他們的分歧，可能只在於『大人』不希望年輕人流血。」

義載工作或許最能體現和理非市民對勇武派的接納及援助。九月一日，有網民發起「和你塞」機場示威行動，大批示威者響應前往香港國際機場，機場快線很快於下午暫停服務，隨後東涌線亦全線暫停，來

» 二〇一九年九月二日，在旺角被警察追捕的示威者。（攝影：陳焯煇／端傳媒）

往機場的交通陷入癱瘓狀態。於是，示威者沿北大嶼山公路，從東涌一路徒步離開，要行走近二十公里路程才能回到市區。成千上萬的市民這晚開著私家車前來接送示威者回家，由於車輛過多，無法前進，司機們開著紅色車燈，車子在北大嶼山公路的黑夜裡匯成一條紅色的河流。社交網絡及一些新聞報導均將是次義載行動，比喻為香港的「鄧寇克大撤退」（敦克爾克大行動）。

原本想入東涌義載的 Keith，由於收工遲了，當地車輛過多，完全沒法駛入。而阿祖則繞過迪士尼附近，塞了半小時，才出到青馬收費廣場。最終，他成功接了三個年輕人出來。

九月十五日，港島大遊行之後，警方大規模清場，港鐵再次關閉金鐘、灣仔、銅鑼灣等港島線地鐵站，各大巴士公司亦紛紛通知改道，金鐘至銅鑼灣一帶成了孤島，大批示威者被迫徒步走到北角、天后站並滯留。阿祖接到通知，帶上了端傳媒記者，輕車熟路趕往北角。與原本聯繫了的女生對上號後，阿祖又撈了她旁邊站著的兩個男生上車：「喂！去哪裡？上車吧！」

三人上車後，兩個男生既警惕又不好意思地向阿祖開口：「不好意思，可否知道你的車牌號碼？我們想查一下是不是『狗車』（部分示威者對警車的稱呼）。對不起，真的不是針對你。」阿祖馬上就回答了號碼，然後說：「完全沒所謂。」

經過一番上網搜索，兩個男生鬆了口氣。這時候阿祖問他們有否攜帶防護裝備，才知道他們帶了「文具」。

「哎呀，怎麼辦，你說矛不矛盾，其實帶『文具』的人才最需要義載啊。」阿祖自言自語。

「如果被警察截查，我們會怎樣？」記者問。

「沒怎樣，直接全部拉回差館唄。」阿祖像說著街市買什麼菜一樣。沉默片刻，他問記者：「妳沒進過差館？」

「沒有。」

「很簡單，進去以後，問你任何問題都不要回答。」阿祖對車上所有人說，「你回答的內容會成為日後呈堂證供，所以，一定要等律師來，就算律師來了，你們也什麼都不要回答。」

幾個年輕人在後面點頭。

車子經過一個路口，左邊就是警車。所有人都沉默不語，阿祖就這樣開過去了。

臨別閒談之際，兩個男生自稱十八、十九歲。記者問男生，之前有沒有坐過義載？二人均靦腆一笑：「沒有，要留給更需要的人。」

「哼！我都說的啦！他們就是這樣的想的！」阿祖大叫起來。

學生走後，阿祖說：「做到一點東西了。」

# 印度裔社工：一起學習維修香港

——莫曉晴、陳倩兒 文編：陳倩兒

很少人不知道尖沙咀有座重慶大廈，但走進去的人，總是不多。

對華裔圈子而言，那是另一個世界——非洲人和南亞裔人謀生開店的地方，和自己無緣，甚至有些混亂危險。不過十月二十五日這一天，重慶大廈卻迎來大批本地市民，從下午開始，排隊參觀的人就絡繹不絕，有年輕人有中年人，有拖著小孩的媽媽，大家在門口排起了十多米的長龍。

「我從來沒有見過這樣的重慶大廈，從來沒有見過香港人這麼有patience（耐心）的排隊，」Jeffery Andrew一臉興奮。他今年三十四歲，祖籍印度，在港土生土長，說一口流利的廣東話，又常常混雜英文單詞。二〇一四年，他剛成為香港歷史上首位南亞裔註冊社工。

自從民陣發言人岑子杰遇襲、傳言襲擊者為南亞裔人之後，過去十天，Jeff就沒有停下來。他組織朋友們一起去醫院探望岑子杰，二十日九龍大遊行，他又與一群少數族裔一起，為遊行人士派水打氣。二十五日，他叫上巴基斯坦裔的好友KK，多年服務少數族裔的社工王惠芬，還有自己太太等，組織了重慶大廈導賞團，半天之內分批接待了一千三百人，免費帶大家逛印度、尼泊爾、巴基斯坦人開的商店，認識不同族裔的文化，不少香港人興致勃勃地喝起非洲烈酒，瞭解印度朋友怎樣刮鬍子，如何過新年。

朋友們說，Jeff擅長做危機介入，將一場可能引發種族歧視甚至私了的危機化解成溫暖的場面，大家笑說，他應該去給特首林鄭月娥傳授經驗。不過，Jeff內心壓力重重。「不停收到信息，我們community好多人來找我，叫我不要搞這麼多，說It's too political（太過政治化了），」Jeff說，反修例運動帶來分化和撕裂，在他的社群也一樣，代際差別同樣嚴重，不少老一輩南亞裔人認為，「政治危險，不要搞太多事。」

「但我們不想總是讓少數族裔take the blame（承

受過錯），然後幾天之後大家就忘記了，就說還是那樣吧，」Jeff說，做為年輕一代，他對香港、對政治有不一樣的看法，面對香港困境，他希望自己可以先「do something（做點什麼）」，和身邊人一起學習，怎樣「fix Hong Kong（維修香港）」。

## 「你走一步，我也走一步」

二〇一九年十月十八日，民陣原定發起大遊行的前夕，發言人岑子杰在旺角被多名男子襲擊，岑受傷倒地，滿地鮮血的照片在社交媒體上瘋傳，民憤洶湧。不久，消息傳出，襲擊者為非華裔人士，又有指是南亞裔人，即使未經證實，但連登討論區很快湧現數十熱門帖文，稱要為岑子杰報仇，有網民起底數個南亞人，也有網民恥笑他們作「蝻亞[1]」，更揚言要到清真寺和重慶大廈好好「裝修」（打砸破壞）一番。

Jeff的好友KK是穆斯林，在重慶大廈開店賣手機，他是支持泛民的「和理非」，聽說清真寺和重慶大廈都可能被破壞，他著急地想要做點什麼。「KK提議，我們不如去醫院探岑子杰？」Jeff最初卻猶豫，擔心會否帶來反效果。

「他會不會覺得，好似剛剛被我們的人打完，轉頭我們又去探望他？」Jeff尷尬地笑笑。不過他知道，KK和自己一樣，「tired of being blamed（厭倦了被怪責）」，但KK總是更有勇氣去行動。五年前雨傘運動爆發，也是KK把他拉去現場：「Hey Jeff, they are shooting at our students!（他們在射擊我們的學生）我們還在等什麼？快去幫忙！」

兩人商量了十五分鐘，最後拍板去醫院。這一趟特別的探望帶來了舒緩矛盾的效果。與此同時，香港「回教信託基金總會」也發聲明譴責襲擊行徑，表示「穆斯林會和香港人站在同一陣線，繼續為爭取社會平等、和平與和諧努力」，另一邊，民陣也向Jeff等發出邀請，讓他們在週日大遊行的隊頭帶頭走。網絡輿論慢慢轉變，有網民強調大家不要分化，要連結南亞市民，切勿裝修相關建築。

「其實就是你走一步，我也走一步，」Jeff說，面對危機，這次他們和華裔社群就是這樣互相配合，一起去化解矛盾。

不過，探病之後，Jeff覺得還不夠。對於民陣申請的遊行，警方發出反對通知書，衡量過後，Jeff決

1 網友故意在「南亞」字體上動手腳，以羞辱南亞裔族群。

定不參與帶頭遊行的工作。他轉而決定，組織一群南亞裔朋友一起做義工，在重慶大廈的門口，為遊行市民派水和打氣。

自六月九日開始，Jeff 也有參與和平遊行，但在群情激憤的時刻出來帶頭組織，還是第一次。決定發起派水活動之後，他戰戰兢兢，不確定外界的反應，也承受著族群的壓力。二十日中午，他和義工朋友們搬著一箱箱水走進重慶大廈，卻發現現場還有兩個冰箱。

「這天重慶大廈本來是休息的，我想是不是誰買了海鮮，沒有想到一打開，全是 ice（冰），管理處的人出來說，今天我們全日贊助你們 ice！」Jeff 非常驚訝，「管理處的都是華裔的 uncle、伯伯，雖然平時大家都有 good relation（關係不錯），但沒想到他們會這麼支持我們。」除了冰塊，管理處的保安還為 Jeff 他們帶來了音響和麥克風，方便他們向市民喊話。

「他們又幫我們播音樂，播 Beyond 的〈海闊天空〉，之後又播〈願榮光歸於香港〉，」Jeff 說，保安大叔還教他們喊什麼口號：「叫『香港人加油』啦！」於是，重慶大廈門口此起彼落的「香港人加油」，Jeff 也不停呼籲市民過來拿水——「所有人都可以拿支水，因為水是 no color（沒有特定顏色）㗎！」而在場的遊行市民則高聲回應：「I love you！南亞手足！」

Jeff 記得，人群之中，保安們的臉上充滿自豪。「其實在重慶大廈做管理不是那麼容易，好麻煩的，或者說，不是那麼好的一份工作，但那一天我可以 feel their pride（感受到他們的驕傲）。」

## 「今天內地人，明天南亞人，後天菲傭，然後又變回少數族裔」

年輕的時候，Jeff 和 KK 都是典型的邊緣青年，從十幾歲開始，他們跟大佬（黑幫老大），混社團，重慶大廈就是他們的聚腳點。

「我們對『重慶』太熟悉了，來這裡見大佬，哪一個後樓梯有毒品交易，哪裡可以買到 illegal beer（非法酒）都知道。」

兩人都在香港出生，祖父輩來港多年，Jeff 的爺爺上世紀六〇年代從印度來港打工，父親不久後也來港經商，一家人定居在此，來到孫子這一輩，卻依然

» 二〇一九年十月二十日，Jeff 組織一群南亞裔朋友一起做義工，在重慶大廈的門口，向遊行市民派水和打氣，與好友 KK 及在場人士一起舉手作出「五大訴求」的手勢，同時大叫「大家都係香港人」。（攝影：林振東／端傳媒）

感覺游離在外，不被完全接納。小時候，本地主流幼稚園不收他們，南亞裔可選擇的幼稚園不多，Jeff和KK住得並不相近，最終卻只能選擇到同一家幼稚園就讀，因此而認識。

Jeff記得，六、七歲的時候去踢足球，還未意識到自己與其他小朋友有什麼不同，卻被其他華裔小孩罵他「黑屎」，回到家他責怪媽媽：為什麼把他生那麼黑？

不過，被排斥的同時，Jeff也和華裔孩子一樣，經歷著許多身分的困惑。他很記得，九七主權移交，他和媽媽一起看電視直播，天空一直下雨，「The army is marching in, and then the British flag……（軍隊正在前進，而英國旗……）感覺是 Where am I? Who am I?（我來自哪兒？我是誰？）」

英國人、中國人、印度人抑或香港人？Jeff說有時自己都會困惑。「二〇〇二世界盃，我仲記得我係大球場睇，中國對巴西，我們成班（一群）都cheer for China（為中國打氣）。」Jeff說，而平日看球，大家「又幫香港，又幫英國，又印度，又中國，so confusing（真令人困惑）」。

不過愈長大，他對香港的認同感就愈強。他說現在無論球場上是印度對香港，中國對香港，或者其他隊對香港，他支持的都是香港。「So interesting，我有香港隊的全部波衫（球衣），香港隊褸（風衣外套），香港隊帽……」

但在求學時期，Jeff卻總被排斥於主流之外。小學時，他念的是主流學校，學校早上是華裔班，下午則是Jeff就讀的少數族裔班，教授的中文非常初級。到了中學，他雖然進入主流學校，但還是再次被編配到少數族裔專屬班級，第一語言為英文，第二語言被莫名其妙地定為法文，變相既沒有學習中文的課堂，又沒有與華人學生一起上課的機會。

Jeff說，當時身邊不少朋友都感到讀書困難，到了中三便被踢出學校，又因為中文不好，不容易找工作。中三那年，KK離校，開始混跡社團，而Jeff熬到了中學會考，但成績不如意，最終也混跡黑社會，到處收保護費、偷竊和打架。

十九歲那一年，他因搶電話和打架而被拘捕，KK當時正在坐牢，社團兄弟中，沒有一個願意來保釋Jeff。在凌晨四點的警局中，他背出了一直幫助自己的社工王惠芬的電話，王惠芬馬上到警局保釋他。這次經歷改變了他的想法，他開始有改變的決心。

他的母親變賣金飾，讓他可以有學費報讀社工高級文憑的課程，而王惠芬也成功說服學校，讓學校豁免中文科。Jeff說，在這個社工課程，他第一次和華裔同學一起學習。最終，他花了四年半工讀的時間，在二〇一四年成為了香港第一個印度裔註冊社工。後來，他進入香港NGO基督教勵行會，服務在港尋求庇護的難民。而在離開監獄之後，KK也慢慢過上踏實的生活，娶妻生子，在重慶大廈開店做小生意。

這幾年，Jeff的經歷被當作成功樣本，許多學校都邀請他去分享自己的故事。他不諱言，自己的社群在香港還是被當作「second class（二等公民）」、被邊緣化和歧視，不過他也留意到，近年的香港愈發將排斥的矛頭指向另一處。

「我去學校的時候也會講，現在少數族裔 is the

second on the racism list（在種族主義名單上排名第二），」誰是第一？「內地人。」Jeff直言，台下一些新移民同學對此很有同感，和Jeff分享自己的痛苦，而他則以自己的親身經歷，鼓舞他們。

香港中文大學人類學教授，著有《世界中心的貧民窟：香港重慶大廈》的麥高登（Gordon Mathews）也有類似觀察。在和Jeff一起安排重慶大廈導賞團後，他在個人Facebook寫下想法：對香港年輕人來說，南亞裔、非洲裔都不再是「民族他者」，他們是香港人了，然而，這個「民族他者」卻由中國大陸人取而代之。

「其實任何歧視都是不好的，今天是內地人，明天是南亞人，後天是菲傭、難民，然後，又變回少數族裔，」Jeff無奈地說，不知道哪天才會終了。

## 「我們是二等公民，更要投入政治參與」

不過，儘管意識到自己某程度上是「二等公民」，Jeff還是想法設法去參與社會，參與公共討論，甚至希望讓短暫留港的難民也有參與的機會。

二〇一八年，颱風山竹強勁襲港，香港街頭一片狼藉。Jeff組織了二十多個非洲難民到土瓜灣公園收拾倒塌的樹枝。有政府工作人員見到，叫他們不用幫忙，說有清潔工會處理，但瘦弱的清潔工婆婆們卻偷偷對他們說：「不要聽他們講，幫一下我們啦！」於是，一行二十人幫清潔婆婆收拾了所有大樹的殘枝。最後，婆婆買來了一堆菠蘿包和維他奶，向他們道謝。

長時間的反修例運動讓Jeff深感身邊人的疲倦和撕裂。八月中，他在Facebook發了一張防暴警察在機場驅散示威者的相片，附文敦促政府立即與示威者展開對話和回應五大訴求，沒想到一石激起千層浪，帖文引來近兩百個留言和數之不盡的私人訊息，有人讚賞Jeff敢言，也有不少跟他理論，指這次示威者做得「太過分了」。

Jeff驚訝，原來自己的社群也被分裂成黃藍陣營，他想了一個主意——與其在網上吵，不如來見面吵？他於是邀請所有在港少數族裔到重慶大廈參加一場「真誠和開放」的對話，這是香港第一場少數族裔的政治對話。三天之後，四十五個不同族裔的市民來到重慶大廈。

「四十五！I was so impressed（令人印象深刻）！」

» Jeff經常被邀請去不同學校，分享自己的故事。他不諱言，自己在香港被當作「second class（二等公民）」，曾經被邊緣化和歧視。（攝影：林振東／端傳媒）

Jeff回憶起來依然激動。對話會進行了整整三個小時，Jeff和另外兩個主持人帶大家一起回顧運動，讓大家分享為什麼運動發展到這一步，分享每個人害怕和擔憂的事情，以及大家可以做什麼。

有媽媽分享說最近孩子在家都玩警察和示威者對抗的角色扮演遊戲，擔憂對孩子影響不好；有人分享運動中會有身分認同的危機，會想「Is this our fight？（這是屬於我們的抗爭嗎？）」；有人認為政府需要改組內閣，應該把泛民和建制的聲音都納入政府之中；也有人關注對話到底可不可行，認為對話的前提是「有一個可以信任的政府」、「感受到政府的真誠」……

「有人覺得對話根本沒有什麼成效，我就說，『不是啊，你看我們現在的對話不就在working（發揮作用）咯！It's not overnight（不是一夜之間就能達成的）！一日、三個鐘（三個小時）的對話，一定無得解決所有香港的問題，but this is the start（但這是一個開始）！」Jeff說，他認為，對話會的最後，大家都同意，要為香港貢獻更多，「你說這是你的城市？那麼就要為它而努力。」

「我們少數族裔 always is the second class（總是二等公民），所以，我們更要 engage in political dialogue（參與到政治對話之中）。」

而在這其中，Jeff說自己希望扮演的角色是「platform for the community（為社群提供一個平台）」。那麼在他眼中，到底什麼是「香港人」？他回答得乾脆：

「香港人不是一個種族的概念，而是一個 idea，底線是大家都尊重香港的核心價值，爭取民主、言論自由、對人的尊重，另外還有香港人的一些精神，We never say never，we work hard，play hard（我們永不說不，我們努力工作又盡情玩樂），」Jeff說，他樂觀地相信，香港人很堅韌，多年以來都是「跌倒、起身，跌倒、起身」，他感覺當下的危機只是暫時的，只要大家願意一起努力，總會慢慢地「fix Hong Kong」。

（韋穎芝對本文亦有重要貢獻）

# 【評論】Be Water：漫天徹地連儂牆

——劉家儀、畢恆達　文編：李志德

連儂牆源自捷克布拉格修道院大廣場的 Lennon Wall。八〇年代，捷克群眾在牆上塗鴉，書寫約翰．連儂（John Lennon，又譯藍儂）的歌詞，來發洩對於共產政權的不滿。連儂牆此後成為青年抗爭的象徵。香港連儂牆首次出現於二〇一四年雨傘運動金鐘占領區近夏慤道政府總部的一道牆。幾位年輕人使用便利貼（Post-it）向群眾蒐集參與運動的初衷，貼在此牆上。數天後，寫滿心聲的便利貼竟然沿著樓梯往上發展，淹沒了整道高高的水泥牆，更有人掛起「連儂牆香港」的橫幅。從此這道牆有了「元祖連儂牆」或「第一代連儂牆」之稱。

二〇一九年六月，連儂牆重現於金鐘舊地，貼滿了反對《逃犯條例》修訂草案的市民心聲。經過兩次百萬人遊行、六一二警方武力清場、七一占領立法會後，抗爭者面對警察的驅趕，無法留在政治權力核心區，但是市民於社區自發創建的連儂牆，遍地開花，卻讓更多民眾參與，成為凝聚反送中運動力量的管道。今天，許多社區的街道、天橋或隧道的外牆，貼滿便利貼與文宣，不僅是雞蛋對抗高牆的留言板，也與布拉格的 Lennon Wall 一樣，成為反送中運動的重要地景，讓香港與世界各地的自由國度，以及在歷史中爭取民主的力量，跨時空地連結在一起。

## 香港連儂牆的變體

公共空間的連儂牆通常位於人潮來往的空間、有可以黏貼的牆面、能遮風擋雨。著名的大埔連儂牆靠近港鐵站出口，是一條連接多個住宅屋苑及公共交通轉乘站的隧道，長達一公里多，堪稱香港規模最大的連儂牆。至於荃灣、青衣、旺角等連儂天橋，雖具備類似條件，但受到風吹雨打，便利貼保存不易。除了大型的隧道天橋之外，香港的連儂牆從公共空間延伸至私人領域，如旺角的夾公仔店、荃灣的雪糕店和台灣水果茶連鎖店等紛紛撥出牆面供市民貼上心聲。

雖然連儂牆上的便利貼，本來就是暫存之物，但對連儂牆最具威脅的，仍屬人為因素。除了親政府人士或團體偶發的撕紙行為，有計畫性地由警察或食物環境衞生署（食環署）人員、從中國大陸連群結黨來港的白衣人，也會大規模地清除連儂牆。猶記得七月分，逾百身穿警察機動部隊服裝、帶備盾牌的人員，走入大埔連儂隧道清除貼有警察資料的便利貼和文宣單張，包括在網上流傳的「隻揪SIR」（「隻揪」指「單挑」、「決鬥」，這裡說的是一位揚言和抗議者單挑的警察）資訊。網民紛紛將動畫《獅子王》海報改成「撕紙王」、「Lion King」變成「拉人King」，並把電影《Finding Nemo》海報改成「Finding Memo」，用改圖諷刺警察的毀壞行為。其後，更引發連鎖店吉野家的「獅子狗」廣告風波，至今該店仍被視為反運動的「藍絲」，遭到罷吃和「裝修」，連儂牆產生的社會效應可見一斑。十一月初，大批蒙面及戴太陽眼鏡人士手持鐵支、鎅刀（鐵橇、美工刀），徹底破壞整個大埔連儂隧道。數天後，警方、食環署、路政署聯同外判（外包）公司逾百人再次清走牆上標貼和海報，並用油漆為地面髹油，但連儂牆隔天便火速重生。

然而，由於連儂牆的成本很低，只要集眾人之力，破壞之後也很快復原，因此反送中運動支持者呼籲要「棄牆保人」、「Be Water！不送頭（不要犧牲）、不受傷、不被捕！」確保生命安全為優先，並提出「撕一貼百」的策略對抗黑勢力的破壞，長遠地守護重奪回來的公共空間。

香港連儂牆最讓人嘖嘖稱奇的是，它用一張或多張易貼易撕、能寫能畫的便利貼，貼滿牆面而打出名堂。便利貼有著「像素」(pixel)的概念。正如電腦上的圖像與文字都是由像素這個基本單位所構成，便利貼因此「既是紙，又是筆」。單獨一張便利貼，可以在上面畫圖寫字，傳達想法，但是眾數的便利貼組合起來，又可以拼貼成一個新的文字或圖像。例如天水圍的連儂天橋，就有用便利貼排成「光復HK，時代革命」的字樣。世界著名的街頭藝術家Space Invader就是使用「像素」（或是馬賽克）的概念，以磁磚（紙皮石）為材從事街頭塗鴉創作。台灣的塗鴉客ANO以像素臉做為他塗鴉的Logo。香港電影《單身男女》中，主角則是在玻璃帷幕牆的辦公大樓上以便利貼組合成 I Love You 等字眼，來傳達愛意。就像用人體排字，單張便利貼既是個體，眾志成城又可以組合成

» 香港市民用便利貼在樓梯上貼成「光復 HK 時代革命」（圖片提供：劉家儀）

另一個新的個體，有了新的意義。

與此同時，連儂牆的空間也產生質與量的變化，衍生出不同名字的留言板，有使用簡體字的愛港牆（以爭取新移民和陸客的認同）；以特大字體且有蓮花觀音等為底圖的長輩牆；借支持警察為名督促成立獨立調查委員會的陳百牆（支持警察藝人陳百祥名字的諧音），以及回應吉野家廣告的抽水牆等。但除了長輩牆外，其他都是個別地區曇花一現的創意罷了。不過，在某些議題之下，社區也出現獨特的連儂牆，如雨傘五週年的「連儂之路」、短暫的「接機連儂牆」、太子的「祭壇連儂牆」等等。

連儂牆顧名思義出現在公共的牆面上，但是隨著運動的進行，一方面防止遭到破壞，一方面市民不斷發揮各種創意，因此出現讓人張

» 爭議性的政治人物也成為連儂牆的主題（圖片提供：劉家儀）

貼於「朝桁晚拆」臨時攤檔、個人身體或私人車輛上，成為流動連儂牆；以塗鴉方式在牆上噴出便利貼圖案，寫上心聲，創建出撕不走的連儂牆；以一台舊式撥輪電話，錄下市民的留言，打造出留得住的聲音連儂牆；以網絡平台和主題標籤（Hashtag #），蒐集便利貼影像，製作出電子連儂牆。這些都是對蓄意毀壞的行為，做出溫柔的還擊。

守牆者的「撕一貼百／千／萬」呼籲，更促成連儂牆形成立體的資訊空間，從一面牆壁到天花的垂吊裝飾，再到黏貼海量文宣的地板，為經過的路人打造出3D感覺。而牆身布置及展品內容也產生無數次蛻變。由抒發情感的彩色便利貼到政治與運動資訊的電腦打印平面文宣（海報／貼紙），再進化到3D作品，既有愛心、燈籠、紙鶴、黑衣和雨傘等裝置，也有香港民主女神像及抗爭現場立體版。創作者使用便利貼貼出大字體或抗議的人像、連登圖標（豬、狗和腦魔二世）及反送中代表物「佩佩娃」（Pepe），再發展出以拼圖式貼出的大海報，甚至進化到輸出巨型海報，或用馬賽克磁磚貼出圖案。

當人們經過連儂牆，總會停下腳步來欣賞創作者用開心、諷刺、寫實等手法，展示出有靈魂且漂亮的文宣，令這個城市在漫長的抗爭中，增添了幽默、美感和藝術色彩，同時也為抗爭者打打氣。從連儂牆內容來看，它有基本主軸的「五大訴求，缺一不可」、「光復香港，時代革命」、「撤回惡法」等；帶有支持／鼓勵情感釋放的「香港加油」、「齊上齊落」、「核爆都不割蓆」等；充滿咒罵／指責宣洩情緒的「黑警死全家」、「天滅何妖」（指立法會議員何君堯）、「破壞連儂牆，必定陽萎早洩！」等；回應政府的「沒有暴徒，只有暴政」、「政府想解決的是『人』而不是『問題』」等；批評時事發展的「暫緩≠撤回」、「壽終正寢」、「追究警察性暴力」、「七二一唔見人、八三一打死人」、「警察假扮示威者煽動暴動」、「無線新聞，出賣港人」等；提供策略意見的「兄弟爬山」、「記得去投票，踢走保皇黨」、「政府無能，持續遊行」等；傳播運動資訊的「每晚十點 22:00 SEE YOU！記得開窗」等，反映了群眾集體的心態。

此外，還有創意無限的新合體字，將「警黑」、「警察與甲由」、「官鄉警黑」等字組合拼寫，諷刺警察的不當行為；「和、勇」結合，以示「和勇一家」（指「和理非」和「勇武」的抗爭者團結一起）；「自由閪」合成一個大字，把警察的侮辱化作爭取自由的抗爭者代號；甚至有人把五個訴求（撤回惡法、撤消控罪、撤暴定義、獨立調查、真雙普選）的意涵合體成五個大字。同時，亦引用古字「䲑」做為「私了」的諧音合體字，並創造出鳥身獅頭的神獸。

除了創意作品外，連儂牆亦有社區化的現象，如有巴基斯坦裔居民社區的石籬連儂牆，出現「Hong Kong is our home」、「No China Extradition」「Carrie Lam Step Down」等英語及烏爾都語的便利貼。規模最大的大埔連儂隧道則設有大埔十八分區民意牆，居民大談社區事務，「整翻好個籃球場」、「好好利用平台，唔係用嚟曬衫」、「掛住運頭塘街市，有冇人？」等日常民生問題。讓連儂牆的角色，從社區居民站出來支持香港「反送中運動」，反過來也藉著社會運動，集結居民關懷的社區事務與發展。當遇有特定節慶時，守牆者會更換展品內容，如雙十節的旺角連儂天橋和萬聖節的葵芳連儂隧道區。

連儂牆亦成功擔任國際親善大使，突破地域，衝出國際，在全球多個城市出現，從亞洲的日本、韓國、印度及台灣，歐美的加拿大、英、美、德、法、荷、挪威、芬蘭、捷克及義大利等，促使各國人民關注、參與及支持。以台灣為例，從台北西門町建牆拆牆到公館台大地下道，再到台中、花蓮等地的開花景象，看到海外人士以連儂牆來象徵著對香港守護自由的聲援。

## 連儂牆建構新關係

連儂牆一開始就以便利貼做為書寫媒介，對牆體不會造成永久性破壞，屬「非法而不違法」。一般社會大眾認為塗鴉是破壞公物，亦即 graffiti =vandalism，但連儂牆即使沒有經過合法程序將便利貼張貼在公共牆面上，警方並無法為之安上「破壞公物」（vandalism）的罪名。不過，政府認為此舉會對政權造成損害，還是有可能動用《公眾衞生及市政條例》第一百零四條來入罪，以及對於張貼警員資料的行為以違反《私隱條例》第六十四條來懲罰之。但是，破壞連儂牆者亦有可能觸犯《刑事罪行條例》第六十條。美國「看板解放陣線」（Billboard Liberation Front）就是使用可隨時撕下的膠帶來惡搞商業看板，因為可以恢復原狀，不怕企業提起控告。連儂牆因此既和平又基進，占用公共空間，卻又沒有損害公共牆面。這種威力絕對是和平表達意見方式的極致。

顧名思義，連儂牆只要有牆，便有連結。它在公共空間遍地開花的場域，連接起藝術文化與市民文化的同時，亦在商店、醫院和大學等地方建立，打破公私領域的界線，串連起不同階層、年齡、性別、職業、族裔等社區居民，以及位於不同民主光譜上的人士，當中包括勇武派與和理非派，前線和後援，以及沉默的大多數，讓彼此得以互通訊息／心情，造就協調／團結的平台。而且，這個色彩斑斕的地標，更將虛擬網絡世界的資訊實體化，從年輕人的網絡世界帶入社區的實體面，令兩者也貫串起來。

連儂牆的出現亦重塑社區鄰里關係，成為反送中

» 「官商鄉黑」是香港新界地區用來討論利益結構的用詞。香港市民發揮創意，改成「官鄉警黑」，並將之組成兩個合體字。（圖片提供：劉家儀）

運動的情感抒發／支援／交流的窗口。人們透過便利貼抒發個人的心情，觀看別人的意見，減少因運動挫折與壓抑而造成的精神不健康。連儂牆彷如一棵大榕樹，有人在這裡講故事，也有抗爭者累了便來歇一會，找到安慰與力量再上街，更讓和理非與勇武透過留言，互訴心聲，體現相互援助的共同體精神。牆上最令人感到窩心的是，「一個都不能少」（銀髮族支持青年、專業者支持市民、老師支持學生）的文宣，完全呈現跨職業、跨年齡、跨物體的相挺，充分讓人感受到香港社會前所未有的團結。

此外，香港的公共空間長期被政府淨化或是成為商業所主宰的消費場域，市民甚少有使用權。然而，從金鐘雨傘運動開始，港人直接參與公共事務的力量得以集結，並在社區播下種子。山竹颱風襲港後，逐漸形成地區的自救力量。當連儂牆在各地區自發湧現時，市民自主的建牆與護牆動力突破固有的空間使用，改變了社會運動的抗爭場域及手法，重奪市民在公共空間的話語權，使社區居民成為運動的重要持份者，並將運動從金鐘占領區的直接與政權對抗，到遍地開花由社區包圍權力核心，把自由的訴求常民化，凝聚更大力量。

《逃犯條例》的修訂拆毀了河水不犯井水的防波堤，觸動港人的核心價值，引發了一場歷時數月且仍在進行的反送中運動。連儂牆在這場運動中，雖不是吶喊震天的抗爭場域，但它是一個重要載體，標誌著該運動由示威、集會、遊行融入至民間社區的歷程。

做為一個抗爭的平台，連儂牆讓每一個市民都能夠以平等的身分就不同的題材發言，透過撕貼容易的便利貼打造低門檻的參與方式，以及創意無限的文宣，建構了可大可小、風格多元的藝術文化，陶冶民心、團結力量，形成香港人對身分的認同及命運共同體的體現。以自己的角色及能力，攜手抵抗威權，捍衛這條正被逐步侵蝕的言論自由底線，既能在公共空間實踐和平地表達意見的權利，亦可讓世界看到香港美麗的一面。面對強權的多方打壓，連儂牆的「撕一貼百」策略也是「Be Water」的體現，以蛻變來增強生命力，成為運動不可或缺的一環。

（本篇作者劉家儀為台灣大學建築與城鄉研究所碩士研究生、香港社運人；畢恆達為台灣大學建築與城鄉研究所教授。）

# 文宣組的故事：合作可以帶來很大的創意

——蘇昕琪 文編：曹疏影

二〇一九年的香港，從盛夏到秋冬，有人守候街頭，子彈煙霧火光；有人後方做文宣，面對手機與電腦的螢光屏。Dickson，二十歲，大學生，讀資訊科技，身上大概沒有任何東西跟鏗鏘的口號、絢爛的海報扯得上關係，但他卻是這次反修例運動中，數以百千計文宣人員之一，為了前線戰場和後方民心，他們做文案、做海報、做APP、做書……Dickson的硝煙燒在無涯的虛擬世界，接通運動內外的普羅民心。

「我們在文宣組中都是nobody，但我們相信，很多nobody可以集合成很大的力量，」Dickson說。

## 合作可以有很大的創意

他所說的文宣組，規模從數百人到數千人不等，自二〇一九年六月九日一百零三萬人遊行拉開反送中運動序幕，到底有多少這樣的文宣組通過Telegram群組存在和運作，實在不可考證，但他們的規模、創意、產出力，從整合發布文宣內容的Telegram頻道中可見一斑。比如群組「777文宣傳播稿件大合集」，有接近三萬八千個訂閱者，迄今已發布了一萬零一百四十一份圖片和視頻。又如「反送中文宣谷Channel」訂閱人數高達十二萬三千餘人，曾於抗爭開始三個月內發布超過一萬三千四百七十一份圖片和視頻。換言之，單是這兩個頻道，平均每日約發送八十五份和一百一十二份文宣產品。

翻閱其中文宣內容，就像走進一個抗爭運動藝術廊：黑色凋零的紫荊提醒你「光復香港，時代革命」；右眼被打爆的少女漫畫化形象被做為一次次聲討警察濫用暴力的標誌；也有暴雨下遊行的彩色傘海照片，鼓舞士氣和團結；資訊卡片則涵蓋從法律援助熱線到警員搜屋須知的方方面面……還有最近的宛如小豬春聯的「黑裝修，紅裝飾，藍罷賣，黃幫襯」，倡導黃色經濟，履行抗爭中的「消費者責任」。

這些創作都沒有標明個人或群組的出處，亦沒有版權限制；它們可以通過網絡傳輸，也可以被打印出來在各區貼到連儂牆上。本地藝術家黃宇軒說，相較於設計和美學本身，這次運動藝術中展現的「crowd creation」（群體創作）以及可以讓公眾免費共享的「開源特徵」，更讓他驚嘆：「以往我們覺得創意、美學、創作，都是很個人的東西；這次最棒的地方是，這個運動告訴香港和世界，合作可以帶來很大的創意。」

整個運動文宣組緊貼運動脈搏，及時濃縮資訊，對於凝聚運動陣營共識和推動運動不斷向前，起到了關鍵作用。黃宇軒舉出一例：「七月一日衝擊立法會之後，我曾經很擔心『五大訴求』的講法能否被帶出來，被整個陣營記得、接受。但之後遊行中，看到大家開始喊這個口號，變成全部人的一個共識，這都很關海報的事，那個（在海報上的）簡化是超級重要的。」

## 文宣需要好「子彈」

運動遍地開花，文宣亦然。不過在六月九日之前就已經加入文宣組的 Dickson，三個月後便已開始覺得文宣工作「有點失焦」：「其實我們做文宣，很多時是抱著『五大訴求、缺一不可』的理念去做。五大訴求訂立的時候是六月中，過了六一二之後，變成有太多東西加入運動。五大訴求不是偏離運動，而是被忽視，和 sidetrack 了（邊緣化）。」Dickson 說。

他總結，這背後原因大致有二。其一是運動發展高速，事件排山倒海而來，一件比一件嚴重，而無論是文宣組的處理力，還是受眾的接納力，都相當受壓；其二是政府在輿論上有比較大的主導優勢，文宣被牽動著走，「政府做什麼，我們就要跟著去反抗。」

對第一個問題，Dickson 承認，遇到好「子彈」亦即文宣好素材，在風頭火勢的當下，即使五大訴求也難免要讓路。「比如，七二一對於整個運動是很好的素材，我看到很多文宣都會利用這個子彈來進擊政府。那當然五大訴求於是被 sidetrack 了。所以說，如果有更好的子彈，可能就要側重對目前更有利的資訊。」

「現在網上太多資訊，文宣如何可以短時間抓住眼球，這是我們最 concern（在意）的，焦點多的問題，我們也在嘗試解決。比如重點會是做警察濫權等，讓

» 《兄弟爬山》（圖片來源：Instragam @harcourtromanticist）

和理非去重視，這是我們最重要的一群（受眾）。」

## 當文宣遇見暴力升級

行動前線與文宣製作，一現實一數碼，兩大領域互相牽制，彼此作用。七二一後，大量文宣聚焦警隊濫權行為，層出不窮。而與之相應的，抗爭中針對警察的行為也逐漸升級，人們懷著仇恨來到前線包圍警署、警隊人員宿舍，又有起底警員及其家屬的報復行動……各種策略一路升級。另一邊，警方也曾在遭到示威者圍堵破壞的黃大仙紀律部隊宿舍拍攝短片，訪問中沒有出現在鏡頭前的警員家屬，講述了他們承受的損失和驚恐，破碎的玻璃窗和石塊落在色彩斑爛的兒童用被單上，在片中相當搶眼。

這一路升級的暴力，同時也令

文宣人員需要重新思考自己發聲的基礎。十月六日，反對《禁蒙面法》的大規模抗議活動之後，面對抗爭暴力升級，連登便有帖文說，「勇武要有底線，大量文宣先可以做到 cover 返，唔好失焦（勇武要有底線，大量文宣才可以做到繼續前行，不要失焦）。」無可否認，文宣的本質還是「宣傳」，其實早自七月八月，面對前線燃燒的情緒與暴力，文宣工作者如何不割席，卻也不盲撐，便一直是他們需要從掙扎中做出的決定，而決定本身也不斷帶來更多的掙扎。

「我覺得整個運動，兩邊都有錯。做為文宣，無論前線怎麼做，我們都會盡力不割席，」Dickson 說。「我們當然不可以保護一些市民覺得過分的行為，比如扔汽油彈，但其實沒有人想扔汽油彈，為什麼會被逼到這樣？我們嘗試去歸根究柢，政府很多施政上的問題讓社會很深層的矛盾爆了出來……兩邊都有錯，我們不會否認，也不會盲撐前線做的所有事，我們兄弟爬山，各自努力。」

Dickson 直言，他明白文宣聚焦宣傳警察濫權，可能令兩邊的對抗在憤怒中愈演愈烈，「但這是文宣的工作」。「我們文宣的目的當然不是想社會愈來愈

» 反送中文宣谷 Channel 自製圖（圖片來源：反送中文宣谷 Channel）

亂……文宣所做的並非分化社會，只有政府可以讓事件愈演愈烈。專注警察濫權是迫不得已，希望更多『中立分子』可能在講示威者如何不對的時候，也可以知道，警察在拿納稅人的錢，但在做濫權的事。」

## 文宣要幫前線解釋和道歉？

Michelle 和 Dickson 同齡，也在香港讀大學，國際商業，傳說中的「神科」（頂尖熱門科系），自言是溫和派，加入文宣是希望「避免（群組）陷入無意義的爭吵」。和她聊天，雖然說話內容有稜角，但口吻卻很女兒家，她的文宣視角不僅對外，也對內。「從文宣角度出發，某程度上使用武力去保護參加運動的人，是可以接受，但當武力演變到暴力——主動攻擊、嚴重傷害他人身體——我就傾向不要這樣做，」Michelle 說。「我除了在文宣組，也會在一些小群組裡面觀察他們的想法，偶爾會勸告，我會說對文宣的工作有壓力……因為一些中立派別會覺得，不用說政府對錯，因為沒什麼影響，他們是旁觀者，看運動去到什麼地步去選擇支持哪一方，如果你給他們看到一些對我們不利的東西，就會容易失去支持。」

Michelle 說文宣組也會出圖，叫示威者冷靜，包括建議他們如何處理旁觀者拍照的問題，「叫他們不要那麼激動，甚至用粗口去問候人。」說歸說，Michelle 和 Dickson 一樣，「做到什麼地步都好，都會盡量救。」不過對內的宣傳，就未必次次都順利，尤其是運動面對極大的民意挑戰和內部信任危機的時候，比如八月十三日機場事件裡，占領機場離境大堂的示威者與焦躁的旅客不斷爆發小規模衝突。而後《環球時報》的記者付國豪與另一位被懷疑是大陸公安的人士，被大群示威者包圍，個人物品被搜查，發生言語和肢體攻擊，甚至一度有捆綁禁錮的行為。

事件在內地成為「我是護旗手」之後新一波輿論攻擊的焦點，在香港也引起不少震動，運動的泛支持者驚訝和質疑，參與者中更曾出現「捉鬼」風潮。事後，有文宣發布公開信，向當日受影響的旅客致歉，並指示威者不得不在機場示威、向政府施壓，是因為政府連月來不為各種形式的示威所動，對於五大訴求更是無一答應。

文宣組成員 Coco 參與了起草其中一份道歉信，她對此不願多談，一則無意成為大台，二則不想傷害勇武派抗爭者的感情和關係。Coco 在英國讀法律、暑假回港就加入了六、七個文宣組，她在暴力使用的問題上比 Dickson 和 Michelle 都要寬鬆：「從文宣的角度，種種行為升級都是在於政府的不作為、不回應，行動升級都有解釋餘地，當然去到玩火是比較難解釋，但未到解釋不了（的地步）」，「我們不是只是想衝擊警署，而是警察做錯，我們想讓他們修正錯誤。」同時，Coco 認為也要向前線抗爭者講「be humble」（保持謙卑）。「我們的目標只有一個，街坊就算意見不同，只要不動手，都要有禮貌。」但要讓這種反暴力的想法，在前線示威者內部宣傳、滲透，直到起到效用，Coco 說這需要時間，問題只是，當局會否提供這個時間。

## 借力打力：付國豪事件與長輩圖

八月十三日機場事件翌日的警方記者會上，警方展示了多個近距離拍攝的片段，顯示被示威者包圍的兩名內地人士的苦況。親北京政黨也乘勢，拿著內地官方媒體的宣傳材料，開始進行在香港的一波攻勢。「政府記者會，是對家（對方）很大的武器，」Dickson 說。「二〇一四年（雨傘運動）的時候，『四點鐘許 sir』[1] 在免費電視播放，我們覺得是『洗腦』，文宣是每天都可以做出一些東西，但警方用 airtime 做文宣，（對我們來說）是頗大的問題。」

面對官方攻勢，文宣組的策略總結起來是兩條：一是打，一是卸。「打」是指不同成員不約而同提到的「事實核查」（fact check），這也是文宣從事者自認最為重要的部分；而「卸」則是說化官話為笑話，以幽默瓦解指控：以八一三機場事件為例，Dickson 說他所在的文宣組主力在質疑，為什麼在和平示威期間，會有懷疑是內地公安的人員混入其中。「另外，有人指我們包圍了一名警員，令警員要拔槍示警，然而他們都沒有留意這名警員一開始是嘗試拘捕一名站在一角的女子，警方更反指我們（對視頻）『斬頭斬尾』，歪曲事實。」至於以《環球時報》記者付國豪被綁住雙手時的形象，和一句「我支持香港警察，你可以打我了」為材料的內地宣傳，Dickson 說自己一方的策略，是「用他們的方法去講諷刺的話」，比如套用對家句式，在自己的文宣中使用：「我支持民主，警察就可以打我了。」

1 「四點鐘許 Sir」，許鎮德，雨傘運動期間以公共關係科總警司身分擔任警方每日記者會主持人。因說話風格，成為網絡紅人，被稱為「四點鐘許 Sir」。

» 反對《逃犯條例》修訂草案運動的文宣（圖片來源：反送中文宣谷 Channel）

這種手法早在文宣組主動製作「長輩蓮花圖」的時候已經被用上。這種宣傳圖——背景往往是開花植物，前景則是各種唯恐讀者老花看不清的彩色大字——在中老年網民的傳播同溫層中很常見，在年輕網民中則成為一個人因為代際所屬而接受錯誤、落後、歪曲信息的標誌。不過，Coco則指出，面對這種情況，用對方的瓶裝自己的酒，是一個有效手段：「對方最喜歡的手段就是無限放大『黑衣人』做了什麼，但從來沒有放大警察做了什麼……建制派（要爭取）的目標是老人家和『上岸人士』，是我們先想到要用長輩圖反擊，未必可以讓受眾轉圜，但至少可以讓大家想一想，究竟哪邊是對，哪邊是錯，再慢慢、慢慢對建制失去信心，」Coco說。於是，那些用長輩圖風格彩色字體印著「認同請分享」、「好人一生平安」等套語的抗爭者文宣「長輩圖」出現，也用蓮花和觀音圖案，卻寫著「中央沒支持修訂！一切都是林鄭月娥想拖垮香港！」的「信息」，類似這種長輩圖，至少成為了是次不少抗爭者面對與家人長輩的爭論時可以使用的一種就手「武器」。

## 視頻戰場：重組與還原

不過，隨著運動愈來愈四散、突發狀況愈來愈多，主流媒體的鏡頭愈來愈難從頭到尾、全方位地跟進事件，從而證實和證偽的工作越來越艱鉅，事後「重組」或「還原」的需求和難度也愈來愈大，而一般靜態文宣，做為一種體裁，也難以承載這個事實核查的任務。

在HKGETV（香港教育電視）的Facebook專頁

上，自我介紹寫著，這是「由一班連登巴絲自發組成嘅『非專業』電視台，致力搜羅網上各種公眾關注嘅題材製成短片……達至公共知識普及化」。成立日期填的是二〇一九年七月二十一日。目前這個專頁已經有逾兩萬關注者，也已經發布了近兩百條短片。

二十歲的文員MH是電視台草創成員之一，他說：「最初我們看到製作文宣短片，比起文宣圖，不是太多，而且其實有不少香港人經過Facebook或者Instagram接收資訊，如果我們希望讓大眾知道這次運動的資訊和一些看法，有時短片更能有效傳達真相和信息。」

香城教育電視發布的短片主題和內容都很多樣，有法律知識、時事、給運動者的家書或運動者自我剖白、對外部世界的宣傳片、對內部世界的打氣片，林林總總，希望可以滿足各種觀眾的需要，而其中最花力氣的要數事件懶人包和查證還原系列。

懶人包短片主要是用文宣圖，加上新聞片段，配以旁述，目標是方便觀眾在短時間內瞭解事件的來龍去脈。「我們會盡量提醒製片的手足要避免主觀和情緒化地看待事件，要以客觀陳述為大前提，」MH說。

» 反對《逃犯條例》修訂草案運動的文宣。（圖片來源：反送中文宣谷 Channel）

» 一位女性示威者在尖沙咀疑似被警方打爆右眼，激發網民創作的繪畫。（網上圖片）

「我們是要盡量讓大眾明白，為什麼示威者要這樣做呢？我們也希望喚起大眾的同理心，讓他們嘗試站在示威者的角度去看一件事。」

而比懶人包更努力地接近真相的是還原系列，「有時真相就像洋蔥一樣，要一層一層打開，」ＭＨ說。目前還原系列裡最受歡迎的是七月二十一日上環警方清場的短片《７２１上環發生了什麼事》。這條一分二十八秒的短片集合了來自NOW TV、香港大學《學苑》即時新聞、《蘋果日報》和香港電台的現場片段，主要展示警員當晚在干諾道西清場期間，從高處開槍、甚至有記者手臂被打中等經過，影片並無另外旁白。

電視台的另一名成員、大學生Sunny則說，除了整合新聞片段，亦有多達五十人的團隊希望可以幫忙查核官方展示片段時的一些講法，從而進行批駁。這些人來自物理、生物、化學、新聞、拍攝等多種界別。只是儘管如此，Sunny對於短片可以穿破同溫層、說服對家受眾的信心卻並不高：「香港人的立場已經完全固定，所以我們不會專注如何改變一個人的立場……主要希望通過影片，讓我們中間一些立場不是很堅定的人，可以堅持下去，因為起碼他們肯看。」

在香城教育電視的Facebook上，多達三十二萬次觀看的一條片是四分多鐘的《我認同雙方都好暴力……》。黑白靜音的衝突片段配上空靈的純音樂，一把女聲讀出一篇最早在連登發出的帖文：「我認同雙方都好暴力，一邊係雨傘、紙皮、磚頭，另一邊係長盾、胡椒、真槍、催淚彈；一邊有汗出（出汗），另一邊有糧出（有薪水可領）；一邊犯法坐幾碌（坐幾年牢），另一邊犯法無抵觸……問良心，政府高官有無真正體恤前線警員同人民？如果有？點會推佢哋（他們）做磨心，人民打人民？」

## 爭取民眾支持非優先考量

運動漫漫，血汗不息，抗爭者面對長達數個月的消耗和疲勞，而這消耗，會不會慢慢熄滅了運動的熱力呢？對此情況，文宣工作者要繼續加火造勢嗎？而即使民眾的支持一旦確實減少，文宣工作者將如何面對呢？

定位做文宣中的溝通者與和理非的Michelle提到了從事文宣者的「底線」，她認為更重要的問題在於運動中人是否清楚自己真正的底線和初衷：「從運動一開始，我們就不覺得我們是很輕鬆，或者短期做一下文宣或者示威，就可以得到想要的訴求或者理想的結果。我不知道這是樂觀還是悲觀的看法。」

可是底線是什麼？Michelle 也在問：「我個人認為，（關鍵）不是要去想如何拆解，如何說服持反對意見的人，而是『兄弟爬山，各自努力』、『三不』底線的討論，所謂核爆都不割的底線，究竟在哪裡？」一邊進行，一邊探索，一邊修正，本就是這場運動的特色，Michelle 接著提到民眾支持與否可能帶來的影響：

「爭取民眾支持不是我們優先考慮的事，追求公義是講良心，而不是看社會上支持反對聲音有多大，就去決定做或者不做……實際行動比宣傳永遠更好，如果不是很瘋狂的香港人每天去做那麼瘋狂的事，何來素材給我們爭取輿論呢？」有一件事，是她和同伴們都很確定的，就是民眾的支持是文宣行動的後盾，「也是給所有示威者、文宣、和理非、甚至冷氣軍師，很大的 support」，但儘管這樣，這些在 Telegram 群組裡、Facebook 上源源不絕向運動中人捧出文宣作品的幕後抗爭者，還是「希望所有人明白，就算得不到支持，做正確的事，就是正確的事」。

## 延伸閱讀

關於抗議風潮擴散至一般香港人生活空間的報導，還可以閱讀〈除了購物，香港人還想在商場看連儂牆、討論時事〉。以罷工做為抗議手段的後續，可以閱讀〈我參與了一場尷尬的罷工試驗〉。

此外，在長時間的抗爭中，示威者之間逐漸出現「相互支撐」的呼聲，並且擴散到生活實踐中，鄒崇銘的評論〈從網絡動員到生活自主——「黃色經濟圈」的未來想像〉，觸及相當一部分這個議題的討論。

# 6

# 深圳河兩岸

香港是亞洲最重要的海空運轉運站之一，維持機場的正常運作對港府而言是重中之重。示威者同樣瞭解這一點，因此從二〇一九年八月九日起，示威者發起一連三天的「萬人接機」集會，在機場透過靜坐、發傳單手段向旅客宣傳反修例運動，同時也癱瘓機場交通，加大對政府的施壓力道。

在機場的示威行動從「和理非」的宣傳，逐漸轉向旨在癱瘓機場運作的「不合作」運動。抗議者以行李推車和人牆堵住進入管制區的通道，無差別地阻攔所有旅客登機。八月十二日下午，香港政府取消當天剩下的所有航班，統計有超過一百五十班機受到影響。

八月十三日，示威者再次聚集機場，抗議前日一名少女疑似遭警察射傷眼睛。行動中先有一名來自大陸的男子被限制行動，他的背包、證件都被翻查。稍後，一名大陸《環球時報》的記者付國豪也因為被懷疑是假記者而被示威者攻擊。他被綁在行李車上，物品被翻查、展示，其間他在現場雙手高舉，大喊：「我是支持香港警察的，你們可以打我了。」

綑綁、圍毆付國豪的行動引發極大的爭議，在連登討論區上，有人呼籲示威者「不要變成自己憎恨的那種人」。更有人開始擔心示威者已經將抗議對象從國家轉向族群。

機場事件幾天後，廣東廣播電視台香港記者站站長陳曉前在警察記者會上，被指控拍攝其他香港記者相片。記者會結束後，她被多名香港記者包圍，要求她說明身分及拍照用意。對此廣東電視台發出聲明，指陳是登記在冊記者，新聞報道表現突出，對她受到不禮貌對待表示強烈譴責。

付國豪及陳曉前事件在大陸媒體及社交媒體上也被瘋傳。透過媒體的報導、網路的瘋傳以及在港大陸人的經歷，陸港兩地的民眾對反修例運動的不同看法愈發凸顯，矛盾日益激化。〈反修例運動中的港漂〉，描寫了幾位在香港工作、生活的大陸青年，他們立場各自不同，但都曾面對相同的矛盾。

出身大陸的沈度，價值上認同示威，左右拉扯之際，他寫下了〈無因暴力中的香港，事先張揚的悲劇〉，整篇文章用三十四個問句，寫不盡的無言傷痛，是一篇反修例運動的〈天問〉。

（李志德）

# 反修例運動中的港漂，被打碎的和被重構的

——楊鈺、邵斯玄 文
編：吳婧

事態從午後三點開始急轉直下。

二〇一九年六月十二日，金融業者安欣穿過中信橋，被下方的人群吸引駐足。當天上午開始，大批民眾便聚集在金鐘立法會和政府總部附近，希望能阻止《逃犯條例》修訂草案進行二讀。

「我親眼看到了，是黑衣人先扔的磚，」安欣睜大了眼睛，有些憤憤地說，「我那時就發了朋友圈，我說這就是暴動，當時還有人叫我別危言聳聽。」

幾乎同一時間，坐在中信大樓下的張葉，從現場搭建的LED直播屏上，看到添華道處正在發生的衝突：警方揮打警棍並施放胡椒噴霧，示威者撐著歪折的雨傘節節後退。

此時，直播因信號不穩而斷掉，現場傳來一陣憤怒的噓聲。張葉和朋友隨人群站起，想去衝突發生的地方看看，但未等踏出腳步，立法會示威區方向便傳來騷動，示威者們開始大聲呼喊「頭盔！」、「眼罩！」、「傘遮！」由於聲音傳遞愈遠會愈模糊，前方高個子的年輕男孩們開始用誇張的手勢進行表達，張葉順手摘下脖子上的眼罩，連同手上的頭盔一起遞了出去，並學著前方手勢的樣子兩臂彎曲張合用手拍打頭部向後傳遞訊號。

「在那一刻，我感受到與示威者間迅速產生了連結。」張葉回憶說。

數千公里外，遠在歐洲做交換生的陳曉在Instagram看到警民衝突的畫面，「當時覺得，警察怎麼可以這個樣子。」陳曉頓了一下補充道，「雖然現在看來，那時已經真的不算什麼了。」

六月十二日的經歷，改變了「港漂」（泛指從中國大陸到香港求學或工作的群體）張葉、安欣和陳曉的生活與思考軌跡。據香港政府統計，截至二〇一五年，港漂的人數約有八萬。在這場反修例浪潮中，漂浮於此地的他們，經歷了身心的澎湃起伏，一些東西被打碎了，一些東西重新建立，還有一些尚未想明白的事情，或許還不急著蓋棺定論。

» 二〇一九年八月十一日，示威者遊行經過灣仔。（攝影：林振東／端傳媒）

## 六月十二日的「兩個現場」

在衝突似乎有所緩和的幾分鐘空隙中，張葉和朋友隨著人流喊著「撤回」的口號緩緩向前，又應著前方焦急的「後退」聲轉身快走，不斷有傷員被架起、穿過人流送往救護站，有的滿臉通紅，有的痛苦地捂著眼睛，還有一位臉部左側湧著鮮血。突然，幾顆催淚彈落在了離張葉十多米遠的位置，驚慌的人群開始在滾滾濃煙裡奔跑，周圍則不斷有人停下呼喊「冷靜啲」、「慢慢」。

「一切發生的太快了，」張葉回憶，他們沒跑幾米便發現被包圍了，前面的人在退，後面的人也在退，人群很快壓向民間人權陣線所申請的和平示威區的大台，間隙愈來愈小。一枚帶著火星的催淚彈便直衝向張葉前方兩、三米的密集人

» 二〇一九年六月十二日，清場後的立法會外滿目瘡痍。（攝影：陳焯煇╱端傳媒）

群，接著又是一顆。本就密集的人群被壓縮進了最後一絲空隙，夾在其中的瘦小的張葉開始感到呼吸不暢，耳邊則是一片罵聲、喊聲與哭聲。空氣裡瀰漫著催淚彈的味道，咳嗽聲、呼喊聲此起彼伏。兩個帶著口罩的女生擠過人流縫隙，塞給只帶著單層一次性衛生口罩的張葉一隻噴過生理鹽水的棉手套，要她捂在眼睛上。

張葉今年二十九歲，來港已十年，曾就讀香港一所大學的社會科學專業。與記者見面那天，她穿了白色棉麻長裙，背牛仔雙肩包，短髮，帶著江南人的清瘦，看起來有點學生相。

經歷過五年前的雨傘運動後，張葉變得愈發政治冷感。二〇一六年張葉所在的區進行議員補選，儘管自己支持的民主派議員處於劣勢，她也沒有花功夫去確認自己是否已有投票權。反修例運動剛開始時，張葉雖然參與了網絡連署，也一度認定這樣做不會有用。「有一種無力感，就覺得會這樣過到二〇四七吧，再差不就是大陸麼，又不是沒生活過，大陸的人不也都好好活著。」張葉說。

但六月九日百萬人（警方統計數據二十四萬）遊行，令張葉興奮起來，彷彿看到雨傘運動抗爭的延續。十二日，在公司默許放假一天後，張葉踏上了前往金鐘的地鐵，想要「做一個見證」。她沒有著黑衣，甚至沒有帶口罩，頭盔、眼罩等裝備都是在地鐵站口帶著猶疑從其他示威者手裡接下的。根據她五年前的經驗，警方發催淚彈也是運動進行兩個月後的事了。

事後張葉才得知，當日下午圍困在中信大廈下的人群，是經在場記者、議員與警察溝通，才得到一條撤退通道。而在當時，張葉只感到身後的人群莫名一圈圈散去，她一轉身已在人潮邊緣，眼前是手拿透明長盾全副武裝的防暴警察，未及多想便在恐懼中逃開了。

回去的路上，張葉止不住地流淚，她至今未想明白，是催淚彈的緣故還是被清場和險些被踩踏的恐懼。張葉開始查看各媒體當時的直播與報導，查詢當事人錄像，一遍遍和朋友拿著手機裡僅存的一則十秒視頻回憶衝突的起因經過，她不斷質問「如何追責」，「就是覺得他們（警察）怎麼可以這樣對我們，還有王法嗎？」

對於十二日發生的事，來自北方的安欣有截然不同的印象。

「當時把我嚇到了，因為我第一次看到有人攻擊警察。」在安欣公司樓下的咖啡廳裡，一身精緻職業裝連衣裙的她回憶起當天的畫面，搖了搖波浪捲髮，瞪大了雙眼。

那天下午，安欣自中信大廈二層經中信天橋往金鐘站方向走回，由於樓下聚集了大量人群，對示威全不知情的安欣便停下看了一陣：在警方防線前，示威者與警方相互呼喊，不多久，有示威者開始丟擲雜物，其中夾雜著磚塊，警方則開始上前拉人。「一開始我以為是雞蛋，後來看大小不太對，」安欣回憶到，在警察舉起會釋放催淚彈的警告後，她便匆匆離開。

安欣認定，這是一場「暴動」。事實上，持類似看法、或對示威者懷抱恐懼的人在港漂群體中不算少數。他們多會避開示威區域，對香港本地事件及社會生態瞭解不多，不少因語言或文化差異而選擇同內地生群體抱團（取暖），獲取信息亦依賴「港漂圈」等專為在港內地生提供資訊服務的微信公眾號。

在港博士生田睿告訴端傳媒，香港理工科在讀博士多為內地生，然而在科研之餘，他們多選擇看劇或購物，鮮少關注香港。反修例運動雖或多或少觸及他們的生活，但大家也很少討論，一部分人因此陷入困惑與矛盾，還有一部分人則憤怒於自己生活受到的干擾。

保險從業者程晨在運動起初一度表示支持，並安撫內地客戶遊行是香港社會常見的表態方式。然而，三次帶著客戶遇到示威活動，八月五日又因大罷工而上班受阻，加之內地朋友不斷拋來真假難辨的消息，程晨開始轉變了。她不知如何安慰客戶，又迷失於兩地不同焦點的輿論戰，更不能理解著黑衫的年輕的士（計程車）司機口中的「香港就要完了」是指什麼。

除了要面對真偽難辨的信息和撕裂的輿論混戰，對八萬港漂來說，更難以消化的是從小建立起的價值觀被衝擊、甚至被打碎。

## 自己被香港接受，也同時接受了香港

猶豫多次後，遠在歐洲的陳曉決定參加由同在當地交換的香港同學組織的聲援集會。

「我不知道該不該去參加，也沒有朋友一起，」六月十六日，她依照群組的呼籲，一身黑衣出現在集會廣場。廣場中約有三、四十人，拿著自製的傳單向周圍人解釋香港發生了什麼，偶爾喊幾句英文的口號。由於擔心不會說粵語被排斥，陳曉不敢前去攀談，只靜靜坐在人群旁，手裡沒有宣傳物資，沒有一同喊口號，也沒有其他人前來詢問。

二十歲出頭、喜歡運動的陳曉，溫和、愛笑、高挑，中分的直髮落在肩膀兩側。成長於同香港一河之隔的深圳，陳曉兒時印象裡的香港是一座搭巴士需要排隊的購物城市；來港修讀心理學，也被她視作今後走向更遠方的「跳板」。直到交換至歐洲，她隔著時差回看香港，看到六月九日人群逼滿街道的遊行照片，這座城市，忽然讓她生出想要融入的心情。

當然，試圖融入的過程算不上順利。六月十日早，林鄭月娥見記者，表示前一日遊行的市民「非常之多」，但亦收到相反意見，不撤回修例。陳曉與香港朋友交流時，表達了看到消息的第一感受——「感動」，「就是覺得政府起碼還會回應你們，看起來好貼心，沒有什麼都不說話就這樣過去。」對方卻回應道，陳曉熟悉的大陸政府或許做到三、四十分，而香港政府做到的五十分似乎高了一些，但其實都不及格。

「你們要求太高了吧！」陳曉當下覺得難以理解。

不過，與朋友的分歧促使她開始大量查閱資料，觀看不同觀點的政治評論視頻，查驗其中提到的每一個證據，直到看到香港大律師公會早在六月六日發布的《簡易指南》與《補充意見書》，她才感到自己終於選擇了一個穩定的立場。

十五日，一直在克服時差、熬夜追新聞的陳曉，看到了黃衣男子墜樓的消息。

當日下午，林鄭月娥宣布暫緩修例，並指六月十二日為暴動，表示支持警方執法。晚間，一名身披黃色雨衣的男子爬上金鐘太古廣場平台，在棚架上掛出「全面撤回送中、我們不是暴動、釋放學生傷者」等標語。與警方談判人員僵持五小時後，男子於晚九時墜樓，送院不治。

「那是香港第一個為此事付出生命代價的人。」陳曉開始理解香港人的憤懣，並決定在十六日加入聲援香港的集會。

在集會現場，儘管覺得「在這裡出現也是一種支持」，陳曉的身體語言卻不斷釋放出想要逃走的訊號，她發現自己不知「怎麼去喊（口號）。」

「可能從小就沒有這樣的概念，什麼叫遊行、什麼叫集會，所以我有種很陌生的、害怕的、不熟悉的感覺，不知道如何去支持他們。」

同一天，在另一端的香港，張葉帶著白色悼念紙花走入遊行人群，成了當天兩百萬（警方數據三十三．八萬）遊行群眾之一。在港十年卻始終有異鄉之感的張葉，忽然覺得自己被香港接受了，也同時接受了香港。

五年前，她也曾面對與陳曉類似的剝離感。

## 我們都曾是 Outsider

二〇一四年的張葉，在香港一所高校修讀媒體類課程。那一年九月二十六日，香港發生了爭取雙普選的雨傘運動，超過兩個半月的占領中，張葉只去過現場兩次。

» 二〇一九年六月十六日，香港民陣發起第四次反對《逃犯條例》修訂大遊行 。（攝影：Stanley Leung ／端傳媒）

一次如陳曉一樣，是她主動去的。因身處的內地生圈子鮮少立場相似的朋友，張葉隻身前往金鐘。站在搭著帳篷、秩序井然的人群裡，她恍惚生出烏托邦的感慨，也發覺孤身一人的自己「如同一個 outsider」，於是站了一陣便很快離開了。

此前還有一次，張葉是帶著課堂小組作業去的。

課業要求錄製一段與當時罷課事件有關的採訪視頻。張葉同組的兩個同學，一位傾向中立，另一位則立場偏監，但經過討論，三人最終依照張葉的想法走到金鐘，採訪了不同政治立場的學生。

令張葉印象深刻的是另兩個小組的同學，一組認為金鐘現場的人不理智，因而選擇拍攝採訪身在大陸的學生；另一組的一位同學則質問老師，為何要讓學生到罷課的地方採訪，學生應學習知識而非參加政治化運動。張葉與後者在課堂上吵起來，她指出，政治不應該被視為不好的、需要逃避的、甚至不可被觸碰的東西。

「她說，你們怎麼老是覺得中國人過得不好，我就是中國人，大家都過得很好，你們對中國的瞭解太淺薄了，你們根本是在抹黑中國，你們不瞭解中國。」張葉記得女孩的回應很激烈，也避開了逃避政治的論點。這場爭論讓張葉感到雙方對於政治和權力的認知不同——她也是如此看待如今的藍黃、中港爭論的。

同樣曾在校修讀媒體課程的安欣，卻有著不同的體驗。

大一，對文字有熱情的安欣一度想要修讀新聞系，因而選讀了一門新傳基礎課，其中有一項占比三○%的課業要求書寫指定書目的讀後感。安欣選擇了《香港中文報業發展史》，然而滿分一百，她只得了三十幾分。

「這很恐怖，在學習上本地生是沒辦法和我們拚的，每年GPA（成績平均積點）最高都是我們內地生，」安欣的語氣裡至今留著一絲憤怒，「我當時很驚訝，不太能接受這種分數。」

安欣去詢問批分的助教，助教將另一篇九十八分的讀後感遞給她。安欣仔細對比後發現兩篇讀後感幾乎完全一致，但另一篇在文末多了一個觀點——該書未寫出共產黨不好之處。安欣質問助教是否一個觀點可以值七十分之多，記憶裡，助教對安欣說：「因為我沒有看到妳的critical thinking（批判性思考）。」

鬱悶之下，安欣逐個詢問了被同一位助教批改課業的內地生們，幾乎沒有一個高過八十分。

「然後我剎那間就覺得，OK，我懂了。」安欣說，自己的新聞夢想也自此打碎。在她看來，一旦被貼上「內地生」的標籤，隨之而來的便是「被洗腦」的形象，對方因而完全不會理會你的觀點和邏輯，「感覺他們聽不到你的聲音。」

同年，安欣在香港還經歷了北京奧運會聖火傳遞。聖火到來前，她在學校郵箱裡收到學生會號召反對聖火傳遞的郵件，呼籲大家在傳遞的路邊舉牌。安欣對此至今無法理解，「你為什麼要反一個讓我們覺得很榮耀的事？」

這種疏離、不理解和撕裂，幾乎是每一個港漂都必須穿過的隧道。多數時候，那條隧道蕪雜、幽暗且難覓同伴，沒有人知道每個人在隧道裡經歷了怎樣的打碎、重建或固化，而在走出隧道的那一刻，張葉和安欣選擇了不同的方向。現在，輪到陳曉穿越隧道了。

七月十一日，香港大學校長張翔發出公開信，譴責衝擊立法會行為屬「破壞性的行動」，引起師生大量不滿。此後，港大又發生內地生撕掉標語等風波，引爆內地生與本地生、及本地生不同光譜之間的輿論戰，甚至出現人肉搜索等網絡暴力。

身在內地生的圈子，陳曉認為很多人並不清楚香港發生了什麼，但大家無一例外地認為在香港生活有遭遇不公平的對待，因而，一點火星都足以引燃雙方，將此事變成「大家發洩自己過去不滿的出口」。

「我是從那樣走過來的，我知道那種在本地生間有些不舒服的地方，」陳曉皺了皺眉頭，回憶起自己大一初入學時，由於不會粵語而感受到一些排斥，站在民主牆下看著關於香港獨立、新移民或內地生搶奪資源等留言，她想跑掉，甚至懷疑自己是不是不該在香港，「覺得十八年來第一次感受到自己存在的正義性消失了。」

陳曉先是用了一年時間適應香港的日常生活，又在上海、北京遇到類似的排斥後，意識到排外情緒的普遍存在；大二，她因學生活動瞭解到更多香港社會運作的細節，到歐洲的交換則進一步讓她對比到歐洲與香港的一些類似、以及與內地的不同。陳曉在這一系列「蠻心酸的途徑」後，逐步放下一些心結，而反修例運動的爆發，則將她真正捲入了香港。

## 通過運動，學習一個社群如何得出共識

與六月十六日在異國默默參加的集會不同，說起七月二十一日的遊行，陳曉明顯興奮和話多了起來。

那天，陳曉意外看到很多銀髮族、年輕夫婦帶著小朋友，還有坐著輪椅的殘障人士。除卻經過灣仔警署時，有人圍在水馬邊怒罵警察外，遊行比她想像的和平很多，且井然有序，有議員為大家加油，有專門回收塑料瓶與傳單的地點，也有舉著牌子說若需要幫助可以拿律師名片的攤位。身邊的人不時喊著口號，陳曉聽到最多的是「沒有暴徒，只有暴政」，不過，她仍然沒有跟著喊。

這樣人擠人、口號聲迭起的場景，令陳曉回想起小學時奧運聖火傳遞到家鄉的情形，同樣是人潮洶

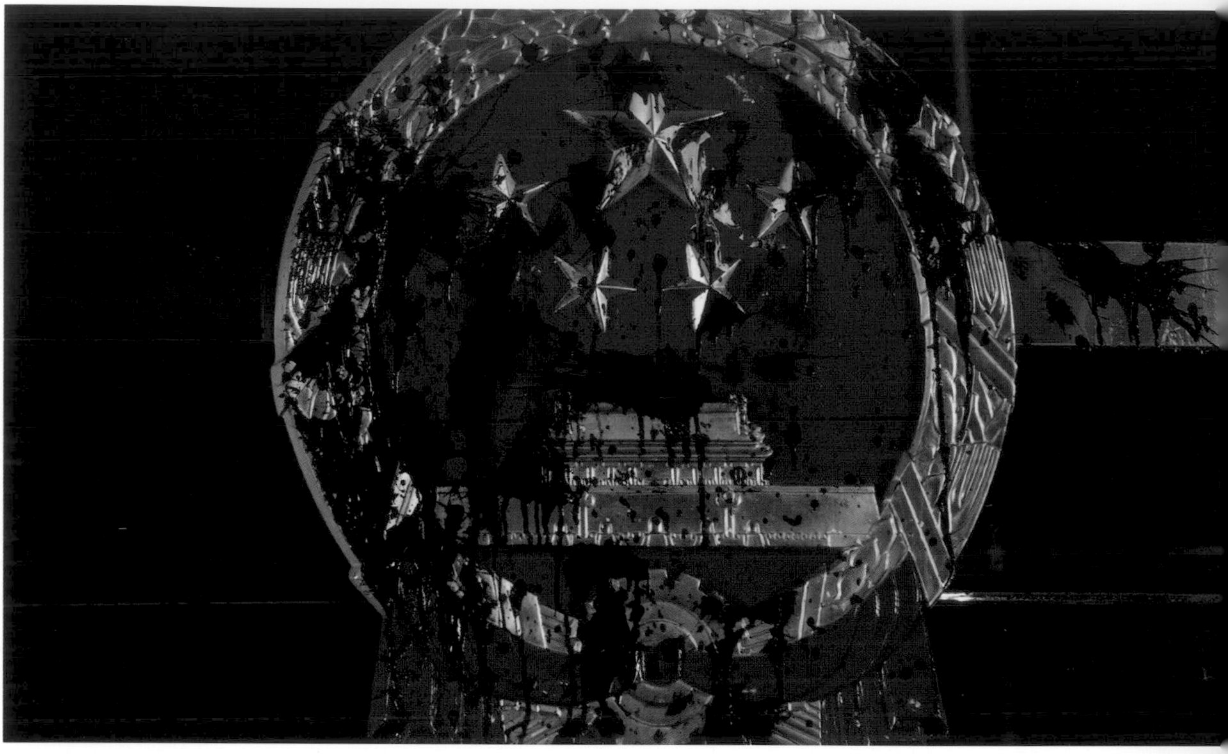

» 二〇一九年七月二十一日，示威者到西環的中聯辦集結，門外的中國國徽被漆彈染黑。（攝影：林振東／端傳媒）

湧，人們拿著國旗一邊揮舞一邊喊著口號——場景多有類似，目的卻如此不同，「感覺五味雜陳，如果說小孩會被利用的話，可能當年的我也被利用了。」陳曉記得那次集會人們曾唱起〈五星紅旗〉，其中有一句是「五星紅旗我為你驕傲，我為你自豪，你的名字比我生命更重要。」陳曉說，如今想來有些「瘆人（嚇人）」，「一面死物，比你這個人存在本身還要重要。」

不過，遊行結束回到家中，看到國徽被塗汙，她仍然感受到視覺上的震動。

但銅鑼灣及中聯辦附近的衝突畫面，很快被元朗地鐵站的突發事件打斷。當晚，一群涉黑背景、身穿白衣的人手持木棍、藤條，對市民展開攻擊，造成含一位孕婦在內至少四十五人受傷。據警方之後公布的信息，其在接報三十九分鐘後才派大量警力

» 二〇一九年八月十三日，示威者聚集機場，防暴警察到場引發衝突。（攝影：林振東／端傳媒）

到場，是因資源調配問題，「需要檢討」，但未回應是否道歉。

陳曉盯著直播一直到深夜，除了害怕和沮喪，她無法思考任何事情。鮮少使用社交媒體的她，在那一刻湧出訴說的衝動，「很想要窮極那個事情的真相，我沒有想說立場，只想說請你看看，香港已經發生了這樣的事情。」

同樣盯著直播的張葉，則轉發了背著書包的男子在元朗地鐵內跪著請求白衣人不再攻入車廂的視頻，並評論到：「恨到眼冒火。」

但此時，隔著一道防火牆的大陸輿論，則聚焦在「國徽不可冒犯」的憤懣中，甚至有人因此對元朗襲擊叫好。「看對面的聲音太難受了。」撕扯中，張葉把微博卸載了。

早前，張葉曾轉發不少解釋性的文章與闢謠的消息到朋友圈中，不料遭大量指責和謾罵，有人指摘她「港獨」，有人則稱她認知膚淺。張葉耐著性子回覆了一些，後來因有感於認知不同而漸漸放棄，甚至把朋友圈也關掉了，「他們在把自己的恐懼投射出來，他們其實不理解香港人的心理，當然香港人也不理解大陸，兩邊差異太大了。」

事實上，早前張葉在網絡中曾看到有內地生於西九遊行中因帶口音的廣東話而被其他示威者為難的帖子；也有朋友在前往遊行會合的路上因在電話裡講普通話而遇上周圍人警惕的眼神；自己更在一次集會中、站在天橋上拍廣角照片被身邊的黑衣年輕人大聲呵斥：「邊個影相（誰在拍照）？」

張葉說自己可以理解在警方臥底的陰影下示威者風聲鶴唳的心情，同時，她也對於警方是否打死人的論斷十分謹慎，並轉發了早先稱拍到臥底警察配有真槍實為示威者氣槍的澄清，「我覺得大家在通過這個運動，學習一個社會群體如何去得出共識。」

同樣夾在兩地資訊中的陳曉，則對大陸媒體的報導感到失望，這種失望甚至讓她開始懷疑，之前聽到的、小時候令她感到憤怒的新聞，究竟是不是事實。

當然，這種對立並不是全面的、毫無縫隙的。陳曉有一日便在朋友圈看到一位內地朋友質疑刷屏的「香港廢青」論調。對方說，不明白為何現在如此多人對一群自己的同胞，張口閉口地叫「廢青、港獨、黃屍（「黃絲」的惡意諧音）」，這與多年前我們被無緣由叫「東亞病夫」有何區別。陳曉問起原由，對方表示，覺得這樣的風氣和語境很不對勁。

對安欣來說，早在六月十二日看到示威者先丟磚後，便不再信任香港本地媒體的報導，她表示無法認同媒體對警方使用過分武力的強調，認為每一次都是有原因的，反而感到香港警方不足以保護自己的生活安全，「我是覺得香港的新聞自由在我這裡死得很徹底。」

八月，又一次意外撞入示威現場後，安欣開始真正關注反修例運動。

## 香港還安全嗎？

八月十二日，安欣自外地出差回港，恰遇上當日的接機行動（八月九日至十三日，示威者發起到機場，向旅客宣傳反修例運動的行動），那是她繼六月十二日後第一次近距離遇到示威者。而在此期間，她並沒有太多關注運動，也未受到影響，住街對面的連儂牆，在她看來如同學生時代需特地繞路吃飯才會看到的民主牆一樣，是不會關心、不時出現的日常而已。

但望著通道外，身著黑衣、拿著標語、不時大聲喊口號和前傾著向通道內丟擲傳單的密密麻麻的人群，安欣直言感到「恐怖」，於是選擇了報警。

「但警察也進不來，接我的老公也進不來，而欄杆外的那些人像是要撲過來抓你的感覺。」安欣做了一個野獸撲抓獵物的動作。

翌日，機場發生了《環球時報》記者付國豪被打事件。安欣追蹤了全程直播，其中，醫務人員試圖帶離付國豪卻遭示威者阻攔的情形讓她多了一層憤怒。

「整整一個小時啊！」安欣豎起右手食指，再次睜大了平日裡多是笑意彎彎的雙眼，「我真正害怕的不是衝在前面打的那幾個，這麼大基數一定有不理性的人，我害怕的是後面那些不讓救護人員進來和不讓救護車走的人。」

八月十三日的晚上，安欣失眠了。

「以前我一直覺得香港是全世界最安全的地方，不是因為有警察的保護，而是身邊都是文明程度很高的人，講理的人，」安欣說，機場事件中出不去、進不來的困境讓她感到害怕，「我覺得那種無力感不比遭受警暴卻投訴無門的人來得少。」

在她看來，示威者如過去學生會的人一樣，聽不進任何人的聲音。在機場付國豪事件發生的翌日，她的一位香港朋友在Facebook上用黑色背景寫了一句「Shame on HK」，評論區立刻湧現了不少的指責和反駁。

三個月來，張葉發生了很多改變。她開始愈發頻繁地使用社交媒體，在平台上表態甚至爭論；開始更多地使用粵語。從前走上街頭和人群一起喊口號已是集體行為極限的張葉，如今笑著說自己可以在家門口向外大喊「光復香港，時代革命」，縱然她一度認為此口號過於殖民語言而有所排斥。

「語義是在不斷變化的，人們的行動重新定義了口號，」張葉說，縱然不斷猶疑，她對於示威者的暴力認受度也愈來愈高，「對面（指港府、北京）太強大，太邪惡了。」張葉的日常生活也被運動塞滿了。每日下午四時都會守在直播前看完警察記者會；中午與晚間吃飯，則與同事、朋友討論運動進展及看法。

「我從來沒聽過那麼多的記者招待會，」張葉語氣開始變得低沉，有時她會莫名其妙地哭起來，「還不時要質疑自己，怎麼可以接受暴力？事件究竟是怎樣的？是不是太激進了？」

九月二日，張葉在難得的空隙裡到銅鑼灣逛商場，馬路邊的欄杆都被拆光了，只拉了一條細細的尼龍線以示界限，但沒有一個人穿過。張葉打趣說，不需要尼龍線，只消粉筆畫一條線香港人也不會踩過去。「香港本身是一個太有秩序的社會了，這樣的社會卻能夠失序成如此，管理者不應該好好反思麼？」

不過，張葉愈來愈多使用粵語，除新增的「香港人」身分認同之外，還有一層隱隱的擔心，「如果身邊的港漂聽到會怎麼樣，會不會舉報我？說廣東話對我來說更安全一些。」

運動開始不久之後，多位對香港反修例運動表達過支持的港漂或大陸民眾被舉報及人肉起底、甚至被公安短暫拘禁警告，一度傳出有人在Facebook中搜尋表達不同意見的大陸網友訊息，再到微博舉報的消息，一時間人心惶惶，不少人開始封閉社交媒體、更改隱私設置。八月十日，張葉也更新了Facebook隱私。

「六月的時候曾以為很多都是底線，」張葉說，曾想和平示威區是底線，地鐵站是安全的，商場是平靜的，然而這一切底線都被打破了。早在六月底，張葉曾有朋友到港時在地鐵上聊起六四，張葉很大聲地講了一句「六四」後，朋友下意識捂住了她的嘴，愣了一下方說忘了這裡是香港。而現在，她也不敢在地鐵上大聲說「六四」了，甚至一次在餐廳吃飯時要對座的同學談及天安門事件時小聲些。

張葉瞥了一眼兩邊繼續說到，「我覺得香港不再安全，是因為他們把很多正常的事情恐怖化了，我的思維結構不自覺被改變了，如今回想好可怕，這才短短兩個月。」

與此同時，安欣減少了觀看新聞及直播的頻率，以逃避衝突和撕裂輿論帶來的情緒困擾；陳曉則踏上在港實習歷程，期待有一天可以融入並喊出「香港人加油」的口號。

（應受訪者要求，安欣、陳曉、張葉、田睿、程陳均為化名。）

# 國歌、五星旗、普通話：無因暴力中的香港，事先張揚的悲劇

——沈度　文
編：符雨欣

我實在不知道該如何回應這件事。

向內地生解釋五星紅旗意味著的不是國家而是政權、而且是此刻正在壓迫香港的那個政權？解釋香港過去二十二年被玩弄欺騙的失望、從川震貪腐醜聞到大白象工程到八三一人大釋法到林榮基綁架案帶來的徹底灰心、三至六月制度內表達渠道的徹底失效、而立法會如何變作橡皮圖章？解釋因為七二一和九一五的警黑勾結、因為八三一的太子站襲擊疑案、因為臥底和栽贓「不完美可改善」、因為在暗巷被警察群毆的只是「yellow object[1]」、因為路人一句「良心去哪了」可以被打至頭破血流、因為許多只眼睛與許多條生命、因為一連串的惡意襲擊、因為新屋嶺的酷刑及性侵傳聞、因為海量無差別、無由頭（因由）的濫捕濫毆和白色恐怖、因為那些帶著恐怖笑容開槍噴胡椒的施虐者在內地成了英雄而循司法程序檢控成了「包庇犯罪」、因為無法被投訴的濫權和環環相扣的遮掩、因為黑社會舉著紅旗打著「愛國群眾」的旗號砍人傷人而不被追責、因為從特首到警隊都只是中央操縱／默許下不說人話的牽線木偶，所以掛起五星紅旗的舉動不會被理解為樸素的政治表達而只會被視為投機的惡意挑釁？

解釋海外中國學生多例破壞遊行毆打港生的荒唐作為與跋扈姿態早已使中國人與中國政府的形象高度綑綁，而開啟有誠意的對話並不需要依賴一面紅旗甚至需要放下對紅旗的執念？解釋為什麼民調中香港人忍耐暴力和不再信任警隊的比例都在急遽增長，暴力如何「被升級」、和理非如何「被勇武」，為什麼「是你告訴我和平抗議無用」、「沒有暴徒只有暴政」廣為接受？解釋由於警隊公然包庇犯罪、當權者一再囂張撒謊，半數市民中政府和警隊公信力盡失、法治尊嚴蕩然無存，人們不再相信公共的仲裁者而只能寄望私了？解釋由於力量的不對等，絕望中人們邁向自

1 此為二〇一九年九月二十一日深夜發生在元朗的警方疑似濫用暴力事件，香港警方官員韋華高稱警方疑似毆打的是 yellow object，不願證實是否打人，因而引起軒然大波。

我毀滅式的攪炒、游擊式地出擊所有依附權力的象徵物——從立法會到「黨鐵」（「港鐵」的諧音，示威者抗議港鐵成為維穩工具）到落單警員再悲劇地發展到具體而無辜的人？

## 秩序正當性已被動搖，我們無法假裝一切都沒有發生

解釋中港矛盾是一個在過去七年被操弄被製造出的議題，解釋運動的初衷無關獨立、無關排外，卻因為核心訴求不被回應，最終諷刺而不可避免地走向分離主義與本土優先？解釋許多人因層層疊疊的荒謬氣憤到無法清晰解釋、冷靜表達，但這不代表他們憤怒的根源是出自臆想？解釋政府和警隊高層令人費解的傲慢、冷血、虛偽與他們所倚仗的權勢源頭無法剝離，而只想表達個人感受的內地人此刻也不幸地與那些以愛國之名仗勢欺人的中國因素綑綁？解釋漩渦之中的人無法獨善其身，這早已不是一場社會運動而近乎革命，在秩序正當性都已被動搖的時刻，我們無法假裝一切都沒有發生、假裝暴力是憑空出現、假裝昨日的秩序必然被遵循？解釋對家國真正的愛不是無保留的應激式捍衛（激動之下膝反射式的回應），真正的愛苦澀又沉重，它叫我們無法迴避那些陰暗面向，無法忽視那些被遮蔽的疼痛與傷害，無法只向我們原有的知識結構、常識體系與人際網絡尋答案？解釋口稱不想關心政治、將政治表達包裹在樸素愛國主義的外殼下，本身就是一種政治語言？

那麼，我又如何解釋，從他們初抵香港便環伺的敵意、歧視、不信任，他們每一次跨出舒適圈所面臨的誤會、尷尬與被惡意放大的「愚蠢」，他們被期許的投名狀式的站邊中所包含的傲慢？如何解釋為什麼香港的輿論飽含惡意挑剔的目光、他們因為出生地而身負原罪，卻還要疼痛地撕裂自己，在運動本身的道德約束都急遽邊緣化的狀況下，冒著風險重新認識自以為熟悉的歷史與社會、陷入不間斷的道德掙扎中？如何解釋這個非常時期產生了許多並不合理的非常禁忌？如何解釋我自己同樣難以接受的升級向無差別無邊界的暴力？如何解釋香港極右思潮的急速升溫與仇恨語言的空前氾濫？

## 時刻皆背負著「掠奪者」和「被施恩者」混合形象

我可以解釋，但我無法解釋。越過自身經驗、甚至越過自身感受而同情太難，更何況，前所未有的衝擊正在改變那清晰的脈絡、可辨的黑白。我不能離岸地愛中國，正如我不能離地地愛香港。這國家和這城市有多少美麗可愛之處，就有多少無法被浪漫化的醜陋；然而這些醜陋中有多少無可奈何，我們就無法假裝看不見那真正的惡，無法無視自己與它千絲萬縷的關聯。我們生活在這個時代，就無法迴避這個時代；我們身處悲劇之中，就無法假裝它只是一個人、一群人的悲劇。

我該如何向香港人解釋內地生的處境？解釋過去二、三十年的內地、地域流動是一種常態，多數人只以為自己來到另一座新城市繼續單純的學業／職業，從未預期流動會伴隨融入的困擾，從未預期捲入如此沸騰的族群積怨、如此劇烈的時代革命、如此不同於招生資料的香港，從未預期每時每刻都背負「掠奪者」和「被施恩者」的混合形象？解釋有些人也曾試圖關心，但語言的隔閡、常識的不一致、鄉愁與政權體認度的混淆、背井離鄉所放大的孤獨，壓縮了對話的空間與可能？解釋公民是一種在參與中磨合與學習的能力，公民社會的魅力在於細小環節，先入為主的偏見並不公正，大而無當的口號、倨傲排斥的態度並無說服力，而一個人也無法遽然轉變、遑論在如此撕裂和焦躁的社會氛圍中？解釋人在異鄉格外容易親近故土、人在充滿敵意的陌生環境格外容易親近自己過往熟悉的敘事邏輯？解釋人的語言被公共空間形塑、人的思辨能力在公共討論中成型，許多人或許邏輯混亂不自知，但這不代表他們是幫凶或黨國代理人？

解釋許多內地人依然理解與同情香港，只是恐懼以言入罪和迴避公共生活早已成為根深柢固的本能，內地互聯網上鋪天蓋地的惡意並不代表真實民意？解釋生活在封閉的交際圈與信息平台是容易而普遍的，許多莽撞做法的背後其實是可貴的表達欲與交流起點？解釋內地有關香港運動的信息封鎖空前嚴酷，核心信息被抽取、一整套截然不同的故事被編織、任何試圖澄清補充的做法輕則帳號消失重則株連家人，最終只有允許被聽到的聲音被傳播、允許被看到的假分析在解釋香港，依賴內地平台瞭解眼下發生的一切只會得出南轅北轍的印象、但缺乏思辨能力是制度之惡的結果而不是一種惡？解釋除非過去六個月緊密地關

» 二〇一九年十月一日，網上發起「國慶護旗手」行動，早上於中環舉行。（攝影：廖雁雄／端傳媒）

注香港局勢，那些被視為理所當然的情緒、人盡皆知的新聞，對很多即便生活在此地的人，也是陌生而令人詫異的？解釋與極權對抗是一場必輸但「time is on our side」（時間會站在我們這邊）的戰鬥，使反抗者區分於極權的恰恰是知行合一的勇氣、或許迂腐的道德、拒絕被極權同化的自省能力，沒有清晰界線、合理因由、適當比例的私了之風絕不宜鼓勵？解釋權力機構或強力鎮壓或龜縮，正是為使憤怒無處發洩、製造人民鬥人民的場面，繼而消耗掉運動的正當性、混淆掉運動的初衷，變作以牙還牙的直接暴力？解釋私刑報復流行的環境，只會殃及基層打手和無關人員、高位者與隱形暴力的根源卻巋然不動？

那麼，我又如何解釋，連我自己都難以承受與想像的惡意，空前

» 二〇一九年十月二十日，九龍區遊行演變成衝突，示威者在旺角架設防線。（攝影：林振東／端傳媒）

瘋狂的熟人舉報？如何在無日無之的警暴和系統性腐壞面前，在整座城市瀰漫著以死志保衛家園的情緒下，執著地強調一場純粹社會運動不該有的道德缺陷？

做為曾經的內地生，大概心中的憤怒、傷心、遺憾早已裝載得太滿，我幾乎只能無限悲涼地看到，悲劇終於發生，而且勢必會一再地發生（大批警員和疑似警員被起底、休班警開槍後被扔燃燒彈、中環投行普通話男子高喊「我們都是中國人」而被圍堵再次說明這一點），因為如此多的鋪墊注定它會發生，而語言在它面前已失效力。那些適用於六月的解釋在七月成了詭辯，適用於六月的批評在七月成了苛責，適用於六月的感動在七月成了迂腐；以此類推，認知的慣性根本上追不上新聞、情緒變化的速度。

在已經來到殖民地時期的緊急法都出土的一天，我自己也再無力氣解釋什麼和勸誡什麼，唯有盡可能獨立地消化每一件事帶來的心理衝擊。這社會已經到了雞蛋與高牆之間必選一邊站隊的時刻，但當雞蛋與雞蛋對峙，並非一句「是牆的錯不是蛋的錯不要再相互傷害」能令雙方心服——即便事實如此，但當所有痛苦、恐懼都如此貼身的時候，你無法指責或勸誡任何一方：請用理智克服情緒，請用同理心克服本能。

## 無因暴力來自明確的系統性暴力

「I'm the law!」這是二〇一九年康城影展（台譯坎城）大熱影片《悲慘世界》（*Les misérables*）中，警察要挾小餐廳店主、試圖搶奪拍下其違規開槍畫面的無人機記憶卡時高吼的一句話。我是在八月初看到這部影片的。它給我留下深刻印象，自然是因為這個發生在雨果寫作《悲慘世界》街區的當代「悲慘世界」，和香港有如此深刻的對照。這是一個涵蓋族裔、宗教、階級更複雜問題的社區，但在警權問題上，所有元素都似足香港：濫用職權闖入私宅，濫開槍後不送醫上報，反而急於銷毀證據和恐嚇傷者、包庇同袍遮掩證據，甚至日常執勤中也會性騷擾路邊候車的少女，更重要的是，警察對法律毫無敬畏、而整個環境中並無仲裁者，只有背叛感、恐懼與恨。

它同時又是預言性的。對那時的我來說，這幫法國孩童的反抗實在比香港人暴烈悍勇太多：燃燒彈煙花鐵棍齊用的游擊式圍堵、整個社區視警察如仇讎的團結，而我萬沒想到它們竟可以如此快地蔓延到香港。電影結束在三名警察被圍堵在樓道死角的三方對峙場面，此前被槍擊的少年手持燃燒彈計劃投下、曾被警察追堵的小孩此刻門後猶豫是否要開門救人、而那個最正直也被邊緣化的警察為救同事不得不給手槍上膛——如同世間所有悲劇，承受無因暴力的永遠不會是源頭而總能落到巧合的無辜者，甚至可能是那個曾盡自己能力緩和局面的無辜者。我在電影中躲過了那個幾乎可以想像的血腥場面，現實中它卻終於來臨。然而有任何人可以勸得動那些被侮辱損害的孩童、正如此刻香港的勇武派嗎？可以改變局面的唯有從一開始就不濫用暴力、使用後遵循規章受監督、拿到證據上報而非藏匿、用人性與常識而非武力與謊言解決矛盾，但當一切都發生，那個可以緩和的時機就是已經過去而無法回頭了。

香港此刻的無因暴力來自明確的系統性暴力，香港正經歷和將經歷的悲劇是一樁事先張揚的悲劇。不看到暴力背後的因果、不處理暴力背後系統性的根源，暴力只會變成走向毀滅的反彈。而比《悲慘世界》以牙還牙式的結尾更讓我恐懼看到的，是《阿爾及爾之戰》（*The Battle of Algiers*）中恐怖主義式的全民反抗。

但我還是有兩句話想分別對兩邊說。一句借用雨果本人的《悲慘世界》：「If the soul is left in darkness, sins will be committed. The guilty one is not he who commits the sin, but the one who causes the darkness.」（若有靈魂遺落在黑暗中，罪惡便會滋長。應判有罪的不是犯罪者，而是製造黑暗的人。）一句借用梁天琦寫自獄中的信：「你們或許因而心中充滿憤怒，這乃是人之常情。但我懇請你們不要被仇恨支配自己，在危難中，仍要時刻保持警覺與思考。」

（本文作者曾為就讀香港中文大學的內地本科生）

## 延伸閱讀

反修例運動的訴求和抗爭手法不僅刺激了中國官方，也在中國大陸與香港民間社會，甚至海外華人社群間引發激烈爭論。這部分推薦閱讀：〈在加拿大開跑車「炸街」的大陸留學生，為什麼反對撐港遊行？〉和評論人陳純的〈舉報、粉紅狂潮，與體制外的極權主義〉。〈反修例抗爭在南韓：激盪的校園，沈默的政客〉細數在南韓的大學校園中，中、港學生衝突的實況。

李家翹的〈世界城市與國家領土性——香港，面對著怎樣的中國？〉則從「世界與國家」這樣更高的角度探討中港關係。

六月中還發生了一場有意思的筆戰，一位署名「趙皓陽」的作者在網路上發表〈香港這座城市還有救嗎〉，這篇以嚴厲、尖苛文詞批評反修例運動文章在大陸網路瘋傳。使得一群作者集體完成〈回應趙皓陽：知識錯漏為你補上，品性問題還需你自己努力〉一文，針對趙皓陽的觀點逐一反擊。

# 7

# 警暴之殤 一

八月中全港各地持續有反修例集會或遊行，勇武派在和平集會結束後發動武力抗爭，形成固定的「接力」模式。

武力抗爭無論次數和強度都持續攀高，遭警察逮捕的人數直線上升，被捕者開始傳出例如「無法見律師」、「受傷延遲就醫」，甚或出現遭到虐打、性侵的傳聞。八月二十八日，多個社運團體以「反送中 #metoo」集會，會中公布了宣稱遭警察性暴力的匿名個案。〈被捕後他們經歷了什麼〉一文，記下了多位抗議者被捕後受到的違法對待甚至嚴重傷害的經歷。

八月三十一日也是北京發布關於香港政治改革方案「八三一框架」五週年，示威者籌備了大規模遊行。但就在遊行前夕，先是中辦遊行的民陣召集人岑子杰遭不明人士攻擊；接者八月三十日警方發動一波大逮捕，多位運動領袖和立法會議員，包括黃之鋒、周庭、陳浩天、譚文豪、鄭松泰及區諾軒都被捕。

八月三十一日的大遊行沒有因大逮捕停止，最終演變多區縱火和警民衝突。其中最重要的事件是警察以追捕破壞旺角站的示威者為名，衝進太子站實際演成對市民無差別的逮捕、攻擊行動。〈太子站驚魂夜〉從不同受訪者的多個視角還原這起事件。

在反修例運動中，「八三一」和「七二一」兩起事件讓警民關係的惡化幾至不可收拾的地步，一部分人堅信警方在太子站的行動中造成民眾死亡，甚至在站外設香壇弔祭。這個傳言沉重地打在市民心上，在未被確認的情況下成為運動升級的一個標誌性事件。原本「七二一，不見人」這句口號又再加上「八三一，打死人」。

抗爭遍地開花，催淚彈打在市區商家的門或大樓天台上，警察在煙霧刺鼻的大街小巷裡追捕示威者。這些行動經常引來同情示威者的街坊下樓指罵警察，種下新一波衝突的因子。

八月二十五日，示威者在荃灣、葵青一帶遊行，晚間警民衝突，有警察被抗議者追打後，向天空開實彈槍示警，一名傳道人 Anthony 擋在持槍警員面前哀求不要再開槍，被警察踢倒。〈那位下跪擋在警察槍口前的傳道人〉，是第一時間對 Anthony 的專訪。

而也就是在八月二十五日夜晚八時許，警察在荃灣沙咀道打出了整場反修例運動裡第一發真槍實彈。

（李志德）

# 太子站驚魂夜：八三一警察無差別追打乘客事件

——鄭佩珊、梁中勝　文　編：陳倩兒

明亮的港鐵大堂突然傳來「嘟—嘟—嘟」的警報聲，低沉且急速，廣播隨即響起，「緊急廣播，由於發生嚴重事故，乘客必須立即離開」，廣播還未說完，一批速龍小隊和軍裝警員已跑入月台，無任何預警之下，迅速撲倒在月台上的幾個乘客。一架列車正停駛，部分車廂內乘客眾多，幾個警察先在車門外揮動警棍，又到另一列車廂外向車廂內市民噴射胡椒噴霧，大量乘客驚叫。警察其後衝入車廂，用警棍不斷打市民，市民後退，用雨傘遮擋，有數位市民沒有雨傘，縮到角落，警察直接向他們噴射胡椒噴霧，有男生哭著大叫「唔好」（不要），有人抱頭痛哭。

這是八月三十一日深夜時分，太子站，市民的驚叫和恐懼透過傳媒和網民所拍攝的影片，迅速在社交媒體上瘋傳、發酵。市民 Fiona 對端傳媒表示，當晚她和朋友剛剛結束飯聚，一同乘地鐵回家，剛好在太子站轉車，下一刻便看到影片中的畫面，速龍小隊在四面八方湧至月台、車廂，「亂咁揮棍，唔知佢地想做乜嘢，佢地打打打打，打咗一陣（胡亂揮棍，不知道他們想做什麼，他們打打打打，打了一陣）」，現場盡是尖叫聲、哭泣聲，「有媽媽抱著女兒哭，有人大叫有無水，有無 First Aid 用品，有無紙巾，有人止唔到血。」

Fiona 發現，這批警員事前沒有說明行動，部分被毆者甚至沒有被捕，「咁先係最痴線（這才是最瘋狂的）。」

在這場突如其來的混亂發生之前，太子站的月台上擠滿乘客，有滿身裝備的示威者、飯聚後正準備回家的一家大小，下班的工人，剛剛外出 Happy Hour 的年青人。而在月台的兩邊，分別是往調景嶺方向的綠色觀塘綫列車，以及往中環方向的紅色荃灣綫列車。

月台的另一端，市民陳小姐此刻雙手顫抖，她努力鎮定自己，用手機拍攝眼前的情況：幾名警員將一名黑衣人從車廂強行扯出，頭部撞至月台地面，再疑似用警棍敲打對方身體，「我心裡面想叫佢地唔好再打，但我真係講唔到，好驚講咗會即刻拉埋我（我心裡想叫他們不要再打，但我真的講不出來，好害怕一講就會立刻抓我）。」在場警員呼喝，「你唔係律師就行開。」手機畫面最後定格在站內月台花白的地磚。警方封站，驅趕在場記者及急救員，官方救護員需經協調後才能進站。

這一晚，港鐵太子站內到底發生了什麼？警員為何執法？又是如何執法？端傳媒翻查媒體和市民拍攝的片段，找來多名目擊乘客，還原事件，嘗試拼湊他們腦海中不能磨滅的畫面。

## 控制室的爛玻璃、列車上的爭執

八月三十一日是中國全國人大常委會就香港政改提出「八．三一框架」五週年的日子，反修例運動至此已持續了近三個月，警方反對民陣抗議「八三一」的遊行集會，市民則自發以各種名目前往港島多區聚集，人潮一度占領多條主要路段，隨後示威者在多區縱火、投燃燒彈等，多處警民對峙，至晚上轉戰九龍。示威者先在尖沙咀聚集，占據彌敦道行車線，警方發射催淚彈後，再退至旺角堵路。

約十時許，有一批示威者在旺角站內拆毀閉路電視，打爛控制室的玻璃。自稱是和理非的「阿饌」（化名）當時在旁觀察，他向端傳媒憶述，因為當時不知從哪裡流出消息，有軍裝警員抓人到旺角站內控制室，有示威者「為了救手足」就採取行動。惟其後防暴警員到場增援，「唔夠手足抵抗，救人行動失敗。」

港鐵就旺角站情況報警，約二十二時三十五分，防暴警員來到旺角站，部分示威者轉乘觀塘綫往調景嶺方向列車離去，阿饌亦上了這班列車。綜合傳媒及網片，在這一列行駛的列車上，先有數名中年男子與示威者爭執，一度提及「打記者」，但更具體的爭執內容無法聽清。這班列車約在十點四十分抵達太子站，雙方隔著打開的車門互擲雜物，及後一名藍衣中年漢突然取出一把鎚仔，向示威者揮舞，兩批人士糾纏互打，場面以示威者噴滅火筒作結，衝突持續約十分鐘。

這期間，往中環方向的荃灣綫列車也開進月台，

» 二〇一九年八月三十一日晚上十一時左右，防暴警察在港鐵太子站月台制服乘客。（圖片：端傳媒）

這兩架列車一直未有駛離。港鐵廣播這時候響起，指列車不載客，要求乘客離開車廂，再以「嚴重事故」為名，要求乘客離開太子站。

阿饌看不清楚車廂中的市民衝突細節，只記得因為擔心警察到場，有人選擇離開，有人則在月台位置更衣，「我也猶豫換唔換」，未幾，一批又一批速龍小隊已衝到月台，「一來到就打，打到（人）後就走。」

這時大約是晚上十點五十五分。

## 急救員：七月來最嚴重傷勢，十分鐘未能止血

一批在前線擔任義務急救員的市民此刻就在月台不遠處，當中包括W先生。他沒有看清遠處的車廂內發生什麼，只聽到警察以「甲由」

二〇一九年七月開始，W先生就在前線當急救員，他對端傳媒表示，這次是他處理過最嚴重的傷勢。他指出傷者沒穿黑衣，亦無裝備，「有部分傷者無背囊，有啲個估計也放不到頭盔（有背包的估計也裝不下頭盔）」，估計他們並非示威者，而警方在行動中，並無指明拘捕目標，亦無過往一般清場時會首先說一段「開場白」，列明在場人士犯的罪行。

「有啲奇怪，其實唔知佢哋係咪速龍，又無講過，又無表明身分。就算係，都唔知點投訴（有點奇怪，其實不知道他們是不是速龍，又沒有講過，又沒有表明身分。就算是，都不知道怎麼投訴）。」

## 拍片市民、下班廚師：在場者如甕中之鱉

「有一刻我將個背囊比我老公，然後我想再上前，睇下可唔可以問到佢叫咩名（看看能否問到他叫什麼名字）。」在月台的另一端，陳小姐的眼前，數名警員正將一名黑衣人從車廂拉出來，她擔心所在位置疑似沒有記者，嘗試用手機拍攝記錄。

影片中，被制服的男生沒有喊出自己的名字，陳小姐說，自己「好驚個男仔被他們打死，驚唔知啲人（蟑螂）和粗口呼喝在場人士，也有市民不斷大叫「要First Aid！」

他們隨即繞路跑去情況最嚴峻的車卡（車廂），被嚇了一跳，大家發現現場一片狼藉，而被胡椒噴霧射中的市民需要沖洗，另有至少三名乘客後腦受傷流血。

「我們用晒（用光）2L生理鹽水、十幾包敷料，再借紙巾、M巾（衛生棉），（有市民）流到成件衫和地下都係血，有一個人用了十分鐘都未止到血。」W先生說。為免胡椒噴霧感染傷口，他與另一急救員先用生理鹽水沖洗再施壓止血，三人的後腦傷口目測有三至四厘米，呈線性，與過往警棍般鈍器造成的形狀不同。W先生表示，未能清晰目擊傷勢如何造成，只能循兩個方向猜測原因：一是警棍可能確如網絡傳聞，已被加裝尖銳物品，二是市民以雨傘遮擋警察攻擊，不排除傷口由外露的雨傘骨造成。

其中一名頭部受傷的乘客在接受傳媒訪問時表示，自己走避不及，被警察打了兩棍，這名乘客感覺，「（警察）沒有捉人，純粹發洩……他們打完人就走了。」

搵唔搵得返佢（好害怕那個男孩被他們打死，害怕不知道能否再找到他）」。

月台上這個位置，當時除了警察就是乘客，記者甚少，陳小姐說，她感到很害怕，雖然自己沒有做任何違法的事，但也擔心被捕，她一度覺得自己不應該這樣走掉，但最終在指示下坐回列車離開。

「我見到月台無記者，我真係好驚警察嚟到會點樣對啲示威者，但睇住架車開走，喺車窗望出去，見到啲人流緊血，我覺得好恐怖（我見到月台沒有記者，我真的很害怕警察來了會怎樣對示威者，但看著列車走了，從車窗看出去，見到那些人流著血，我覺得好恐怖）。」

仍未到十一點，港鐵已經宣布要封站。剛下班的廚師吳志輝記得，在警察未衝進月台前，一批乘客按指示步出列車，沿著已經停止運作的扶手電梯離開開太子站，但因為扶手梯上人數過多，亦不滿港鐵安排，他選擇繼續留在月台。

在封站廣播約一至兩分鐘後，警察已迅速到場，目標瞄準「黑衣」和「年輕人」，「用警棍摳（挑），推他們落地，後面的（警員）起腳踢，已是公式化。」他看不到有被捕者反抗，「根本無得反抗」。

身穿灰色衣服的吳志輝此時折返車廂，警員一把推倒他，「當我是障礙物」。患有心臟病、高血壓的他感覺心口痛，要求現場的港鐵職員召喚救護車，有人在車廂拉動緊急掣求助，但港鐵一直無回應，只不斷重覆廣播，要求乘客落車。

「假設心臟病發，可以追究邊個？」吳志輝說，在場者當時尤如「甕中之鱉」，港鐵封站，配合警方的過百警力，基本上一網打盡，他認為警方要拘捕根本不費吹灰之力，可以更克制、合法的執法。「可以守著門口，逐個來，要離開的就搜身，不需要打，為什麼要打呢？」他斷言，「呢個係不必要武力。」

吳志輝認為，八三一太子站的事件和七二一元朗涉黑白衣人無差別襲擊事件沒有分別，「暴徒喬裝警察無差別打市民」，「基本行出街都唔知幾時打你。你與白衫軍有什麼分別？無分別，你更誇張，你係攞正牌，無代價，打完人還可以拍拍屁股就走（基本上走出街都不知道什麼時候打你，你和白衣人有什麼分別？沒有分別，你更誇張，你有牌照，沒有代價，打完人拍拍屁股就走）。」

» 二〇一九年八月三十一日晚上十一時左右，防暴警察在港鐵太子站月台及車廂的乘客以無差別的方式施放胡椒噴劑及以警棍毆打。（梁柏堅／米報）

» 二〇一九年八月三十一日晚上十一時左右，太子站內遭受防暴警察攻擊的民眾，相擁痛哭。（梁柏堅／米報）

「你話我哋仇警，但我只見到警察仇恨市民（你說我們仇警，但我只見到警察仇恨市民），」吳志輝說。

## 由消防接報至送院治理，過程花費至少二．五小時

警察在行動期間封閉太子站，站內記者遭驅趕，亦阻止傳媒入內，義務急救員亦同須離場。

在太子月台的兩卡列車，最終載著乘客離開。被警察衝入打人的列車，在警員離開車卡後，載著乘客和部分傷者繼續開往中環方向，經旺角過站不停，直駛至油麻地，便要求乘客離開車廂，而這時候，港鐵油麻地站同樣封站。

Fiona在抵達一刻，卻不敢下車，擔心月台再有警察。車廂內一片狼藉，雜物散落一地，「成地都係血，成把遮都係血（滿地都是血，整把傘都是血）」。及後聽到防暴警員到場，她說自己與朋友嚇得拔腿就跑，衝上大堂離去。

「我都無示威，」與友人飯聚路經太子回家的Fiona說。

» 二〇一九年八月三十一日晚上十一時左右，防暴警察在港鐵太子站月台及車廂逮捕乘客，有市民因為這些攻擊行動倒臥在月台上。（梁柏堅／米報）

此時，油麻地站落閘，有趕至站外的義務急救員及聖約翰救傷隊人員被拒絕進入車站救援，一名急救員向閘內展示白旗指「阻礙救援違反國際人道法」，並高呼「我對你好失望。阿Sir，我想救人咋。你比我救啦，救完你打我，你射我。」有現場的義務急救員向傳媒表示，曾經進入站內，瞭解有四名傷者，但隨即被防暴警員趕走，而當時站內另外有三個急救員，卻被警察要求「面壁」默站。

負責救護服務的消防處回覆端傳媒稱，當晚十一時零五分接報，指太子站內多人受傷，首輛救護車在十一時十七分抵達太子站，但車站閘門已經關閉，現場救護指揮官與警方及港鐵協調後，約於十一時三十分進入站內，為傷者初步評估，及後，增援的救護員則從另一個可使用電梯的入口進入站內，治理現場七名傷者，當中傷勢為三人嚴重、兩人普通、兩人輕傷。

因警方稱，港鐵太子站附近情況並不安全，傷者不宜經該站出口離開，故港鐵於凌晨一時二十四分安排了特別列車，供救護員護送該七名傷者前往荔枝角站，再由候命救護車於凌晨一時四十二分將傷者分別送往瑪嘉烈醫院及明愛醫院治理。

警方行動被批評為阻礙救援，警察公共關係科總警司謝振中回應稱，太子站外有大批「暴徒」聚集、掘磚，故港鐵需要封站，而警方評估救護員、傷者及警察離開地鐵站上救護車的風險，可出現受阻、「搶犯」情況，終決定將傷者送到荔枝角站後再送往治療。

除了警察是不是阻礙救援外，在這起逮捕、攻擊事件中，究竟有多少市民受傷，輕重如何？甚至網路上瘋傳站內有人死亡，是不是事實？成了各方追究的公案。

消防處在九月十二日舉行記者會，說明了太子站內傷者的人數和受傷程度。副救護總長曾敏霞還原消防隊掌握的情況：

- （凌晨）十二時十五分，傷者人數更新至十個。因現場人流浮動，在場救護指揮官決定將傷者集中於一個地方，以方便點算。
- 一時零二分，確認現場有七名傷者需要救護服務。

最大的問題在於，為傷者人數由最初的十名，到一時零二分改為只有七名？其中分類為最嚴重的「紅色」等級的，為什麼由六名減為三名？

曾敏霞回應指因為病人的症狀有機會會變，也有可能因為被施予治療之後病人好轉而更換顏色。她說，不能排除負責點算傷者的同事重複計算傷者。當記者追問究竟是重複計算或是傷勢好轉？曾敏霞稱「我其實都好想知」。

她坦言當情況多變的時候，而負責點算傷者的同事亦沒有檢傷分類時，通知紀錄沒有詳盡的記錄，無法確實解釋事件，「所以暫時都沒有一個頭緒找到原因」。

## 「港鐵出賣乘客」 港鐵回覆：沒有補充

在太子站月台上，另有一批乘客登上了往調景嶺方向的觀塘綫列車，當駛至石硤尾站後，港鐵再次要求乘客離開。

吳志輝記得，列車車門開啟的那一刻，乘客一起鼓掌，「好似死過翻生，離開地獄。」惟現場有數十人不願離去，他們希望求港鐵一個答案：「為何要停駛？有沒有接駁車？」他的心口痛持續，同場也有老人家身體不適，再次拉動緊急掣要求救護服務，港鐵職員無法回應，聲稱要請示高層，最終集體失蹤。

「港鐵出賣乘客。」吳志輝批評，在太子站內，港鐵職員未有交代列車暫停原因，由發出緊急廣播至速龍到場不過短短數分鐘，期間有部分扶手電梯亦停止運作，「有老人家你唔協助，有手抱嬰兒你唔協助，有坐輪椅的你唔協助。」

港鐵就事件僅發出一份新聞稿，表示在十時許因示威者大肆破壞旺角站，車站控制室玻璃窗被嚴重損毀，為保障乘客及車站職員安全，港鐵安排列車不停旺角站，職員亦即時報警。與此同時，太子站職員亦留意月台列車上有乘客衝突，於是報警。

端傳媒向港鐵查詢具體報警時間，而發生衝突的是觀塘綫列車，為何荃灣綫列車亦需停駛，而過程職員為何未有協助，港鐵職員回覆稱，對事件沒有補充。而事後車務總監劉天成在見記者時稱，會再調查事件，但表示不適合公開車站當晚的閉路電視片段，因錄像涉及大量乘客臉貌，關乎乘客個人私隱不適宜公開。

港鐵新聞稿解釋警察到場執法原因，主要針對旺角打爛玻璃及太子乘客衝突兩宗事故，或有批評指，是示威者惹來警察。全程在現場觀察的阿饌說，「示威者做錯兩次決定」，一是損毀旺角站控制室，二是在太子列車與乘客糾纏衝突的時間太長，「令自己逃走的危險性高咗，同時間緊迫咗。」但他多次強調，「警察增援與亂打人是兩個關係，承擔責任的一定是警察。」

## 「示威者本身就是市民」、「有嫌疑，但他們不是罪犯」

「有嫌疑，但他們不是罪犯，應該是邊個有衝動，才需要制服。問清楚案情再拉人，但警察落嚟係咁打人（但警察一下來就不斷打人）。平時係咁樣處理案件？我相信不是。」

阿饌特別指出，乘客爭執的位置是在觀塘綫列車，但警員衝入月台後卻首先闖入荃灣綫列車展開行動，到場之後完全沒有調查乘客爭執打架的事情，也沒有向目擊者查詢，他質疑警察拘捕的標準為何。他分析認為，若是控以非法集結，「一班人走緊，叫唔叫非法集結（一群人正在離開，是不是非法集結）？聽你話離開，你都入來打人。」若是針對與乘客的衝突，他目擊只有十多名示威者與對方爭執，「點解（為什麼）拉到六十幾人？」

被質疑是否「無差別」攻擊及如何分辨示威者與市民，警察公共關係科高級警司余鎧均在事件後回應，大批示威者換衣服「喬裝市民」，警方用「專業能力」辨認市民或示威者，但其後承認，警方混亂間難分辨「記者、示威者或暴力人士」。

警察公共關係科總警司謝振中在九月二日的記者會表示，警方是應市民及港鐵要求進入站內，處理暴力事件，因警方接報觀塘綫往調景嶺的月台有打鬥事件，而車內大部分乘客都是較早前在旺角站進行破壞後上車的同一批示威者。

有記者質疑，為何警方卻至往中環方向的列車執法，謝振中解釋，兩個月台在同一個平面，基於市民消息及警員現場觀察，看到該列車車卡當中有雨傘陣，或是示威者隔著車門揮雨傘與警員對抗，當中有人曾對警員做攻擊行為，所以警方認為該月台有必要去處理。

警方被記者多次追問，如何肯定被警員打至頭破血流者，是警方所謂的暴力示威者而不是普通市民後，多次迴避問題後，謝振中承認仍在調查，受傷的七人在事件當中擔當什麼角色，現時回答不到其中關聯。

阿饌反問，「警察 End Up（最後）打的是什麼人？是手無寸鐵的市民。打完又出返去係咩意思？理解唔到。過手癮打人？」他說，「示威者本身就是市民，喬裝市民的說法不成立」，「事件可以用恐襲來形容」。

警方在太子站行動中拘捕了六十三人，日後經調查再逮捕二人，全案共逮捕六十五人。《眾新聞》報導至少二人被警察告知是因為「非法集結」逮捕。一般相信，其他被捕者大多也是因為「非法集結」。但報導也揭露，截至十月底為止，六十五人中只有二人被起訴，罪名是「藏有攻擊性武器」。這意味著，警察以「非法集結」逮捕了幾十人，但沒有一個人因為這項罪名被起訴。

二十多歲的阿安就是涉嫌「非法集結」被捕的其中一人。他當日有參與示威，晚上在港島區乘搭地鐵

» 二〇一九年八月三十一日，港鐵太子站發生防暴警察無差別的毆打乘客後，大量市民不滿並包圍太子站。（攝影：林振東／端傳媒）

回家，中途在旺角站轉車，過程未有前往過旺角大堂，不知道損毀控制室一事；至列車駛至太子暫停服務，所在位置亦不見與該批中年男子的衝突。

身穿黑衣的阿安，其後按廣播指示離開月台，「扶手電梯上到一半」，但突然遭警員衝前撲倒制服，手指受傷流血，手臂有瘀傷。

「係咪搭地鐵就是犯法（是不是搭地鐵就是犯法）？」阿安反問。

他形容被捕實屬「荒謬」，按其理解，非法集結的其中重要因素是破壞社會安寧，但當時站內無人聚集，亦已按港鐵廣播要求離開，不明白被指涉及非法集結的原因。阿安後來被送至葵涌警署，同場遇到不少在太子站內的被捕者，「唯一總結係後生，唔理你著咩顏色衫（唯一總結是年輕人，不理會你穿什麼顏色衣服的）。」

九月四日，化名為「龍小姐」的香港中文大學學生吳傲雪在民主派立法會議員毛孟靜陪同下召開記者會，表示目擊警察「亂棍打人」，有白衣男子被打得「嘔白泡」，不醒人事；吳傲雪之後以非法集結罪名被捕，在葵涌警署停車場，有警員觸碰她的胸部。而教育大學學生會會長梁耀霆亦召開記者會表示，在太子站目擊警察近距離向市民噴射胡椒噴霧，又「踩着眾人背部走下電梯」。

八月三十一日晚上太子站事件引起公眾譁然，對香港警方的憤怒、質疑和不信任情緒快速燃燒。九月二日九時，大批市民在太子站外擺放鮮花、設立牌位，弔祭著自己認定的，在這起事件中一定有的「死難者」。儘管警察、消防、醫管局等政府機構信誓旦旦事件中沒有人死。但相當部分市民已經對香港政府完全失去信任，公布站內監視器片段成了「懷疑論者」普遍的要求。

至於究竟有沒有市民在八三一事件中死亡？香港非營利新聞調查機構「傳真社」在二〇一九年十一月底發布調查報導，採訪到六位網上、坊間盛傳「死亡」的人士，確認證實他們當日全部在清醒狀態下被帶到警署或醫院。但報導同時也表，由於目擊者位置及站內環境所限，經過三個月努力，「仍未能就站內曾否有人死亡做結論」。

在太子站內拍攝現場的陳小姐說，事後晚上一直睡不好，翌日與丈夫看周星馳喜劇《回魂夜》，希望可讓自己分神。不過沒想到，電影首幾分鐘就來了這樣一幕，屋邨的保安手持警棍。她哭著說，「我唔敢睇落去，我無諗過會係咁（我不敢再往下看，我沒有想過會這樣的）。」

（為尊重受訪者意願，Fiona、陳小姐、阿饌、W先生、阿安皆為化名。）

**八三一港鐵太子站警察攻擊市民事件時間線**

| | |
|---|---|
| 22 時許 | 一批示威者在旺角站內從事破壞行動。 |
| 22:35 | 防暴警員抵達旺角站，部分示威者乘車離去。 |
| 22:40 | 列車抵達太子站後車門無法關上，途中部分示威者與市民爭吵、鬥毆，後港鐵職員報警。 |
| 22:55 | 一批防暴警員速龍小隊成員衝上月台。 |
| 23:05 | 消防接報太子站三號月台有大量傷者。 |
| 23:14 | 救護車與指揮官到場，但港鐵封站，與警方協調。 |
| 23:31 | 警方容許一名「見習救護主任」進入月台。 |
| 00:15 | 傷者人數更新至十個。 |
| 00 : 15 | 有警員於太子站 E 出口聲稱月台上無傷者，阻止救護員入站。 |
| 00:30 | 增援救護人員進入月台。 |
| 01:02 | 確認現場有七名傷者。 |
| 01:24 | 七名傷者將被送往荔枝角地鐵站。 |
| 01:42 | 從荔枝角再將傷者送往瑪嘉烈和明愛醫院。 |

# 那位下跪擋在警察槍口前的傳道人

——楊子琪 文
編：陳倩兒

「我整個人都在發抖。那一刻也不是害怕。只是覺得，需要做就做。」Anthony邊說著這句話，邊回憶那一刻。

八月二十五日夜晚八時許，在香港荃灣沙咀道，警察打出了整場反修例運動裡第一發真槍實彈。

手持左輪手槍的警員剛已鳴槍示警，繼續以槍指向示威者人群往前走。有人大叫「真槍啊！快走啊！」電光火石之間，穿灰色背心、短褲、拖鞋的Anthony衝到警員面前，雙膝跪地，張開手臂，對他喊：「唔好啊！」一名警員舉槍前進，伸腳將Anthony踢倒在地，Anthony站起來，再度張開雙臂，繼續請求警員不要開槍。

這一段畫面迅速在社交媒體上傳播開來，新聞畫面無法看清警員的槍擊方向。民眾對警員開這一槍也有不同評價，有輿論批評警員以真槍指向群眾做法不負責任，亦有人認同警員手法。與此同時，不少人被跪下來的灰衣男子的行為所感動，亦有一些聲音質疑男子在演戲。

警方於凌晨一時許舉行記者會，回應開槍事件，指警員是向天開槍，是最好做法，形容當時是「電光火石，生死一線之差」，又指開槍警員「英勇克制」，並指踢倒跪地男子是「自然反應」。警方其後再於二十六日的記者會回應，當時一名警車車長右肩受傷，相信是示威者使用削尖鐵枝打破車窗，插入車中時插入了車長右肩；又表示跪地男子被踢倒是因為警員視他為其中一個「威脅點」，所以警員選擇以腳「推開」男子，方法是「有需要及合理」。

端傳媒專訪跪地男子Anthony，並綜合多間媒體新聞片段，嘗試呈現事件經過。Anthony是一名傳道人，他表示對警察拔槍行為是否合理感到矛盾，自己擋槍時什麼也沒想，「需要做就做」，又說自己「只不過是一個阿叔，一個路過的市民，經過、擋一擋。這真的是微小到不能再微小的事」。

» 二〇一九年八月二十五日，在荃灣衝突現場，雙膝跪在拔槍警員面前的男子 Anthony 是名傳道人，家就在荃灣。圖為 Anthony 於八月二十六日重返現場。（攝影：陳焯煇／端傳媒）

八月二十五日晚上七時半後，一批示威者帶鐵通（鐵條）等工具到荃灣二陂坊，向媒體表示要為早前荃灣斬人案遇襲的手足報仇，有示威者聲稱，不滿荃灣及北角早前有白衣人襲擊市民，懷疑與「福建人」有關。示威者衝擊一間麻雀館的鐵閘，以硬物打碎玻璃大門，並將滅火筒及雜物丟入店內，與店內人士對罵，大叫「福建佬出來」。亦有食店的玻璃窗碎裂，店內椅子凌亂。示威者之後又走到大陂坊，攻擊一間遊戲機中心的鐵閘。

根據現場人士拍攝畫面，有一輛警車接報到眾安街現場，部分示威者以鐵通、長柄雨傘衝擊警車，警車有車窗玻璃被打破，兩名警員隨後落車持警棍、圓盾戒備，被一些示威者追趕，有一名示威者以長柄雨傘指向其中一名警員，該名警員往後躲避。兩名警員一齊向後撤退到沙咀道，與那裏的五名警員會合，同樣繼續與數十名示威者對峙。

四十二歲的灰衣男子 Anthony 是一名傳道人，家就在荃灣，此時已在現場。他當時穿著背心、短褲、拖鞋，正值大雨過後，他全身只帶一把透明雨傘和一部手機，剛從家落樓，希望以「和理非」的身分，請朋友開車義載示威者離開。他表示此前一些示威現場，他亦是做類似的事情。Anthony 先在眾安街目睹示威者攻擊警車，但眾多媒體記者圍住，並沒看清楚具體情形；隨後他聽見有人說眾安街往前與沙咀道交界處有警察與示威者對峙，便趕忙過去，希望可以調停。

新聞畫面可見，數十名示威者繼續手持鐵通、長棍、雨傘，追向七名警員並嘗試打他們，有示威者高叫「打你老母！」畫面無法看清楚示威者有否打到警員，不過可見有一名警員在後退過程中跌倒在地，再被一個黃色頭盔扔中，亦有雨傘等雜物被扔向七名警員方向。過程中不斷有人大叫「唔好打（警察）呀！」Anthony 亦不斷大叫呼籲示威者不要打警察。

此時一名警員拔出左輪手槍，現場畫面可聽見一聲槍響，但無法看到開槍方向。示威者開始後退，有人大叫「屌你開真槍呀！」「開真槍！」「走呀！」「真槍呀癡線架！」

Anthony 見狀，立即衝到最前面的持槍警員面前，雙膝跪在地上，舉起雙臂，向警員叫道：「唔好呀，唔好呀。」該名警員繼續持槍指向示威者方向並向前推進，抬腳將 Anthony 踢倒在地。Anthony 馬上爬起來，繼續站在該名警員面前，張開雙臂，向他叫：「唔好呀，唔好開槍呀。」

七名警員隨後開始收槍並撤離現場，有大批記者繼續追上去，質問警員為何開真槍、為何以槍指向有記者的方向。Anthony 亦跟隨跑了一段路，他表示當時內心感到好悲傷，哭了起來。

「點解香港搞成咁樣？」他感覺，兩個多月來對香港的情緒，這瞬間爆發了。

他隨後收到太太短訊，表示十分擔心，叫他回家。他就那樣回去了。

「我整個人都在發抖。那一刻也不是害怕。只是覺得，需要做就做。」Anthony 如此形容他衝到警察前跪地阻攔開槍的行為，又形容當刻警察是「箭在弦上」。他說自己當時完全沒想過中槍可能，事後回想，「中槍的話，當然會有愧於家人，老婆千叮萬囑我。但還是那句話，做對的事情。」

Anthony 於二十六日接受端傳媒訪問，戴口罩擔心被街坊認出。他表示自己當時「什麼都沒想」，只是「本能反應」就衝了出去。「我有什麼可以做？就是求他不要開槍。這是一個『求』的動作。我爸爸說：『你做什麼要向警察跪下？不值得啊。』可我不是尊敬警察啊，我是求他們。我就告訴爸爸，這是『義之所在』。有一樣東西，如果是需要去做的，是對的事情，是維護公義的，那我覺得需要去做。」

對義之所在的追求，可能源自於自小喜愛讀的武俠小說。他說最喜歡《飛狐外傳》裡的胡斐：「胡斐從小就為人伸張正義，見到不公義的事，就會說你做得不對。」

「我有時候會有點情緒激動。如果一個人沒有感性，也不會做出昨晚的事，如果你沒有感情的話。我當時是很傷心、很悲傷：『不要這樣發生啦』，是那種狀態。我人很容易哭……後來（跟著警察）衝到另外一邊的時候，我好不開心，感到悲傷，為這件事哭了。為什麼會搞成這樣？」

「不知香港為什麼會搞成這樣，為什麼警民關係會搞成這樣，為什麼荃灣以前樓下都是排隊等著打邊爐（吃火鍋）的人，現在卻搞到這樣。好多事都會問：為什麼？Why？這都不是我熟悉的香港。」

他認為當時那名踢倒他的警員正望向前面，也許未必看到腳下的東西，「因為他拔了槍，開了槍，所以他情緒激動踢我。」他又說，「也許他本能的反應是『走開啦』。」

對於警察拔真槍的做法，Anthony 說不認為是最合理做法，但認為「可能在自我防衛之下，他們就拔槍了。我見到他們的樣子是害怕的，又害怕又緊張，也有激動，對著示威者，大家好似『起咗杠』（劍拔弩張）。如果他們不是防暴警察，可能想到最基本的用具，用不了警棍的話，也許本能意識就是用槍。」

他承認自己亦對如何理解拔槍行為感到矛盾：「好矛盾的，在這個境況裡。假設你是哪個警察，可能你也有這個表現，你被一幫人追著，你又不是防暴

» 二〇一九年八月二十五日，荃灣有警員被受到群眾攻擊的情況下開槍示警，並且以槍指向示威者及記者。（攝影：端傳媒）

警察，你有什麼武器？有什麼武器就拿什麼武器出來，就像示威者有什麼工具就拿什麼工具堵塞。」

至於警察記者會稱警員拔槍是「英勇克制」，Anthony 表示：「英勇應該是奮不顧身去救一個人，那他們又不是救人；克制？那他們都開槍了，也許每個人詮釋不一樣。我自己覺得，可能他們沒有開第二槍，但是否叫克制？我不知道標準是什麼。我覺得不可以用克制來形容，他們也有很緊張的情緒。」

昨晚收到太太訊息後，他馬上回家，見到太太因為擔心他而哭泣。「她其實也是會為公義發聲的人。應該是覺得太突然，一開電視見到自己老公這樣，「嘩！做乜啊？話落樓睇下（哇！做什麼啊？說下樓看看），怎麼就搞成這樣？」

Anthony 回家後，吃不下飯，

倒不是回想擋槍畫面，而是開始擔憂後續影響，「好多亂七八糟的思緒，怕親戚朋友擔心。」一打開Facebook，近百人發訊息問他是否安好。他倒不擔心工作受影響，「香港地，雖然現在很混亂，但如果真的找不到工作，即使做麵包、做清潔，也可以搵到飯食嘅。」

思緒紛亂，他又同時感到，香港正走向「兩敗俱傷」的境地：警察與示威者武力升級，但政府不回應訴求。他表示經歷兩個多月的現場示威，眼見警察暴力清場，制度沒有改善，他完全理解示威者的憤怒：「因為什麼導致他們會這麼做，會有暴力抗爭的情況？其實事出有因，有時制度的暴力更加厲害，只是有時候人在社會裡只會看到眼前的、道德上的表面上的暴力，沒有理會制度上的暴力，所以我理解他們的想法，但不代表我完全認同他們的做法。我理解，因為前面的事情沒有解決，比如人們政治訴求政治解決，你不解決；還有警察追打示威者的情況，你不解決，繼續發生，令示威者憤怒。」

「那憤怒的時候，什麼事都做得。所以我理解他們為什麼有這種情況出現，但你說我是否認同、欣賞他們的方式？我欣賞他們的勇氣，但做法我未必最認同。但我不會（與前線示威者）割席。」

他多次強調：「我不會（對拔槍）太憤怒，我憤怒的是背後的制度。」

他說從信仰來看，警察亦是制度下的受苦人。「受苦的人有可能是示威者，也有可能是警察。警察也是受苦的人，在這制度底下生活的人都是受苦的人，你我都是。公平點說，在這個世界生活的人都有他的難處。」

再憶起擋槍一幕，他連說兩遍「我相信其他人也會這麼做」。

「我這只是一個小故事。比我走得更前、犧牲更大的人，可能更需要訪問。我只不過是一個阿叔，一個路過的市民，經過、擋一擋。這真的是微小到不能再微小的事。」Anthony 最後如是說，「看看生命是否有這個價值。如果可以保護到一些人，即使我受傷或者其他，我覺得也是值得的。如果上帝要收回我條命，祂一定會喜悅我所做的。」

# 濫捕、棍打、延遲十二小時送院，被捕後他們經歷了什麼？

——黃文雋、鄭佩珊　文編：陳倩兒

「緊急廣播，由於發生嚴重事故，乘客必須立即離開，」強烈的警報聲響遍太子站。穿白色T恤及拖鞋的阿之正在車廂內，突然，幾個配戴裝備的示威者跑過，一轉頭，一批速龍小隊警員揮舞著警棍衝向阿之，金屬警棍連環擊打他背部，他跌出車廂，另外幾名警員撲上衝前繼續棍打。

阿之體重不足一百磅，身形瘦削。這是八月三十一日晚上，他踢著拖鞋，據他表示，他當時正準備坐港鐵去九龍塘接女朋友，地鐵到了太子站突然停頓，他走出月台，再步往至另一列車視察，其時防暴警察則衝上車廂。根據市民拍到的影片，阿之跌出車廂之後，一警員用力壓著阿之上身。阿之說，另一警員的皮靴踢他的右眼，再舉起胡椒噴霧，近距離對著他的眼和嘴噴射。在持續的抓捕和毆打當中，警察過程沒有聲明，阿之犯了什麼罪名，及後才告知為非法集結。

反修例運動持續不斷，突如起來的拘捕已經成為香港常態。香港政府公布截至二〇一九年十一月下旬的統計顯示，共有五千八百五十六人被捕。光是理工大學「圍城」一役，就有近一千四百人被捕。

拘捕的場合則從最初的警民衝突現場，蔓延至商場、地鐵車廂、巴士車廂、私人住宅等，而被捕人士也從最初衝突現場配戴裝備的示威者，延伸至如阿之一樣，身穿便服、聲稱路人的市民，至今被捕者有區議員、社工、急救員、牧師，甚至在現場工作的記者。

## 被捕者：濫捕、插贓、拖延十二小時送院

隨著反修例運動不斷升溫，警察的拘捕標準開始備受質疑。八月四日，有退休港英督察表示自己在西環晚飯後散步，卻被警員制服並以涉非法集結罪拘捕，扣留近二十八小時才獲釋；八月五日，有十三歲中學生表示自己去學校取新課本的途中，被警員施放胡椒噴霧後，以涉非法集結逮捕；九月二日，一名白

衫男子在旺角隔著馬路向對面的防暴警員喊話：「是不是跌了良心？」數名警員馬上衝過馬路撲倒、棍打並拘捕該男子，男子頭部流血，不停與警察理論拘捕理據，最後被帶上警車。

在上述同一份資料中，香港政府統計在五千八百五十六位被捕者中，四千六百九十八人的案件仍在調查，包括拒保候查及保釋候查，九百三十八人已經完成或正處於司法程序，二百二十人無條件釋放。這樣的數字，讓大律師質疑警察濫捕，例如有市民被搜出三包生理鹽水、被指可製造汽油彈而被捕，但最終被釋放。到底什麼情況下才能做出拘捕？警方表示，只要有合理懷疑，警察便有權拘捕相關人等，與律政司應否檢控和法庭是否判罪成的標準不同。

另外一大問題是，警察涉嫌在拘捕時以及拘捕後，棍打沒有做出反抗的嫌疑人，甚至直接棍打頭部。八月十一日，有傳媒拍攝到臥底警員在銅鑼灣拘捕示威者後，按他的頭在地上，該示威者口部流血，呼叫「對不起，不要再按我的頭在地上了，」又指其門牙已鬆脫。有北區醫院的護士接受傳媒訪問時稱，有送院治理的被捕者在照X光後，發現手骨折斷，僅餘一層皮連著。亦有被捕者講述在新屋嶺扣留中心的遭遇，指曾聽到有人跟警員吵架後，傳來砰砰聲；又看到多名頭破血流的男被捕者被警員指令一字排開在拘留倉門外，其中有人門牙脫掉，下巴還在流血。

面對濫用暴力的質疑，警方在例行記者會上曾多次反駁指是因示威者在拘捕時激烈反抗而造成。不過，大量現場直播片段顯示，嫌疑人在被壓倒甚至扣上手銬之後，仍然遭到警方輪番棍打。

美秀在十月六日反緊急法遊行中被捕，她對端傳媒憶述，她是「和理非」市民，當日僅戴有藥用口罩參加遊行，原本站在後排，期間她一度走上前線想看看情況，不料警察突然衝上來，走避不及，防暴警察從後拉扯她的背包，她一下子坐倒在地上。她表示自己當時沒有任何反抗，但警棍隨即連環敲打在她的頭、手和大腿，她隨即聽從指示，面朝地趴在地上，但警員繼續向她的面部噴射胡椒噴霧。

除了和美秀一樣遭到警方毆打之外，阿之亦指出，自己被警員「插贓嫁禍」。在太子站月台，影片顯示，阿之被警員壓著的同時，另一名警員從旁拾起一個防毒面罩及一瓶噴漆，放到他的身旁，又有警員將豬嘴印在他被反綁的雙手上。被綁上雙手後，阿之曾向警員解釋自己當日是路過，並無參與示威行動，但警員質疑他已更換衣物及丟掉背包。阿之反駁說：「阿SIR，如果我可以扔掉背包，便不會再拿著防毒面罩。」另一警員則反問：「難道（防毒面罩）是我撿給你的？」阿之說，還有警員形容他「好寸，好識扮嘢（好囂張，懂得裝模作樣）」，「返到去（警署）脫他的褲子，跟他慢慢玩。」

這樣的經歷並不是孤例。八月十一日，有傳媒拍攝到有警員在銅鑼灣拘捕一名青年後，把竹枝插入他的背包內。對此，有組織罪案及三合會調查科（俗稱O記）高級警司李桂華事後在記者會上否認插贓嫁禍，強調被捕青年曾手持竹枝對抗警員，被制服後竹枝遺在地上，於是有警員拾起放入其背囊，形容做法「不完美，但可接受，要改善」。

十月一日，警方首次開真槍射擊示威者，事後稱中槍男生受傷前曾用鐵通襲擊警員。不過，多間傳媒重組當日片段後發現，該男生中槍前手持一支白色長通打一名舉槍警員的手，而事後有警員則從遠處拿來另一支深色、較長的長通。

香港實行「無罪推定」的原則，每個市民被捕後依法只是嫌疑人，根據《警隊條例》以及據此撰寫的警察工作指引《警察通例》，被捕者有權保持沉默，見律師和一名家人，以及如果身體不適，可要求送院。在電影和TVB港劇中，「我無嘢講」、「我要見律師」、「我要去醫院」幾乎成為反修例運動中耳熟能詳的台詞，不過近日警方卻往往使用各種行政手段拖延被捕者見律師或送院的時間。

在示威現場擔任急救員、被捕後十二小時才獲送院的阿佛正是一個例子。

二十四歲的阿佛讀中一時已考獲急救資格，自七月起開始到示威衝突現場擔任急救員。十月一日，警民衝突在全港多處爆發，阿佛穿上急救員的背心，背著生理鹽水、繃帶等簡單急救用品，趕到街頭救人。撤退時，因跨不過路障而落單，以非法集結罪被捕，過程被拍攝下來，網上廣泛流傳其被警員疑似「拗斷手」的片段。

阿佛的手臂未有骨折，但因為被警察扯下面罩而吸入大量催淚煙，頓感頭暈及不停嘔吐，但身旁的警員一直未有理會。直到另一被捕者代為呼求「他受不

» 二〇一九年八月二十四日，一名警員在黃大仙制服一名示威者。（攝影：陳焯煇／端傳媒）

了啦」，才有警員走近查看，並讓他喝水。不過情況並無改善，阿佛連眼睛也睜不開。

到達黃大仙警署後，阿佛頭暈及四肢無力，下車時需兩名警員從旁攙扶，他一路不斷嘔吐。在羈留室內，阿佛一直趴在桌上休息，多次要求去醫院和見律師，但負責看守的警員只是敲打桌面，說：「你趴在這裡是沒用的，我們只會當你暈倒，放在一旁」。

阿佛指，有警員看到他不斷嘔吐後，嘲笑稱：「你不是很厲害的嗎？急救員來的，你自己救自己便可以啦。」亦有警員質疑他是裝模作樣，指：「你不用伏在這裡，我們是不會讓你見醫生的。」後來，警員讓他在見律師和去醫院兩個權利中二選一，又遊說稱他盡快完成落口供等手續，便能送去醫院。

阿佛當時只求盡快送院，無奈在未有律師在場的情況下錄口供。警員當時曾承諾在完成整個拘捕程序後，會讓他盡快送醫院，結果錄口供之後，他在羈留室中吐了一次又一次，救護車仍未到來，直至翌日清晨五時才獲送院。

從被捕到送院，阿佛等了整整十二小時。阿佛指，儘管自己已盡力配合完成各項搜證程序，但警方仍不斷拖延讓他送院。「人命無價，無論是犯人、普通市民或警察，只要是在香港這個國際大都會，你受傷，便應即時得到醫療援助，而非不斷拖延。」阿佛認為，警方手法十分不人道。

另外，根據國際特赦組織於九月中發布的調查，一名示威者在被捕時口鼻出血，即使在不斷吐血的情況下，警方仍在五小時後、待完成錄取口供後，才將他送院。

## 律師：警署外等候十五小時，被警舉槍威嚇，情況猶如戰地

自六月分參與集會遊行以來，美秀儘管沒有想過自己會被捕，但一直留意研究被捕程序和被捕者的權益。

被警棍毆打頭部之後，被捕的她在街頭感到頭暈。她冷靜地向警員表示自己剛才「撞到頭」，有警員給她冰袋敷治，之後安排她由示威現場送院。在醫院急症室診治時，醫生曾問她是否有藥物敏感，她馬上依據網上流傳的被捕貼士回答，自己並不瞭解，需要致電家人詢問，結果獲警員准許她以自己手機聯絡家人，她趁機知會家人被捕一事，家人隨即通知律師，來到醫院協助她。

美秀坦言，除最初被警棍毆打之外，她並無遭遇警員的不合理對待，不過她指出，自己的經歷對比其他被捕者只屬於「小兒科」。現時，被捕者均會獲發一張「羈留人士通知書」，當中列明他們可享有尋求法律援助、與親友聯絡及尋求診治等基本權利，但像美秀這樣可直接送院和很快獲得律師協助的實屬少數，如阿佛般在提出請求後，被不合理拖延送醫院、見律師的情況並不少見。

「他不會夠膽不讓你見，但會有許多原因做阻攔。」律師文浩正對端傳媒表示，在這次反修例運動中，許多時候，當義務律師到警署嘗試會見被捕者時，

警員會提出沒有房間、未找到負責的警員為由，拖延律師。

文浩正所屬的「民權觀察」成立於二〇一四年，成立之初是為「占領中環」此一公民抗命行動提供義務律師服務。文浩正憶述，當時警方並未有大型拘捕的概念，七月初的預演占中首次拘捕了五百一十一人之多時，警方連如何做安排、人流管理等亦不太清楚，「對於他們來說亦是新的（安排）」。不過，當時律師要求會見被捕者相對較順利，文浩正指出，被捕者在警署內亦獲得妥善對待，幾乎沒有被毆打欺凌的情況。

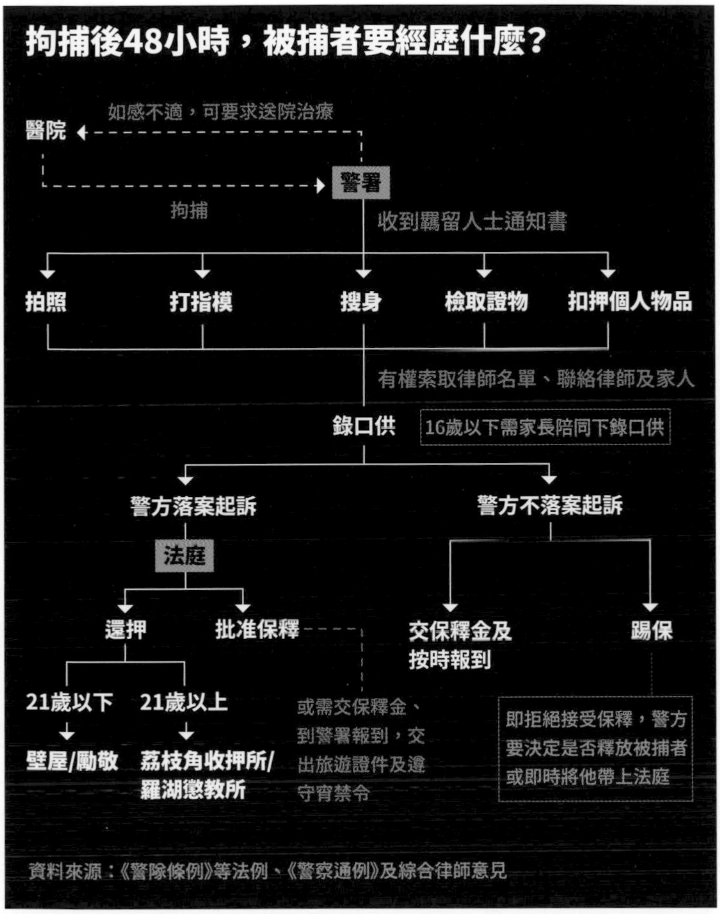

» 製圖：端傳媒設計部

反觀今天，警方面對律師的要求時諸多阻撓。文浩正指，有義務律師團的成員曾在警署外通宵等待近十五小時，最終才能見到當事人，亦有律師因無法進入警署，在警署外等候時不斷吸入催淚煙，甚至一度遭警方舉槍指嚇等，文浩正形容，律師猶如在戰地工作。

他又提及，警方對義務律師甚不尊重，曾

» 二〇一九年九月四日，警方在九龍灣的巴士上拘捕多名示威者。（攝影：陳焯煇／端傳媒）

有女律師要求警方提供房間讓她會見被捕者，該警員回應稱：「這裡不是給妳開房的。」另外，亦要求律師被要求不能與被捕者關門談，但根據法例，律師與當事人的對話必須保密。

文浩正強調，警方的職責之一是為律師提供協助，讓律師能有一個安全及適時的環境會見其當事人，然而目前警方正在用各種行政手段阻攔被捕者享有基本權利。

除此之外，警方更在不同的程序中有侵犯被捕者權利之嫌。現為國際特赦組織香港分會執委、民陣前召集人的楊政賢於九月八日參與獲不反對通知書的「香港人權及民主祈禱會」後，與一批無裝備的遊行參與者在中環雪廠街附近被防暴警員截停，警察要求各人蹲下搜袋搜身。楊政賢對端傳媒表示，當時無任何警員解釋為何他們要蹲下，他一度欲提出質疑，惟當時警方已將所有社工

» 二〇一九年十一月二日，警察在灣仔修頓球場附近拘捕大批示威者。（攝影：林振東／端傳媒）

及記者趕離現場，他無奈遵從指示。

香港法例第二百三十二章《警隊條例》第五十四條列明，警員如發現任何人行動可疑，或是有合理懷疑某人會干犯罪行，即可以截停該人進行調查。何謂「合理懷疑」？民權觀察義務律師團成員陳信忻解釋指，實際操作中，「合理懷疑」是警員的主觀決定，只要他能給出合理理由便可。陳信忻認同，上述條例實際上給予警方相當大的權力，即使是律師亦難以挑戰截查的理由。

## 如何在警察面前捍衛自己的權利是一場訓練

儘管認為自己遭受警方毆打等不合理遭遇，阿之暫不打算去投訴警方。

他形容，在現時社會環境，出門便是「預了會被捕」。美秀則說，她考慮就警方拘捕她時所使用的過分武力提民事索償，但不打算向投訴警察課做出投訴，她認為後者沒有任何用處。

文浩正指出，與二〇一四年雨傘運動相比，現在許多年輕被捕者儘管不認同，但似乎已習慣了警方的手法，他們即使遭虐打，亦甚少會做出投訴。「他不會認為遭虐打欺凌是可以的，但也不會因為被掌摑兩巴便會投訴，他們會認為是很小事，」文浩正說，外界以為許多年輕人被捕時一定十分驚恐，反而，他接觸的被捕者都非常冷靜，「沒有人哭」。

他又指，許多遭受警方濫權的受害人因擔心警方會因而刻意針對其案件，故對是否做出投訴有顧慮。香港的刑事法並無追溯期限，警方得悉資料後可追查被捕者是否涉及其他案件，這種擔憂並非毫無道理。

特首林鄭月娥多次公開表明，警權問題應交給既有機制調查，即投訴警察課及監警會這兩層架構。依據現時制度，所有投訴警察的個案將交由隸屬警隊的投訴警察課處理及調查，待投訴警察課完成調查後，再把調查報告提交予監警會審核。而監警會的主要職能是觀察、監察和覆檢投訴警察課的處理和調查工作，本身並無調查權力。

香港大學法律學院首席講師張達明曾任監警會委員，他向端傳媒解釋，如果投訴人涉及任何與其投訴相關的民事或刑事案件，投訴警察課將會等待相關案件審結之後，才會開展調查；因此，政府指可依靠現行機制去處理投訴屬於誤解。他認為，成立獨立調查委員會是審視警權問題的唯一可行方法。

這意味著，即使阿之現在決定去投訴遭警方插贓嫁禍，但因為他有控罪在身，將令調查無法馬上進行。

國際特赦組織自二〇一九年六月起，先後兩次發表報告針對警方執法情況，首份報告發表於六月十二日警方於金鐘清場後，指控警方暴力對待和平示威者，確認當日行動違反國際人權法。組織策劃幹事于愷娟提到，警方自六月濫用武力的情況日趨嚴重，她指出，警方對於這些濫權行為毫不掩飾，甚至在報告公開後，警方仍只是著受害人前來投訴，指會嚴正處理，「他們是抱著一種你對我無可奈何的態度」。

于愷娟則指，現行投訴機制最大的垢病是「自己人查自己人」，根本難以讓市民信服調查結果。為增加監警會的認受性，林鄭月娥早前宣布委任兩名新監警會成員，包括大律師公會前主席、資深大律師林定國，以及曾擔任其競選辦資深顧問的前高官余黎青萍，任期兩年。另外，監警會亦邀請五名國際專家為專案組提供建議，包括曾參與撰寫二〇一一年英國倫敦騷亂報告的專家，但五位專家在二〇一九年十二月退出。于愷娟指出，這兩措施並無改變監警會無調查權及無傳召證人權力這事實，僅是偷換概念，無助從根本上審視警權問題。

警察的過度武力、執法手法以及投訴無門的現狀，與示威者不斷升級的暴力手段相伴相生，在二〇一九年十月，香港警民之間的仇恨，已達高度白熱化。香港中文大學政治與行政學系教學助理方志信研究警察制度，他指出，警民仇視的主因有兩個，其一是警隊使用無差別及高度暴力，其次是警隊的權力不受控制，即使是微小或不涉及違法問題的錯誤，亦沒有人願意認錯。方志信指出，警方使用暴力的畫面，會令市民感到不安，引起他們憤慨和報復心理，當市民認為警隊已失去使用武力的合法性，他們便會自行做出反抗或保護自己，或是選擇「私了」；而同樣的，另一邊，警隊面對示威者的反抗亦會衍生報復的想法，於是惡性循環不斷，雙方的仇恨愈演愈烈。

于愷娟認為，她認為最大的問題不是警方表面的執法方式，而是可以合法使用武器的警察目前具有報復心理。

方志信指出，對於坊間最近提出解散及重組警隊，他認為如無真正民主的政府，解散後還是會在另一隊國家機器，根本是徒勞。他更指出，即使有可能解散警隊，如何做出清算會是另一個棘手的問題。

一九九八年，北愛爾蘭衝突平息之後，已經卸任港督的彭定康擔任北愛獨立調查委員會的主席，他選擇的做法是利用鼓勵提早退休、以人權或其他考核成績不及格為名辭退部分警員，再將警隊從名字到守則全部修改。不過，方志信對香港警隊會否接受這種清算存疑。

面對警權無限擴大、投訴無門，楊政賢認為在權力的不平衡下，普通市民是處於弱勢的位置，「許多時只要警員動用其權力及威嚴，市民便會不懂得去保障自己的權利。」他認為，如何在警察面前捍衛自己的權利是一場訓練，最簡單的，如被警察截查時大聲查問警察的原因和理據，對普通人來說已是一場考驗，但大家需要謹記「市民亦有市民的權利」。

文浩正則希望，警方能時刻謹記，他們所擁有的權力及武器，均是源自於法律所賦予，因此他們更應尊重這由公眾所給予的權力，「他是應該尊重，不是他有權利便要濫用。」

（尊重受訪者意願，文中阿之、阿佛、美秀為化名。）

## 延伸閱讀

八三〇大抓捕，讓外界感受到「內地式執法」的嚴峻氣味，這場大逮捕的效應，推薦閱讀評論人沈度的作品〈830大抓捕之後，香港進入全面攪炒的撕裂新局〉。

香港致力於獨立調查報導的「傳真社」，二〇一九年十一月針對外傳「太子站裡有沒有人死亡」發表了調查報導。報導證明了多位在傳聞中疑似「死亡」的個案，都平安進了醫院。但傳真社也不敢據此推論太子站內一定沒有死人。

# 8

# 煙與火的戰記

在九月二十八日到十月四日的香港，處在一種「預知『動亂』紀事」的狀態裡。

九月二十八日是「雨傘運動五週年」，晚上民陣發起集會，會場添馬公園塞滿人潮。十一當天，示威者發起「十一國殤六區開花」行動，在荃灣、屯門、深水埗、灣仔、黃大仙及沙田同時發動抗議，警方全天使用的彈藥超過兩千七百發，包括六發實彈。在荃灣，一名十八歲學生曾志健被警員曾家輝近距離槍擊胸口。

但這一週並沒有結束，律政司司長鄭若驊才在九月二十五日證實港府正研究《禁止蒙面規例》，十月四日，林鄭月娥就宣布引用《緊急法》訂立《禁止蒙面規例》，五日零時生效。消息一出，全香港至少十四個區爆發激烈衝突。被稱為勇武派的暴力抗爭者，他們的想法是什麼？

一篇〈勇武者的自白〉，或許能夠回答一些問題。

在十一月十一日，示威者再以「和平紀念日」名義發動「大三罷」（罷課、罷工、罷市）。一大早黑衣人四處堵塞交通，七點十八分，在西灣河道和太安街交界，交通警察關家榮在逮捕行動中，無預警地開槍射向一名黑衣年輕人的腹部。對於十一槍擊和十一月西灣河槍擊兩起實彈槍擊件，警方一概回應警員生命受嚴重威脅，在「電光火石」之間開槍保護自己「合法合理」。

在十一月十一日的堵路行動，有示威者在中文大學二號橋上向橋上的東鐵線及高速公路丟雜物。警方以制止行動為理由，在二號橋與校園交界處與中大學生對峙兩天兩夜。特別在十一月十二日晚間，雙方激烈衝突超過四小時，中文大學被攻，震動全香港，各地示威者發起行動企圖分散警力，另一方面中聯辦則帶領大陸籍學生撤離學校，〈中文大學戰記〉回顧了這一夜裡的各種「平行時空」。

　十一月十一日的堵路行動另有一群抗議者進占香港理工大學以封堵鄰近的紅磡隧道，不久後，警方動員優勢警力包圍理工大學長達十多天，這是警方首次使用包圍戰術，大批示威者困在校內，欠缺食物飲水，身心健康都不斷惡化。「和理非」市民則發動反包圍警方，教育、政界人士紛紛入校帶出學生。不少示威者以各種方法逃出，但也有人堅持守到最後。〈理工大學圍城〉記錄了這場運動中迄今最慘烈的一役。

（李志德）

# 勇武者的自白：你解決了問題，這幫人就不會出現

——林可欣、陳倩兒　文
編：陳倩兒

他說，「就叫我阿勇吧。」二十三歲，剛大學畢業，瘦削高挑，說話語氣輕鬆，帶點幽默和調侃，至少表面看來如此。

受傷怎麼辦？「找個好點的醫生就好了。」解放軍坦克開進香港呢？「他們說在深圳，十分鐘坦克就可以開過來。十分鐘？只到上水吧，你以為這裡是天安門？馬路這麼寬？大佬，在紅隧塞車都塞你一個鐘頭啦。」被稱為「廢青」（頹廢、不務正業的青年人）會生氣嗎？「誰得閒有那麼多情緒？我覺得廢青這個稱呼已經很好了，起碼我做為一個人，好過曱甴、黃屍。」

在激烈的警民衝突前線，阿勇平平無奇，是許多黑衣年輕人的一員；而置身現下香港更大的博弈之場，他成為備受爭議的一個群體——有人稱他們勇武仔，有人罵他們廢青、搞事的，也有人貶損他們是曱甴、過街就應該被打。反修例運動以來，警民交鋒無數，自七月底開始，警察大幅升級武力，而同時，示威者使用的手段和暴力也不斷升級。有輿論認為是政府長期的回避和警方的過度武力、濫捕、對被捕者採用毆打等行為，加劇了市民的仇恨和憤怒；也有人認為，起源是勇武，勇武退場，一切衝突也就消失。

反修例運動以來，阿勇走過和平的遊行，打過和催淚彈、橡膠子彈直接對抗的「陣地戰」，也參與衝遍香港多區的「游擊戰」，來到八月下旬，他愈發疲憊，也略感迷茫。八月二十五日星期天的晚上，警方第一次將兩輛水炮車開進警民衝突的荃灣現場，並一度發射水柱；後來在荃灣街頭，數名被持有鐵條的示威者追趕的軍裝警員在緊張的氣氛之下，突然鳴槍示警，槍口隨後指向示威者、記者和普通市民，沉重的氣氛在香港擴散。

這一天，因各種顧慮，阿勇本打算暫停勇武行動，只和父母一起參加遊行，遊行結束後，父親一直問他

» 二〇一九年八月二十五日，荃灣的防暴警察向示威者施放催淚彈。（攝影：陳焯煇／端傳媒）

「會不會回來吃飯？」然而，當看到大量催淚彈在眼前炸開、水炮車出動的時候，他又戴上「豬嘴」衝上前線。警察與水炮車強力推進，阿勇被速龍追趕，一度逃跑到山上。記者與他聯繫上的時候，他表示自己落單回不了家。「今日後我覺得勇武抗爭徹底沒用，但怎麼都要做下去，」他語氣不再輕鬆，比往常沉默，「街頭抗爭真的沒什麼用，政府不會理，示威者永遠不會夠警察的裝備。我成日話（我常在說），你拿塊磚，他拿支槍，誰打誰啊？」

## 從「和理非」到「一起衝」

兩個多月前，阿勇還是「和理非」大學生，除了幾年前偶爾到雨傘運動的金鐘現場靜坐，幾乎沒什麼社運經驗。最初他上網看新聞，瞭解到《逃犯條例》修訂草案的爭議，感覺這個條例「對香港百害無一利」，不過他沒有行動。暑假來了，他和朋友們按原定計畫離港旅遊。六月九

» 二〇一九年八月二十五日，荃灣，勇武派年輕人用網球拍把警方發射的催淚彈打回去。（攝影：林振東／端傳媒）

日，他從手機看到百萬人大遊行。六月十二日當天，他身處外國機場，心懸在金鐘集會的現場，他守著直播，看到警方向示威者和市民發射大量催淚彈，中信大廈前有市民被催淚彈圍困，十分憤怒，一抵港，他就投身運動。

起初，他的參與是到社區派發傳單、布置連儂牆，在示威抗議的後排傳遞物資、喊口號。後來，他開始在示威現場幫忙拆欄杆、設置路障、占路，在示威者的行話裡，這個角色叫「工兵」。除此之外，示威者中還分為哨兵、消防員、步兵、鐳射兵、急救員、哨兵、魔法師等不同分工。

七月一日是阿勇心理的重要轉折點。那天清晨，他和其他示威者想衝擊七一例行的升旗禮，但因為警方設置的水馬防線「太厲害」，直接封鎖了灣仔，大家行動失敗，返回立法會商量對策，這時有人提出要衝擊立法會。

阿勇說，自己起初不解，當日立法會

沒有人開會，衝擊的意義何在？但現場氣氛濃烈，「有人問，這裡有沒有人不怕死？有很多人舉手，說『我今日就要做死士』、『我不會自殺』。那時候很多人自殺，很多人傷心，但大家又說『要做一個被警察打死的鬼魂啦』，大家講得很激動。」

衝擊開始的時候，阿勇最初站後排。他知道衝擊立法會將帶來什麼罪名，他是害怕的，「被人影（拍）到就ＰＫ（完蛋、被幹掉）了」。直到有示威者推開到場的議員，用推車撞向玻璃，氣氛不斷升溫，阿勇決定不再退縮，他說那一刻腦中衝出一個想法：「你不能做看戲的人，一定要在社會運動中做一些事。」

「旁邊有很年輕的妹妹，我覺得是最勇的，可能只有中四、中五，完全無所畏懼，說『一起衝啦，拿著盾一起衝！』前面有些玻璃碎，警察施放胡椒噴霧，前面愈來愈少人，衝著衝著就變成第一排。」占領立法會之後，阿勇再也沒有見過那個中學生，但他內心的想法不同了：「我現在就覺得有什麼大家就一起做咯，如果你心底裡真的很想衝爆立法會，覺得立法會很廢、要重奪立法會，就一起衝。」

隨後一個多月，阿勇愈走愈前：從包圍政總、警總、立法會，到「接放工」、嘗試癱瘓政府的不合作運動，到占路、堵塞交通等，他幾乎都站在最前線。

「我覺得勇武不只是暴力，而是可以癱瘓政府運作，讓政府知道他們開始升級行動了，需要回應社會。」他認為，舊時的抗爭方式是「齋行」（單純遊行），現在出現超越舊有抗爭模式的方法，正是勇武派在做的事情。「大家稱這些事情為勇武，是因為這些會觸犯一些法例。」阿勇說，「我到目前為止都是這一類，占路、塞地鐵，好像是灰色地帶，你可以說我是犯法啦，非法集結。」

不過，這些行動在試圖癱瘓城市的同時，也為其他市民帶來不便和混亂，引發指責。阿勇說，他理解這些行動後會影響市民，也有些時候，他和其他同伴堵了一條路，但心裡也會想，不知道是為了什麼，是否會帶來結果。

「有些人會說，你對準政權啦，你這樣做沒用啦，會搞到民生。但我要反問一句，我們真的沒有對準過政權嗎？我們圍過政總、警總、禮賓府，什麼都試過，但政府什麼都沒有回應。」

「我希望大家明白，做到這一步不是想搞破壞，搞亂社會，是政府沒有給出適當回應，才會逼我們做出這些事。」

## 什麼是革命？

八一八大遊行，阿勇從天后排隊進入維園，花了整整兩個小時，這段路平日只需走十分鐘。那天香港的雨連綿不絕，被大量撐著雨傘、身穿便服的市民包圍，阿勇感覺，「其實參加和理非的活動都幾好（很好），你會覺得，勇武派沒有被割席。」

阿勇覺得，從和理非轉變為勇武，其實是一個過程。他認為，二〇〇三年五十萬人大遊行反對二十三條立法之後，很快有官員問責而辭職下台，讓大家認為和理非是有影響力的；但二〇一四年雨傘運動「輸了」，政府不但沒有回應民眾訴求，只是不斷檢控不同的參與者，是政府讓大家開始思考，和理非未必是抗爭的唯一出路。而來到二〇一九年，從六月至今，共有三次遊行超過百萬人，政府卻仍未正面回應民間訴求。

針對反修例議題，阿勇同意，特首林鄭月娥宣布「壽終正寢」後，修例問題可以算是暫告一段落，但他憤怒的是，在整個運動中，政府和警察的種種表現，已證明政府管治出現道德危機。「其實運動已經轉向良知的問題，我們是在爭取自由和民主，極權是去人化，用蟑螂、沒有持份者（的敘述）來對付你。」八月九日，林鄭月娥出席記者會時稱，一小部分示威者不介意損害經濟，他們並非社會持份者（they have no stake in the society）。

七一占領立法會之後，七二一元朗無差別襲擊事件，是整場運動的另一個轉折點。據阿勇觀察，雖然更早的時候也有人重新喊出「光復香港，時代革命」這句梁天琦競選時的口號，但口號更廣泛的出現，是七月二十一日元朗涉黑白衣人無差別攻擊市民的恐怖襲擊事件後。

「七二一令大家覺得很多事情改變不到，我認為這是一個轉捩點。」阿勇認為，「大家開始覺得這個政府很不堪，我們要有一些改變，才會找回一些（當年的）口號，我不理你是不是港獨派，原意是想由下而上的改變，就叫革命。」

隨著「光復香港，時代革命」成為運動現場的主流口號，中國大陸輿論場亦進一步將港獨視為抨擊的標靶。八月六日，國務院港澳辦發言人楊光在記者會上質疑，香港是中國一個特別行政區，對於示威者提出「光復香港，時代革命」的口號，他們究竟「想光復什麼？」

「你說光復香港到什麼程度？到沒有你們干政的程度。港澳辦、中聯辦就是在這裡搞事。中央政府分明就答應過，可以港人治港、高度自治、一國兩制，成日說我們帶頭衝擊一國兩制，根本帶頭衝擊一國兩制的就是中國政府。」阿勇直言，「有些事你分明應承了，你為什麼現在又出爾反爾呢？」

此前示威抗議活動中，曾出現塗黑國徽、拋國旗入海等事件，港府定性為挑戰國家主權。阿勇坦言，自己以前其實並不太反感中共，他認為，需要為香港的民不聊生負責的是港府。然而從一地兩檢開始，阿勇開始感受到「中共不斷介入香港事務」，而在反修例運動爆發後，他對中共的態度發生巨大轉變。阿勇說，「我一直覺得，只要中共政府不要搞香港，沒人會仇中的，甚至好多人會樂意去中國玩，但中共政府不知道，覺得這些人都是搞港獨。你干預別人自由，別人一定會對你反感。」

阿勇多次表示，他相信抗爭者喊出「光復香港，時代革命」的口號，是秉持著各自不同的信念。「現在沒有一個大台，沒有人可以詮釋這個口號，每個人都可以解釋這個口號的意思。」對他而言，「革命」不一定代表要推翻政權。

「工業革命、科技革命都是革命，政府好像spin（扭曲意涵）到大家都覺得革命一定是要推翻政權，一定要暴力，好多人都用革命這兩個字啦，人們總說要有革命性的改變。」

## 明知輸都要做

如何逼使政府回應和啟動「革命性的改變」？沒有人能夠輕鬆給出答案。

阿勇覺得，自己只能「去做」，一次又一次出現在示威抗爭現場。「那次在上環，你看得出來（示威者）不夠警察打，很多人同防暴對峙，對峙到差不多就被催淚彈驅散。」阿勇那晚沒有去上環現場，在家裡盯著直播，他看到前線的示威者「有多少催淚彈都不走，或者用雪糕筒蓋住催淚彈。」「那天我覺得非常慘，拉（逮捕）了四十多個人才打散，大家就發現，

» 二〇一九年八月十八日，民陣發起的和理非流動集會，參加市民填滿整個維園足球場。（攝影：陳焯煇／端傳媒）

再打陣地戰也會被人拉。」

那晚之後，勇武派開始轉而使用快閃、游擊戰和不合作運動等策略。八〇五香港罷工，阿勇也參與了不合作運動，一早起身堵塞港鐵和道路，但他很快發現，民意在不合作運動中很容易受到影響，運動亦會「失焦」。「前線做了很多事，換來的，其實網上有很多人抨擊，不僅是社會普羅大眾，抗爭者自己內部都有很多聲音。有一刻，你都會懷疑自己，塞路做什麼呢？」

在阿勇看來，這場對峙從一開始就不是一場勢均力敵的對抗，「政府不斷用制度暴力，你都沒辦法。你想去地鐵站，又把地鐵站封了；你想去機場，又申請了禁制令。現在是很卑微的抗爭，明知輸都要做。」

他覺得，政府的思路一直是「解決我們這幫人」。「你要去解決問題，不是解決這幫人。你解決了問題，這幫人就不會出現。」阿勇說。

最近，只有談及一些支持他們的市民的小事時，阿勇才會難得露出開心的樣子。他說，自己常常遇到市民幫手，被警察追趕，逃離現場的時候，他常常遇到熱心帶路的街坊，有地鋪老闆收留他和其他示威者、騰出空間讓他們換衫，還有義載司機送他們離開。

「現在大家都放不開身段去勇武，包括我自己，衝的時候都會有一刻猶疑，對面已經去到無底線的狀態了，我們依然有底線，所以無解了。」對阿勇而言，他的底線則是，對軍裝警察，「唔好打死人」；出於保護市民的心，也可以出手對抗黑社會、甚至破壞黑社會的地頭和商鋪；但絕不可以傷害普通市民與記者、不可以搶掠商鋪。

七月中，在精神狀態最緊繃的時期，阿勇走在路上，會突然有一種感覺，覺得防暴就出現在身邊，「但最近可能已經習慣和防暴對峙了，都唔會好驚。」參加和理非活動，對阿勇而言是一種治癒，八一八「流水式」集會的那天，他花了五個小時，終於從維園走到了金鐘夏慤道。

入夜的夏慤道被遊行後的市民占領了，身穿黑衣的人們三三兩兩坐在夏慤道中間，有人用鐳射筆照射政總高樓。「他們坐在這裡很無助，我自己都覺得有些無助。」阿勇語氣平淡地說著。他站在人行道上，嘴上說著，他不理解一大群人坐在夏慤道有什麼用。

但他又說，自己也不急著離開，說要再留下看看，看看大家會做什麼。

「大家接受不了多年前的失敗，就繼續站在這裡。好悲哀的故事。」

「有少少懷念這裡咯。五年前，大家都在這裡居住過一段日子。大家好似返到舊屋企（家）。前線想保護後排，後排亦想保護前線。如果前線有一班人不走，最後都不會有人走。」

（為尊重受訪者意願，本文中「阿勇」為化名。）

# 中文大學戰記——吳婧、陳倩兒、謝梓楓、林可欣、陳一朵 文編：吳婧、陳倩兒

一條大約一公里長的人鏈，自大學正門起，蜿蜒穿過香港中文大學（下稱中大），將磚頭、雨傘、製造燃燒彈的原料傳到校園東邊的二號橋。橋上，示威者正與防暴警察發生激烈衝突，燃燒物的紅色火光和催淚彈的白色煙霧滾滾升騰，二〇一九年十一月十二日晚，這所創建五十六年的大學，已變成戰場。

從六月初延續至今的反抗運動，在鬧市街頭和偏遠地區頻繁爆發，唯有大學校園仍得以維持相對的平靜。對運動的主力——本地大學生、中學生而言，校園或許是最後一道安全的防線——眼下，這道防線岌岌可危。

一些人決定離開。外國交換生收到了返回原校的通知，內地生則從微信群裡不斷獲悉同學撤回深圳的消息。在夜幕的掩映下，幾個內地女生夾著輕便的行李、低頭匆匆走過夏鼎基體育場，在一片狼藉中尋找逃離校園的路線。「我們擔心白天出不了宿舍。」「宿舍消防鐘一直在叫，我們睡不著。」她們說。

一些人正在趕來。穿著西裝、背著電腦包的中大校友，在全港許多幹道交通堵塞、癱瘓的情況下，從中環坐兩個多小時的士，或自駕繞路來到校園，加入年輕人的人鏈。「中大就是我屋企。」「我們的青春就是這裡。」他們說。在夜裡奔赴中大的人們抱著這樣一個想法：「如果中大守不住，香港都守不住了。」

## 升溫、調停與逃離

情勢從十二日下午三點開始急遽燃燒。此前，示威者和防暴警察已在二號橋一帶對峙超過二十四小時。十二日中午，中大新聞與傳播學院大四學生安琪（化名）來到校園時，示威者聚在環迴北路附近的一個三岔路口——一邊通往二號橋，一邊通往港鐵站「大學」，一邊通往俗稱「四條柱」的大學正門。

中大依山面海而建，占據著一座超過一百三十七公頃的山頭，學校沒有閘門，四通八達，但主要的出入口，正是上述三個，再加連結大埔公路的崇基門。

在前兩個路口，示威者都用樹枝、課桌椅子和足球場上的龍門設下了路障，試圖抵擋警察。

安琪記得，二點十五分左右，數位老師和教職工先後來到現場調停，提議：示威者和警察在橋上各自退後，由大學派保安看管二號橋。這個提議獲得部分學生們同意，他們讓老師們去和警察談判，死線為兩點半。但前往談判之後，老師們轉達：「警察現在要換更（換班），四十五分鐘之後再談。」

「有的同學覺得 deal 也是需要時間，那就等咯，但有的就覺得『憑什麼要我們等啊？』『要打就現在打！』大家吵起來。」安琪說。三點過後，一些示威者越過防線，走向二號橋，防暴警察隨即發射催淚彈，並突然之間推進，衝入了校園，拘捕至少四名學生，又向夏鼎基運動場發射多枚催淚彈。

安琪跑到運動場的一個高位，看見黑衣年輕人在催淚白煙中驚慌逃跑，另一邊，有示威者開始在三岔路口的兩個路障上生火。在通往二號橋的路障上，不知道誰拉來一輛廢棄汽車點燃了，幾公里外的市民隔著海，看到中大的山頭冒起了濃煙。

夏鼎基運動場的催淚煙開始鑽入正對面的善衡書院，四樓的內地學生馬克（化名）感到一陣鼻酸。站在宿舍窗邊，他看到汽車燃起的火焰，看到燃燒瓶被投擲在地上、釋放出的一團團火束。

「（我）很驚慌，我怕（火）會燒上來，中大都是樹，真燒起來挺難控制的。」馬克說。但大火讓現場的示威者感覺安全，大家的焦點全在如何應對退到二號橋另一頭、但可能隨時再衝進來的警察。安琪說：「有了火之後，大家就在後面重整。」

與此同時，書院內的氣氛亦隨著火焰一起灼熱起來。很多人來來往往，「上上下下扛物資」，宿生會（協助舍監管理宿舍、組織活動的學生組織）的人則用毛巾和膠帶封堵每一道窗縫和門縫，連洗手間也被封了起來，十四層的書院最後只留下一層樓的洗手間供大家使用——這個動作加劇了馬克的不安。

恐慌開始在微信朋友圈蔓延滋長。在香港城市大學，就讀大二的周許（化名）於下午一點多收到中聯辦透過內地生學生會傳達的撤離通知。他們被告知不要聲張，由舍監領著到達上車地點，乘車去往深圳，一行約一百五十名同學。儘管組織方很快改口說這並非中聯辦、而是內地學者聯誼會的安排，但消息還是

» 二〇一九年十一月十二日，香港中文大學二號橋，警察與示威者發生衝突。（攝影：林振東／端傳媒）

在香港各所大學的內地生微信群裡迅速發酵，大家猜測：中聯辦都出手了，一定是形勢危急。

有人認定，學校接連放假是危險的預兆；有人在新聞裡看到黑衣人放火，覺得像「恐襲」；也有人本想留在宿舍按兵不動，卻看到朋友圈發消息說，黑衣人會挨個敲宿舍的門，向內地學生潑油漆……沒有人能確定消息的真假，但大家都感受到了恐懼。

大大小小的微信群組被建立起來。

在一個由中大內地生所建立的、名為「政治難民 workshop」（後更名「cu-sz workshop」）的群組裡，人們不斷發布校園的「戰況」，哪條路可以走出去，哪裡可以搭乘校友、內地機構提供的疏散車輛……人們呼朋引伴，並相互提醒撤離的時候不要講普通話。

馬克和朋友們決定離開。下午四點半左右，六個男生在善衡書院底層的電梯口會合，每人背一個雙肩包，馬克帶了電腦、充電器、幾件衣服，他打算去深圳住酒店，「看這邊什麼時候復課。」

決定離開的理由五花八門。一個男生說：「反正也沒課，在這裡學不進去」；一個說：「餐廳關了好幾個，沒吃的，不方便」；還有一個覺得，警察很有可能進宿舍抓捕學生，他不想警察進入自己的房間，也反感宿舍變成戰場。

他們從群組裡獲悉，大學正門和崇基門等幾個出口都走不出去了，遂決定前往校園最北邊的三十九區——羅桂祥綜合生物醫學大樓附近——從那裡繼續向北可抵達羅湖口岸。

馬克所居住的善衡書院有大約一千二百名宿生，其中內地生約二百人，和其他書院相比，內地生比例、宿生融合程度都很高，也很有家的氛圍。馬克不記得從何時開始，本地同學會在聚餐時喊口號、合唱〈願榮光歸香港〉，「很尷尬」，他說，本地同學站著唱歌時，內地同學只好坐下來等。

關於這場運動，馬克說自己同情香港同學的立場，但不支持他們的做法——同行的幾個內地生也持相似觀點，但他們中的多數並不曾在同溫層之外的場合表達過看法。馬克沒有交好的香港朋友，和香港同學聊天時，雙方都會有意避免談到這場運動。

## 二號橋之爭

現在回看，中大這場戰事似乎突如其來，又不可避免。

運動進入十一月，對抗膠著，而長期目睹同伴被捕、受傷甚至死亡的香港示威者經歷著沉重甚至極端的情緒，仇警和「攬炒」的想法愈發濃烈。十一月初，香港科技大學二十二歲的學生周梓樂在衝突現場附近的停車場墮樓後不治身亡，悲傷和復仇的情緒迅速傳開，示威者的口號也從「香港人，反抗」變成「香港人，報仇」。周梓樂去世後三天，雙十一這天，示威者發起「三罷」行動和癱瘓全港交通的「黎明行動」。

安琪說，在中大，有學生響應這一行動，在十一日清晨在二號橋上扔雜物，試圖堵塞橋下的吐露港公路。不過，學生扔雜物之後並沒有離去。早上八點四十分左右，防暴警察抵達二號橋布防，發射胡椒球彈，而示威者則用燃燒彈還擊，中午，警察又抵達中大的另一個出入口——崇基校門外，與校內示威者爆發衝突。

這天的衝突斷斷續續，一直持續到深夜都未完全平息，五名示威者被捕。儘管警方曾強調，「只是到場清理路障」，但中大學生和校外的示威者普遍不相信。十一日下午三點多，網上一度流傳消息說，警方已取得中大宿舍的搜查手令（等同於台灣的搜索票），引發恐慌，其後被證實並無此事。

» 製圖：端傳媒設計部

這一衝突也引發大學範圍是否為私人地方及警方執行動法理基礎的討論。根據地政總署的地理資訊地圖，中大地界內屬私人土地，邊陲的二號橋正處於官地與私地的交界，亦是警察與黑衣人衝突最激烈之地。十三日，地政總署回應傳媒查詢指出，二號橋屬於政府土地，中大獲授非專用通行權，並須負責維修保養。

法政匯思[1]成員、大律師何旳匡向端傳媒指出，界定整個中大是公眾或私人地方要視乎當刻背景，警方行動是否合法亦要視乎警察當時運用哪條條例及以什麼原因進入場所，如按《警隊條例》，警方需要拘捕特定嫌疑犯，或相信對方有可能逃走，可以在無手令的情況下，進入私人處所。

若以《公安條例》執法，何旳匡解釋，公眾地方的定義是公眾人士有權可以進入的地方，他稱大學雖相對自由，但宿舍、教室等一些地方亦有管制，非公眾人士可以自由

1 由香港大律師、事務律師、法律系學生及擁有法律學位的人士所組成的專業團體。

» 二〇一九年十一月十二日，香港中文大學，示威者以樹枝架設路障，堵塞校內馬路。（攝影：林振東／端傳媒）

進出，質疑單純引用此例作做權力來源規管中大的「公眾集會」或有不妥，除非警方在該處相信有人可能持有攻擊性武器，則有權進入相關位置。

但無論如何，對警方的不信任的情緒早如瘟疫一般，四處蔓延。十二日下午，第一次調停失敗之後，新聞與傳播學院講師梁啟智等人，去校長府邸遊說校長段崇智親自去見學生。社會學系教授蔡玉萍也來到現場，瞭解學生想法，同時聯繫校長。大約五點半，段崇智來到三岔口，大批黑衣年輕人情緒激動，有人大喊，「來了都好啦！」「下次可以早點來！」也有人說，「來了都好啦！」最後，段崇智決定在教職員的陪同下，越過路障，步行去二號橋與防暴警察談判。

現場的躁動一度歸於沉寂，眾人等待之際，一個年輕人突然手持正在嗡嗡開動的電鋸越過防線，朝二號橋方向衝去。一群黑衣年輕人追上去，一同打開雨

» 二〇一九年十一月十二日，下午三時左右，警察與示威者在香港中文大學二號橋前發生衝突。（攝影：林振東／端傳媒）

傘，形成包圍年輕人的傘陣，大喊著「不要傻！」年輕人反覆哭著喊：「我沒有屋企人（家人）的！」「我們就是你屋企人啊！」在場的人和應。

天色在等待中漸漸暗淡，與此同時，撤退的六名內地生從微信群組得知，三十九區變成衝突地點（後證明不符實），遂改道前往西北方向、靠近校區的赤泥坪村離開。他們像逆流而上的魚，穿過正趕赴衝突區的人群。多數時候，這個撤退小組都表現出集體出遊般的興奮和餘裕，除了偶爾經過大群黑衣人時，大家便突然默不作聲了。馬克說，黑衣人會毆打異見者，這令他感到不安。彼時已在深圳安頓下來的周許說，在這麼「敏感特殊的時期」，平時關係很好的香港同學一旦穿上黑衣、戴上面罩，也會讓她害怕。

一行人在傍晚近六時穿過赤泥坪村，抵達大埔公路馬料水段，打算步行前往大埔墟港鐵站。段崇智正在斡旋的消息並沒有改變他們的決定，「沒有復課、食堂也沒有恢復，」他們說，對於示威者前線的狀況，他們沒有太感興趣。

## 破裂、戰場和救援

半小時的談判之後，段崇智帶回來一個方案——只要學生不從橋上扔東西下去，警方就退後，退到學生看不見。段崇智強調至少三次，這是一個「好大的breakthrough（突破）」。

現場平靜地聽完方案，隨即爆炸。「下午被拉的人怎麼辦啊？」「他們一分鐘在警署，一分鐘就被人打！」「會被人強姦啊校長，那是你的學生！」「放人！放人！」現場喊起口號，有學生站起來，隔著口罩聲嘶力竭的發言，話音剛落，整個人突然暈厥倒地。

段崇智遂表示，他馬上去警署見被捕學生。示威者們要求校長從二號橋出去。安琪回憶說，當時示威者的想法是，「如果校長真的可以從二號橋走過去，那代表警方真的尊重校長，也意味著二號橋恢復正常了。」

段崇智和副校長吳基培、講師梁啟智之後一起走往二號橋，旁邊跟著一些黑衣示威者。根據現場直播和梁啟智的說法，一行人還未走到警方橋邊的防線，警方隨即指他們是非法集結，並對校長說「現在不是談判的時候」；有示威者用鐳射筆射向警方，警察馬上發射催淚彈，示威者再投擲燃燒彈，在眾人「保護校長」的呼叫之下，段崇智在催淚煙中離開現場，前往警署。

漆黑的二號橋一帶旋即演變成激烈的戰場。有示威者拆卸了球場的鐵架看台，往二號橋方向推進，當作衝突前線的烽火台。地上，有示威者舉起一面大木桌當做盾牌，不斷往前推進，安琪蹲在前線的後排，幫忙滅催淚彈、為其他人沖洗眼睛等。示威者不斷投燃燒彈，而橋上，警方則密集發射催淚彈、海綿彈、橡膠子彈。

自夜晚七點半到晚上十點，警方出動水炮車之前，槍聲在中大校園裡迴盪不絕。運輸物資的人鏈愈來愈長，不少校友開私家車送來水、麵包餅乾、雨傘口罩等物資，不同書院的樓下，則開始形成物資站。因為示威者堵路以及市民發起慢駛行動，前往中大的交通變得非常困難，一些人開始騎電單車進入中大。

在夏鼎基運動場旁，一個占地一百多平方米的健身室，變成了臨時醫療室。來自全港各地的十多名醫生自發前來參與急救。

「我們這裡有足夠的醫生，四、五個外科、兩、三個急症、一個麻醉科、一兩個骨科，好多傷者不願意去醫院，好彩（幸好）我們在這裡都可以處理到，」畢業於港大的鍾醫生對端傳媒說。而另一邊，中大畢業生、外科醫生姚醫生說，他晚上在同學通訊群組收到校園爆發衝突的消息，馬上和太太一起開車趕來，太太送物資，他則和前線的義務急救員、聖約翰急救隊的同行配合，分流傷者。中大前校長、醫生沈祖堯也來到現場查看傷者。

» 二〇一九年十一月十二日，香港中文大學校長段崇智與警方談判後見學生及傳媒。（攝影：林振東／端傳媒）

大約九點半，媒體傳來消息，中大高層跟警方溝通後，達成協議，暫時停火。但不到半個小時後，前線送來大量中藍水的傷者。警方隨後解釋，出動水炮車是「別無情況下使用最低武力，協助警方撤離」。

臨時醫療室瞬間變得擁擠。「中藍水的先不要進來，不要有 cortamination（汙染），全部在外面沖洗了再進來！」一名醫生大喊。外面數名急救員大叫：「緊急 case！雙腿骨折，準備！」「入來入來，不過這種一定要 call 白車（叫救護車）了！」醫生回應。

臨時醫療室外，中了藍水的人被成批從前線送至健身室外的草地和停車場上，除去上衣，由急救人員手持水管沖洗。一個捲髮男生在水流下發出尖叫，整張臉皺縮在一起，他舉起雙手想要抓臉，被急救人員攔住，原來雙手已徹底浸藍；一個瘦到肋骨突出的男生躺在他身邊，一動不動，只有染藍的腳掌微微抽搐……地上很快匯聚起藍色的水流，空氣裡瀰漫著催淚彈的氣味，赤裸上身的示威者在水中發出嚎叫，掩蓋了健身室裡鳴叫不已的消防鈴。

「我都不知道藍水是什麼，我們讀書都沒有讀到，」鍾醫生說，目前在醫學界，沒有人知道藍水的解藥是什麼，在兵荒馬亂的衝突現場，大家只能「用水沖」。當晚，他處理的最嚴重的個案，是一個渾身被藍水射中的人，「痛到一度休克」。

與此同時，前線被藍水攻擊的消息已通過人鏈傳至後方的大學宿舍樓下，「有無頹 tee（不用的T恤）？」有人喊道。樓上傳來「有！」，緊接著，幾件T恤被扔下樓，又隨著人鏈穿回前線。

## 勝利和迷茫

二號橋上的硬仗打了整整兩個半小時。二十二歲的陳景天（化名）當時也在示威前線，他戴了眼罩和俗稱豬嘴的防毒面罩，但現場催淚彈的濃度和密度依然嗆鼻，水炮車一來，示威者全部被趕下橋，但之後示威者不斷用燃燒彈和磚頭往前推進，重新占領二號橋，現場氣氛激動。

「示威者就好像一條彈簧，壓得他們愈低，就會有更加大的反彈，」陳景天說，他畢業於其他大學，今年剛開始工作，上班後大多以和平遊行、捐款等方式支持運動，這天感覺學生被「逼到牆角」，決定到中大支援。

十二日夜晚約半十點，得知水炮車走了的沈祖堯，在立法會民主派議員鄺俊宇的帶路之下，快步來到二號橋的前線，現場催淚煙味道仍濃，他戴著眼罩、用麥克風對學生說：校方已經成功保釋當天被捕的五個學生，三個出來了，兩個在醫院，警方也已退出校園之外，「我們也會退出這條橋，並保持不會有汽油彈和雜物扔過去阻塞道路」，他建議大家和平散去。

但戰火已無法憑一人之力澆熄。「警方根本不可信！」「憨居仔（傻蛋）！」現場有示威者喊。

沒有人打算離開。「手足都是非常謹慎，即刻起防禦設施」，很快，二號橋的兩頭架起了至少兩層大型路障，有人從體育場拿了弓箭，商量「如果兩層路障都失守，才用箭」。在二號橋上，示威者朝吐露港公路扔石頭，試圖癱瘓公路，防止警車來中大。大量私家車、的士、巴士和旅遊巴被堵在路上。在大學站附近，有示威者開始破壞大學站和美心餐廳。

這夜，在二號橋上通宵留守的人大多不是中大的學生，而是來自其他大專院校及中學的學生。夏鼎基運動場成了休息區，不少學生躺在塑膠跑道上睡覺休息。公開大學一年級的男生振南（化名）在運動場用手推車派送食物，他說中大是不少港人嚮往的地方，有濃厚的社運傳統，不能讓警察攻入中大，因為「這是香港最後一道防線」。十一月十一日，警察在西灣

» 二〇一九年十一月十二日，警方在香港中文大學校園發射催淚彈。（攝影：林振東／端傳媒）

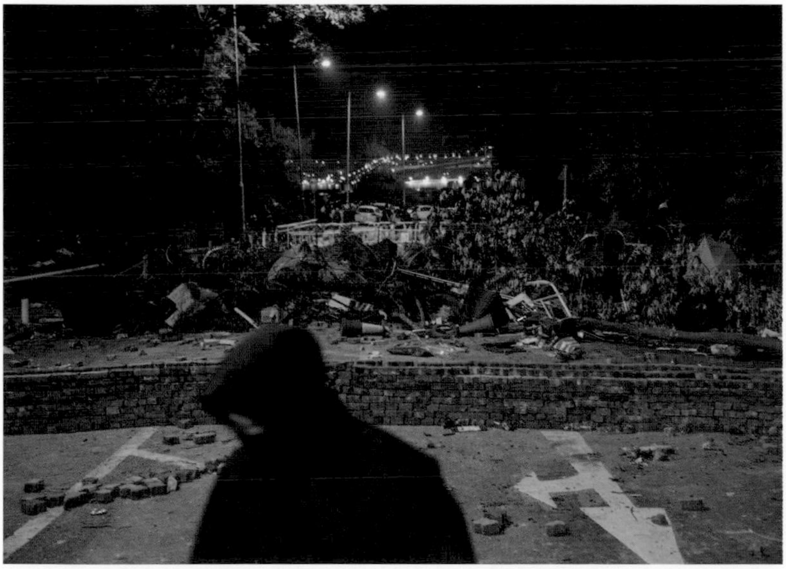

» 二〇一九年十一月十三日，香港中文大學崇基門外有磚牆堆起。（攝影：林振東／端傳媒）

河對學生腹部開真槍後，他在家中寫了四封遺書，給父母、前女友、現在喜歡的女生，還有朋友，他告訴身邊人如果自己死了，希望對方好好生活。眼下，他說要跟中大共存亡。

凌晨六點，內地生章青（化名）在熟睡中接到母親的電話，哭著求她回深圳。十三日，一篇名為〈香港告急，暴亂以來最黑暗一日〉的文章在內地瘋狂傳播，儘管有學生指責類似報道煽動恐慌情緒，但起火、衝突的照片和視頻依舊在家長微信群裡造成恐慌，家長們紛紛打電話求孩子回家。

除了中大、港大的深圳校區提出送內地生回大陸外，短短一個上午，各省同鄉會、當地熱心企業紛紛組建起「營救內地生」平台。受深圳市統戰部管轄的深圳市大鵬新區海歸協會會長李達告訴端傳媒，他十二日晚上便開始聯繫在港內地學生，把他們的信息提供給「愛國人士」，再由後者組織車輛接載學生。香港嶺南大學的黃詠（化名）在家人的催促下，撥打了深圳共青團中央微信公眾號推文中的電話——深圳共青團運營的青年驛站正免費為在港內地生提供住宿。

撤退的氣氛持續蔓延。傍晚，香港台北經濟文化辦事處代理處長高銘村向端傳媒表示，有三百零三名台生在中大就讀，辦事處擔心同學安全，與學生會互相聯絡後，決定協調機位及交通，讓同學回台。

下午六時，中大正式宣布本學期結束。浸會大學和香港科技大學表示，將相繼把所有校內課程改為網絡授課。理工大學、香港大學、教育大學、樹仁大學、恒生大學則宣布取消本週課程和考試。

大量校友和校外的示威者陸續來到中大，在夏鼎基體育場等地方靜坐，也有人在不同地方設置路障，整理物資，有示威者開著原來學校的校巴和物業管理處的小巴巡邏校園。許多書院宿舍都打開了大門，隨便進出。眾志堂的學生餐廳本來沒有營業，但一群黑衣年輕人自發營運，有人沖奶茶、有人煮咖哩。

在學生餐廳的廚房，二十七歲的 Chris 與幾名廚師各有分工，有人焗麵包，有人斬燒味，有人製作三文治。Chris 正職本是廚師，他說自己一直投入反修例運動，來了中大，發現飯堂無上鎖，於是開始烹飪泰式青咖哩、白汁午餐肉意粉、回鍋肉炒公仔麵等菜式。Chris 說，食材部分來自捐贈的物資，也有來自原來飯堂的儲備，大家特設錢箱回贈飯堂。

入夜以後，校園的不同出入口都有黑衣年輕人把守，對進入的人檢查背包。足球場上，有年輕人在練習投擲燃燒彈，而旁邊的網球場上，則有人在測試不同成分的燃燒彈效果。

» 二〇一九年十一月十三日，示威者在香港中文大學二號橋。（攝影：林振東／端傳媒

對於眼前的校園和網上的信息，安琪有些茫然和擔憂。「大家把中大捧成抗爭樞紐，說新傳（新聞與傳播學院）、政政學系（政治與行政學系）是主力，我和身邊的朋友只希望大家低調點，我擔心中大被清算，校長遲些被換，一些藍絲會不再捐款，這件事不是那麼簡單。」安琪說。

另一方面，她也擔憂目前的運動，似乎愈來愈靠「自我犧牲」的個體奉獻去推動。「Give me freedom, or give me death 的想法愈來愈強烈，」安琪說，「因為（手足）受傷就去報仇，報仇之後我們又更加受傷，」這一切如此循環下去，大家要走向哪兒？「運動好像每次都大鳴大放的進行，但政治問題其實沒有改變，我真的就覺得很多問題，還是要靠走入社區和深耕細作。」

但安琪也明白，在當下的香港，似乎已經不存在深耕細作的氛圍和條件。她能做的只是留在中大，留在同學們的身邊。「你們一天在這裡，我也在這裡，我不會走的，但我會一直想，這是為什麼？」

（韋穎芝對本文亦有貢獻）

# 理工大學圍城

——楊子琪、林可欣　文編：陳倩兒

艾倫在漆黑的下水道彎腰走。半圓的水管約一米高，而他身高近一米八。汙水過膝，淤泥抓腳，有蟑螂在爬，惡臭難忍。他沒戴口罩，用手機的電筒來探路，但只能看見腳邊的範圍。撬開一個井蓋出發時，他把行山繩的一頭綁在皮帶上，另一頭綁在井口的鐵扶手上，幾大捆行山繩頭尾相接，走了半小時後，艾倫的腰被拉住，繩子不夠長了。

這是十一月十九日的凌晨，十小時前，他剛逃離被警方重重包圍的香港理工大學（下稱理大），但很快決定，要從下水道折返，回去「救手足」。蹲在淤泥中，月來累積的情緒突然襲來，他想到了放棄。他今年二十四歲，三個月前參加罷工，被公司炒了。他離了婚，有一個在讀幼稚園的女兒，奇怪的是，這一刻他沒有想起什麼人，心中只有恐懼和絕望。下一秒，他又嘗試說服自己：要帶被困的隊友出去。

「唉，聽天由命吧。」他把腰間的繩子解開，繼續向前蠕動。出發前，朋友幫他弄來一張渠務署的地圖，他選擇了遠離警方防線，鬧市中一條後巷的下水道入口，但走到這裡，眼前的路已經和地圖不符，每到分岔口，他都在用直覺來賭博。

二〇一九年十一月十一日，示威者發起全港罷工和堵路行動，堵塞要道，迫使市民罷工。理大位處交通中心，成為示威者的重要據點。他們堵塞理大旁的紅隧和道路，抵抗警察。衝突在十六日晚上開始加劇，到了十七日夜晚，警方將周邊的幹道和天橋一封，徹底包圍了整個校園。

此時的校園裡，還有約一千名示威者，不少是其他大學的學生、中學生、剛工作的年輕人，還有義務急救員、社工、各家記者等。他們預料這場圍城之戰的開頭是苦戰，但沒想到它的結局，是長達十天以上的圍困，城裡和城外的人每一天都將直面理性與道德的掙扎。

## 失策・圍城

十九歲的John帶了一把蝴蝶刀在身上，刀長四吋，折疊放在腰包。這是十一月十七日晚上九點半，警方已經包圍了理大。他守在學校最南面的鍾士元樓（A座）附近，水炮車眼看就要開過來，他感到很緊張。

» 二〇一九年十一月二十日，有留守者打算從理工大學進入地下渠道，希望避過警察防線離開理大。（攝影：林振東／端傳媒）

和如今大量站在前線的示威者一樣，John在五個月前是一個和理非，他的勇武程度不斷提高，從最初的防守變成扔磚頭，傳遞燃燒彈給負責投擲的隊友。與此同時，他丟了工作，花光了兩萬多港元的積蓄——除了基本花銷，幾乎全用來買防護裝備和黑色運動服，現在依靠市民捐款和網上支援基金度日。他所在的勇武小隊，從最初十二人，變得只剩四、五人可出來，看著身邊的同伴陸續被捕和受傷，他精神更緊繃了。

「都說這個運動是長期的，老實說，這只不過是和理非的看法。一個星期已是很長時間，勇武是會流血，會死的。」他心想，如果等下警察拔出真槍，或者靠近他，他就掏出刀。「我實同佢一齊死（我肯定會跟他一起死），」在他看來，無論如何這比被捕要強。

反抗運動愈發暴烈。在大量和平遊行集會、不合作占領行動之後，政府始終未回應設立調查委員會、落實普選和特赦等訴求，示威者採取了更直接的暴力來癱瘓城市——破壞港鐵、中資商鋪、堵塞要道等。

要癱瘓香港運輸，紅隧是首選。三條過海隧道如

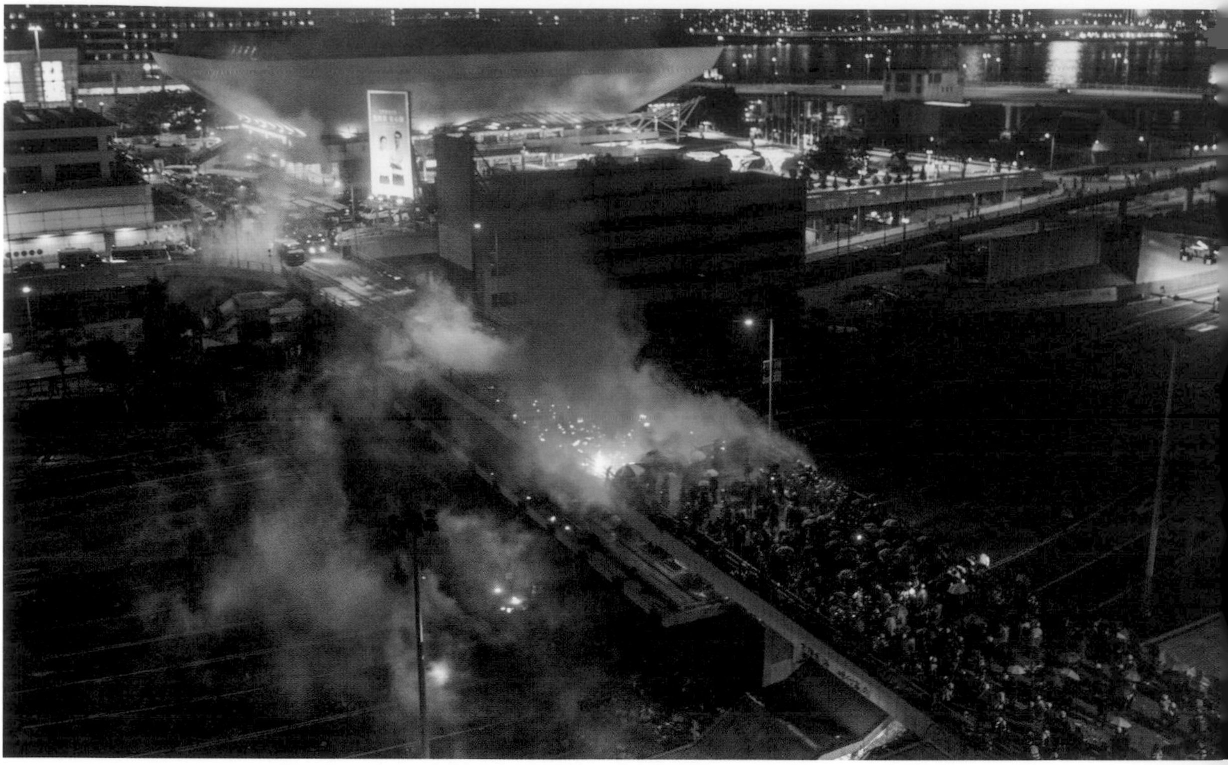

» 二〇一九年十一月十七日，警方與示威者在紅隧收費廣場天橋對峙，示威者以汽油彈擲向銳武裝甲車，車一度起火，被迫後退。（攝影：陳焯煇／端傳媒）

大動脈般貫通香港，紅隧是其中歷史最久、收費最低的，經常交通壅塞，平均每日車流量為十一．四萬。而紅隧旁的紅磡火車站，是整個香港地鐵的樞紐，也是連接內地的廣九直通車的起點。

理大，正落在這個交通心臟的中間。多條天橋從理大延伸，通往地鐵站，橋下正是紅隧，另有數條往來九龍和新界的要道，四面包圍校園。

十一月十一日清晨，當示威者占據其中一條天橋，將校園的椅子扔下，堵塞紅隧。兩天後，隧道徹底封閉了。不過，從那天到十六日，警方對此基本冷處理，此間，位於新界山頭的中大校園裡硝煙正濃，而理大則一度形成了「公社」：示威者白天守住附近馬路，晚上在理大留宿，與一些義工自主

» 二〇一九年十一月十七日，理工大學外警民衝突現場。（攝影：陳焯煇／端傳媒）

運營學校食堂，又將衫褲等物資收拾得井井有條；校內氣氛輕鬆，有示威者在這裡結識到朋友。

很少人預料，占地九．四六公頃的理大有可能被困成一個籠。

十一月十七日，理大附近，燃燒彈和水炮車幾乎對決了一整天，有不少示威者中了水炮、橡膠子彈等，一名記者因頭部中水炮當場休克，腦部出血需接受手術。亦有一名警方傳媒聯絡隊員小腿中箭受傷送院。

下午兩點多，盧卡斯趕到現場時，還未嗅到警方圍城的計畫。二十二歲的盧卡斯在國外念過大學後肄業，如今在一家運輸公司做後勤。幾天前，他參加了中大一戰而曠工一天，收到公司一封警告信。

前一晚，他特地與朋友在理大外圍走了一個通宵，觀察理大的四個出口，似乎只有正門是寬敞易攻。儘管 Telegram 有人討論理大易被包圍，但盧卡斯和朋友們仍判定可能性很低。

艾倫比盧卡斯晚幾個小時抵達，他想法不同，很早就覺得理大與中大地形差異極大，易被圍困。不過，看著理大的衝突愈來愈強，他還是帶著自己競技用的弓箭和四十支箭，趕到了理大。讀書時，他學過兩年射箭，不久前在中大對抗警察時，他第一次在競技場外拿起弓箭，對準警察。

激戰一天，十七日晚上九點多，情勢急劇轉變，理大像布袋一下子被拉緊。

警方從三面收網，封鎖所有出入口。九點十二分，警察在現場用擴音器高喊，命令示威者十點前離開校園，否則將採取進一步行動；九點三十分，警方在 Facebook 發布消息稱，所有人應由校園李兆基樓（Y座）出口離開；十點，正式封鎖，記者亦無法自由出入。

大規模圍困示威者，這是過去五個月以來，警方從未使用過的戰術。《明報》後來引述警隊消息稱，警方調配了至少四個總區應變大隊。消息引述警員形容，稱相信最激進勇武派示威者都在校內，包圍戰術是希望趁機「一網成擒」，「圍到佢哋投降（圍到他們投降）」。

當時校內人士對此毫不知情。艾倫、盧卡斯和 John 此時都守在鍾士元樓（A座）附近，三人互不認識，但同樣決定死守。John 和盧卡斯都在整頓，而艾倫手握弓箭做準備。

在 John 看來，運動無大台，現場每一個示威者的決定，都影響理大這一役的結局。他說，過去許多每次對抗中，後排示威者總是先離開，他感到失望。

「如果大家一齊守住，就沒有人會被捕。」

## 死守．獵物

盧卡斯想衝出理大。

警方宣布封校四個小時後，十八日凌晨二點多，盧卡斯站在示威者的最前線。他目測身邊有三百多名示威者，撐起五顏六色的雨傘做掩護。

不久前，警方宣布若示威者繼續衝擊，不排除發射實彈，又一度呼籲校內人士十點前從Y座出口離開，然而，有義務急救員和記者在離開時被拘捕。

校內人士對警察的信任跌到冰點，現場記者開始穿上防彈衣。許多市民一夜無眠，通宵盯著直播。

有示威者繼續製作汽油彈，砸碎磚頭。盧卡斯站在理大正門外，他戴著只遮蓋半邊臉的六二〇〇款防毒面罩，眼罩弄丟了，沒有頭盔，他一手撐傘，一手拿起隊友遞過來的燃燒瓶，他的前方，是一輛裝甲車、一輛水炮車，還有多輛運載防暴警察的警車。

水炮車突然加速推進，同時不斷噴射刺激性的藍色水柱。當水柱擊中盧卡斯的腦袋，他轉了兩圈，往後跌了五六步，重跌在地，火燒的感覺隨即傳來——藍色「顏料水」混合的是催淚水劑和胡椒水。

其他示威者架著他衝回校內，打開露天的消防喉，盧卡斯在清水下沖洗了近半小時。「我整個身體好像阿凡達，而全部皮膚都好像被火燒，人們不斷叫。」

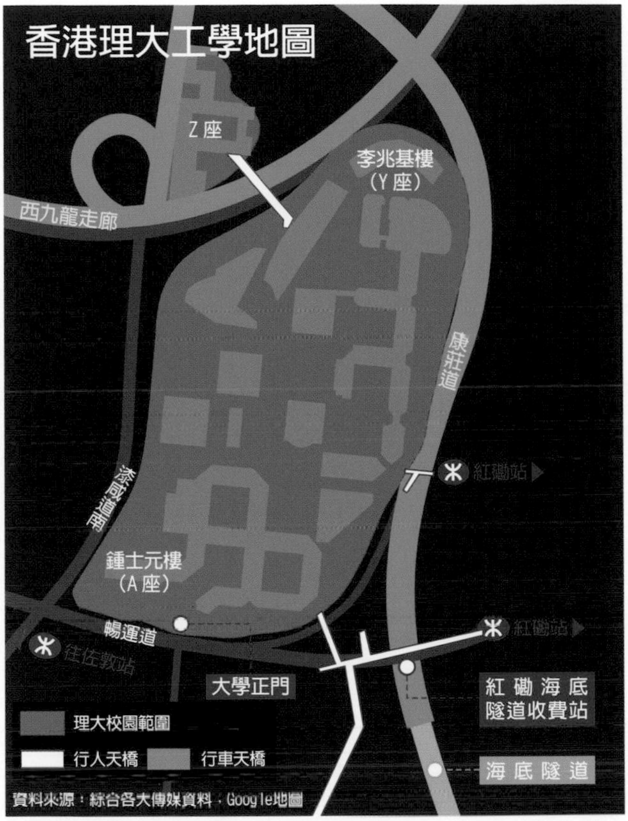

» 製圖：端傳媒設計部

凌晨五點多，警方再一輪強攻，多枚催淚彈從天而降，速龍小隊直打進理大的正門，抵達平台長樓梯處停下，那裡正燃起大火。這座位於香港心臟地帶的大學正在燃燒，而盧卡斯發現，只剩下一百多人能夠在前線應戰了。

示威者受到重挫。十八日早上八點多，他們決定，先從正門突圍，務必衝出布滿警察幾重防線的暢運道，盧卡斯加入了這場突圍。

如魚群衝向利網。

警察發射的催淚彈幾乎沒有停頓，眼前的暢運道伸手不見五指，普通防毒面罩不夠密閉，一些示威者自己用膠布把臉和面罩之間的縫隙貼住。盧卡斯像鹿一樣東奔西躲，躲警察的子彈。「好似被打獵一樣，我是那隻獵物。不斷被人射，真的好可怕。」

示威者三次嘗試突圍，均告失敗。盧卡斯的木盾牌被子彈從中間射爆、雨傘折了，小腿不知道中了什麼子彈，一塊肉凹了進去，血染紅了整條牛仔褲。

「再衝上去和送死沒有分別。」一群示威者最終沿著兩米高的鐵絲網爬回了學校。他們爬得狼狽，跌傷、流血，鐵網上勾留下背包和鞋子。

## 反攻・營救

「救救孩子！」距離理大約四百米之外的尖東橋旁，大批家長在靜坐，手持寫有這四個大字的紙牌。防暴警察在他們面前設立了封鎖線。

十一月十八日下午三點多，得知自己的孩子被困在理大之後，家長們焦慮、恐懼。一名母親向封鎖線的警察跪下痛哭：「如果我女兒死了，我跳樓給你看。」

封鎖線紋絲不動。按照警方規定，只有記者可以進出學校，且必須以一換一的「換班」形式。學校裡的人相當於被斷絕物資。校內一度傳出消息，食物可維持一至二天。警方隨後呼籲示威者「投降」，並表示所有從理大出來的人士，都會以涉嫌暴動罪拘捕。

尖東橋旁，鄭先生、鄭太太已經靜坐了數小時。他們說，十九歲的兒子是其他大學的學生，也是聖約翰救傷隊的學員，在警察圍城前，兒子做為一名義務急救員，跟著校園記者一起走入理大。「示威的時候有人暈倒，他會帶好多冰袋，他覺得天氣熱就會帶多幾塊，這就幫助到人。」鄭先生回憶。

「昨晚（十七日）他傳了（不自殺）聲明給我，因為他已經出不去了……」鄭太太掉下眼淚。不自殺聲明是示威者近月流行做法，他們擔憂被捕後遭警察私刑，然後被造假為「自殺」。

理大示威者的困境、大量父母靜坐哀求的畫面，透過媒體和直播，瞬間直達全港大量市民的眼前。不少人感受到一種旁觀他人受苦的無力感，即便不知道可以做什麼，但仍然直奔現場。

從十八日白天開始，陸續有市民響應網上號召，

» 「大三罷」行動。示威者以理大做據點堵塞紅隧，警方首次進入大學，並將催淚彈射入校園。（攝影：林振東／端傳媒）

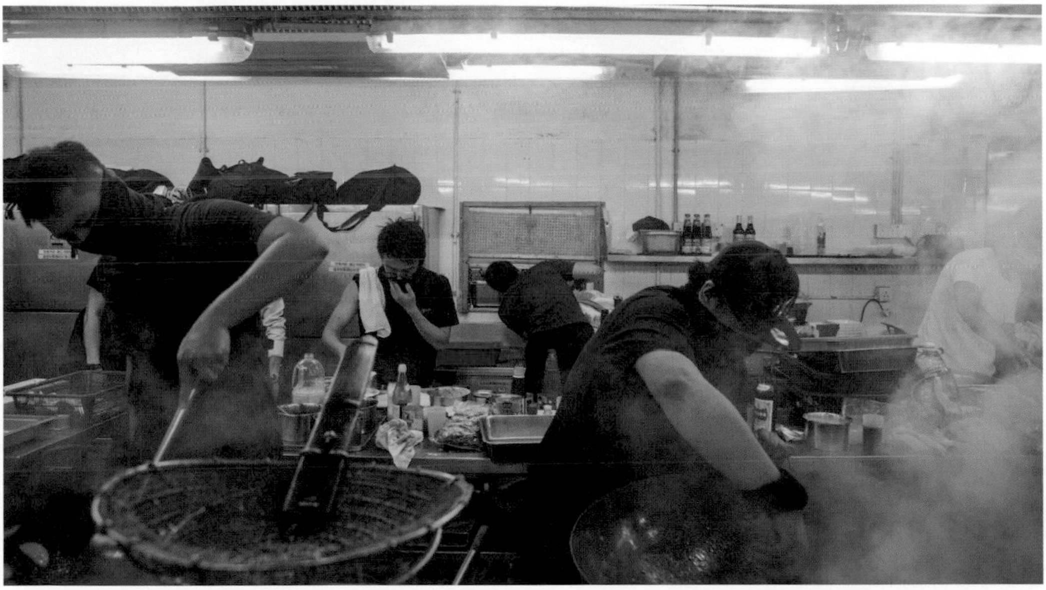

» 二〇一九年十一月十四日，理大留守者在飯堂戴著口罩煮食。（攝影：陳焯煇／端傳媒）

到理大附近與警方對峙，嘗試「反包圍」校園，救出被圍困者。到了夜晚，至少上千名市民在理大附近的佐敦、尖東和油麻地旺角一帶聚集。在尖東，人潮聲勢愈來愈大，當中不乏穿著西裝、白領套裝的男人女人，剛剛下班，拿著雨傘挎（拎）著皮袋，加入反包圍的陣線。人潮在尖東海旁沿著梳士巴利道築成長長的人鏈，至少超過五百米，不間斷傳遞防護裝備、燃燒彈。

「要 gear（要裝備）！」「入 Poly（理工大學簡稱）！救學生！」人們不斷喊著。而警方則在另一邊漆咸道南派出水炮車，攻勢正起，催淚彈「嘶嘶」地滾來，許多人大叫「狗來緊！（示威者蔑稱警察為狗）」人們後退、四散，又重新聚集：「唔好散水（人別散了）！」

「有經驗的示威者通常不會一見到催淚彈就後退，今晚顯然很多沒怎麼去過前線的人。」一名示威者分析。當晚不少示威者均沒有穿著黑衣，對勇武示威者在過去數月慣常的砸碎磚頭、設置路障等也不熟悉。

一些和理非市民第一次嘗試做出勇武的行為。小學老師阿瑩過去只參加有不反對通知書的集會，這天她第一次幫忙設置路障、傳遞磚頭和汽油彈，還站在了示威者防線較前位置；同時也第一次吃了催淚煙，第一次和律師朋友交代個人信息、做好被捕準備。

這一天，參與反包圍行動的市民，至少二百一十三人被捕。

而與此同時，理大圍城內，示威者正準備第四次突圍。魚死網破，他們抱著一種希望：只要奮力，他們或許可以與外面支援的上千名市民會合。John、盧卡斯和大約三十名的勇武前線這時做好了衝出去的準備。他們大部分人隨身帶上利器，包括一把長約一米二的關公刀。John 說，不止自己衝出去，還要帶領後面約三百至四百名被困的示威者，不被捕地離開。

## 「投降」‧「骨氣」

一些城外人的到來與嘗試調停，很快打散了城內準備第四次突圍的意志。

十八日晚上，兩批人來了，一批是前立法會主席曾鈺成帶同港大法律系教授張達明、前監警會委員鄭承隆及理工大學校董會主席林大輝，另一批是葉建源議員與約六十位中學校長。林大輝的出現，結束理大無任何老師或校職工在場協助的局面。

天主教慈幼會伍少梅中學校長李建文是第一批進入理大的中學校長。「你走！不用你來！」「為什麼現在才來？！」一些黑衣示威者戴上頭盔口罩，嚴陣以待，質問一擁而上。

John 曾經在理大讀過一年副學士，他主動出示學生證，問李建文：「如果我想出去，你可以幫到我嗎？」李建文問他是否十八歲以下，John 說不是，李

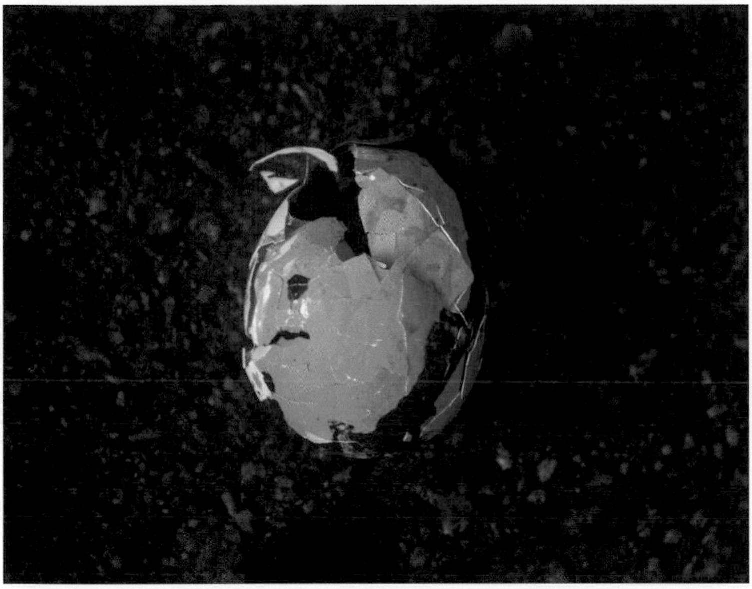

» 二〇一九年十一月十七日，理工大學外一個被藍色水炮射中的雞蛋，染了色並已破裂。（攝影：陳焯煇／端傳媒）

» 二〇一九年十一月十八日，警方出動水炮車驅散示威者，示威者則向水炮車投擲汽油彈。（攝影：陳焯煇／端傳媒）

建文告訴他，他只能幫到未成年學生。「所以你不是來幫我們的啦？」John 語帶諷刺。

根據中學校長代表當晚與警方的協調，警方最終給出這樣一個方案：若從警方防線出來，十八歲以下學生不會被拘捕，但須拍照和記下身分證資料，警方保留追究權利；十八歲以上則立即拘捕，校長可陪同拘捕過程。

盧卡斯、John 和一些示威者懷疑校長們的目的，是替警方帶走未成年學生，減少人數，邊緣化勇武前線，以「打散示威者」。他們不相信校長，更不相信曾鈺成，歸根究柢，他們不相信警方。

「就算今日不拘捕，日後一定會拘捕。」盧卡斯高聲責罵道：「×你老母，你為什麼現在才來？你早兩日來，這些小孩就可以走了。你現在來拿光環，害死他們！」

有人一度拉弓，箭指李建文。

但有人慢慢從人群的後方走出來，向李建文等人靠近：「我可以跟你們走嗎？」

據李建文觀察，這些想走的人以中學生居多。一個學生想跟李建文走，被其他示威者指責，一些示威者想拉他回去，李建文又將他拉了回來，帶他離開。見一個中學生神情緊張，李建文主動擁抱他：「阿仔（小朋友），你哪間學校？」然後牽著他手前往警方防線。「見到警察，你不用怕。我會一直陪著你。」

「這也許是最壞也是最好的時候，」李建文事後回想，「他們想和警察『死過』（拚命），我不能讓他們這麼做。」

這一晚，曾鈺成一行人及校長們共帶走一百多名學生；部分學生受傷、發燒，需分批送往多間醫院治理。

「我們錯失了一個機會，」盧卡斯懊惱，「衝出去是有機會的，曾鈺成、林大輝分散了大家的注意力。」而看著眼前的場景，盧卡斯和 John 等勇武示威者認為，既然這麼多學生想走，他們再留下也沒有意義。

校內氣氛變得微妙。

盧卡斯發現裡面的人好像愈來愈少。他一直守著A座，一開始並不清楚別處情況，直到收到逃到校外的人的消息，他才確信大家正在離開。他有點感覺「被出賣」。

而對於其他一些人來說，避開警察逃離是更好的

» 二〇一九年十一月十八日，示威者在理大出入口及天橋連接燃點路障，阻止警方攻入校園。（攝影：廖雁雄／端傳媒）

» 二〇一九年十一月十八日，理大留守者嘗試突圍，翻過圍欄試圖離開理大校園。（攝影：廖雁雄／端傳媒）

選擇。十八歲的善浩和三人結伴尋找出路。他們在校園裡找了一間教室做休息室，只要從手機中打聽到可能的路線，他們就出去嘗試。餓的時候，大家吃杯麵。

善浩的父親給他發了一則短訊：「你就算被人抓了，平平安安出來沒事就好，我不會怪你。」善浩哭了。對他來說，接受警察登記，意味著一種「投降」，是「沒骨氣」的事。

校園內，像善浩一樣的年輕人三三兩兩組隊，一開始還互通消息，後來他們發現，消息被放上Telegram公開，逃離路線因此被曝光。他們變得沉默，在校內不同小隊遇見對方時，彼此間不再多說。

「全部人都在找路走，但大家都不會交流，因為每個群組都說不要對其他人說，不要（把路線）發布出去。」盧卡斯說。「如果大家保密，真的可以變成空城，全部走。不過這是一個夢想。沒法控制他們。」

A路線通往校外某處，B路線可穿過地底隧道，C路線有剪爛的鐵絲網可以鑽出去……盧卡斯不斷收到各種「逃生信息」，他嘗試過，均告失敗。

被圍困數天之後，人們的時間感開始變得模糊，也開始失去收拾和清潔的心情。

食堂廚餘開始爬滿蛆蟲。食物究竟夠吃多少天，眾說紛紜，人們只知可到食堂煮麵，或等外號叫「廚師」的中年男子煮食。但「廚師」並非三餐按時到位，年輕人餓了便隨手拿起地上不知從何收集而來的能量bar等零食，吃不飽，但「不會餓死」。電源倒不用憂愁，校內各處課室均有插座和USB線。

校園遍地是廢棄的衣物、塑料瓶、防毒面罩、眼罩、頭盔，用玻璃瓶裝著的汽油彈。校長辦公室和星巴克咖啡店的玻璃被打碎了。砸校長辦公室是抗議「長期失蹤的」的理大校長；砸星巴克是抗議代理的美心集團大股東家族的伍淑清，因她多次表態譴責示威者。一些示威者在乾枯的游泳池中練習投燃燒彈，幾乎所有牆上都寫滿了抗爭標語：「光復香港、時代革命」、「香港人報仇」、「If not we, then who? If not now, then when?」

一些學生開始情緒不穩。十一月十九日下午，在A座對面的空地，張達明和社工不斷勸說學生跟他們離開。兩個十四和十五歲中學女生非常憤怒，低聲對社工說：「我警告妳不要再靠近我！」她們兩天內只睡了不到三小時。

» 二〇一九年十一月十八日，一批留守者嘗試從理大天橋游繩脫困。（攝影：廖雁雄／端傳媒）

## 解封・出路

早前經過一日一夜的衝突，艾倫耗盡了自己帶來的四十支箭。他失去了鬥志。一時想直接出去投降，一時又想死守。十八日下午，三次突圍不果後，一些隊友找來逃走路線，將艾倫又拖又扯，脫掉他全身的黑色衣褲，給他穿上新衣，拽了他出去。

已經離開的艾倫覺得自己欠了留下來的人一命。當朋友告訴他，找到渠務處地圖，問他要不要試「水路」回去救人時，他一口答應了。十一月十九日凌晨，他中了彈的傷口還未痊癒，就和朋友來到鬧市一條後巷的下水道口。

在漆黑的下水道中，他解開繫在腰間的行山繩後，又彎腰走了一個多小時。兩小時後，他根據行山定位儀，發現自己抵達了理大。推開下水道口頂蓋的一刻，他感覺「劫後餘生」。

他渾身淤泥，在學校裡悄悄選一些看上去體格較好的人，「過來我們聊一下吧？」最終，約三十名示威者願意跟他一起從下水道逃出去，當中有約十名女性。

» 二〇一九年十一月十八日，理大留守者。（攝影：陳焯煇／端傳媒）

» 二〇一九年十一月十九日早上，救護員協助理大留守者登記，包上保暖毯再送院。（攝影：林振東／端傳媒）

下水道裡，這些年輕人每走幾步就問：「真的能出去嗎？」艾倫每次都回答：「快到了，快到了。」艾倫記得，從鬧市爬進水道時，天是黑的；當幾十人一起爬出井蓋時，天已經亮了。

John也不願意循正規出口離開。只要有一絲機會，他都不願「投降」。十九日凌晨，他從火車路軌離開封鎖範圍，為了不引起警察注意，五百米左右的路，他躡手躡腳走了一個多小時。

十九日晚上，盧卡斯因為朋友受傷，他陪朋友上了救護車，接受警方登記身分證資料後離開。離開後，他眼不離手機，隨時更新理大消息。他仍是睡不著，尤其不能躺著睡，只能坐著，且最多睡三小時就驚醒。

二十日，保安局局長李家超見記者時表示，一共有大約八百人離開理大「自首」，這一說法被認為是違背了此前和中學校長的協議，輿論譁然。後來，李家超改口指，未成年者不會立即拘捕。

二十日之後，所有義務急救員都離開了，剩下的留守者愈來愈少，身體和精神狀態都在變差。

十一月二十五日，兩名留守者蒙面見傳媒，稱估計校內尚有約三十人，又指留守者長期處於驚恐狀態，有人拒絕進食，甚至失去語言能力。他們表示，留守者害怕有警方臥底，因此匿藏在不同地方，有人要社工主動送餐才願意進食。多日接觸留守者的中學校長李建文聽了，覺得並不出乎意料。「成日擔心被捕，絕望和擔憂，是最辛苦的。」

一些校長、老師、社工等仍希望帶留守者出來，前監警會委員鄭承隆是其中一個。鄭承隆幾乎每日都去理大，試過逐層樓搜索，向空無一人的走廊大叫詢問有沒有人，隨即聽到有人把房門鎖上的聲音；試過與一名大學生散步談心，男生一路上與他辯論警權濫用的問題，談了兩小時，男生還是決定不走。

鄭承隆認為，中大和理大事件反映香港社會狀況：在長達五個月的反修例運動裡，年輕人不信任政府及警方的，同時希望聲音得到聆聽。

「需要一些官方承認的『街外人』（第三方）與他們對話。我們曾經和林鄭的對話辦談過，他們做過什麼工作？警方拘捕的人數，遠遠超出政府『對話辦』[2]對話過的人數。」鄭承隆說，「他們（示威者）是希望你們真的有人願意坐下來聽他們的聲音，甚至要求泛民和建制派議員見證。」

2 香港政府在二〇一九年九月十六日宣布成立「對話平台辦公室」，負責籌辦對話平台，實現特首林鄭月娥所宣示的「與不同政治、不同背景的人士見面，共謀出路」。辦公室成立以來，已經辦過一場公開對話，及宣稱舉辦多場閉門對話。

» 二〇一九年十一月十九日，一群留守理工大學的示威者在逃跑時遭警方發現後被捕。（攝影：陳焯煇／端傳媒）

園封理大六天之後，十一月二十四日，香港經歷了一場非建制大勝的區議會選舉，十一月二十九日，警方宣布解封校園。此前一天，警方連續兩日派安全小組和刑偵人員入校搜證、處理危險品，報稱檢獲三千九百八十九支汽油彈、一千三百三十九支壓縮氣體，以及攻擊性武器包括錘子、弓箭、投擲器和氣槍。這時傳出警方未來有可能提升武力裝備——被問及會否引入更高武力裝備例如木彈，新上任的警務處長鄧炳強透露，會檢討及考慮。

「再多的子彈，也不能解決政治問題。不如大家討論下子彈以外的方法，從源頭去溝通。」李建文說。

在封鎖的整整十三天裡，一共有一千三百七十七人被捕，其中八百一十人由理大離開時被捕，五百六十七人於理大外圍被捕；另外，十八歲以下離開時被警方登記身分資料的人數，有三百一十八人。

理大解封了，李建文卻說，「這不是完結，

» 二〇一九年十一月二十日，理大邵逸夫體育館，只有一位留守者。（攝影：林振東／端傳媒）

相反這才是開始。對於經歷不同程度創傷的學生，我們都應該長期跟進（追蹤）。他們是一個生命，不是一個數字。」目前，他正在跟進從理大離開的一些學生，他們患上了創傷後壓力症候群，經常不停回放被困的記憶。

「社會各界互信度好低，香港走到現在，是以往都沒有試過的境地。」李建文說。

從下水道出來以後，艾倫頂著子彈的傷口，正忙著找工作餬口。他說自己還是會繼續上街參與前線行動。有朋友跟他說，你不上街抗議不就沒事了？艾倫說，不出去的話，未來要怎樣？你可以承受未來是現在這個樣子？我承受不了。

（為尊重受訪者意願，艾倫、盧卡斯、John、善浩、阿輝均為化名。）

（梁中勝、劉鈺怡、韋穎芝對本文有重要貢獻。）

**11 月 19 日**

- 凌晨理大校長滕錦光進入理大，呼籲留守者離開，他下午再度入校，拒傳媒訪問。
- 示威者開始以爬下水道等方式逃離，有消防員叫停並多次進下水道搜索。
- 晚上，二十多名留守理大的義務急救員宣布離開。多名逃走示威者被捕。

**11 月 20 日**

- 警方早上在理大附近下水道口拘捕六人，懷疑有人從下水道逃走，其中一人為「熱血公民」副主席鄭錦滿。
- 保安局局長李家超稱已有近九百人「自首」，說法被質疑違反與校長協議，他隨後澄清指十八歲以下人士不會被立即逮捕。

**11 月 21 日**

- 多名社工、傳道人、牧師到理大探望留守者，理大學生會估計尚有約七十人 留守，形容校內瀰漫絕望氣息。
- 警方指已有約一千人從理大離開，當中約三百人是十八歲以下人士。
- 夜晚有警員向校內喊話，稱留守者如拾荒者一樣要吃「生命麵包」。

**11 月 23 日**

- 前全國政協委員劉夢熊深夜到理大帶走留守者。

**11 月 25 日**

- 約六十名民主派新當選的區議員在尖東集會，要求警方解封理大。
- 有兩名留守者蒙面見傳媒，稱估計校內尚有約三十人。

**11 月 26~27 日**

- 理大派出九個小組連續兩日進入校園搜索。
- 警方於十一月二十七日重新開放紅隧。

**11 月 28 日**

- 警方進入校園蒐證、處理爆炸品，稱無發現示威者。

**11 月 29 日**

- 警方解封校園，由理大接管。警方稱查獲三千九百八十九枚汽油彈、一千三百三十九件爆炸品。

## 理工大學圍城時間表(2019年11月11日–11月29日)

**11月11日**

- 網民發起「黎明行動」,示威者在理大附近堵塞紅隧。
- 警方早上向校園內發射催淚彈,一度入校舉槍及拘捕一人;理大宣布停課。

**11月12日**

- 網民發起「破曉行動」,示威者在理大附近築路障堵塞紅隧,多人被捕。
- 理大學生校董李傲然到場瞭解,後稱遭防暴警員拳毆。

**11月15日**

- 多間大學被占領,校園附近被堵路。有義工自發在食堂煮食,設「抗爭飯堂」。

**11月16日**

- 警民衝突在夜晚加劇,防暴警察發射催淚彈。示威者退入理大校內。

**11月17日**

- 早上約十時有市民自發清理理大附近路障,示威者阻止,防暴警察到場,對峙開始。警方隨後發射催淚彈及出動水炮車,示威者投擲燃燒瓶及磚頭,有人射箭。
- 下午有一名記者頭部中水柱休克,一名警員小腿中箭。
- 晚上警方出動兩輛銳武裝甲車,並封鎖理大,要求校內所有人在晚上十點前從Y出口離開。並稱不排除以實彈還擊。
- 有記者及義務急救員循Y出口離開時被捕。

**11月18日**

- 凌晨五點半,警方攻入理大正門,示威者抵抗,正門燃起大火及傳出爆炸聲。
- 數十名理大被困者的家長在尖東橋旁靜坐,要求警方讓示威者平安離開。
- 市民反包圍聲援理大,中環、油尖旺白天有市民走出馬路。
- 晚上大量市民於太子、旺角、尖沙咀組人鏈運送物資。
- 反包圍中,至少二百一十三人被捕。油麻地警方驅散行動險釀人踩人。
- 晚上有校內人士以遊繩方式從天橋逃離。
- 晚間十一時許,曾鈺成、張達明、數十中學校長到理大,稱與警方協議,十八歲以下人士登記身分後可不拘捕離開,過百名學生跟隨離開並接受警方登記。

【民調】No. 3

# 關於「反蒙面法」和武力升級——趙安平

十月五日香港政府引用《緊急情況規例條例》訂立的《禁止蒙面規例》正式生效，在「十一抗議」之後再次引發激烈抗議。香港中文大學「傳播與民意調查中心」針對「禁蒙面法」、「武力使用」以及對「暴力衝突升級」等議題發表了一份民意調查。

針對「禁蒙面法」：高達七一・四%民眾表示反對（含「頗反對」及「非常反對」，下同），十九・三%支持（含「頗支持」及「非常支持」，下同）。

六二・三%民眾認為禁蒙面法對於平息激烈抗爭行動有反效果、二一・二%認為沒什麼幫助，一五・一%認為有助平息。

五六・六%同意（含「頗同意」及「非常同意」，下同）示威者有權在示威現場蒙面，、二五・一%不同意（含「頗不同意」及「非常不同意」，下同）；但對於警察在現場蒙面則是一七・四%同意、六六・六%不同意。

對於訂「反蒙面法」的依據《緊急法》，七六・六%反對政府再次引用（以訂其他法規），一七・七%認為應該再引用。

對警察和示威者「使用武力」的觀感：同意「示威者使用過分武力」者占四一・四%，二九・三%不同意。同意「警方使用過分武力」者占六九%，二〇・六%不同意。

「十一」當天，一名警員以實彈射擊示威者，問卷設計了四種態度詢問受訪者態度，結果是：一一・四%的受訪者認為「警察開槍只是自衛，做法完全合理」；一八・六%認為「現場混亂，開槍做法有爭議但可以理解」；二〇・四%認為「警察向心口開槍的做法係不能接受」；四八・一%認為「警察當時根本不應該向示威者開槍」。

問卷問道，受訪者認為抗議活動是不是一定要堅持「和平非暴力」原則，六六・八%同意，一三・

五%不同意。

但問卷接著問道：「當大型和平示威都未能令政府回應時」能不能「理解」示威者的激烈行動？五九・二%同意，二七・五%不同意。這個數字，比起一個月前的調查，同意者增加了一三・五個百分點，當時的不同意者為二六・九%，基本保持不變。

對於示威者與不同意見者之間俗稱「私了」的打鬥，問卷提示三種態度：不應該向他人動武，應交由警方處理，同意者二五・八%；可以自衛，但只限於制服對方，同意者五二・六%；可以武力還擊對方，同意者一八・二%。

而在「政府回應」方面，高達八七・六%受訪者認為，為了平息風波，政府應成立有法定調查能力的獨立調查委員會，八一・三%認為應該重啟政改落實雙普選、七三・三%認為特首林鄭月娥應引咎辭職、六八・八%認為應該大規模重組警隊、七六・六%認為不應該引用緊急法設立其他措施。

被問到誰要為現時的暴力衝突負最大責任時，有五二・五%受訪者認為是特區政府、一八・一%認為是警方、九・六%認為是示威者。

至於市民對警方的信任度，在滿分為十分的狀況下僅得二・六分，創空前新低，其中五一・五%受訪者給予〇分（完全不信任）、九・三%給予十分（完全信任）。在十五至二十四歲受訪者中有八九・三%、二十五至三十九歲受訪者中有八三・八%傾向不信任警方；六十歲或以上受訪者中也只有三〇・五%傾向信任警方，五六・七%亦表示不信任警方。

這份民調由香港《明報》委託香港中文大學傳播與民意調查中心進行，是該中心針對反修例運動所做的第五輪民調。調查時間為二〇一九年十月八日至十四日，訪問七百五十一名十五歲以上能操粵語的香港市民。在九五%的信心水準下，抽樣誤差為正負三・六%。

## 延伸閱讀

十月一日發生了反修例運動第一起直接槍擊抗議者事件，〈十一荃灣槍擊現場〉，透過細密的採訪，為這起事件留下第一手史料。

對於港府面對反修例運動的策略，特別是祭出以《緊急法》訂定《禁止蒙面規例》的法律及政治效應，推薦閱讀三位評論家的作品：

〈馬嶽：「反送中」風暴——目中無人，制度失信，殘局難挽〉

〈劉銳紹：《禁蒙面法》火上澆油，「一國兩制」恐加速死亡〉

〈秦逸渢：緊急法違憲——法庭說了什麼？人大會釋法嗎？〉

此外，對於香港政府一再強調「平亂後才可調查」，端傳媒作者翻查了在英國的解密檔案，〈重溫九龍騷動調查報告〉，希望以史為鑑。

# 9

# 拆局者

端傳媒在反修例運動的報導中策劃了「拆局系列」，帶著「香港困局，你我都不是局外人」的問題意識，邀請政界中人、學者、時評人做長篇深度專訪，拆解局勢，理順脈絡，探尋出路。

書中收錄的三篇專訪，受訪者各有其代表性：曾鈺成是香港建制派最大政黨「民主建港協進聯盟」創黨主席，也曾經擔任立法會主席。他多年來擁護建制，不時為北京代言，但隨著政治氣候愈發高壓，他在政治光譜上也愈發被視為開明建制派，不像主流建制派一樣盲從北京，也敢於提出「超越底線」的主張。例如在運動轉趨激化，北京和港府口口聲聲「止暴制亂」時，曾鈺成就提出要解決問題，必須重新啟動政治改革方案的討論，而且不妨把北京為政改制訂的框架暫時擱下。

劉細良出身民主派陣營，長時間在媒體業工作，同時也曾在一九九二年及二〇〇六年兩度擔任港府中央政策組顧問，後一次是在曾蔭權特首任內受邀。他自稱進政府體制，是為了進入權力中心，近距離觀察「一國兩制」如何運作。身為「前一代」民主運動者，劉細良的訪談卻悔恨自己這一輩人當年「中港命運共同體」的信念，如何造成北京步步進逼，誤了年輕世代。整篇訪問除了分析香港本土意識的崛起，更是一篇情感豐沛的「懺悔錄」。

周永康則是雨傘運動的學生領袖之一，二〇一四年他任「香港專上學生聯會」祕書長，帶領學聯參與雨傘運動，也因而入獄。出獄後他到美國讀書，遠觀反修例運動，也曾和黃之鋒共同署名在《紐約時報》發表文章〈香港人民不會被中共嚇倒〉，持續在運動中發聲。做為香港九〇後一代，他會如何理解今日風起雲湧的本土思潮？

（李志德）

# 【專訪】曾鈺成：我希望各方面能迷途知返，或是物極必反

——陳倩兒　文編：李志德

局勢緊張，香港人的手機一天二十四小時蹦出無數風聲。中央是緊是緩？解放軍來了嗎？CIA給錢示威者了嗎？到底，是哪些勢力搞亂了香港？

曾鈺成講了一個故事：「我聽過一個內地教授說，美國就是要搞中興（中國中興通訊公司），當時是習近平親自打給特朗普（台譯川普）說『不要搞中興啦』，特朗普就說『好啦，我不搞』，之後就收手……大家有交換。」「如果美國對香港真的有這麼大影響，問教授可不可以叫習近平多打個電話給特朗普，叫他不要搞香港，那就搞定……就不關我們的事，林鄭又沒有犯錯，建制派又沒有。」他抿著嘴，忍不住笑。

多少只是調皮話。他隨即話鋒一轉，指出此刻港府和中央政府最重要的，「是反思內部的問題。」「這樣才有意思，外國勢力你是喝不住它的，如果這件事真的是外國勢力搞出來，你吵一下，就算證明得到，又如何呢？」

一九四七年出生，年過七十，大半世打滾香港政界。做為傳統左派，創立香港建制第一大黨民建聯（民主建港協進聯盟），做過五屆立法會議員，也加入過形同政府內閣的行政會議，後連續兩屆當選立法會主席。近年香港政壇空間愈發緊縮、建制中人動輒歸邊，曾鈺成的形象，則愈發顯得開明和活潑，至少，他被認為是明白事理的人，少放狠話，更重斡旋。二○一六年，他登上《時代》雜誌封面人物，該報導以「香港的希望」形容他，認為他能在中港之間、建制和泛民之間搭建橋梁。二○一二、二○一七兩屆特首選舉，他都曾表態過有可能參選，後來卻不了了之。

做為一個「仍然相信一國兩制是對香港最好安排的人」，他仍希望搭橋，儘管橋已經愈發脆弱。橋兩邊的人，有人生疑，有人抵觸，有人不屑不顧，不見得都願意上橋。

五年之後，懷柔手腕和務實政策似乎在香港蕩然無存，世界格局風起雲湧。二〇一九年八月二十三日，我們的專訪約定在培僑書院的教學樓裡進行，數天之後，這個暑假即將結束，新學期要來了，社會流言四起。那天校園裡一片平靜，清潔阿姨們一邊閒聊一邊用水喉噴灑，想把地面上積壓許多的灰塵沖刷掉。曾鈺成說，香港問題走入惡性循環已久，這次爆發出來也是好事，「讓大家看得比較清楚，原來真的是有問題，打開蓋子，原來裡面是這麼混亂。」

» 曾鈺成做為傳統左派，曾創立香港建制第一大黨民建聯，回歸後曾任五屆立法會議員，也加入過行政會議，於二〇〇八年至二〇一六年擔任兩屆立法會主席。（攝影：林振東／端傳媒）

以下為曾鈺成專訪問答，經端傳媒整理。端傳媒的提問用粗黑體標示。

## 「不向反對派做出任何讓步，都不排除可以回應市民的訴求」

**端：反修例運動持續接近三個月，目前運動走到這一步，香港面臨史無前例的管治危機，你如何看待目前的局面？**

曾：這真的是冰封三尺非一日之寒，今日爆出來，調轉頭看，不是一日之間造成的，是過去這麼多年社會上積累的怨氣，或你可以說，是一國兩制實踐中的矛盾問題未有解決，以及港人治港、特區管治裡出現的問題又沒有解決，在社會上一路積累成好（很）強的怨氣。現在爆出來可能都是好事，讓大家看得較清楚，原來真的是有問題，打開個蓋，原來裡面這麼混亂。如果大家仍然不忘初心，是繼續想維護一國兩制，就應該思考怎解決問題，這也是我（為什麼）覺得你去研究「外國勢力干預」是沒有意義，外國當然有勢力在這裡，你思考是不是「顏色革命[1]」都沒有意義。

從中國政府來看，讓人通過「顏色革命」嘗試去顛覆的政府來看，顏色革命一定是負面的。但調轉來說，曾有個前任美國總領事，和我交談的時候非常自豪地對我說：「哪裡哪裡的顏色革命有我們份，哪裡哪裡的顏色革命有我們的支援幫他策動。」顏色革命成功就成功在推翻原來的不民主政府，美國就覺得自己是全世界、自由世界的領袖，我支持這些民主革命有什麼不對，是不是？從這角度看，美國人、美國政府當然認為現時這場風暴是香港人要爭取民主，CIA不做事就等於失職，所以一點不奇怪。

我覺得（反修例運動）這件事對於特區政府及中央政府來說，最重要都是反思內部的問題，這樣才有意思，外國勢力你是喝不住他，如果這件事真的是外國勢力搞出來，你吵一下，就算證明到是又如何？是不是外交部出聲明罵一下，下次又來。這不是我們控制得到，但處理我們自己的內部問題就是我們的責任，所以中央及特區政府要看就應該看內部的矛盾，就是一國兩制及特區管治的矛盾。

**端：在你看來，目前中央對於這場運動的定性和核心政策是什麼？**

曾：我認為中央政府是比較審慎的。張曉明（國務院港澳辦主任）在八月七日深圳那個會議上的說法是「今次的事件是帶有明顯顏色革命『的特徵』」，他沒有說這件事是顏色革命，是帶有特徵，他有列舉一些特徵，那些是事實來，但是不是有那些特徵大家就還可以討論。問題在於「咁又點呢（那又如何呢）？」一個判斷是有意義還是沒意義，就看那個判斷是不是會影響你具體的行為。暫時未看到，有哪些中央的具體對策是說明中央已經認為這是顏色革命。

國務院港澳辦楊光出來三次，他第一次出來的時候，《新華社》記者直接問他外國勢力在這件事上扮演什麼角色，他就說了好多，全部都是（外國）發表的言論，中國政府是不是認為外國勢力介入就是發表言論？這個未去到所謂顏色革命的層次，他沒有說到

1 Color revolution。是指二十世紀八、九〇年代，主要發生在中亞和東歐，主張以和平、非暴力的方式促進本國政權和政治體制發生變更的運動。在立場上通常較為親西方和美國。

在組織、資源上的事。我猜是因為外交的關係，沒有真憑實據就做這些指控（不妥）。如果中央所說的外國勢力介入就是指外國政客講嘢（說東說西），西方世界發表言論，你中國都可以大聲罵美國，這些不算是外國勢力介入。

占中的時候，梁振英說（外國勢力介入）有真憑實據，晚些會讓大家知道，但後來都沒有啦。現在我不知道是不是有真憑實據。董先生（香港前任特首董建華）又說台灣勢力介入，有沒有真憑實據都沒有提出來，所以這些就只能猜測。

張曉明那次的信息好清楚，中央政府怎樣處理這件事，好簡單，壓倒一切的任務就是要「止暴制亂」，停止所有動亂再說。至於成立獨立調查委員會，張曉明那次都不是完全絕對否定，「現在還在亂怎搞？亂完再說。」是這樣的意思。第一件事是什麼時候才可以停下來。

張曉明的說法是，香港的局勢要出現轉機，「不能靠對反對派妥協讓步」。但如果政府宣布在止亂之後成立獨立調查委員會，不是對反對派的讓步，是對廣大市民提出要求的回應，除非你將所有提出這個要求的人都變成反對派，我相信不是。所以就算特區政府認為要按照中央政府的這個意見，即是不向反對派做出任何讓步，都不排除可以回應市民的訴求。

## 撤回修例、獨立調查委員會、重啟政改、收地建屋

**端：輿論認為，目前管治危機的雪球愈滾愈大，問題出在港府至今沒有踏出一步，去回應市民訴求，你怎麼看？**

曾：這麼大的風波，如果想由管治班子出來做什麼事就可以平息到，這就太過天真。我認為，用中央的說法就是「止暴制亂」，止暴制亂有兩手：一個就是武力的一手，警隊要執法，我認為警隊的嚴正執法、果斷執法是有需要的，不應讓我們的社會發展到這個地步，葵芳站你圍（港鐵）職員，關佢地咩事呢？（關他們什麼事呢）？你這樣來虐待，而且你一動就即刻照你眼（指部分示威者用鐳射筆照人），是流氓的行徑，我們不應該容許。遇著這些人，無論他是示威者、反示威者，還是白衣人，社會絕對不應該縱容這些，

違法就違法，你阻礙機場運作當然是違法，有法律規定。

但另一個方面，為何今次整件事造成警隊執法有這麼大的困難？因為好多市民支持示威者，為何這麼多市民支持示威者？因為他們對政府好不滿，為何對政府不滿，有短期的有長期的，短期就是這次政府在處理這件事的手法，好多人都認為不能接受。長期的就是，過去多年積聚了市民對政府，包括特區政府、中央政府的怨氣，這些都不是一時三刻可以解到的，所以你說現在政府是不是要做嘢（做一些事）？政府當然要做嘢啦，但公道點講，你不能說林鄭唔做嘢。

**端：你認為，怎樣才叫做嘢？**

曾：你其中一項就真的要回應到市民，不單只是這些示威者，更加不是那些激進示威者的訴求，你要回應到市民的要求，包括撤回修例及成立獨立調查委員會，這兩條最簡單。

民陣的五大訴求其中一條是成立獨立調查委員會，那個獨立調查委員會是好清楚的，就是查警察，所以這樣說政府就有藉口說「查警察已經有監警會，你信不過監警會已有機制」，大家就變了爭執這一點。

如果說廣大市民，就我認識的好多人當中，有些甚至是沒有參加示威的，都問「為何不成立一個獨立調查委員會？以前大事件如鉛水[2]都會查」，為什麼不可以？我覺得可以。我覺得政府是應該考慮，如果政府是真的做了一、二件事，令到出來遊行的市民「條氣順啲」（氣順一點），就不會出來再撐衝擊的人，我覺得這可以做，為何不可以做？

政府現在要出來宣布，當社會回復平靜，所有這些亂象基本上平息下來，就委任一個獨立調查委員會去回顧整件事，我覺得這是可以做。

**端：除了上面提及的撤回修例和成立獨立調查委員會，你認為還有什麼措施可以做？林鄭月娥特首說要有「大膽」的施政措施，你希望是什麼？**

曾：大家最期望政府的大膽措施其實只有兩項：一是「幾時有普選」，這個大家都知道不是一時三刻可以做到，現在北京就說我的底線是「八三一」（框架），泛民就說八三一我一定不接受，那你怎樣解決呢？這是一件大事，我相信林鄭的施政報告都未必能

2 「鉛水事件」，指二〇一五年七月在香港部分公共住宅、私人住宅、醫院、教育機構等地，發現飲用水管路含鉛超標事件。時任行政長官梁振英宣布組成「獨立調查委員會」，二〇一六年五月公布調查報告。

» 二〇一九年七月二十一日，反修例遊行隊伍經過銅鑼灣，有要求成立獨立調查委員會的巨型標語。（攝影：林振東／端傳媒）

碰這件事。

另外一件我覺得可以做，就是解決住屋的問題，這是社會上民怨最重的原因，你點樣叫大膽呢（什麼樣搆得上叫「大膽」）？我就提議在土地供應小組諮詢的時候，好多人話（說），「為何政府不收地？用你《收回土地條例》的權力，去收回在新界的農地，好多都在發展商手上，收回來建公屋」。林鄭的局長說，「我們不能隨便用，要收人地好容易引起訴訟」，但按照那條例及以往政府經常收地的經驗，如果收來做公共公眾用途，包括建公屋，官司是沒有得打，條例寫得好清楚。如果政府現在即刻講收地，然後承諾在餘下的任期，三年時間，將輪候公屋的隊伍，由現在的五年半縮短至三年，那就能舒緩好多人的情緒。這個意見發展商都不會敢抗拒，收來做公屋，你沒有得告。

一個是政治，一個是民生，兩方面，你是有權可以做。

**端：政治方面，你之前亦提及核心問題是普選問題，七月初接受電視台 NOW 的專訪當中，你當時大膽假設，是否有可能重啟政改，但不以八三一框架[3]為前提。走到現在，你覺得有沒有可能？**

曾：這是好艱難的事。你一講，中央政府或我們建制派就會問：「你是不是想推翻八三一呢？」

我可以同你講，我私下同部分民主派的人討論，當然不是最激進那些，他們都明白是要接受八三一。我們的想法就是，不想將八三一成為拒絕磋商的理由；（假如）大家坐下來討論普選怎樣做，這邊就八三一，另一邊就話不要八三一，收檔（收攤）。

我們做過三次政改，一次是通過，兩次是失敗。第一次失敗在〇五年，失敗之後曾蔭權就說：「原來全世界只一個人想個政改方案通過，那個人叫作曾蔭權。」他發覺原來好多人口講想通過政改，實際在心裡就有各種原因不想政改方案通過；一四年都（也）是，好多人可能心裡都是不想政改方案通過，所以不過之後好多人就舒一口長氣，「哇，好彩（幸好），如果通過到就麻煩。」現在仍有人這樣說，「好在那時不通過」，因為有人不想動，即是一講的時候就有好好的藉口，「喂邊有得傾呀，北京就八三一，泛民就反八三一，冇得傾，咁就唔使傾啦（喂哪有得談呀？北京就八三一，泛民就反八三一，沒有得談，那就不用談啦）。」

我就話可不可以不用這個來做擋箭牌，坐下來討論一下，我們是不是想先往前走一步？是就要想想怎樣走法？或者到最後出來的方案，對中央來說是和八三一一樣這麼容易接受呢？

**端：這涉及一個信任的問題，中央和香港，建制和泛民之間的。你做為建制派中觀點相對開明的，看來希望能夠讓兩邊可以對話，尋求共識，不過可能泛民陣營中也會有市民不信任你：如果我們真的相信，坐下來談，是否真的會爭取到訴求？**

3 二〇一九年八月二十六日早上，人大常委會會議在北京閉幕，全國人大常委會辦公廳新聞局局長何紹仁在記者會被問到香港政改通過的「八三一決定」是否有修改空間，他回應說，「八三一決定」具有法律效力。

曾：那又如何呢？這些人自己走到一個角落，又如何？香港繼續下去可以嗎？

深藍好、深黃好，他們想不想一國兩制先？如果真的是「攪炒派」那就無話可說，那些就不用和他談，但我認為那些人是少數。就算你是深藍、深黃，你想不想政改往前走一步，如果你說「我是深黃，我要一步就走到真普選」，你做得到嗎？如果你是深藍，你說「不可以」，我不知道深藍是不是就等於排除取消功能組別，但基本法上寫了（普選），什麼顏色的民眾都要正視現實。

## 修例風波：這是特區政府甚至是林鄭主動提出

**端：回到反修例事件的最初，當時輿論都在揣測，這條修例草案是中央想做的，是中央給特首林鄭月娥的……**

曾：不是，絕對不是，大家的感覺是有部分人造成的，這個我可以好肯定地跟你說，這是特區政府

### 何謂八三一框架？

香港能不能得普世意義下的民主選舉，關鍵在於政治改革方案的結果。

根據《香港基本法》的規定，無論是特首或立法會議員，都要依「實際情況和循序漸進的原則」，「最終達至」普選的目標。但如何達到？最終的制度設計是什麼？成為民主派和建制派交鋒的熱區。

二〇一四年八月三十一日，中國全國人民代表大會常務委員會通過《香港特別行政區行政長官普選問題和二〇一六年立法會產生辦法的決定》，通稱「八三一框架」，當中規定特首選舉不實行公民提名及政黨提名，參選人須獲得過提名委員會一千兩百位委員過半支持才能成為候選人，候選人限定在二至三位，以及二〇一六年香港立法會選舉方式不變動等。

「八三一框架」被民主派人士抨擊為「假普選」，成為觸發雨傘運動的導火線。

甚至是林鄭主動提出。（**端：你是否瞭解當時她的判斷？**）只是為解決台灣（殺人案問題）就未至於搞到咁大件事（就不需要搞出這麼大一件事），台灣是一個觸發點，但事實上，特區政府包括林鄭就一直覺得與內地沒有移交逃犯的安排，是不合理的，大家都知在內地走出來好容易，你在內地犯法跑過來香港，你就逍遙法外，這是不合理的。這是一直都存在的問題。

**端：大約一九九八年開始，中港之間其實一直希望商討「中港移交協議」，當時沒有談妥，為何不繼續談，而是選擇用《逃犯條例》修訂取而代之？**

曾：有繼續談，談不攏，內地不接受。其實整體而言，內地對香港的框架是不滿意，香港是國際的安排，香港與內地不是國與國之間的事，所以不應該照足（依照國際間）那樣做，其中就包括死刑問題在內。（內地）政府親口同我提及的就是死刑，我沒有聽過他說其他（問題）。但現在（《逃犯條例》修訂草案）這件事只是個案式，case by case，內地又接受，那就好啦，好過沒有。而且內地送人來香港從來沒有問題，送了好多，只是香港沒有送回去。

**端：在這個過程中，建制派和特首的關係如何？建制派是否有做得不足的地方？**

曾：大家都不是好重視。如果林鄭一開始就覺得我一定要做這件事，不過社會一定好大反響，所以我一定要靠建制派來護航，那就有個動力去找建制派和你說好先，然後一個浪打過來，就要大家一起幫手撐。但她沒做這件事，因為她不覺得會有（社會反彈）這件事，建制派內有好多人最初也都覺得政府說法合理，「堵塞漏洞」，正確呀。

況且，反正政府在議會內夠票（票數夠），到時表決就一定通過，就是這樣，起碼有部分建制派議員沒有深入研究條例內容，他信政府會通過。

這件事發展到今日，你說政府及建制派一點失誤都沒有，說不過去，關鍵在大家都對社會上的反對情緒（的強度）估計不足，主要是這樣，每年都有不少法案來到立法會，議員根本，你可以說是不用仔細去考慮的情況下通過，因為大家都覺得沒爭議，順理成章就過，初初以為這（《逃犯條例》修訂草案）都是這樣，覺得條例一向都在，回歸前已經訂立了，但因

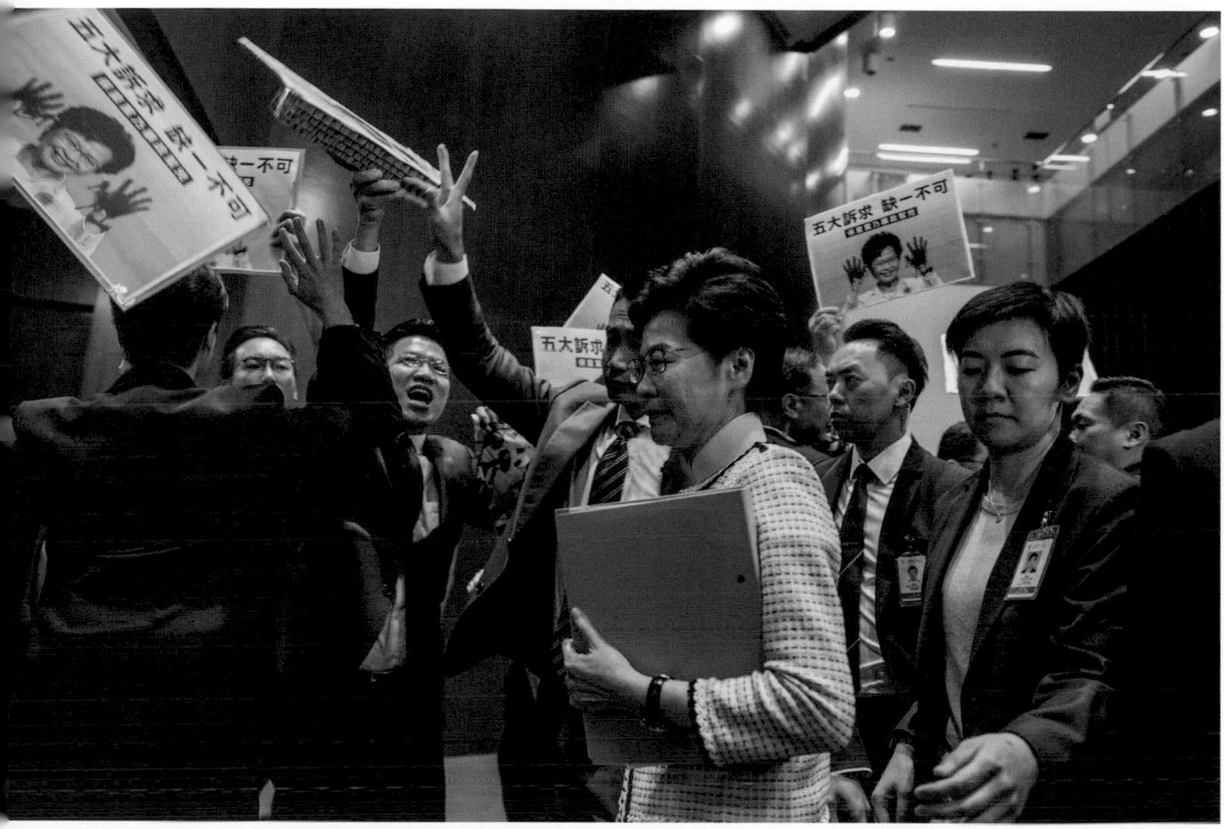


» 二〇一九年十月十六日，特首林鄭月娥於立法會發表施政報告，進入會議廳時有泛民議員抗議。（攝影：林振東／端傳媒）

為某些歷史原因而排除中國其他地方，現在政府說放回去，大家就覺得「應該啦」。

**端：在這個過程中，其實商界、法律界不同界別都有對修例表達意見，政府不是估計不足，而是沒有回應？**

曾：政府有與商界討論，實際上亦都做了修訂，商界當時都表示收貨（接受），所以不能說不做事；對於律師會及大律師公會，後來林鄭都有說對兩個律師會重視不足，這是事實。其實兩個律師會，尤其是律師會，它不是絕對反對條例，他們有提出建議，其實大律師公會都是，他們有提反建議，但當時政府沒有聽取。

## 特區及中央政府要深思，為何年輕人會對一國兩制抱有這樣負面的態度

**端：過去這些年，自雨傘運動的挫敗之後，香港又經歷了銅鑼灣書店事件、議員被DQ等，不少市民對中央愈發不信任，你覺得在這其中，中央對香港人的一些民意有沒有誤會？**

曾：一樣有，這現象大家都見到。在過去這十年，尤其是最近這七年，是走到一個惡性循環當中：中央不放心，愈要強調「全面管治權」，強調你不能觸碰底線，來警告你，你愈講得多，香港人就愈抗拒，「你說不能觸碰底線我就觸碰一下給你看」，所以進入了一個惡性循環。

我就希望物極必反。到了現在這地步，香港都夠亂了吧，都夠差了吧？我們常說，有危就有機，這個可能都是一個機會，讓各方面都看到，你這樣走下去，一國兩制會唔掂，唔掂對香港唔好，對國家更加唔好（一國兩制會不行了，不行的話對香港不好，對國家更加不好），你怎樣將一國兩制恢復到正軌呢？大家要想一想。

**端：一國兩制是一場制度上的實驗，你常說希望它成功，不少學者都指出，一國兩制要成功建基於微妙的互信，目前你認為，這種互信的程度如何？**

曾：沒有啦。我希望各方面能迷途知返，或是物極必反，即是鐘擺去到盡（擺到底），知道「這樣下去真的是唔掂（不行了）」，要回頭啦，那才可以。

我好同意一國兩制成功實踐是建立在互信上，如果不是我們大家都努力做一些事去恢復增強互信，反過來搏命做一些事是削弱互信，那就好難想像到一國兩制會成功。

**端：目前膠著的地方在於，到底是鐘擺的哪一方先迷途知返？不少市民的訴求是政府先讓步。**

曾：怎樣都要等到局面真的平靜下來，令人有信心覺得不是相對平靜，不知過多幾日會如何。你叫哪一方釋出善意？可能這一邊廂釋出善意，另一邊廂你就繼續衝，挑戰主權的行為，那就等於示弱，是不是？所以現在是難，所以中央說目前壓倒一切的任務是止

暴制亂都有他的理由，「你全部停下來，有說話再慢慢講」，一路繼續打就好難。

**端：你認為，反修例運動會如何影響中央的治港政策？會帶來更嚴厲的抑或有可能往寬鬆方向走？**

曾：兩種可能都有，看中央怎樣判斷，要中央的大智慧才看到，我們在這裡看不到，因為是有兩種理論。

一個是認為，回歸初期中央已經行錯路，太過寬鬆，縱容違反一國兩制的思想及行為，所以不行，總結經驗就要嚴厲地再劃清楚底線，再講清楚超過底線會有什麼後果，要嚴厲。

另一種意見似乎是比較弱的一邊，回歸初期中央政府好強調「人心回歸」，要贏到香港市民的信任及支持，那就放手讓香港人自己搞，但過去十幾年少了這樣說。兩個都有道理，例如有些事真的是放鬆了，二〇一二年港府要搞國民教育，一部分市民大力反對。

但你想一路回歸以來，怎樣做國民教育呢？其實特區政府及中央都沒有認真研究，只是說加強加強，但怎樣做呢？例如二〇一四年就提出全面管治權，當時我曾與一個內地的法律學者談過，我們要研究如何加強行使對香港的全面管治權，我說，「這一點我沒有異議，如果中央覺得要行使，但首先你要研究如何行使」，「如何」，即是「點樣」（怎樣做），是不是？你要有效先得嫁嘛，你做嘢，不是一味惡就可以（你要有效才可以嘛，你做事情，不是一味兇就可以）。

所以你說加強國民教育，怎樣做才有效呢？我覺得特區政府沒有（研究），中央政府更加沒有。我曾經和內地官員、學者座談說過，認為國民教育最重要的是什麼呢？就是讓受教育者明白哪一點是做為國民的權利及義務，這是最重要。《基本法》第三章就是香港居民的權利及義務，當中全部都是說權利，只有最後一條是說義務，義務是什麼呢？就是守法，沒有了。中華人民共和國《憲法》第二章全章是講中國公民的權利及義務，這些在香港是否適用呢？沒人告訴我，我到處問都沒有人敢說，因為有一些香港是肯定不適用，例如參軍，就算你想參軍都沒門啦。以我所知就沒有學校教過，即是憲法內所說的公民權利及義務，那你搞什麼國民教育。

你不是說升多幾次國旗、唱多幾次國歌就做到，現在年輕人真的沒有一種意識，你說他是中國人，怎樣才算是一個中國人？什麼是愛國呢？愛國有很多種說法，又從來沒有說過要你愛黨。愛國是愛我們美麗的河山？源遠流長的文化？現在去到今日，好多年輕人不覺得自己與中國有一個密切的關係，不要說歸屬感，以做為中國人為榮，扯支國旗扔下海他不會有感覺。

**端：今次我們看到，很多示威者都是年輕人，中學生、大學生，他們可能是對一國兩制、對北京中央失去了信心，你早前接受 Now 專訪也提及，七一占領立法會時你在看直播，覺得衝擊的年輕人是對一國兩制失去了信心，對於這群年輕人，你如何看他們？**

曾：第一他們是少數，我不覺得所有十幾歲的年輕人都是這樣想，不能夠說一部分十幾二十歲的人這樣想，就說整代人都是這樣，這是第一點。

另一邊，做為當權者，特區及中央政府當然都要深思，為何年輕人會對一國兩制抱有這樣負面的態度。就算衝進立法會會議廳的年輕人，我都不覺得每個都對一國兩制有深仇大恨，他們可能是好不開心，「又沒有普選又看不到前景，因為政府不是我們選的，他們只是幫有錢人」，可能是這樣。

我會認為，如果我都不信一國兩制就當然無話可說，但我認為我及絕大多數香港人都仍然認為一國兩制是對香港最好的安排。絕大多數人都知道，如果你沒有一國兩制就怎麼樣呢？香港沒有可能獨立，一國一制？這兩樣比較你寧願要什麼呢？

所以現在問題不是我們要不要一國兩制，是我們怎去幫手維護一國兩制，使到一國兩制是真的能順利實踐，這是最重要的，我認為大多數人都同意。

**端：之前在八月七日的深圳座談會上，張曉明表示按照《基本法》規定，中央有足夠多的辦法、足夠強大的力量迅速平息可能出現的各種動亂。而你在十九日的專欄文章中也指出，「中央對香港局勢做了最壞打算」。這具體是指？**

曾：最後都只是出動駐軍、出動解放軍，這是沒得講，但大家都明白，中央當然好不願意這樣做，因為走到這一步，震盪就會好大，但不等於世界末日，不像某些人說一出軍隊就等於一國兩制宣告死亡，但代價就一定好大，不用說。

你問是不是可以排除出動駐軍的可能性，我覺得好不幸地不能排除，你現在不知道，不知道能否完事，一定不會好輕易，《基本法》的說法就是要麼特區政府覺得控制不來，要求駐軍出動，這一點我覺得特區政府不到萬不得已都不會這樣做，即是承認失去管治能力。

要麼就是香港出現特區政府不能控制的動亂，是威脅到國家主權及安全，這是《基本法》第十八條，宣告進入緊急狀態，這是好嚴重的事。你回顧過去兩個月所發生的事，最激烈最勁的都沒有人認為去到這個地步。

（梁中勝對本文亦有重要貢獻）

# 【專訪】周永康：這場運動激活了香港，在痛苦中打開未來

——何欣潔　文編：何欣潔

二〇一四年九月二十六日，香港專上學生聯會（學聯）祕書長周永康與其他學生發起祕密行動，重奪被政府封鎖的「公民廣場」（政府總部東翼廣場），行動隨即遭警方清場、數十名學生遭逮捕，引燃群眾前來聲援。九月二十八日，後被稱為「占中三子」的港大法律系教授戴耀廷宣布，醞釀多時的「占領中環」行動正式啟動，揭開了雨傘運動的序幕。

在運動中，周永康因常上大台主持，成為運動指標人物。二〇一六年，周永康因重奪公民廣場行動，被裁定「煽動他人參與非法集會」罪名成立，其後入監服刑。

出獄後，周永康依原本規劃，前往美國加州大學柏克萊分校攻讀地理學博士課程。二〇一九年，香港爆發反修例運動，香港由「傘後」的低迷，重新踏上「反修例」新局。周永康如何回顧當年與林鄭月娥的「對話」經驗？如何看待一國兩制？做為香港九〇後，他如何理解今日風起雲湧的本土思潮？

以下為周永康的專訪問答，經端傳媒整理。端傳媒的提問用粗黑體標示。

**端傳媒：當年雨傘運動，你曾經以學聯祕書長的身分跟政府對話，當中的談判代表之一，就是今天的特首林鄭月娥。但到二〇一九年這場運動，香港人多數已經不相信跟政府對話能獲得什麼成果，人們寧願持續在街頭上抗爭。你現在怎麼回頭看五年前你們跟政府「對話」這件事？**

周永康：當初運動過程每天都有鋪天蓋地的壓力，都在身體跟精神的極限、在一個高張力的過程裡面，（促成對話的過程）有很多人的介入、很多人對於「對話」的想像在裡面，其實是一個很短、很倉促的決定。

這五年來，我們幾個都沒有機會很深入地再談

「當初為何會發生這個對話？對話這件事情如何發生、如何發展、後續發生什麼影響？」其實現在也是一個很好的機會，讓我們來重新思考這件事情。

當時要對話，最大的壓力，就來自於防止血腥鎮壓，不可以讓八九六四再重來。其實在九二八的時候，我們就已經知道可以對話了，同時，也知道林鄭沒有什麼可以拿出來的、結果是不會改變的，但九二八之後有很多風聲說可能會鎮壓，很多人都嚇壞了。

站在學聯的角度，對話好像是一個不由自主的決定，但也可以說，這是八九六四的陰影在香港上空徘徊，這個陰影，讓對話成為香港政治菁英很常見的一種妥協、或者說是反對派跟政府之間的一種做法。站在今天來看，所謂的談判跟行動是不是對立的？其實也不一定。可能是對話時間點，是不是有足夠的 force 逼對方上談判桌，然後繼續施壓？學聯在對話後，其實也是想要做這個方向，希望回到行動本位，只不過行動的方向、型態、時機都不同了。

雨傘時，最後大家認識到政府完全沒有迴旋的空間，人再多它也不會讓、好好談它也不會讓，所以後面才會出現更 radical 的行動，浮現了更強的本土乃至獨立思潮，然後二〇一六年發生旺角事件，之後政府又DQ自決派議員，最後竟然還要推《逃犯條例》。一路讓人們看到，香港政府就是一個扯線公仔（木偶）、中共在背後言而無信，人民對他們沒有信任，又有上次雨傘運動的經歷，所以這次會更加確信，沒有任何談的空間，只能用 force 逼他退讓。

所以，這次沒有人要跟政府談判了，某程度來說，也可說中共是自吃苦果。

**端：你覺得香港人對於運動可以「對話」的狀態，是怎麼進展到今天的「攬炒」呢？那剛剛說的「六四陰影」消失了嗎？怎麼消失的？**

周：從二〇一四年的雨傘運動、二〇一六年的旺角，讓香港人重新去思考抗爭者與警察之間的關係，也有了心理準備。這次從六月九號的百萬人遊行開始，有好幾次小型、大型的衝突，節奏跟雨傘運動很不一樣。雨傘運動一開始投下催淚彈，是近十年除了韓農WTO[4]抗議之外不曾有過的事情，大家都很震驚，還沒有心理準備。但經過雨傘運動、二〇一六年的旺角事件關於「和理非」與「勇武」抗爭，大家都

4 二〇〇五年十二月香港主辦世界貿易組織部長級會議，一批韓國農民來到香港，反對世界貿易組織和全球化趨勢。韓國農民及部分聲援的香港市民在會議期間發起示威，十七日演變為騷亂，防暴警察入夜後發射了催淚彈及布袋彈驅散示威者。

» 周永康，二〇一四年雨傘運動期間擔任學聯祕書長，於二〇一六年因參與重奪「公民廣場」行動，被判非法集會罪成立。（攝影：林振東／端傳媒）

親身領略過兩者的長短之處，有種被逼著不斷學習的狀態，逼著大家要不斷地去武裝、去練習勇武與和理非之間的靈活性。

到了雨傘運動後期，大約十月中後，「六四重演」的說法基本已經慢慢被打破，後來抗爭者會透過警方暴力的程度去思考、判斷是否會出兵，這次抗爭者也會以「香港是一個國際金融城市」的分析來回應「出兵論」；還有一個（跟傘運）很不一樣的地方就是，民間社會對這場運動是有很高的支持度，這樣的高支持度，讓運動者可以有一個很強的支持力量，國際輿論上也是很一面倒地支持抗爭，在這種狀況下，我覺得八九六四的陰影，基本上已經慢慢淡去，大家對六四這個壓力已經有了心理準備，大家直面恐懼與憂患帶來的壓力，應對恐懼、設想最壞的情境。我覺得蠻厲害的，這真的是一種進化。

一四年的時候，很多人憂心運動演化成一九八九的路徑，在這樣的情緒下，大家已經沒有空間去思考「政府是否在虛張聲勢？」但這次，雖然政府動作很多（威脅要以武力鎮壓抗爭），但在當前

» 二〇一九年六月九日，民陣發起反對《逃犯條例》修訂大遊行，民陣宣布有一百零三萬人參與。（攝影：林振東／端傳媒）

的國際局勢下，人們明白中國對香港牽一髮動全身，武力鎮壓的代價恐怕誰也承受不起。而且香港警察現在已經是半軍裝狀態，某種程度也用不著六四就可以鎮壓。另一方面，運動者對於警察使用子彈，也已經長出了應對的策略，甚至有人會說，「如果解放軍真的來，那就回家睡覺吧！」

從對話到攬炒，是因為現在跟八〇年代很不一樣。那時候香港菁英是談判主體，他們去跟港英政府談、去遊說英國、去北京談，民間一般人都沒辦法參與。那時候政治氣氛也很不一樣，中共說要做改革開放，那香港也看看你改革要怎麼走。今天很擺明就是大家不跟你玩這一套了。當年沒辦法參與的普羅大眾，今天站在最前線，意思就是說，「我擺明不跟你玩這一套。」所謂的攬炒，就是「如果你想吞了我，我就在喉嚨裡面把你噎死，不會讓你好過」。這次不會有政治菁英來勸人說「不想流血就要談」，事實上也沒有哪個核心組織可以讓你去勸。所以說「談不談」，一四年跟一九年的狀況很不一樣，但一四年的經驗，又影響了一九年的判斷，還會繼續演變下去。

**端：你現在怎麼看一國兩制？**

周：中英談判中香港沒有角色，中英談判的真實細節香港市民也所知不多。只有很少數的人，例如李柱銘[5]，是當時的歷史見證人。但雨傘運動之後，更多年輕人開始對一國兩制去尋根究底、有更大的動力去理解香港在八〇年代發生什麼事情，最明顯的例子譬如「香港前途研究計畫」，年輕一代開始去回顧當年的談判過程，究竟是怎麼形成的？

但在二〇一四年八月三十一日之前，不管是泛民，或者學聯、學生，論調都只希望中央「做到《基本法》的承諾、在一七年你要進行改革」，根本還不會有人去溯源、去找回八〇年代那些辯論，重新去檢視《基本法》立約、《中英聯合聲明》、一國兩制的草簽過證是否黑箱作業、過程為何、有否正當性。大家當時只是要政府「遵守諾言」，就好像趙紫陽在八〇年代回信給港大學生會，承諾說會「民主治港」，我們當年就是有一種拿那封信要求中央兌現承諾、實施普選的感覺。

一直到八三一人大決定、雨傘運動期間，發現對話之路已死、談判沒有用了，才開始去討論這些想法到底對不對，才有人去找回八〇年代的辯論，發現當年甚至還討論過「要不要回歸？」這樣很根本的問題。像我是一九九〇年八月出生，剛好是香港《基本法》正式頒布後四個月，我根本不會知道那是什麼過程。現在回頭去看才發現，哇，這什麼鬼？

歷史性地看來，一國兩制是一個荒謬的、由一連串歷史的巧合與悲劇形成的妥協結果。一國兩制方案本來是要給台灣用的，但沒有辦法馬上用在台灣，鄧小平才會說「那先給香港吧！」其實當時香港人根本沒有參與的空間，從來沒有說過要一國兩制，等同於被英國出賣、中國吞併，讓九七之後的人都活在一國兩制裡面，被中英決定了未來的路要怎麼走。

香港人既然從未同意過一國兩制，它的制度正當性本來就很脆弱，注定要產生很大的張力與衝突。今天這場運動，是重新塑造一國兩制，看它要往哪個方向走。當年，香港人的命運是摻雜地緣政治因素的，是因為中國、英國、美國、台灣的交鋒，才決定了香港要往這個方向走；但今天香港是不是可以反客為主，利用這個國際局勢，反過來決定一國兩制要往哪個方向走？對香港人來說，你一定要落實一國兩制、

5 李柱銘出生於一九三八年，資深大律師，同時也是香港民主黨創黨成員，為香港民主派領袖之一。在反修例運動期間，李柱銘曾被新華社點名指為「禍港亂港頭目」之一。

港人治港，把真普選等本來的承諾還給我，否則愈來愈多人會去認同自決，甚至心往港獨，也不奇怪。港獨論述本身也在不斷變化。它未必是排外、對立與民族主義的，雖然不能否認這些面向的存在與作用，但也有更多面向是在反擊專制制度，例如會去質問「中共憑什麼說你是中國？為什麼香港一定是你的？什麼是中國？是中共操作下的中國？情感上的中國？還是中華民國？」運動會開啟這些討論，這些討論的過程，也會反過來影響這場運動。

**端：雨傘運動裡，開始慢慢出現「本土派」，「香港人」的身分認同感覺開始慢慢在成形，到了這次運動，香港的形象與精神面貌看來就（更）清晰。你怎麼看香港的本土思潮？**

周：我自己覺得，香港本土思潮形成，有三個階段。二〇一〇年開始，開放自由行、出現「單非」議題、新移民議題，中港張力去到一個高峰，開始有這個思潮。二〇一四年是第二個階段，梁振英罵本土派「港獨」，開始把身分政治拉到一個更高的地方，大家開始討論自決與獨立的不同？思考一國兩制是什麼？你是不是在香港出生？香港人如何定義？這都是慢慢討論出來的。

到了二〇一九年第三個階段，香港人的認同其實已經相對確定。「香港精神」的意涵可能還在運動中慢慢發展，但在運動當中，參與者會慢慢去確立「這是香港人」。這些運動策略裡，包括「不割席、不篤灰、齊上齊落」等口號，其實是有一些原則、有一些看法在其中，這些原則可以維持群體向心力、不能墜落，這會讓香港精神的內涵更豐富，比起在雨傘的時候更確定、更強烈。

雨傘運動可能也有長出一些東西，例如「香港人不只是經濟動物、也會參與政治」、「香港人不是那麼急功近利、而是可以為了他人而站出來、犧牲、承擔責任」，這些東西到二〇一九年已經愈來愈堅固，是透過參與社會運動的過程中，創造一種社群的身分認同。換句話說，是運動拉開了一個平台跟空間，去實踐這些理想跟理念。

這會繼續發展下去會怎麼樣？我也不知道。但我們應該要保持一種開放性，要思考我們怎麼解釋這個運動、怎麼跟人家溝通、辯論、說服、轉化。在運動進行當中，每天都會發生不同事情，它是一個很豐富的東西，不用急著做總結。事實上運動就正在發展，沒有人可以就運動做總結。

身在運動中，你不太有時間回頭看自己，當中的每一步決定都不是後設的，沒有時間好好思考下一步怎麼走才走出去。這很玄，你會發現個體生命並不是完全透過個體思考形成的結果，它是群體構成的一部分，而群體也在影響個體的生命歷程，這當中有很多拉力、不同動力，通過互動來彼此形塑。

**端：「不割席、不篤灰」這些口號對於共同體的形成，是很清楚的，也比較容易理解。但「光復香港、時代革命」這句口號比較複雜，你怎麼看待這個口號？**

周：對這口號，每個人的解讀都很不同。因為它其實是一體多面，似有實際指向，但也是比喻象徵，意思留白，就是看每個人如何解讀。有些人對它很有共鳴，很能產生內在的情感共振，有些人也很抗拒、會解讀成是懷念港英時期，甚至指斥為號召港獨。其實不同的群體都會有自己解讀的方式，這些解讀之間，有可能會是矛盾的。它會不會有很深很完整的分析？可能會有。但很多人在現場喊的時候，情感投入、受人感召、自我召喚，已彰顯了其效果。

其實我們對這個口號，可以有更多元的理解。對我來說，它可以是一種「抵抗被再度殖民」的抗議精神，鋪上一層對深愛家園被踐踏的義憤、憂傷交雜在一起的感情，背後的訊息可以是對理想香港的追求、對現況的極度不滿。香港人現在就是「不妥港府認大佬，不要共產黨大佬文化，你大佬唔係我大佬」，拒絕認中共做大佬、拒絕被魚肉，想要光復那個「有自主性、不受中共打擾與魚肉的南方島嶼城邦」，這意涵在我看來是相當堅定的。

不過還是要再強調，具體所指為何，還是要看每一個喊的人心中所想，每個人都不一樣的。

對我來說，香港這場「百年漁港夢」到今天，其實面對一個很大的變化。我讀博蘭尼（Karl Polanyi）的時候，讀到他說從貴族封建社會轉型、一戰與二戰之間的歐洲社會如何保護自己，覺得很有啟發，今天香港似乎也是如此，感受到我們正在失去平衡，興起了一種社會要自我保護的感覺。所以「光復香港、

» 二〇一九年八月十一日，催淚彈中的示威者。（攝影：陳焯煇／端傳媒）

時代革命」裡面可能也有一種感受是：我們要保護這個地方，不要再讓它壞下去，讓它依然是自由的、是可以讓人有尊嚴地活下去的地方。

但香港也有一個地方是特別的，就是林鄭說的那句「我有兩個老闆」，香港政府真的有兩個老闆，它必須同時要面對中共、又必須調整自己的社會政策去面對這些新的問題。很可惜的是，林鄭現在解決的思維，都還是很過時的，我看她在《紐約時報網》寫的文章，那種想要「谷底反敗為勝」、「壞新聞當作好宣傳」的感覺，除了她在《紐約時報》的言論，還有港府原本在推的大嶼山填海、人工島等等這些政策，根本是一套幾十年前的發展邏輯、態度和語言，根本大開倒車，沒有辦法解決當下的困境，更是完全回應不了環境氣候政治對於沿海城市的衝擊、人類文明存亡的挑戰。

所以說，在運動裡，我們就會慢慢去問：香港該怎麼走出這個困局？中港之間關係是怎樣？中港台之間關係是怎樣？香港政府跟民間是怎樣？甚至一國兩制是怎樣？是運動讓我們看到社會張力，看見這些矛盾非常深刻的層次。這些矛盾是否能馬上在運動中被處理？不一定。只能說，運動可能可以打開這樣的空間，但一切都還是很混沌的。

講出這些語言（光復香港、時代革命）確實會產生一些效應，但語言也同時是一個工具。它能成為一個有效的政治綱領嗎？是否可以讓更多人認識和理解？這些都可以分析和討論，但絕對不能成為一個絕對真理，否則就會很危險。讓語言成為真理，會讓倡議的人變成一個封閉的群體，無法與其他群體共享。

**端：你覺得運動未來會如何發展？你自己想要如何行動？**

周：除非運動又發生什麼很大的轉折事件，不然我想，就是會從每天的這種小事件、小變化當中，去慢慢打開不一樣的可能性。這是很重要的一件事。二〇一四年之後，有種感覺是，香港未來已經被關掉了、就這樣了、沒有希望了。但在二〇一九年，抗爭者又慢慢打開了一種新的可能性。

這個運動激活了香港。這個運動不斷地在挑戰中國的政治宣傳、重新說香港的故事。香港故事可以不從回歸講起，可以不從香港是中國的一部分講起，是可以重新打開這個辯論，討論我們跟中國的關係是什麼。這件事情其實是威力無窮的。

未來運動可能會遇到很多挫折，但這種「不願意放棄、不願意妥協」的態度，會慢慢把香港的未來打開。當然，這過程會是很痛苦的，因為我們想要的東西沒有辦法馬上拿到，沒有辦法馬上看見改變。但這慢慢尋找過程，也會是最精采的。

譬如〈願榮光歸香港〉這首歌，我覺得它正在重新定義香港人的精神面貌，重新塑造我們的個性是什麼，重新找回香港人對自身奮戰同伴的驕傲。香港人一起在為香港做同一件事情，在海外也做組織、搞連儂牆，這種「同步感」是很強的。其實我們有我們的尊嚴，雖然說運動不割席，但在某一方面，我們跟中共很專制的那一面，是徹底割席的。

我在美國聽到有個女生演講，她說她來美國很多年，覺得自己一直很討厭香港、很想離開香港，但直到這一次運動，她才發現原來自己沒辦法離開香港。她在台上問說，「為什麼香港人都要靠其他人才能爭取到我們想爭取的東西？」她會問這樣的問題。看得出來，運動正在重塑參與者對香港的看法、重塑自己跟別人的關係。

這些新的關係，會形成不同的組織、不同的計畫。可能會有新的鬥爭，當然也會有新的結盟。在這個新的局面下，需要說好一個新的香港故事，其實現在的香港故事還有很多拓展空間，可能還需要很多文化上的翻譯，現在提到香港，大家都還是傾向說它是一個金融城市、說它是中美貿易戰下面的一個關鍵，但這座城市的潛力遠遠不止這樣，香港還有很多可能性是尚待發掘的。

我現在想把美國的新移民、原住民和黑人抗爭歷史好好拿來念一下。因為想在美國跟別人建立結盟、呼籲美國人來支持香港，那你必須要把兩地之間的連結說清楚；要把這連結說清楚，就要把美國在面對的處境搞清楚。如果你不希望世界的交流只是國家與國家的結盟，而真的存在民間與民間、人跟人之間的連結，那你就不能只是交往其他國家的政治菁英，還要面對一般人的生活處境是怎樣。這跟 lobbying（遊說）是不衝突的，你做 lobbying 也是要讓選民覺得香港是值得關心的、議員也才會覺得自己應該關心。你如果只是說我們受中共逼壓、我們被香港警察暴力對待，那坦白說，對美國一般人來說，很多人會覺得，干我屁事？不少人就只會說 As an American dude, I have respect for Hong Kong and Goodluck!（身為一個美國佬，我向香港致敬並祝好運！）

其實，每次遇到世界有大變動的時候，大家就會去全世界尋找盟友、想跟其他地方的人一起尋找出路是什麼？一戰、二戰、六〇年代、二十一世紀初反對全球化運動的時候，人們都做過這樣的努力，那現在也是。不只有香港，是這個世界好像有些狀況出了問題，我們需要一起尋求生活方式的改變，如果香港想要有更多世界盟友，就不可避免要看全球尺度下香港與世界共同面對的問題。我覺得這也是這次運動拉出來一條新的戰線，可以想一想。

# 【專訪】劉細良：中港命運共同體，是我們那一代最錯誤的信念

——楊子琪　文編：陳倩兒

劉細良接受訪問這前後兩、三天，他和許多香港人一樣，在網上觀看被譽為「香港之歌」的〈願榮光歸香港〉。「那份觸動源於這三個月的經歷，聽到這首歌，我會想起，原來我們經歷了這麼多。」劉細良說，「這是一種身分形成的表達，香港人覺得自己是命運共同體了。這首歌其實沒有很強的政治意識，而是對這城市、這土地的感情。」

劉細良今年五十三歲，在觀塘一座工廈的辦公室，與太太一齊經營出版社。他不只在媒體行業風生水起，更特別的經歷是曾經做過民主黨智囊的他，二〇〇六年做為民主派人士，受邀加入中央政策組（中策組）做全職顧問。中策組在一九八九年由港督衛奕信成立，於二〇一八年被特首林鄭月娥解散，其角色相當於行政長官智囊團，研究各項政府政策，協助特首起草報告等。〇六年是曾蔭權年代，劉細良的任命一出，親共報章均刊文反對，《東方日報》稱劉細良為「徹頭徹尾的異見分子」，《太陽報》專欄說曾蔭權「引狼入室」，連時任立法會議員兼行政會議成員曾鈺成都公開發聲批評。

不過這並非他首次以反對派身分進入中策組。一九九二年劉細良正職是民主黨政策研究員，那時便獲中策組首席顧問顧汝德委任為中策組非全職顧問，一任便是四年。一九九七年六月三十日深夜香港主權移交，立法會大樓外正進行民主回歸集會，李柱銘到立法會大樓露台上高喊民主黨「七一宣言」：「香港回歸，不單是土地回歸，最重要的，是民心的回歸，讓我們有真正的民主，更大的自由空間，才能獲得港人的民心！」講辭出自劉細良手筆。

多年進出體制內外，劉細良說自己最失望之事，是一個中央沒有兌現的承諾：在二〇〇七年任中策組全職顧問期間，他曾參與爭取到香港普選的時間表，不料二〇一四年人大確定了「八三一框架」，觸發雨

» 時事評論員劉細良（攝影：陳焯煇／端傳媒）

傘運動，時隔五年，香港爆發反修例運動，普選一事，重上談判桌困難重重。

劉細良說，對於一國兩制這場制度實驗，他這一代人曾抱有希望。「我們願意在一九八九年選擇一個妥協的態度，接受循序漸進的民主，因為我們曾經相信，在民主自由方面，大家在同一條路軌上走……但原來大家不是同一條路軌，當路軌不同的時候，又怎麼會讓香港發展民主呢？」三十年後，劉細良認為，「說我們香港與中國是命運共同體，就是我們那一代最錯誤的信念。」

以下為劉細良專訪問答，經端傳媒整理；端傳媒提問以粗黑體標示。

## 香港問題已成為中共內部權力鬥爭的場所

**端：在這場運動的博弈當中，港府的態度是不主動回應訴求和不問責，你怎麼看？**

劉：這反映的不是香港政府的問題，而是中國共產黨處理香港問題上出現不尋常的狀況。事情拖延對習近平來說其實絕對不利，因為背景是中美貿易戰一路升溫，而香港是一個 Trump card（王牌）來的。現在貿易戰又再開波，拖延對中共不利，但為什麼這情況會延續下去？

所有亂象讓我覺得，香港問題已經成為共產黨內部的權力鬥爭的一個場所。中共定了對香港問題的核心政策是「止暴制亂」，但怎樣止暴制亂呢？各有各自演繹。有人說中共高層在北戴河會議裡面有兩個不同的取向，有鴿派，有鷹派。為什麼在中共內部當一件事去到某個地步就會成為權力鬥爭的場所？因為他們沒有公開的政策辯論機會，敵對的派系就會將事件無限放大，然後去削弱現有當權派的地位。由一九四九年之後，歷次的重要事件都會出現這個情況，而香港事件到了這個地步是國際大新聞，為什麼不會觸發中共內部的矛盾呢？

而香港這個狀況，反映了二〇〇三年之後，大量中央各級部門插手香港事務，結果導致左右手互搏的亂局。福建那些紅衫軍是誰找來的？可能是統戰部，或者僑務部，或者廣東省公安廳。好了，接著（中央）一條線就控制警察，另外還有共產黨的黨組織系統在香港，還有解放軍組織的情報單位在香港，然後再加上中央的部委，怎樣會不是一個亂局呢？危機處理只有一個方法，就是一個指揮部要集中，是戰是和都好。

林鄭月娥已經是一個傀儡政府，因為她的民望低到這樣。你看到整個政府不作為，不只是她，是行政會議、所有問責官員、所有建制派。你有多久沒有見過李慧琼（民建聯主席）出來說話？大家全部都好像在等，整個特區政府都是這樣，打工仔等老細「落order」（等老闆下指令）。唯一最 aggressive（激進）做事的是警察，因為老細的 order 很清楚，其他文官就食花生，在看戲。

我覺得北京有一個想法，就是要（在香港）消滅所有反對共產黨的勢力，一戰竟全功，打到你以後（無法翻身），像七〇九大抓捕那樣，用一次極端的手法，然後換取十年、二十年的穩定。

**端：你認為，香港警察的指令來自中央？**

劉：我相信現在在指揮警察的其實是共產黨，不是特區政府。而共產黨制訂了大規模拘捕「暴力分子」的目標，所以見到警方的武力不斷升級，直到荃灣就主動升級出水炮車。

六月十二日之後，林鄭月娥的政治能量已經完全蒸發。她民望只有二十三點多，七成多的人反對她做特首，你想想她能指揮什麼？如果說港鐵接載「暴徒」，為什麼不由林鄭去通知港鐵關閉，而由《人民日報》發炮（開炮攻擊）呢？根本中央已不將特首放在眼內。留意近日特首見青年人那個閉門會議，是中聯辦安排的。[6] 其實你置這個特首的顏面於何地？中聯辦全程坐在那裡，監視她去見這些所謂的年輕人。

我相信對於警察來說，他在執行一條很強硬的路線，有免死金牌，所以現況變成了左右手互搏的怪圈：你林鄭一邊說只要沒有暴力示威就會展開和解，但另一邊你警察又繼續用更大的暴力去和示威者升級那個暴力的程度。

**端：在這場博弈裡，前線勇武派相信「攬炒」策略，包括癱瘓香港經濟來損害中國利益、撼動中央等，你怎麼看？**

劉：我相信很多前線的示威者是有這種（攬炒）情緒。我每一次看到我都覺得很傷心。焦土又好（也好）、攬炒又好，是一種 weapon of the weakness，一種無權勢者、無能力者的武器。這些年輕人所謂的衝擊，他們的盾牌其實是一百元的浮水板，然後他們的裝備是那種普通頭盔，人家速龍那些（頭盔）是擋子彈的。

那種絕望抗爭是什麼呢？就是希望犧牲我自己，包括衝入立法會，去喚醒更多人出來保衞香港。他們覺得就是我沒法去和一個龐大的獨裁體制對抗，唯有玉石俱焚。報紙一說有機會出「緊急法」，你看年輕人反應好開心，「終極攬炒！」

「攬炒」有三個影響：第一，這種自我燃燒的做法，令到運動沒有分裂或者切割，這令到中央束手無策。因為中央也是一樣走精面（算得精），它不想有任何政治代價，出解放軍政治代價很大的，出武警也是，所以叫你香港自己搞掂（搞定），但如果運動因為抗爭者自我犧牲而一直延續，就會增加中共處理的難度；第二，在全球掀起對中國模式的批評，對中共強硬鎮壓香港示威的道德譴責，我覺得這件事已經做到；第三才是損害中共在香港的經濟利益，我覺得這個未做得到。所謂經濟上攬炒這件事，是一個七傷拳，究竟主流民意有多少人願意犧牲自己實際利益？

相比起三十年前鎮壓天安門學生運動（之後港人的反應），三十年後的香港人對這件事的包容程度提高了。八九當時有人提出過擠提（擠兌）中資銀行，我記得有一個人叫陳文鴻[7]，但最後沒有付諸實行。

6 林鄭月娥八月二十六日與二十名青年進行閉門會面，有報道指會面由中聯辦安排。

7 六四事件後，香港大學亞洲研究中心研究院陳文鴻曾提倡擠提論，希望藉此向北京施壓。

## 大佬，其實管治才是問題

**端：在過去三個月，中央及港府在哪些環節錯失了解決問題的機會？**

劉：從六月九日一百萬人上街，政府竟然堅持在十二號立法會二讀，然後還要出動到軍裝警察和橡膠子彈，已經是很錯誤的判斷。六月十五日林鄭記者會說「暫停」而不肯「撤回」，這是第二個錯誤判斷。然後一直拖下去，每一次軍警出動都引起更多問題。

從六一二到六一五記者會，林鄭月娥沒有部署讓步路線，她記者會不情不願的演繹令更多人上街。如果你認錯，叫香港人forgive and forget（原諒和忘記），我們重新開始，然後邀請監警會找外國專家來，去調查六月十二號發生什麼事，再增聘幾個監警會的成員，這件事其實已經解決了。

我所理解，如果特區政府堅持說不去（意為不堅持就修例恢復二讀）的話，中央政府是不可能逼它在六月十二日表決的。中央是樂觀其成，只要你肯做。到六月九日你林鄭拍心口說搞得掂（定），它當然不會阻止你啦。林鄭覺得可以頂下去，就好像一地兩檢那樣，過了就沒問題，她一直都是用一地兩檢的事來做藍本。

**端：六一二堅持二讀，林鄭是否在執行中央對香港的「全面管治權」路線？**

劉：未必是中央授予她落實全面管治權，我反而覺得這跟內地政治的管治向極端方向發展是息息相關。無論新疆再教育營也好，或者東南地區拆十字架等等，這些鎮壓行動不是孤立的，同樣強硬的路線會在香港貫徹。

而林鄭的角色是什麼呢？就是把它執行到底，而不會因應一國兩制的情況去做判斷，哪些應該做哪些不應該做。當林鄭變成一個中央強硬路線的執行者的時候，她甚至可以不需再看建制派面色，去推行她極端的路線。而她有信心，一地兩檢短時間三步走的成功，她甚至因此得到中央高度讚揚。這個人很簡單，她一路想討好中央，而中央亦都看到一個「能吏」（能幹的官員），樂見其成，導致今日這亂局。

**端：反修例運動僵持不下，香港政府將面對怎樣的未來？**

劉：政府想不付出任何代價就令運動結束，比如官員不用下台、不用問責、不用認錯、不用調查，但看不見的代價已經沉重到不得了：第一，人民對高度自治、一國兩制有懷疑，這會令香港日後出現更大的分離主義運動，長遠來說是很難解決的問題；第二，香港法治的崩潰。七二一白衣人事件如何處理，二坡坊斬人如何處理[8]，警察那種違法行為，政府是不敢處理。法治崩潰是很難重建，你想想現在街坊見到警察就開始罵，他們甚至不是示威者。第三是社會撕裂的程度。

（面對）這三件事，將來特區政府如何管治？十月立法會復會，國歌法上立法會審議，多少人會包圍立法會？接着東大嶼山填海，一上財委會，你想想會如

» 二〇一九年七月七日，防暴警察於旺角使用警棍驅散彌敦道上的示威者。（攝影：陳焯煇／端傳媒）

### 何謂一地兩檢

二〇一八年粵深港高鐵開通營運，香港旅客可以在西九龍站上車直達深圳，但香港旅客如何辦理通關入境程序？最終的設計是在西九龍站同時設立「香港口岸站」和「內地口岸站」，港籍旅客在「香港口岸站」辦完出境後，跨過黃線到「內地口岸站」辦入境，所以稱為「一地兩檢」。但反對者批評這樣的設計使中國執法人員實質上進入香港境內執法，嚴重違反一國兩制原則，推行過程中爭議不斷。

8 二〇一九年八月五日在荃灣發生的一次疑似黑幫分子持刀砍傷示威者事件。

何？以為拖到那些人不上街，問題自然會解決。那一大堆準備上立法會的事，你怎麼辦？

三個月，香港和大陸都要付上最沉重的代價，香港變成是全球面對強權獨裁中共模式的前線。不要說二〇二〇年台灣選舉已經黃了（沒希望了），韓國瑜那個民調裡面一直一直這樣跌下去，國民黨都準備切割了，跟着美國乘機飛進台灣軍售F-16V。你想想G7七大工業國會議的聯合公報，重新確認《中英聯合聲明》的實際作用，這是過去二十多年都沒有發生過的。

大佬，其實管治才是問題，你怎麼可能不理日後的管治，只處理現在包圍警署的示威者呢？

## 我預測一個分離主義運動在香港會慢慢成形

**端：在你觀察中，從一九九七年開始，香港是如何一步步走到今日這個位置？**

劉：一九八九年，我那時是一個（香港）中文大學的學生，在讀研究院，又在中大學生會參與支援八九天安門民主運動。很快，一九九一年我離開中文大學，之後香港就推行第一屆立法局直選。那時我在港同盟（香港民主黨前身）工作，幫Martin Lee（李柱銘）競選，我有兩個同事，一個叫做劉進圖，一個叫做戴耀廷。

很快，代議政制發展就將民主運動的動力吸納到議會選舉裡，這是港英聰明的地方，它在過渡期後期開放民主政制，同時將街頭運動的momentum（能量），即所謂勇武也好、什麼也好，轉移成為一個選舉的運動。所以，由一九九一年到九五年到九七年，香港的民主運動都以議會選舉為主體。

議會選舉為主體的好處是什麼？就是它不會變成挑戰宗主國的運動。它只是我們和民建聯之間的對決，用現況做比喻，就是我們的敵人只是譚耀宗（港區全國人大常委），但選完就沒事了。這就是議會文明的一面。一個文明的體制，是不需要動用所有殖民地惡法。現在的緊急法、公安條例，其實全部都是殖民地惡法，一路繼承至今。現在竟然是要動用到這些事，你可想言之，即是說，既有的基本法下面，政治體制已經失去了那個功能。

當時我在民主黨工作，比如財政司麥高樂，他要決定一些事，就會問我們：「喂，這個財政預算你想要什麼？」我們告訴他十項要求，他告訴我們「我答應你五項」。我當時有份去參與這些討價還價的工作，他真的將議會當做一個議會。

但九七之後你見到，所有這些英治留下的政治體制，一層一層地剝落，顯露出它幕後操控的、那個黨國機器之手。以前有沒有呢？有。以前那操控是由彭定康去操控，不是由倫敦去操控；但九七之後，當這個黨國機器之手愈伸愈入的時候，即是說，在立法會我要遊說，我遊說民建聯沒用，最終要中聯辦出手，這樣才行。整個體制開始瓦解，開始瓦解到一個地步，就是六月十二日，可以在這種情況下繼續去審議一條這樣的法例（逃犯條例修訂）。

這就是最醜陋的一幕，這告訴香港人聽，現在這些體制都是假的。九七之後，議會民意沒辦法伸張。

為什麼過去十年，到雨傘運動後，泛民會受到嚴厲攻擊？社民連崛起，跟住本土派出了一個論述叫作「泛民三十年一事無成」，為什麼呢？因為中共走數（欠債）。這個絕對是「八三一框架」的後果。

中共在香港民主化裡面走了數，結果呢？民主運動是不會死的，結果就一路變成本土運動，由體制內變了體制外，直到今次大爆發。始作俑者是什麼呢？是因為在中國主權下面，香港已經沒有政制發展的momentum，而市民的訴求、對民主的意識，包括年輕人對政治參與的要求愈來愈高，基本矛盾沒有解決到。

這五年香港迎來更嚴苛的制度：ＤＱ議員、封殺「眾志」（香港眾志）參選、用宣誓打壓本土派議員，以為這樣就可以維持一個維穩體制。但維穩模式不可以在香港推，除非香港已經不是香港。如果我們可以停了Facebook、封了《蘋果日報》、停了Telegram、將所有外國通訊社趕走，這樣就可以推行維穩模式；如果不可以，你要改弦更張。

**端：你認為，怎樣可以改弦更張？**

劉：曾鈺成都提過在八三一框架以外重啟政改。我和曾鈺成的政見也很不同，但為什麼大家都看到要這樣去解決？其實五大訴求歸根到底第一點就是重啟政改，其他那四點都是假的我告訴你。

所以，香港真正民主運動的開始，是六月九號。我們的民主運動其實不是由八〇年代開始，因為在八九年之後，港英推行選舉已經吸納了整個民主運動的力量，變成議會選舉，然後整色整水（比喻做表面功夫）做一個西敏模式令到你感覺良好。大家四年投一次票就當搞掂，這個是英國人聰明地方。

中共愚蠢的地方是什麼呢？就是它根本上沒法認知到，你在香港就是要與泛民和反對派共存。它還要營造一個「一國兩制、高度自治」這樣一台戲出來。其實它現在根本就不用，我全面管治權，經常亮劍，不喜歡就DQ你，直接導致今天的後果。

**端：這場反修例運動，如何影響了這台戲？**

劉：完全撕破了臉。一國兩制其實是一個虛偽的制度，特首要扮到從「一國」的角度去看待問題，但在國際層面又要扮到不是「一國」、是有「兩制」的一面。

大家都明白，一國兩制的成功在於一國不要踢爆、撕破臉，迫兩制現出一國的真面目；兩制亦都不要嘢嘢都篤爆佢（不要事事都揭穿）。它的玩法就是這樣。特首既向香港人負責，又向中央負責，你問我怎樣做呢？其實做得到，當中央與香港人「企埋一齊」（站在一起）就做得到，當但中共離西方核心價值愈來愈遠時，自然就會與香港人愈離愈遠。

《逃犯條例》修訂，與一國兩制的問題有多大關係？可以說是遲早都會來的事。當二〇一二年習近平上場，否定普世價值，「七不講[9]」，然後大豎「中國模式」，這事情就是將香港撕裂。因為其實我們有一半是屬於西方，我們是有西方認可這個「場」才可以搵到食（謀生）的嘛。

**端：你認為你這一代人如何看待一國兩制？曾經抱有希望嗎？**

劉：當年，我們願意在一九八九選擇一個妥協的態度，接受循序漸進的民主，原因是因為我們曾經相信，在民主自由方面，大家在同一條路軌上走，中國在一九七九年才撥亂反正，所以走得比較慢，香港走得快一點，但我們願意用五十年的時間去等，然後向同一個終點進發，這是我們這一代的人的想法。我們願意 surrender（投降），就像新加坡向李光耀 surrender 那樣，我們願意「唔好搞串個 party」（不要把派對搞砸）：支聯會就只是在維園集會算啦，不要回大陸搞民運；香港的政黨就只在香港選舉

9 中共提出的「七個不要講」內容的簡稱，即：普世價值不要講、新聞自由不要講、公民社會不要講、公民權利不要講、中國共產黨的歷史錯誤不要講、權貴資產階級不要講、司法獨立不要講。

» 二〇一九年八月十一日，催淚彈中的示威者。（攝影：陳焯煇／端傳媒）

算啦，民主派當年不發動大規模民主運動，以一種這樣鬥而不破的方式去爭取民主。

我自己最大的失望是什麼呢？曾蔭權時代，我曾經在政府裡，同「上面」爭取普選的時間表，那時說，二〇一七可以先普選行政長官，再二〇二〇普選立法會。我記得當時的承諾是這樣。

轉折點在二〇一四年，八三一落閘，最初的方案原來就是終極方案，中共覺得「我已經對你讓步，其實我可以不給你」，它不覺得這是一個承諾來。全面管治權就是我給你就有、我不給你就沒有，它反過來覺得是你這班香港人不識好歹。雨傘運動，他就已經決定不會在香港的民主運動中做任何的讓步，它認為這樣靠ＤＱ、靠撤換梁振英，可以去平復政治矛盾，它不明白，年輕一代香港人其實已經覺得有咩好傾（有什麼好談的），已經對所有大陸的事感到厭惡，不回大陸，對大陸遊客又厭惡，水貨客又厭惡，大陸一切的都是衰的。

香港人慢慢睇到，唔對路（不對勁），以前假設他走得慢我走得快，但原來大家不是同一條路軌，當路軌不同時，又點會讓香港發展民主呢？說我們香港與中國是命運共同體，是我們那一代最錯誤的信念。

現在這代的香港年輕人糾正我們的錯誤，他們說，「我們絕對不是命運共同體，根本是另一條路」。中央要我們一定要走中國模式那條軌，你想一下，那個過程是好痛苦。而年輕人完全感覺到那種焦慮，我們也感覺到，但想想算了，都五十多歲，可對他們來說，他們就是「now or never」（此刻不做，機會不再）：他覺得如果我今天妥協，將來香港會變成什麼樣？

為何這麼多我們這一代的人，知識分子也好，政界人都好，為何會選擇包容他們（前線示威者）？我相信中共、林鄭是絕對不會理解這種心態：因為我們覺得，是confess（懺悔），就是我們做得不夠，所以他們才要這樣。我自己沒有這個情緒，但我們同代的人好多都有這樣的情意結。

而為什麼我們這一代人會對他們的行為，包括在衝擊裡面的暴力行為都不出聲？因為我們看到其實他們某些主張是合理的。這個就變成中共更加難解決的問題：以往魚蛋革命你可以孤立梁天琦，變成一個邊緣化的少數派，但今日已經周圍都噴上「光復香港、時代革命」（這個口號），你看看外面，就見得到。

**端：香港這場運動，將走向何方？**

劉：三十年前港人（從北京）回來時，大陸學生囑咐我們，一定要將中國發生的事向全世界說出來；但今日調轉，他去指責我們「港獨」，不是官媒，是真的大陸學生，他竟然相信我們在搞港獨，完全相信了官方那套說法，這中間三十年的改變有多大？

在這情況下，我預測，我不是提倡，我預測一個分離主義運動在香港會慢慢成形。這就是今次「反送中」運動中共所付出的沉重政治代價。你可以將他們全部拘捕，讓梁天琦坐六年，但中共有沒有想過，今日梁天琦的朋友，七月一日在立法會發表宣言的梁繼平，其實就是《香港民族論》的作者，梁天琦的同學，會在立法會發表一個這樣的宣言，後來「光復香港」、「時代革命」又變成整個運動的口號。

如果中共繼續鎮壓下去，我可以保證，這個所謂分離運動是由鎮壓之下產生的，因為中共從來不去爭取主流香港中產民意。

分離意識是被逼迫出來的，而民主制度可以消解這種分離意識。如果中共要消解分離意識，及激烈的社會運動、街頭衝突，它一定要在民主進程當中有一個說法。如果仍是想著「八三一有得傾」，那其實就真的無法解決。五大訴求的重點在於第五點，就是雙普選。是不是獨立、什麼真相調查委員會，都不是最重要。

香港不可能把鐘調回六月九日之前。香港人經歷過這三個月，因為政府拖延，令香港管治真面目全部暴露出來：一國兩制、高度自治，然後變成傀儡政府。你想想我們如何能夠返番轉頭扮瞓（回過頭裝睡）？是沒有可能的。

南韓一九八〇年發生光州起義，然後最終到一九八八年才實現民主改革；而在台灣美麗島事件一路到李登輝完成這個憲政改革中間過了多少年？民主這條路是很黑暗很漫長的，香港人要有心理準備。反送中運動一路擴大，我自己預測是會變成真正的一個反抗中共的運動，其實不需要掩飾，我覺得是會變成一個對抗暴政的運動，事實上，現在已經是了。

（余美霞、梁中勝對本文亦有重要貢獻。）

## 延伸閱讀

「拆局系列」還訪問了陳方安生，她在港英過度到特區政府時期統領公務員隊伍，眼看著原本「反修例」運動日漸指向「反北京」，她感慨〈我們與中央似乎沒有一個好好的溝通渠道〉。曾主持香港大學「民意研究計畫」的鍾庭耀教授，受訪時談到科學地檢測民意愈來愈難，他感慨〈香港民意調查可能在經歷滅聲的過程〉。

袁彌昌教授曾在建制派陣營的新民黨擔任政策總裁，自我定位為「中間派」，他在八月接受專訪就預言，反修例運動再持續下去，〈建制派將面對「毀滅式打擊」〉，對照十一月二十四日立法會的選舉結果，不幸言中。

大律師吳靄儀則批評政府及警方大量逮捕抗議者，後續的法律程序如何可能公平妥適地進行？她的見解，收錄在〈大檢控是「依法治港」抑或司法災難？〉一文中。

# 10

# 警暴之殤二

如果要替二〇一九年香港整場反修例運動找出一個貫穿首尾的主題，「警權的擴張和失控」絕對是其中一個。

在港中政府「止暴制亂」的政策指導下，香港警隊自六月初起，一直在第一線上對著示威者及民主派人士同時執行治安維護和政治打擊的「二合一」任務。

在運動爆發之前，香港警隊一直給外界——包括香港人在內——中立、專業的形象。但運動爆發之後，先是在六一二的集會中被認為濫用催淚彈，險釀成人踩人事件；接下來七二一元朗事件的「神祕失蹤」，八三一太子站的無差別攻擊，以及與示威者、市民之間數不清的磨擦和大小衝突，使得警隊原有的形象直落到谷底，〈武力頻失控、北京當靠山：誰來制衡香港警隊？〉是對警隊作風的現場觀察及分析。

為什麼一支原本聲名卓著的警隊，在這起事件中不僅保不住原本的專業意識，反而成為保守政治的側翼打手？台灣學者許仁碩的〈舊日港警，一去不復返〉，比較了台、港兩地警政現況及歷史，從比較的觀點出發，探討如何警察重新回歸市民社會節制。

林鄭月娥領導的港中政府對警隊的支持著實令人「印象深刻」。不管是北京或港府的公開表態，或者林鄭在某場會議上和與會者的外流談話錄音都顯示，警隊是港中政府應對反修例運動時，幾乎可說是唯一能夠依靠的力量。在這樣的氛圍下，建制派政治人物及市民對警察的支持行動更不在話下，〈撐警現場紀事〉就以第一人稱角度，生動記錄了這樣一場集會。

（李志德）

# 武力頻失控、北京當靠山：誰來制衡香港警隊？

——楊子琪、彭嘉林、梁敏琪、梁中勝　文編：陳倩兒

「唔準反抗！唔好再反抗！」二十三歲的社工劉家棟被多名警員按在地上，臉貼著地，動彈不得，其中一名警員向他高聲大喊。這是二〇一九年七月二十七日夜晚的元朗西邊圍，警方剛進行第一輪向示威者的推進，「社工復興運動」成員、註冊社工劉家棟當時正站在警民之間，他沒任何防護裝備，同時高舉社工證。

在整場反修例運動中，劉家棟不是第一個被捕的非示威人士。八月四日，民主黨觀塘區議員莫建成在銅鑼灣警民衝突中被捕，並被警方要求下跪，民主黨發聲明指出，莫建成當時在現場只是調停警民衝突；八月七日，沙田區議員黃學禮也在深水埗警民衝突中被捕，他表示自己當時接到居民求助，到場瞭解；八月十日，尖沙咀警民對峙，警員突然衝向人行路，拘捕一名白衣女子，她當時沒穿戴任何防護裝備。此外，浸會大學學生會會長方仲賢因購買鐳射筆而被捕，隨後獲無條件釋放，事件也引發市民對於警方濫捕問題的憂慮。

不過，早於濫捕問題之前，懷疑警方過度、不恰當使用武力的問題，早已令市民的不滿情緒走向白熱化。

自反修例運動爆發以來，警方驅離示威者時，一般為先與示威者相隔數百米距離對峙。警方隨後在警示或不警示情況下，頻密發射催淚彈、布袋彈、海綿彈及橡膠子彈等武器，示威者馬上後退，警方則推進防線追擊，如此循環。最後示威者已幾乎全部撤退，而警方則繼續向在場記者、社工推進防線，記者、社工及議員常詢問警方防線要推至何處，但從不獲回覆。

而大規模在現場拘捕示威者，大約始於七月二十八日上環清場行動。警方在德輔道西、干諾道中等位置，先以頻密催淚彈射向人群，然後由速龍或防暴警員突然衝出，趨前制服來不及撤退的示威者，這晚

一共拘捕四十九人，四十八小時後，四十四人被控暴動罪。

回到七二七元朗被捕那天，劉家棟形容，防暴警察的推進險釀人踩人：「後面示威者不知前面警察推進，警察推進並沒有『嗌mic』（「以麥克風廣播」，指向民眾廣播警察行動），後面示威者走避不及，前面示威者拚命向後退，好像夾沙丁魚一樣。」劉家棟目睹一名女士跌倒在人群中，被踩幾腳，慶幸有人扶她起來。

自己被捕的時候，劉家棟被數名警員按壓在地，他感覺警方繼續拳打腳踢，有警棍打在頭上，最終頭、右眼和頸部受傷。

毆打頭部再行拘捕，這不是孤例。立法會議員郭家麒觀察在現場觀察指出，警方最近的目標已不止於清場，而是要拘捕並同時毆打示威者。「七二八我在場，我呼籲警方，清場前說一聲、示警，結果他沒理，一來就發射催淚彈，然後速龍衝過去打倒、拘捕示威者。」他詢問被捕示威者傷勢，獲答覆均為頭部、背部。

在公立醫院急症室工作的醫生王思啟（化名）從六月十二日開始幾乎一直在各個警民衝突現場做義務救護工作。他觀察指出，「現在警察的驅散行動不是真的驅散，示威者撤退時當然背對警察，那警察如果是為了驅散，當示威者有『走』這個動作時，他已經達到目的了，但是警察繼續追上去，追到就打後腦、背部，然後拘捕。」

媒體報導中曾經引述不具名的資深警員說明裝備使用原則：一般情況下警棍不可擊打頭、頸；警務處《程序手冊》顯示，警方武力使用層次分為六個等級，當對抗程度為「暴力攻擊」時，才可使用警棍。

「打頭在醫學上是非常嚴重的武力，」王思啟告訴端傳媒，自從七二七清場行動之後，「頭部受傷的示威者有所增多」。「醫學文獻也指出，輕微頭部受傷例如跌倒，已經可能引致（導致）將來腦退化機率上升。而警棍打人，程度已經可與美式足球員鬥毆相比。」

黃任匡醫生也證實了這個情況。他有開啟熱線救助受傷示威者，同時是醫學界政改及普選關注組織「杏林覺醒」（Médecins Inspirés）的成員。「最初可能是胡椒噴霧、催淚彈刺激到眼睛、呼吸道，現在多了被打頭、面部和眼睛被打受傷的情況。」

警員情緒失控問題亦惹關注。在多個新聞鏡頭中，有警員以粗言辱罵、以盾牌推撞、以警棍作狀（作勢）威嚇記者，有警員對已被制服的示威者繼續使用武力，有警員在面前毫無示威者、只有記者的情況下，繼續發射多枚催淚彈，甚至對地鐵站內發射催淚彈等。

同時，警方亦趨向將香港傳媒記者等同於示威者，做出驅趕、恐嚇、棍打等行為。根據《警察通例》第三十九章規定，事發現場的警務人員須「以互諒互讓的態度，盡量配合傳媒工作」，同時「不應妨礙傳媒的攝錄工作」。然而，隨著抗議行動愈來愈長，強度愈來愈高，第一線警員攻擊記者的情況也愈來愈多。例如八月三日，配戴標有「Press」字樣的頭盔和記者證的端傳媒攝影記者在黃大仙示威現場，被警員手持胡椒噴霧追趕。十月二十七日晚間，一名香港電台攝影記者在抗議現場採訪時，被警員硬扯下防毒面具，理由是《禁止蒙面規例》已經生效。但記者在現場執行採訪工作，明顯並不在禁止蒙面的限制裡。

## 自六一二開始的惡性循環

香港警方多次表示是以「最低武力」驅散示威者，警方使用武力強度視乎暴力示威者的暴力程度，目的是公共安全。在譴責警方的聲音之外，香港亦湧現各類反暴力、撐警察的聲音，北京中央與香港政府亦全力支持警隊執法，同時多次重申，目前並不適合設立獨立調查委員會以檢視警方使用武力的情況。

「民權觀察」（Civil Rights Observer）成員王浩賢認為，自從警方在六一二行動使用過量武力清場，示威者與警察之間的關係就完全破裂，至今已進入「惡性循環」。對抗情緒不斷累積，釀成更大不幸。七月十四日，防暴警察衝入沙田新城市廣場拘捕示威者，引爆警民衝突，其中一名落單的警員被示威者圍攻，王浩賢說，「事情很sad（讓人悲傷）」，「隔住個mon都feel到emotion（隔著螢幕都能感受到那種情緒）」。不過他認為，「譴責是沒用的，要問的是為什麼會建立起這樣的仇恨，去攻擊警察？」

王浩賢分析，首先，警員不配戴委任證，常常成為示威現場氣氛升溫的因素，引致警察和示威者之間的口角。目前在示威現場，軍裝警員身穿防暴背心，上面有透明膠片放置委任證，很多警員拒絕展示。王浩賢認為，其實警察只要配戴委任證，就可以減少

» 二〇一九年八月四日，示威者乘港鐵離開衝突現場。（攝影：陳焯煇／端傳媒）

爭執，但警方卻不回應市民的合理訴求。「（不戴委任證有助）警員逃避法律責任，當他們有些位置做過火、踩過界，沒那麼容易被追究，但這不應該是警隊的立場。」

他以七月二十八日上環清場為例，指警方當日做法遠超過最低武力，比如警民雙方之間距離有三、四十米，警方當時並不需要使用武力，但仍發射催淚彈和橡膠子彈，目的是為保持警隊士氣。「我不是說警方應該完全不使用武力，去回應、制止一些暴力衝突，而是他應該採取更克制的態度。」王浩賢強調，「他（警察）不克制時，就會引發更大的衝突，引起市民更大的憤怒。」

他批評，警隊如今已不會克制使用武力，「一來就是催淚彈，跳了幾個級別。」根據警方公布的數字，可以看出，僅僅在六月九日至八月十一日近兩個月期間，至少發射一千八百二十枚催淚彈；而就在八月五日一日之間，已經發射了八百枚催淚彈。王浩賢形容這個規模已經是「戰爭行動」。

截至二〇一九年十二月初的統計，更可以發現王浩賢口中的「戰爭行動」快速升級。自六月起使用的催淚彈超過一萬六千枚，單日使用最多的是十一月十二日網民號召「三罷」，以及中文大學二號橋衝突當天，警方在全港使用約兩千三百三十枚催淚彈，超過總用量兩成。除了催淚彈，警方還發射約一萬發橡膠子彈以及布袋彈、海綿彈各約兩千發。更包括十九發實彈，其中三枚實彈直接對人射擊。

「我們給了警方很多錢，讓防暴警察配上防暴裝備。為什麼我們要提供資源予警察裝備，就是為了他們有好的保護裝備時，他們可以使用更低的武力。」王浩賢說。

除了不克制武力外，王浩然也指出，警方對示威者及元朗無差別襲擊事件的白衣人上進行差別對待，令情勢升溫。更進一步的是，警方開始對遊行發反對通知書。七二七元朗遊行，是警方首次在反修例運動中對遊行發出反對通知書，最終市民仍然到場示威並發生警民衝突，警方當日亦使用大量催淚彈。

「這（反對通知書）其實就是衝突的根源，你政府不聽市民的訴求，甚至是連一些市民表達聲音的渠道，你也禁止。整個社會在這麼大爭議下就像壓力煲，總有一個時候會爆。」王浩賢說。

## 警隊介入政治事件，是走向威權社會的指標

在警民雙方武力提升、情緒積累同時，警方的代表協會更火上添油，屢屢高調開腔，直接以仇恨式言論批評示威者。就在運動開始前兩個月，警方的四個協會就發表十篇聲明，當中七月二十五日和八月四日的聲明先後兩次形容示威者是「曱甴」（蟑螂），惹起巨大爭議。

香港警隊的四個代表協會為警方評議會的職方（勞方）代表，功能為表達警員對福利及待遇的意見，而其中發表聲明最多的「警察隊員佐級協會」成立於一九七七年。一九七四年，港英政府設立廉政公署，開始打擊警隊的貪汙行為，香港警察不滿，衝擊廉政公署總部，三年之後，警務處處長提出要求成立員佐級協會，其後獲得批准。

近年，該協會多次發表聲明評論示威活動，如二〇一四年七月一日遊行後，該協會發聲明形容示威者為「尋釁滋事」。而近日，該協會主席林志偉則二度將示威者形容為「蟑螂」。立法會議員區諾軒對端傳媒指出，「警察員佐級協會、督察協會出的聲明很有仇視性，煽動警隊上下仇視示威者。」

王浩賢認為，「一個紀律部門用仇恨的言語評論（示威行動），已經超出他們的職權。它們只是警察的工會，不應為事情定調，這令人覺得警察不再政治中立，是很大的傷害。」

在謾罵示威者的同時，警方評議會亦似乎不服從港府高層，甚至公開質疑政府內部決策。

由於不滿港府第二號人物，僅次於林鄭月娥的政務司司長張建宗就七二一元朗白衣人無差別襲擊事件代表警方向市民道歉，警察隊員佐級協會七月二十六日發表一封措詞強硬的聲明，要求張建宗指示警員如何執法及要他帶領香港「走出困局」，否則就「應該向警員公開道歉及退位讓賢」。然而在港府行政層級上，警務處隸屬保安局，保安局歸政務司領導。員佐級協會的聲明，形同向直屬上級叫陣。

另外香港警務督察協會主席伍偉基亦去信張建宗，表明實在難以理解及無法認同張建宗的言論，並強烈希望儘快會面。及後，四個警察評議會的代表與張建宗見面，政務司長辦公室的新聞稿重申張建宗是絕對支持和肯定警隊的執法工作。

「警權的膨脹不單是警察對市民，警隊甚至在整個政府管治系統內膨脹了。」王浩賢指出，部分警員屢屢在社會事件表達政見，實質已獲得警方管理層的默許；而警隊質疑司長的言論「非常危險」，因為警隊做為紀律部隊，與司長理應是上司下屬關係。他擔心警隊像極權社會的軍政府一樣，「對政府管治系統的影響力不受控制」，令香港走向極權社會。

「威權社會的特質是，警隊不再是一個政治中立、純粹維持治安的執法部門，而是積極在社會政治事件，發揮它們的影響力。」

就此，警隊行動處副處長鄧炳強曾在記者會說，協會有自己的看法和表達意見無問題，否認警員繞過警務處處長是架空處長，而警察公共關係科高級警司江永祥則指「政治中立」的警例是規管警員，不是規管協會。

## 監察警權：監警會和立法會還有可能嗎？

當警方評議會公開以言語侮辱示威者，介入政治事件並質疑政府內部決策時，現有的監警會（IPCC；獨立監察警方處理投訴委員會）制度亦早已被批為「自己人查自己人」。

根據現行程序，市民可向警隊的投訴警察課申請投訴，分為「須匯報投訴」和「須知會投訴」，前者為「直接受影響的人士真誠地做出」，後者為由匿名人士做出的投訴，而監警會只會審核「須匯報投訴」的調查報告。

前公務員事務局王永平對端傳媒說，監警會的制度是「先天性不足」，像六、七〇年代警隊處理貪汙問題一樣，沒有獨立的調查權力，而監警會的組成近年亦為人詬病，側重於建制派人士，令有民意代表的泛民議員和律師沒再被委任。

翻查資料，監警會源自殖民時代的行政立法兩局非官守議員警方投訴事宜常務小組，二〇〇八年成為法定機構，受《監警會條例》規管。王永平表示，監警會成為法定機構後的分別不大，調查權力始終在警隊內部，「自己人查自己人，的確觀感有問題，調查的時候也有很大顧慮和壓力。」

他指出，當時社會曾有聲音討論，是否設立完全脫離警察的獨立調查機構，但是政府以「影響士氣」為由否決，而當時警隊的民望相當高，所以沒有很大的壓力推動政府一定得成立類似於廉政公署的監警會。

王永平認為，朱經緯案暴露出監警制度的問題，因為監警會要花很長的時間判斷投訴的報告。時任警司的朱經緯在二〇一四年雨傘運動期間，在旺角以警棍毆打市民，警察投訴調查逾七個月，得出「毆打指控無法證實」的結果。及後，監警會不同意結論，警方建議將毆打的指控改為濫用職權。監警會要開特別會議，並進行史無前例的不記名投票，才決定維持對毆打指控證明屬實的立場。待警方再同意將朱的毆打指控列為證明屬實，整個過程用上足足一年有多。

王永平稱，很多委員害怕得罪警察而用暗票（不記名投票）的方式，「某（種）程度看到制度是失敗的」。

「政府常常說這個制度行之有效，但經不起客觀的評估……某程度上這麼多人支持獨立調查委員會，

» 二〇一九年十月五日，香港「禁止蒙面規例」生效第一天，兩名戴著口罩的示威者被警察拘捕。（攝影：陳焯煇／端傳媒）

正正就是對監警會投下不信任的一票。」王永平說。

根據二〇一七／一八年的數據，所有獲監警會通過的指控個案中只有六十八宗（即二%）能「獲證明屬實」，而懲處的方法多為內部「警告」和「訓諭」了事。王永平認為，投訴警察是一件很費心力的事情，若非有很大的冤屈都不會去投訴，但數字顯示有九八%的投訴不成立，一般人會覺得這合理嗎？

在現有的監警制度和司法監察不足的情況下，有民選議員的立法會在警權監察上又有何作用？立法會議員區諾軒就對端傳媒表示，立法會的保安事務委員會、財政預算案審議和立法會大會，都會討論警權問題。當中，保安事務委員會「較為靈活」，議員可以提出事項，政府會派出官員解說政策，最高級別的是警務處處長和保安局局長，不過他們通常在重大問題才會出席。

「立法會有一定的監察功能，但就我們很關心的項目，警方一直都不透露。」區諾軒說。

區諾軒發現，警隊近年開支膨脹驚人，其中懷疑用作採購武器裝備的「物料同供應設備」的欄目，增幅尤為明顯，但政府並未交代具體細節。端傳媒翻查資料，發現警方的開支從二〇一三／一四財政年度的一百四十八億元，大幅上升至二〇一九／二十年的兩百零九億元，當中「物料同供應設備」的開支從六千四百七十一萬增至二·一億，增長超過兩倍。然而，這幾年香港的罪案和罪案率逐年下跌，二〇一八年香港的整體罪案數字（犯罪相關統計）錄得一九七四年以來最低，罪案率則是自一九七〇年以來的最低數字。

「在反送中運動，警隊使用多元化的武器，海綿彈、布袋彈、橡膠子彈，為什麼他們要採購這麼多武器？這些五花八門的武器是否是必要呢？如果功能一樣，為什麼要採購這麼多呢？」

區諾軒說，所有的問題都沒有答案，因為政府以牽涉警方戰略部署而拒絕回答。此外，香港衡量警權是否恰當使用的基本文件亦不會公開。區諾軒指出，立法會多年來要求警方交代《警察通例》和《警方戰術使用手冊》，但都不得要領，議員只能從警員在大學寫的論文、傳媒披露的《警察通例》和戰術手冊尋得部分內容。

「警隊、保安局一直以來很多事情都密而不宣，就算開會，你指著李家超（保安局局長）罵，你可以罵他，他們不肯說就是不肯說。」

區諾軒認為，現存體制下，議員角色有很多限制，就算在立法會質問警方高層，也難有作為。而就近期社會事件，如雨傘運動和旺角騷亂，政府不單沒有成立獨立調查委員會，就連檢討報告亦沒有撰寫和公布。端傳媒翻查資料，警務處就大型示威的全面檢討報告，最新一份是二〇〇五年世貿第六次部長級會議的警務行動檢討報告，當時韓農來港抗議，與警方爆發激烈衝突。

在監警會和立法會都無力制衡的情況下，有人寄望，司法程序可以將個別行為失當的警員繩之於法。就警方涉及濫權的行為，目前廉政公署已立案調查元朗事件是否有警員公職失當，民權觀察和其他民間人士亦嘗試從民事訴訟的方式起訴。

不過，司法途徑是否足夠制衡警察的濫權行為？王浩賢堅持，只有獨立調查委員會和改革監警會制度才有出路，因為廉政公署制衡的權力其實只限於有否貪污，而民事訴訟追討警方的成本非常高，申索人（指主張權利受損的人）需要投入時間精力，亦要面對經濟風險，因為案件不是一〇〇%的勝算。相反，香港警隊卻握有大量資源，可以用納稅人的錢做庭外和解，又可以要求申索人保密，令事情很難公諸於眾。

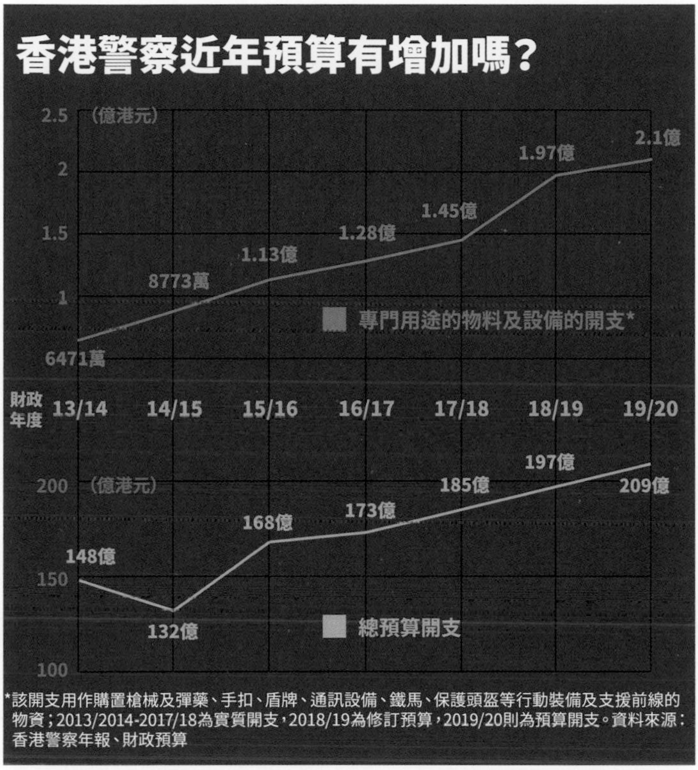


» 製圖：端傳媒設計部

## 中央高調撐警，警隊開始涉入政治

在七月二十九日、八月六日和八月十二日，短短兩星期，香港警察三次成為國務院港澳辦記者會的焦點。

首次記者會，發言人楊光稱「特別理解和體諒香港警隊及其家人所承受的巨大壓力」，並向「優秀香港警察致以崇高的敬意」；第二次記者會則稱，「全國人民都是香港警方的強大後盾」，第三次記者會又讚揚香港警察「恪盡職守，依法履職」，贏得了市民的「普遍讚賞和崇高敬意」。

值得留意的是，國務院港澳辦三次撐警記者會，均是在發生大型警民衝突翌日：七月二十八日上環清場，警方使用大量的催淚彈，並拘捕四十九人，以刑罰甚高的暴動罪控告其中四十四人；

» 二〇一九年八月五日，警察在黃大仙施放胡椒噴霧驅散人群。（攝影：林振東／端傳媒）

八月五日，全港性大罷工，警方發射八百枚催淚彈，拘捕一百四十八人。八月十一日，多區出現快閃、圍堵行動，警方大舉拘捕。

王永平指出，中央表達支持特區政府和警隊「無可厚非」，某程度上回應解放軍來香港維持治安的疑慮。

而王浩賢則分析認為，中央開口支持警隊，反映當香港政府不肯回應市民訴求時，餘下就靠警隊鎮壓和打壓異議聲音，因此連中央也要「穩住警隊的心和士氣」，但其結果將令警權擴張，使警察用更強硬的手段，亦會令他們更加拒絕接受公眾的監察。

翻查媒體資料，回歸初期，開腔稱讚警隊的主要是公安部長，但從二〇一三年民主運動人士倡議「占中」開始，中央更高層的領導

（如政治局常委和委員）和對港部門亦屢屢表態支持香港警隊，二〇一三至一七年共有十三次表態。當中最引人注目的，是習近平在回歸二十年訪港期間，特意參觀元朗少年警訊中心，讚揚香港警隊「了不起」，並向三萬多名警員「致以崇高敬意」。而今次反修例運動以來，中央高層和部門已先後十二次表達支持和讚揚警方的聲音。

港澳辦主任張曉明在八月七日表示，香港局勢要出現轉機，「要靠特區警隊和執法司法機關嚴正執法、公正司法；要靠愛國愛港陣營團結一致、堅決鬥爭」，又呼籲「愛國愛港力量」要「無畏無懼、挺身而出，以各種方式紛紛站到鬥爭的最前線」。他又表態指，香港現況不適宜成立獨立調查委員會。

民主派議員毛孟靜向傳媒表示，香港警隊行動及是否成立獨立調查委員會是香港內部事務，中央官員談及有關事務，是衝擊一國兩制；她又指，張曉明是將警隊變成武器，要求市民以各種行動支持警隊的說法令人驚恐，令人聯想到中央是否想「群眾鬥群眾」。

中央態度，對香港警隊有何影響？二〇一九年，中央首次委任香港警方高層做國家幹部：雨傘運動時期擔任警署「一哥」（指警務處長）的曾偉雄，被任命為國家禁毒委員會副主任，也提名競逐聯合國駐維也納辦事處總幹事兼聯合國毒品和犯罪問題辦公室執行主任，但十一月傳出落選。

王永平指出，殖民年代英國和香港的警察系統是獨立的，因此不會有香港警隊的高層可以直接晉升英國警隊，而現行公務員的規例對此並沒有限制，所以不能說曾偉雄的做法就是「不妥當」，但「觀感上就是另一回事」。

王浩賢則認為，曾偉雄的事例是警方高層的「旋轉門」，顯示在警隊裡，表現愈強、愈靠攏政權的警員，就會被國家看重、爬升高位。他擔心，「不排除當警隊愈來愈政治化，愈來愈有政治角色時，警隊高層會更多思考自己在整個國家和香港的政治位置。」

「一旦有這些考慮，（他們）可能未必再是單純的公僕，純粹執行法律，維持公共秩序，而有更加多的考慮，去做一些市民未必認同的事。為了執行硬命令，（他們）甚至會犧牲香港的法治，以及市民一直極力捍衛的公民自由和人權。」王浩賢說。

# 撐警現場紀事：藍白衣的香港人，他們怎麼想的？

——阿離　文
編：鄭佩珊

反修例運動，連場示威觸發警民衝突，香港警察受到嚴峻批評。二〇一九年六月三十日，建制派舉行撐警集會，大會稱有十六萬五千人參與，警方則表示高峰期人數達五．三萬。有人說，當日的撐警集會，讓香港人再次經歷了一次社會撕裂。然而，我們到底要如何理解撕裂？集會中一位參加者對我說，「七百萬人，就有七百萬種思維。」不同人因著不同信念和原則選擇和被吸引到不同陣營，是世之恆常；重要的是要釐清個人從這到那的思想路徑。

在整場撐警集會中，反修例和撐警支持者互罵、集會人士攻擊記者、破壞連儂牆和祭壇等，均有發生，而我亦耳聞目睹粗口指罵和蓄意破壞的情況——在立法會示威區前的廣場，警方以一條橙線把兩方群眾隔開，反修例人士舉著「支持警方執法，拘捕開槍警察」等標語，也有人拿著大聲公向撐警群眾叫囂，被攔在界線以外的集會人士則以粗言和叫罵相報，一句句「垃圾」、「有人唔做做狗」，不絕於耳。期間，一位集會人士越過了警察的封鎖，走到反修例陣營內，一手扯毀地上的布置，釀起一陣風波——相同的場面，在金鐘各處發生。

但在衝突以外，我更在意的，是這些穿著大會指定顏色的藍白衣人士，他們那陌生而熟悉的精神面貌——不多不小的恆存於日常香港中的面容。當這些面目不再模糊，我們能否以同等清澈的勇氣直視？我們能如何自這些面容中，拆解出組成其狀的思想成分，抽剝出制度和歷史的構建和模塑？

## 中年社運初體驗

「原來政府總部係咁樣，我都係第一次嚟（原來政府總部是這個樣子，我也是第一次來）。」我朝話音方向望去，說話的人是位目測五十歲的溫文男士，穿著道奇藍色運動上衣，跟身旁的妻子說。

歷經多年的大小運動，政總的地理空間早已內嵌進我腦中；每個位置，都層疊著記憶與情緒。眼前這位先生，年過半百髮頂稀薄，卻使我感到一種稚嫩——而他並非唯一。就像我走到龍和道時，身旁一位姨姨興奮舉機：「我都唔知原來呢條叫龍和道！成日都聽到」；積在添馬草坪上的參加者，紛紛拍照為念，雀躍如遊；天空上飛來航拍機，人群豎手而呼，臉上盡是欣然歡樂，我身後的一位姨姨叫道：「原來航拍機咁細架㗎（這麼小台）！」

身處其中，我忽地感到自身蒼老——即便眼前大部分的集會人士，都要比我年長二十至四十年——一切的口號、叫囂、貼字條、大合唱，於我已是「行禮如儀」，於他們，卻彷彿是社會參與的初嘗試。

## 退休警察的想法

從金鐘站一路蠕行到添馬公園，即使大雨滂沱，汗溼熯熱薰蒸，大部分人還是留了下來，比想像中堅定，身旁一位伯伯打趣說：「當焗免費桑拿囉！」我仔細聽著集會人士的說話：「淨係你們係香港人呀？淨係你地識講野呀？（只有你們是香港人呀？只有你們懂說話呀？）」「無得同佢地講㗎！佢地低能㗎！（無法跟他們講的！他們低能的！）」「哼，唔擔遮，費事佢地話咩雨傘運動！（哼，不打傘，免得被他們說是什麼雨傘運動！）」「我同我個女鬧左交啦！分枱食飯㖭呀（我跟我的女兒吵架了啦！分桌吃飯呀）！」「你咪以為沉默嗰班人唔出聲呀（你不要以為沉默那班人不發聲呀）！」「唔好以為我地唔出嚟就唔理事（不要以為我們不出來就不管事）！」說這些話的人，均是操純正廣東話。這次集會的意義，對他們而言不單是撐警，也是一班自我理解為「沉默大多數」的人的一次「見光圍爐」——當中的互相肯定、同氣連枝，竟有一種稚嫩朝氣。

我針對性地尋找一些溫文沉穩、沒有激動言行、沒有明顯的組織連繫的參加者傾談，以理解自發參與集會的普通個人的思考路徑。在添馬草坪，我遇上兩位退休警察，首次參與類似活動的李先生和張先生。我們先是在橋上互相沉著打量，身旁記者隨即上前邀訪，李先生爽快一句：「好！我好願意把我的心聲告訴你們！」

我們沿著添馬橋走到立法會開始訪談，李先生劈

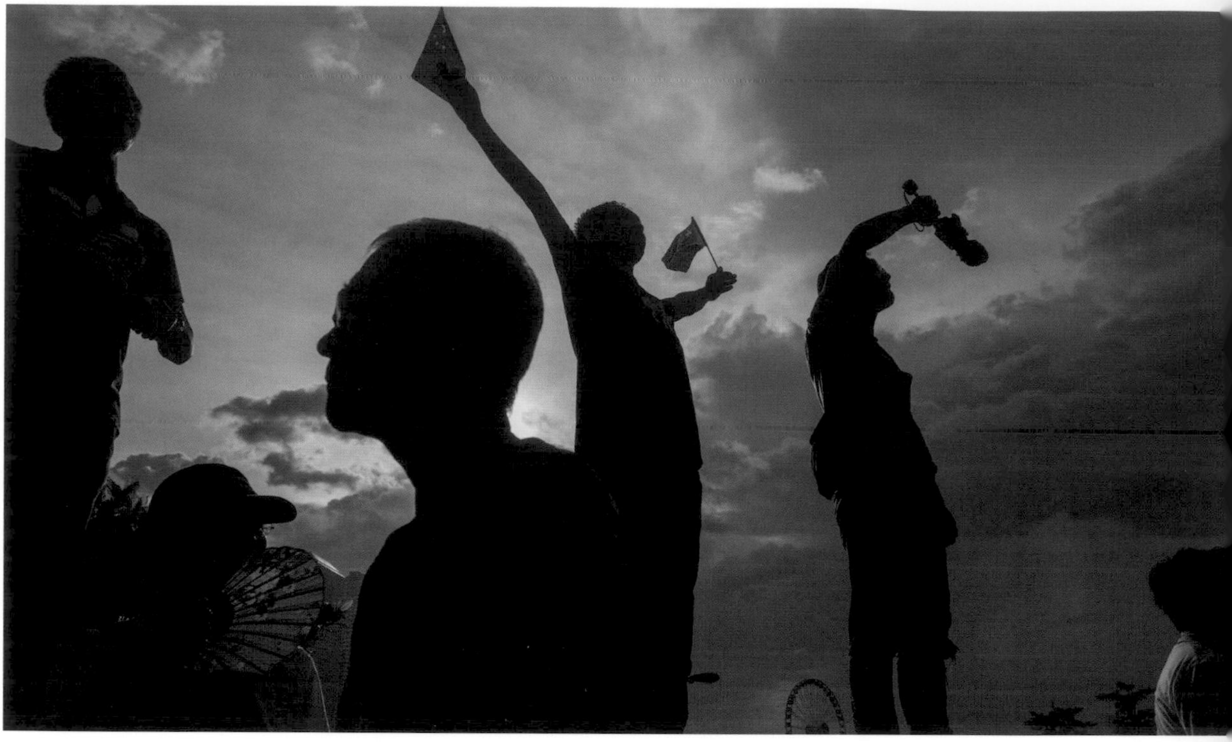

» 二〇一九年六月三十日，添馬公園撐警集會，參加者揮舞國旗。（攝影：林振東 / 端傳媒）

頭第一句說：「香港的法治已經被破壞。」他所說的法治，我理解為「依法而治」，即 Rule by law 而非 Rule of law。隨後，他開始跟我述說他眼下的世態：年輕人的熱情被利用，而一部分滋事分子收錢衝擊警方，警方在保護立法會免受破壞的情況下，需要維持治安，而他們的行為經已極為克制。

李先生續說，如果社會沒有警察，對任何人都沒有好處。說到氣結，他伸手指向立法會前的反修例人士，「這些所謂大學生，不知所謂！」他轉而提到早前兩位離世的反修例抗爭者，「一個是癮君子，一個就有精神問題。」而反修例只是「買燒肉咁搭埋落去」的原因，民主自由就是牌頭和旗號。[1]

我探問，這些資料從何而來，李先生說自己收到消息。而我無從核實李先生的資料來源，唯有問他，如何理解為什麼這些年輕人要如此抗爭。

1 這句話是指：這些人其實就是為了爭民主、自由，反修例只是搭便車而已，像是買燒肉時附送的配料一樣。

» 二〇一九年六月三十日，立法會議員何君堯在添馬公園舉辦撐警集會，希望藉集會「為警隊打氣、為香港打氣」。（攝影：林振東／端傳媒）

「因為美國人煽動，搞破壞，破壞一國兩制。你有沒有看過《美國以往占領一個國家的十二個步驟》？」

「我沒有。」

「你有無讀過書㗎？」隔著那副金幼（細）框眼鏡，李先生的逼視和聲量令我一愣。當日回家，我翻查李先生所說的資料，原來是一段短片，在親建制的 Facebook 專頁「時聞香港」廣傳。

此時，站在旁邊的張先生加入討論。他感慨，自雨傘運動朱經緯以警棍敲打路人和七警襲擊曾健超事件後，社會的仇警情緒強烈，自己也因為心灰意冷而在二〇一九年退休。他在一九八四年加入警隊，至今五十五歲，足足三十五年，「你未出世我已經是警察喇！九七前我們效忠英女皇，九七後我們效忠特區政府。九七前香港人是二等公民，高層全部都是外國人，現在香港人自己做。」

兩人二十出頭便成為皇家香港警察，在殖民地政府的不公平架構下長成，後又經歷「收返」（意指「收回來」，即是回歸），親眼見證香港人「當家作主」；對國家的支持，除了來自國族身分的認同，也出於自身。「最重要是不要搞亂香港。」誰在搞亂香港？「學界、法律界、記協。」

張先生說，理解反修例人士的抗爭，因為他們害怕失去他們的自由。

「那他們的自由跟你有沒有關係？他們覺得回歸後，自由愈來愈少，你怎樣理解？」

「我的自由反而多了。以前我們（警察）上不了大陸，現在可以了。以前跟左派有關的人不能考警察，現在什麼人都可以考。」

我忽地想起了大台主持所說的「重建公義」。公義與自由，同樣曾響徹政總，呼喊的卻是另一班香港人。同一概念，因著個人自身的社會位置和經歷、與體制的親疏關係，以及攝取資訊的途徑等分野，產生截然不同的意義。

如此堅執的思維，怎會是一張「長輩圖」所能匹搏？

## 「其實我也不瞭解年輕人」

我在添馬往立法會近花圃位置遇上同樣是首次參與集會活動的吳小姐。已退休的她一人前來，一身白衣淡藍牛仔褲，雙手握著一支農夫山泉水；溫厚敦儒的吳小姐，看起來比六十六歲要年輕幾年。

「其實這個建築物是什麼？」她指向立法會，問我。

「那是立法會。」我說，「妳今天為什麼自己一個人來呢？」

吳小姐告訴我，六月九日當晚，她在Now TV的直播新聞上，看到示威者把警察打得頭破血流，而後在新聞看到六一二當天一些示威人士掘磚、藏著長鐵枝和一些危險物品，要攻擊警察，令她無法接受。她說，在香港，大家可以表達自己的想法，但一定不能犯法，要理性，不能傷害他人。

「那妳怎樣看警察用催淚彈和橡膠子彈射向示威人士？」

「因為他們攻擊別人在先。我對年輕人沒有同情。」溫婉的吳小姐說出這句話時，眉心緊皺，令我一愕。

「年輕人變得很暴戾，好像一隻野獸一樣。」

「那妳理不理解，為什麼年輕人變得如此暴戾？」

吳小姐一頓，沒有說出「年輕人被人煽動」的話，她沉默數秒後，默默道：「其實我都不瞭解他們。」

她說，早前為了理解《逃犯條例》事件，在圖書館裡閱讀了數份報章，我問她有何看法，她說，只要不是逃犯，為什麼要怕？我向她解釋，以記者為例，如果有些人在國內揭露社會問題，但你不會知道這些新聞何時會變成國家機密，自己會否成為逃犯，因此不少人都感到憂慮；雖然政府表示引渡必須符合兩地「雙重犯罪」原則，而香港目前未有關於「洩露國家機密」方面的犯罪，但大家還是會擔心，內地政府會否藉其他罪名，安插在市民身上。

「是不是即是銅鑼灣書店那樣？」吳小姐問道。

「也是一例。」

她續問，那陳同佳案要如何處理？我說，其實台灣政府曾多次聯繫港府以求解決，但港府卻沒有回應，「那麼，真是上面那個什麼娥（林鄭月娥）做得不對。他們（反修例人士）應該要出來表達訴求。」言語間，些微透露出猶豫和軟化。

此時添馬公園的集會未完，人潮已陸續散去，但吳小姐依然跟我站在猛烈的夕照下談人性與歷史。

「我之前看了一套有關印尼屠殺的紀錄片，有些軍人覺得自己只是履行命令，有些則終生內疚。所以說，人性這回事。」我猜這套紀錄片是約書亞．歐本海默（Joshua Oppenheimer）的《The Act of Killing》（殺戮演繹），但我沒來得及告訴她，這電影還有下集，名為《The Look of Silence》（沉默一瞬），探討的是大屠殺發生時，受害者的鄰里和親人如何對苦難視而不見。

吳小姐在香港土生土長，當過幼稚園教師和會計，見證過身旁的好友在移民潮如何離去又折返。問她，最喜歡那個時期的香港？

「我最喜歡的是梅豔芳時期的香港，那時大家好團結，好有愛心。」

「那是最和諧的時候，但現在社會很撕裂。但你知道嗎，社會不會因為一班人走出來就能改變的。就像要擋住一架高速前進的列車，你以為你可以阻止，其實是沒有可能的。」

我想起在美國國會聽證會上指控最高法院候任大法官卡瓦諾（Brett Kavanaugh）性侵犯的克莉絲汀・福特（Christine Blasey Ford），她也曾說過有關火車的話：「I was calculating daily the risk/benefit for me of coming forward, and wondering whether I would just be jumping in front of a train that was headed to where it was headed anyway and that I would just be personally annihilated.（我每天都在計算站出來對我的利害，我想，我是否在往一列火車的前方跳下去，而它無論如何也能駛到它要朝向的地方去，最終只是我個人被毀滅。）」縱然毀滅，但她依然如此做了，而世界各地的無數人也一樣。

「樹林都是由樹木開始的。」吳小姐說，「所有的改變，都是非常緩慢的。」我心想到，社會是，人心亦然。

與吳小姐道別後，我環行整個添馬公園，察看著一張張面容，想像著我將會在哪些地方與他們再次重遇，而當彼此的心思翻然呈白，又將要如何自處。時代走步至此，對話愈益艱難，亦不會帶來改變，但至少，能為對方展現一個平衡時空，以及這個時空下那些不被理解的人性，使靈魂變得柔軟。也許，在這無可阻擋的列車上，除了學習如何與絕望共存外，在他人的地獄中自持，也是必須習得的能力。

（尊重受訪者意願，李先生、張先生及吳小姐皆為化名。）

# 【評論】舊日港警，一去不復返[1]

——許仁碩 文 編：符雨欣

已有許多研究指出，在港英殖民時期，特別是在六七暴動之後，香港就已經建置了利於鎮壓社會運動的法律體系，並授以「皇家」之名以嘉獎「平亂」有功的香港警察。但港英政府忌憚於夾在中國共產黨與中國國民黨之間的政治情勢，擔心高壓手段即便合法，引發的政治動盪仍會引來中國介入，因此大多備而不用。

在九七年之後，一方面是當時的北京政府承諾了「五十年不變」，二方面是整套港英政府留下的殖民式警政與相關法制，在北京的統治需求上也是相當實用。諷刺的是，中國共產黨政府雖然打著「去殖民」的解放大旗，例如一九六七年香港左派暴動領導人之一的楊光，在九七後受到了政府的表揚，但實際上仍是繼承、維持了殖民警政體系。這樣的「去殖民」，可說是一種被代理、為新政權服務而非為香港人服務扭曲的結果。

但香港警政體系未能去殖民的矛盾，一開始並未被大多數的香港人所意識到。首先是因為在「五十年不變」的承諾之下，「不變」被視為一種正面的、符合香港人利益的目標，因此九七年並不被視為一個改革的契機。其次則是在九七之後，許多人期待日後與中國的經濟往來，而未意識到北京政府與香港人間可能會產生的利害矛盾，自然也不會想要質疑港警所保持的高度鎮壓實力。最後則是香港警察常年在公關與社區工作上取得相當成果，廉潔與效能亦是有目共睹，使其在國內外均保持優良形象並受到信賴，即使有社運人士指出警隊弊病，也難獲得社會廣泛支持。

例如在二〇〇五年香港主辦ＷＴＯ部長級會議時，各國運動者也赴港進行示威，特別是熟習各種非暴力抗爭技巧的韓國農民，帶給了當時的香港社會與港警相當的震撼。在以消防水柱、胡椒噴霧、催淚彈與布袋彈對抗之後，港警拘捕了數百名抗爭者，當中包括一名國立台灣大學學生李建誠。

---

1 本文為刪節版，更完整論述請參照〈許仁碩：舊日港警，一去不復返〉，收錄於端傳媒網站。

當聲援者在台大門口舉行集會，要求釋放李建誠的同時，也有許多人，特別是來自香港的同學批評，香港的警察與司法都比台灣要公正許多，認為聲援者是小題大作。我當時也是台大學生，對這一幕印象深刻。

而港警在二〇〇五年ＷＴＯ會議時的做法，不只在當時，至今亦被視為一個「成功案例」。無論是一九六七年「暴動」時的香港警察、在其後三十年間不斷強化社會控制能力的皇家香港警察，或是在二〇〇五年香港街頭使用的催淚彈、胡椒噴霧、消防水喉跟布袋彈，似乎尚被「往日美好優秀的香港警察」情懷所包裹，成為緬懷而非檢討、反省的對象。

體制轉換之際，本是盤點積弊，反省歷史，改革體制的契機。然而在「被代理、以北京利益為導向」的去殖民歷程中，警政體系的改革並未進入議程當中，做為部分民主社會中的殖民式警隊此一矛盾，就此被保留下來。實際上，「不變」的警察體系即便展現鎮壓能力，也仍舊受到大眾支持，就此錯失了第一波改革的機會。

而後，雖然中港矛盾隱隱在香港社運議程中浮現，例如反國民教育科運動，就是北京政府希望強化意識形態控制，造成香港反彈的結果。但當中港矛盾加劇時，香港警察與香港公民可能隨之浮現的矛盾，仍未為香港社會所廣泛認知。

二〇一三年時，我到香港報告對於台灣警察如何處理抗爭的研究，做為研究者，自然也提出了一些台警執法上出現過的問題，例如行使強制力時缺乏法源依據、現場員警遮蓋編號導致究責困難、對政治立場不同者差別待遇等等。當時一位資深的香港高階警官表示，從我的報告看來，他認為港警的法治傳統與專業度均比台警優秀許多，不會發生這些問題，他有自信港警在九七後，仍足以長久守護香港社會。

而當時另一位與會的香港民間團體成員則表示，他不明白為何台灣抗爭者會需要與警方衝突，在香港只要願意談，警察都會做好妥善安排，香港人上街也不會與警察有衝突，比台灣人成熟、理性許多。

就我在數年赴港交流經驗的觀察，每年對六四的追思活動，到擋下基本法二十三條立法，乃至於剛阻止了國民教育科的成功經驗，似乎讓當時的許多香港人，即便對政府有意見，也對「和理非」路線充滿自信。在這股自信之下，即便是社會運動的參與者，也可見如上述般對韓國、台灣的抗爭經驗，以及與警察間的對抗關係缺乏理解，甚至輕視為後進國的情形。

確實在當時港人以「和理非」為主流的抗爭型態下，港警確實並未強勢以對，實際上也沒有必要。同時在港警的價值觀中，也以能柔性處理抗爭為榮，並標榜為九七後港警的政治中立、法治傳統與專業並未動搖的明證。因此在抗爭者與港府，乃至於港警間未曾發生過高度政治緊張的情況下，殖民警政的矛盾持續被掩蓋，各方都相信香港警察仍是，且永遠會是「亞洲第一」。

但這樣的局面，很快地就被北京政府打破，人大釋法對於普選問題的直接介入，加上港警對和平示威者發射了大量催淚彈，引發了連綿數月的雨傘革命。港警的執法過當問題，以及做為其背景的殖民性警政體系，開始漸為香港社會所認知。

在雨傘之後，我在一場國際研討會上，曾向港警的資深警官請教他們在雨傘時使用催淚彈的決策理由。該警官告訴我，當時前線受到抗爭者的激烈攻擊，而且他們有情資顯示，有許多國外的激進抗爭分子，在當時已經潛入香港。因此警隊必須自保，動用催淚彈是本於專業判斷下採用的適當武力。

「所謂受到激烈攻擊，請問當時抗爭者是以什麼樣的武裝攻擊警察呢？」

「雨傘，幾乎所有抗爭者都拿著雨傘毆打或是投擲前線警員。」「那認為催淚彈是適當武力的理由是？」「催淚彈能立即癱瘓群眾的行動，但又不會留下任何傷害，讓警民雙方都不至於在衝突中受傷。外面對於動用催淚彈的指責，都是些缺乏專業的外行話。」

而就在該場研討會上，也出現港警與台警的一場爭論。當時與會台警首先發言表示，台灣處理抗爭均是以柔性為原則，不會像香港在雨傘時一樣，動用催淚彈、胡椒噴霧等化學武器強硬鎮壓。這番發言引來在場港警不滿，立即反駁指催淚彈不會對人身留下任何傷害，是較警棍更為溫和的適當武力，反而是台警在太陽花中使用的水炮車，由於難以控制輕重，範圍又廣，才真正是會傷人的過當武力，雙方相持不下。

實際上，無論是催淚彈或是水炮車，都有可能傷及抗爭者，也都有致死的相關案例，並無何者一定比

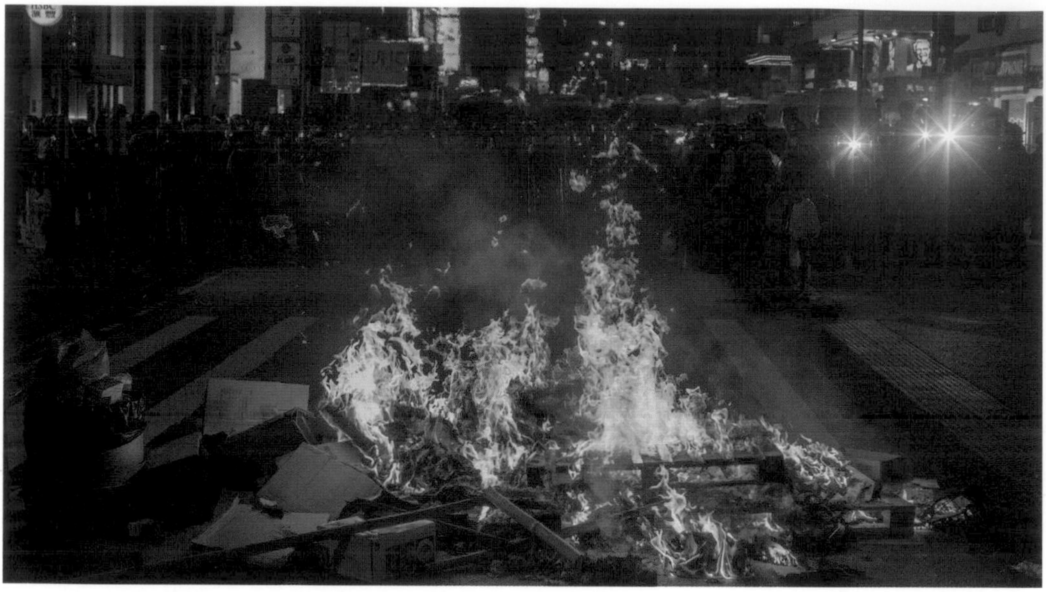

» 二〇一九年九月六日，防暴警察在示威者在彌敦道縱火的現場。（攝影：林振東／端傳媒）

較「適當」的問題。例如在韓國一九八七年的運動中，大學生李韓烈被催淚彈擊中死亡；而在民主化後，韓國雖禁用催淚彈，但改用水炮車，二〇一五年時農民白南基，就在抗爭中死於水炮之下。諷刺的是，主張「不應使用化學武器」的台警，仍採購了辣椒噴霧做為警方的新裝備，但鑑於香港雨傘革命的經驗，附帶了「不得用於抗爭場合」的決議。而批評台警水炮車「太危險不專業」的港警，則重金購入了水炮車，已推上香港街頭。

從前述發言可以得知，即便受到外界猛烈質疑，港警自豪的「柔性、和平」也已蕩然無存。歷來的「亞洲第一」自信，仍讓港警能對執法行為高度自我正當化，將批評均化約為「缺乏專業」所致，甚至對台灣同行悍然反擊，因而失去了在衝突後進行內部反省、改進的可能性。而在香港的現行體制之下，除了對少數證據確鑿的個案（如七警案）能有一定制裁外，民間要推動警隊的制度改革，亦屬相當不易。

不過，要說港警在雨傘後並未改進，也不盡精確，只是方向上並非朝向「改善執法過度強硬，務求保障人權」，而是「強化鎮壓能力，有效瓦解抗爭」。

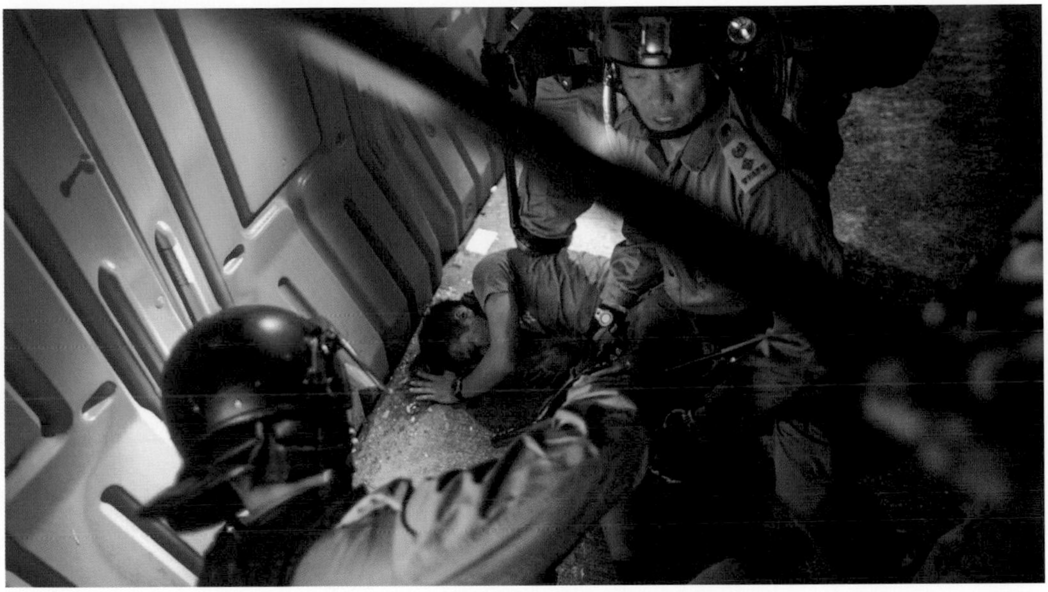

» 二〇一九年九月十五日，防暴警察拘捕示威者。（攝影：陳焯煇／端傳媒）

在硬的一手上，港警在裝備、人員、編制上持續強化特定部隊，例如機動部隊（PTU）的編制其實一直在增強。二〇一七年更在有組織罪案及三合會調查科（俗稱O記）下增設了專門處理集會遊行的D組，將社會運動當作組織犯罪來處理，在反送中期間的數次拘捕，都能看到他們的身影。對一般基層員警也在訓練上，相當扎實地模擬各種新式抗爭手法，提高員警的應變能力。

而在軟的一手上，由於港警將「青少年與警隊關係的疏離」，認定為雨傘中年輕人上街抗爭的原因之一。因此依循著六七年後設置少年警訊，拉近警民關係的成功經驗，希望透過經營社群媒體、增加少年警訊的資源與活動等，重新培養香港年輕人當中的親警風氣，瓦解未來抗爭的動員基礎。

爬梳至此，再對照反送中情勢，可以說缺乏民主制衡下的港警「中立、專業、法治」神話，其缺陷已然相當清楚：在殖民時期以「不左不右」為政治中立準則的港警，背後的潛台詞是「絕對效忠政權」，但政權又從不是香港人的政權；而所謂專業，指的是手段上的效率、準確，但單以專業並不足以正當化警隊作為，必須先問欲達成的「目的」究竟為何，畢竟許多獨裁國家的警隊，在鎮壓異議方面都是相當「專業」的；至於法治之所以能夠保障人權的前提，不只是警隊受法律拘束，法律本身也需掌握在公民手中，否則公民就成了被政權乃至於警隊「依法治理」的客體，任人宰割。

雖然缺乏民主，在制衡警察權力上是嚴重缺陷，但並非有了民主體制，警察權力就會自動受到制衡，仍須回到各種具體的場域上進行制度角力。從以下在太陽花運動後的台灣警政改革經驗，雖然未竟全功，相信仍能提供香港一定程度上的參考。

## 挖掘香港警政改革的可能性

回到對香港局勢的展望，香港人首先要認真面對的，是無論主觀上如何希望「找回舊日港警」，都是已經一去不復返，也不該回去了。確實對現狀的不滿，自然會帶動懷舊情緒，但並不代表主觀上的美好舊日，真的就是應該追求的未來。畢竟，今日的鐵腕鎮壓，其實在數十年來一直有跡可循。

香港警察的克制，在港英時期是國際情勢與殖民政府統治考量下的產物，在九七後則立基於各方對「五十年不變」的共識，以及以「和理非」為主流的香港社運，這些條件在現在都已不再存在。必須認清的是，無論影視作品中的港警再帥氣，日常遇到的警員多帥多美多有禮貌，港警從未真的屬於過香港人。香港人的警察不在過去，在未來。接下來的功課，跟所有國家一樣，是如何有效約束警權的難題。

至於該怎麼做，在目前對「黑警」的群情激憤下，可見到許多意見是希望將警隊換血。但不得不說，接下來香港未來的政治情勢，即便五大訴求全數達成，仍很可能會是在特區體制下的部分民主，警隊大換血的可能性相當低。

比較務實的做法，是一方面進行獨立調查，對應負責任者做出適當的人事和司法處置，對警隊內外明確傳達改革的訊號，防止再犯並重建信任。另一方面則從警隊相關的法規、教育、人事、監察制度著手，從根本上改變警隊的體質。而這樣的「換血」，即便順利啟動，仍非短時間內能辦到，再不情願，也都得要有比氣長的準備。

之後港府政改會如何發展，是否會出現有利改革的政治環境，目前難以預測。但從公民社會角度出發，若想達到以上的目標，除了已被提出的獨立調查與拯救義士外，仍有許多明確能做的事情。

首先是意識的建立，如果香港社會繼續沉溺在對往日港警的美好迷思當中，則警察改革的必要性將難以被廣為認知。最壞的情況，是港警在運動局勢趨緩後，成功以公關手法與社區工作重建香港市民的信任，令抗爭者在社會上遭到孤立。在當前的危機當中，如何將香港市民對警察暴力的憤怒，轉成港警改革的意識與關心，並將其導入長期的政治議程當中，會是重要的倡議目標。

其次則是監察與改革所需的研究工作，由於警政面向相當繁多，魔鬼往往藏在細節裡。要防範的，不只是緊急法等顯眼的大動作，還有在看不見的地方，例如一般人不會特別注意的預算案中，是否又加強了對付社運的警力，或是又買進了最新型的武器。或者是日常當中，港警是否強化了對社運人士的情報蒐集力道，甚至開始應用各種理由進行監視、騷擾。要先有能夠長期洞悉、追蹤警政政策動向的人力與知識，才有可能進一步推動社會普及與宣傳工作。

而除了在警政制度面的長期倡議與運動之外，關於警察與社會運動的記憶政治問題，也值得民間關注。就算是在當下，「真相」也經常是曖昧不明的，在這段抗爭期間裡，不同媒介是如何映出不同的樣貌，香港人應當有切身的體會。更遑論隨著時間漸長，若讓官方建制漸漸掌握住對反送中運動的話語權，那麼這場運動的意義恐怕反而會從改革的契機，扭轉成鞏固警權的正當性來源，這才是真正被「暴動定性」的危險之所在。至於權力者能扭曲一場鎮壓至何種地步，長年紀念六四的香港人，應該是再清楚不過的了。

另外有許多人都在問，面對當前警隊的問題，除了以協會名義出面痛罵抗爭者為甲由外，警隊內部難道沒有不平之聲？香港社會又該如何看待個別員警？日前開始有退職員警與警眷出面發聲，更引發了相關討論。

之所以會出現這樣的問題，是因為雖然香港警察在制度上仍維持了相當的殖民特色，但有一個很大的不同是，在人員上已大部分均由香港本地人任職。這強化了香港社會與港警的連結，一定層面上增加了港警的正當性，另一方面也蘊藏著改革的可能性。當警

» 二〇一九年八月三日，防暴警察拘捕示威者。（攝影：陳焯煇／端傳媒）

民關係惡化，警察於公於私都會在本地社會中遇到許多困難，更遑論一場捲動大半港人的運動，三萬港警的親人朋友，多少都在其中。

目前較常見的是個人斷絕往來，網路上四處可見與從警的親朋好友絕交的文章，甚至公開揭露員警個人資訊，在網路上圍剿等等。或是以道德勸說的方式，希望警員良心發現。這雖然能對個別警員產生壓力，但若未提供一個建設性的出口，持續從外部施壓的結果，就如北風與太陽的故事般，恐將反而讓大多數警員更加依賴警政體系，或者僅會有少數人選擇掛冠求去一途。

若站在警員的角度思考，首先在警校的教育中，強調服從是第一要務，並不鼓勵獨立思考，警員缺乏反思、批判性的思想基礎。而即便對目前的做法抱有疑問，在警隊中也無法說出口，更遑論尋找夥伴，是相當孤立的。道德勸說、人際壓力或是輿論批判，其實是很難幫助有心員警採取行動的。

由此觀之，民間可以做的，是試著尋找從警察立場出發，與公民社會有所交集之處，例如台灣的運動者在太陽花後提出，政府不願解決政治問題，卻長期

» 二〇一九年九月二日，防暴警察在旺角驅散群眾。（攝影：陳焯煇／端傳媒）

動用大規模警力鎮壓社會運動，也等同傷害警察的勞動權益。或是有許多美國警官反對聯邦政府強力取締移民的政策，未必是出自人權立場，而是不希望因此破壞與當地移民社群的關係。在找到交集後，進而提供安全的窗口、管道，讓有不同想法的警員能有機會先試著說出自己的想法，與外界以及有相同想法的警員進行交流，這就踏出了第一步。

前聯合國人權理事會集會遊行權特別報告員Maina Kiai在二〇一九年訪台之際，曾對此一問題提出了分階段性的實作建議。Kiai指出，即便個別員警直接違抗違法命令，在理論上可能合法，但考慮教育背景、公務員的服從義務、集體壓力等因素下，期待靠個人抗命來阻止組織性的違法行為，並不切實際。

但Kiai也強調，公務體系內部的吹哨者（Whis-tleblower，指揭發組織內非法或不正當的人），對於阻止不法行為相當重要。因此Kiai建議，最理想的做法，是警察自己團結起來，以工會等組織名義直接發出聲明，甚至採取集體行動；若難以組織，則做為個別當事人，透過媒體匿名發聲；若個人出面風險還是太高，則將資訊提供給外界，如人權組織等，由其代理發聲；若僅是提供特定個案資訊就可能曝光，則至少將制度性問題以及改善的方向提供給外部團體，做為未來警政改革倡議的基礎。

在制度上來說，香港的政治制度是部分民主，加上殖民式的警政體系，在改革上確實會碰到許多阻礙。但制度上的不利，是有可能透過公民社會的努力，以及社會運動所創造出的時勢來補足的。

以目前香港的情勢來說，警政出現問題這點，已前所未有地廣為香港人所認知，為未來改革打下支持基礎。而以香港公民社會與學界的活躍程度而言，也有充分的資源可以投注至警政改革。最後則是長年強調服務、專業、克制的香港警察本身，由於這數月來的做法，實在偏離以往所宣稱的港警信條太遠，對此感到猶豫、掙扎、困惑的警員想必不在少數，畢竟除了賺錢，大部分人也希望自己的工作是被社會尊敬的。

警察體系始終是社會的一部分，而非外於社會的他者。即便警政高層自以為是超然而不受拘束的公權力，公民社會也不能忘記這點。面對不義，固然不應鄉愿地姑息，但也不要輕言放棄對話與和解的可能性，這看似繞了遠路，卻是所有經歷過不義歷史的社會，不得不走過的一段歷程。

（本文作者畢業於台灣大學法研所，現就讀於日本北海道大學法學研究科。）

## 延伸閱讀

關於香港警察在處理運動中的暴力和失控，以及鎮暴裝備「全球產業鍊」的分析，推薦閱讀香港警政學者何家騏探討〈當殖民警政遇上公民抗爭〉；學者馮志強分析〈香港警民衝突惡性循環背後的管治與失責〉。以及揭露「鎮暴產業」的深度報導：〈全球警權軍事化背後，誰是數錢的大贏家？〉

相對的，站在示威者的角度，評論人草石也鄭重地反思和提問：〈若「勇武」失效，反修例運動應往何處去？〉

**11**

# 一國兩制之後

　　反修例運動從一開始，北京就和林鄭月娥率領的香港政府站在同一陣線，駐港的中聯辦官員也發言力挺。二〇一九年七月二十一日，示威者以中聯辦為目標，有人用噴漆噴向門外的閉路電視，中國國徽被漆彈染黑。

　　七月二十九日起，國務院港澳辦在兩個星期內連續舉行三次記者會，先向警隊致意，宣稱「全國人民都是香港警方的強大後盾」，最後更指香港示威行動出現「恐怖主義苗頭」。〈大陸看到的香港〉分析了運動發生之初，中國官媒怎麼報導這場風波，控制國內輿論支持北京、港府陣線。〈北京的一場憲制危機〉則進一步追問，當「反港府」和「反北京」逐步合流時，不管這次危機怎麼收場，「一國兩制」要怎麼走下去？

　　一方面是北京對香港的統治如何維繫，另一方面，在長時間的抗爭中，香港人的「主體意識」逐漸成形而且愈發明顯。〈「香港民族」的創建〉一文，就是以這樣的「主體意識」為分析主軸，分析它的源起和各種象徵。當然在地理、經濟及政治條件下，這樣的主體意識不可能直接導向「民族國家」的建立，但它何去何從，將是未來中港關係發展的決定性因素。

（李志德）

# 大陸看到的香港：被刻意製造的「仇恨」輿論

昌西 文
編：草石

反修例運動中，北京政府——連同政府可以控制的傳媒機構表現出的態度，在前期和後期並不一致：最初是封殺一切信息，後期則是煽動內地民眾對香港人的憤怒。這樣的行為似乎表明，北京對聆聽示威者的訴求沒有興趣，他們正在準備付出更高的代價，並針對示威者採取升級化的暴力行為。

以香港中文大學衝突事件為例，香港警方發言人曾稱中大校園為「武器工廠」及「罪犯的庇護所」。而在深圳河的北邊，網絡防火牆另一邊的內地宣傳，已經對香港局勢做了幾個月的輿論工作，人們可以看到的，是香港已經變成內地人難以生存的危險地方；而這裡的英雄，則是以光頭警長（劉澤基）為代表的香港警察和「西環契仔」何君堯這樣的建制派議員。

## 中大「撤僑」風波

在中大「戰事」期間，中國官方媒體《環球時報》形容很多市民自發開車前往校園，是為解救被暴徒困在校園內的內地學生：「內地生被困港中大，包括何君堯在內眾多香港愛心人士冒風險救人。」

在這篇之後因為引起部分中大內地學生不滿，目前已經被刪除的報導稱，有大約兩百名內地學生躲在宿舍內，並時刻受到「蒙面黑衣人」的威脅。對於中大校園，《環球時報》有著這樣的描寫：「地上有暴徒撒的釘子和設的陷阱，空中有暴徒從高處扔下的鐵棍和磚頭，這名瘦弱的女孩幾次驚慌地叫出聲來，尤其當一根鐵棍差點砸中我們的車時，她的臉色變得煞白。」

由內地官方媒體引領的「撤港潮」得到了內地各種組織的響應。在微信上，諸多在港內地同鄉會與校友會加入了援助內地學生的隊列當中。例如香港貴州聯誼會青年部、廣州市執信中學校友會、深圳市中山大學校友會，以及深圳中學、東北師範大學附屬中學等組織，通過各自控制的微信公眾號發布援助內地學生的聯繫方式。在針對香港問題的表述中，這些內地

» 二〇一九年十一月十八日，示威者試圖離開理大校園。（攝影：廖雁雄／端傳媒）

社會組織的言語措辭略有不同。在東北師範大學附屬中學的推文中，直接將香港示威者稱呼為「暴亂分子」：「鑒於近期香港暴亂分子行動升級，威脅公眾人身安全，部分校友有意回深，東北師大附中深圳校友會將竭力為有意返回深圳的校友提供住宿、生活用品等方面的幫助。」

相比之下，執信中學與中山大學校友會的聲明措辭更加溫和：執信中學選擇使用「社會形勢」來指代反修例運動，而中山大學校友會使用的田 詞彙為「社會活動升級」：「鑒於近日香港社會活動升級，內地在港同學的學習、生活均受到影響。」

深圳中學顯得最為溫情脈脈，其在港讀書的畢業生似乎會收到校長署名的短信：「暴力行徑已波及香港眾多大學校園……無論何時，母校都是你們遮風避雨的港灣」，並同時提供了二維碼填寫信息歡迎深中學子「返校」。在文章留言中，學校稱已收到二十三份深中畢業生的返校申請。

此外，活躍在深圳、北京、上海等城市的房屋租賃平台「自如」也曾宣布，將會為在港就讀學生在深圳市安排三天的免費住宿：「十一月十四日—三十日，自如將在深圳四大口岸（福田、羅湖、皇崗、深圳灣）二公里內的小區，為香港在讀內地學生提供為期三天／人的免費住宿」。在微信推文的結尾，自如方面還留下了聯繫人方式與二維碼。

## 「民間」宣傳工具

存在於網絡防火牆內的，不僅有官方媒體對香港反修例運動的「定性類」官方文章，亦有在非官方渠道下，通過各種自媒體平台盛傳的虛假新聞、或似是而非的香港問題分析文。

在各個自媒體平台中，活躍於內地留學生群體的《北美留學生日報》，通過其掌握的流量渠道，散布「暴徒」殺死警察可以獲得兩千萬的消息。《北美留學生日報》曾被《紐約客》披露其嚴重的文章造假問題，但在媒體曝光過後，其內容與受眾數量並未受到可觀察到的任何影響。

《紐約客》的報導這樣評價《北美留學生日報》：「年輕作家可以隨意編造故事，創造一種潮流，迅速走紅，製造出一個讀者認為真實的故事。」而在訪問曾經製造虛假故事的作者時，當事人給出過這樣的評價：「我認為，如果一個新媒體帳號想要打動別人，你必須要讓他們覺得這是真實的。不管你寫什麼，總有人會罵你。但儘管如此，你還是在從他們身上賺錢，就當向他們收智商稅了。」

現時，受困於內地網路限制的大部分受眾只能接觸到例如《北美留學生日報》、新華社、以及活躍於微信當中各種與中央步調一致的訊息。在此類的言論審查機制與控制管理下，內地民眾對駐港解放軍出現在香港街頭的反應，同樣與香港民眾有明顯差異。在香港輿論對於駐港解放軍行為是否違反《基本法》的爭議中，在內地網絡上更多的的聲音則為「過去五個月以來最令人開心的新聞」，以及「先清路障、再清智障」等言論。

即使是在推特公司發現了超過二十萬個來自於中國內地、不需要翻越網路防火牆即可訪問推特的問題帳號的情況下，北京政府依舊沒有停止在各類社交平台上針對中文受眾進行的輿論戰以及謠言戰。根據《紐約時報》的報導，自二〇一七年起，這些問題帳號便開始使用中文進行宣傳活動。

## 仇恨的政治

在《環球時報》報導內地學生撤離事件後，香港有綫新聞針對同樣議題再做一次採訪。而報導內容表明，並不是所有的內地學生都能夠認同中國官方媒體對事件的敘述：「刻意誇大情況，很挑動人的情緒，讓大陸觀眾覺得香港都是暴徒，和香港不值得珍惜，失望到極致。我覺得無論你的立場是什麼，這些基本的新聞素養都是蕩然無存。」

接受有綫電視採訪的學生表示，多數內地學生離開香港的主要原因，是因為大學已經停課，而不是《環球時報》方面報導的香港局勢不穩定：「真正覺得自己安全受到威脅，所以要離開的人，我目前知道的幾乎沒有很多。我有同學在離開中大時因為語言不通，示威者們幫他們詢問該怎麼離開，然後要留他們的電話號碼，說請你們到了深圳之後告訴我們，是平安的。」

而更加嚴重的在於：「相較於它給我們提供那一點點幫助，和它做出的這篇報導對我們的傷害而言，我覺得後者是更大。它損壞了中大的聲譽，損害了內地生，加大了我們內地生和本地生之間的裂縫。就是感覺它在吃人血饅頭。」

自付國豪事件後，被中國內地允許的香港敘事方式逐步轉入了「恐懼政治」與「分裂模式」的範疇。如同保守勢力對競選對手使用貶義詞進行與政策無關的人身攻擊一樣，北京政府的宣傳內容，通過暴徒、蟑螂、廢青等詞彙，期望通過對異見者的人格打壓來淡化示威者訴求的合理性。

通過宣傳光頭警長、何君堯等香港警察或建制派人士，以及放大發生在香港的針對內地人士的暴力行為，政治宣傳與信息管控目的，已經從通過隔斷消息穩定局勢，發展到了通過製造仇恨對象，加深內地與香港民眾的隔閡，來維繫中國內地的威權政治制度。

在微博上，光頭警長已有一百餘萬粉絲，並且在

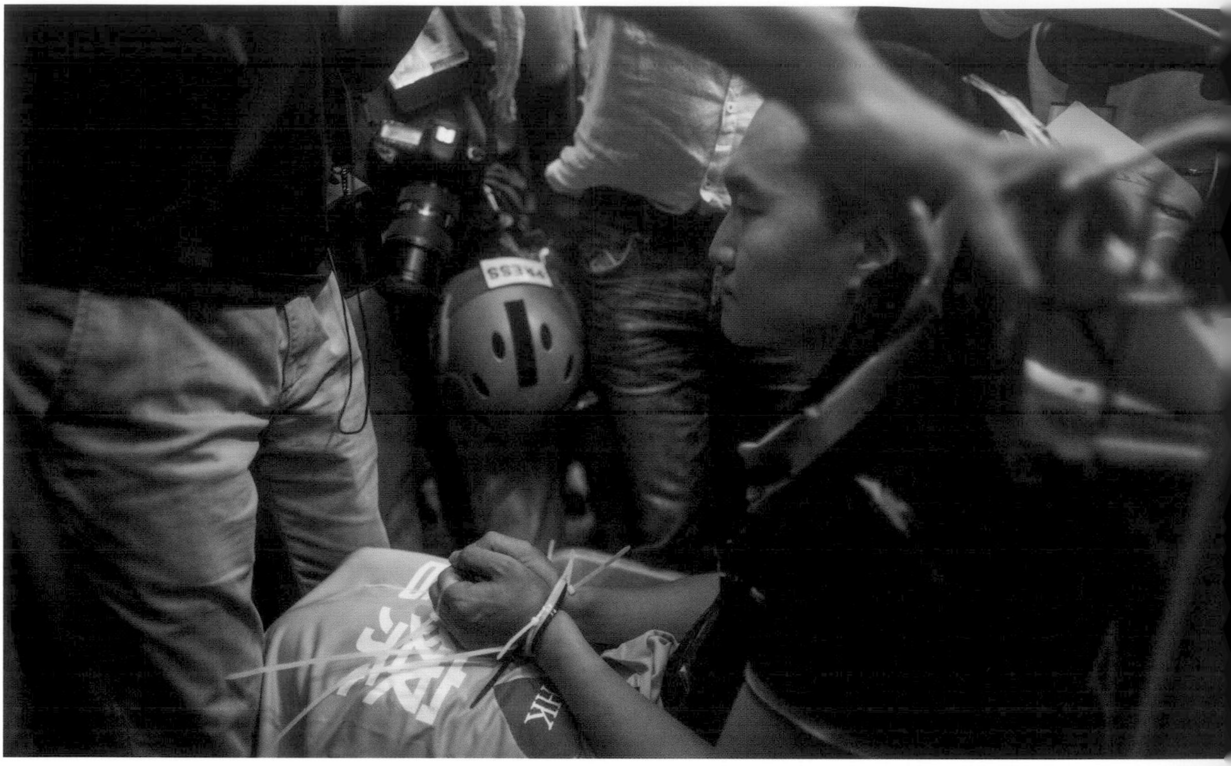

» 二〇一九年八月十三日晚上，一名自稱旅客的內地男子，其後被證實為《環球時報》記者付國豪，被示威者用膠索帶綁著手和腳，坐在行李車上。（攝影：林振東／端傳媒）

簡介當中注明「我是中國人」，其微博的熱門內容平均可以得到一千到四千個評論，甚至超過十萬個讚。

面對中文大學校園的衝突事件，光頭警長給出了這樣的評論：「現在的中大基本上只是一個廢墟。一所大學沒有應該有的質素，根本無需要再存在，也不應該再花一分一毫去把它重建，就讓它為香港紀念這次悲劇。香港的年輕人要讀大學嗎？我們祖國大學多的是，學術成就也絕不比香港的大學差，最基本一定能教你知什麼是中國人。」這一條內容得到了超過兩千條評論，並且得到了超過五百次轉發。相比之下，何君堯的粉絲也有將近一百萬，他在微博認證的身分並非「議員」，而是「何君柱律師樓合夥人」。

從內地學生「撤離」到解放軍清理路障兩起事件來看，這些發生在香港街頭的場面與內地愛國主義主旋律電影《戰狼》和《紅海行動》當中的橋段十分類似：在電影當中虛構的營救行動、個人英雄主義、以及對「祖國」及其武裝力量的認同，都成為了這些內容主打的訊息。

到目前為止，《戰狼II》仍舊把持著中國內地歷史票房冠軍的頭銜。這預示著一個或許令人感到不適的現象：極端的民族主義與國家主義政治，在中國內地的現有體制下，擁有巨大的煽動性與號召力。並且對向示威者採取升級化的暴力行為做好準備。

從宣傳內容到政策傾向，北京與香港政府的立場令人感到擔憂：在政策愈發保守、談話空間逐漸縮小的背景下，不僅會讓人憂慮眼下的香港局勢會如何發展，也令人擔心在這場運動之後，北京會採取什麼樣更強硬的手段去「對付」香港。

（本文作者為獨立撰稿人，關注時政、移民、及網絡審查對民眾輿論的影響。）

# 【評論】香港困局——北京的一場憲制危機

——楊山 文 編：符雨欣

剛剛過去的幾天裡，一首香港抗議者創作的歌曲〈願榮光歸香港〉傳遍網絡。成百上千抗議者在香港各地的購物中心裡合唱或合奏。一時間，這些香港人從小到大休閒和消費的空間，變成了新一代抗議者構築共同身分的「神聖」殿堂。

許多人從支持或反對的方面指出這首歌所具有的天啟宗教背景。也就是說，無論褒貶，過去三個月發生在香港的運動對投身其中的許多參與者來說，多少具備了一些天啟宗教般的體驗——和陌生人通過「愛」的連接、共同的情感基礎、對犧牲和苦難的體認乃至對「敵人」的憎惡和憤恨。從六月初百萬人遊行時的「摩西分紅海」比喻開始，三個月之後，人們在歌聲裡把基督教／天主教的「榮光歸於主」中的天主替換為了香港。

從運動開始時單純的反對修例，到「五大訴求缺一不可」中綑綁進雙普選議程，到「七二一」元朗襲擊事件和「八三一」太子站警察清場激發的恐懼、憤怒和傳言，貫穿整個夏天的這場社會運動由一場政治抗議運動，演變成了清晰的民主化運動（也就是在這個意義上，確實走向了顏色革命的方向），卒之變成了如今的一場試圖塑造集體情感、身分和信仰的社會建構運動——「勇武」和「和理非」一起出現在以前「勇武抗爭」所最反感的「大合唱」儀式中，這個新的被集體建構的身分當下仍然是模糊的，它帶有一定的信仰色彩，帶有明顯的「香港民族主義」成分，但它的政治訴求又不是完全明確的。總之，這是一個正在創造中的「香港人」認同，它的未來，取決於這場運動的各方接下去會如何繼續互動。

這對北京來說，絕不僅僅再是眼下的一個小麻煩，而將是未來多年的危機開始。當北京在立法會宣誓後DQ「港獨」議員，又或是將梁天琦等人投入監獄的時候，也許並沒有預料到這種結果——北京眼中的「港獨」是一個由少數人發起組織並傳播的政治議程，而從來沒想過的是，到了今天，一場集體參與的運動構建出了比「港獨論」和「城邦論」都具有現實基礎的集體身分認同——無論參與者覺得這場運動是「港獨」，還是「時代革命」，又或者只是要求「一國兩制井水不犯河水」，它都傳遞出了一個清楚的信息——香港的一整代抗議者都認為自己屬於一個獨特的、和其他人群有著顯著分野和區別的「香港人」團體，並且明確拒絕北京。對試圖在更遠的未來讓香港人都回歸中國認同的中央政府來說，這場運動大大強化了香港人的身分，以至於幾乎別無選擇——連香港人自己都要想像：是不是北京只剩下「再教育營」的極端方式，才能「對付」香港人的不服了？

如果說北京曾經認為通過切斷「港獨」的組織鏈條就能拒止正在萌芽中的分離主義，並進一步嚇阻希望普選和減少北京掌控的民主派的話，那麼事態發展到今天，北京就真的需要思考：除了那些說起來容易但很難真的操作的極端方式，還有什麼辦法能在香港年輕人的身分認同上扳回一局？

相比運動人士的香港情懷，北京試圖推進的中國愛國主義——假設還不說它是民族主義的話，已經變成了一套「大帳篷」意識形態。它的核心在於為中國取得的巨大成就（主要是經濟上的）而叫好並感到驕傲。但這套愛國語言，無法在道德、美學和社會價值上吸引足夠的共鳴，因為驕傲只是人的其中一種情感，在「愛」中，人們還體驗痛苦、憤懣、獻身、沮喪甚至絕望，也體會著創造感、奉獻感和犧牲精神，這些道德和美學上的吸引力亦是人的基本情感。這就是為什麼在一九七〇年代又或者是一九九九年，當中國人面臨著「帝國主義壓迫」的時候，背靠著並不算「強大起來」的國家，卻仍然可以掀起巨大的愛國情緒。而如今的中國愛國主義愈來愈不強調，或難以提供這些面向，它變成了一種需要人們體認和參與的既得利益，它甚至會排斥許多曾經被愛國情懷感召和吸引的人，把他們趕到愛國情懷的對立面。

相反，正在香港發生的這場運動，儘管顯然混合了香港人的優越感與傲慢，但它也提供了宗教式的情懷和道德上的崇高感，它包括了犧牲，也包括了絕望、團結和種種一切情感——就彷彿什葉派穆斯林在阿舒拉節紀念阿里和侯賽因時感受到的團結感。一個人就算沒有明確的政治立場，恐怕也會感到這些在當代後工業化社會中非常不「日常」的情緒與體驗有著無與

» 二〇一九年六月十六日，民陣發起反對《逃犯條例》修訂大遊行，民陣宣布有超過二百萬人參與。（攝影：Stanley Leung／端傳媒）

倫比的吸引力。對每個參與其中的人來說，在體驗上這都是一場「日常生活的革命」。這場運動，也許放在世界史上並不是進步的，但即便如此，它都顯得比它所反抗的北京更加具備道德語言。這不僅僅是一場政治運動，也是一場道德運動。而在情感體驗上，它又「繼承」了一種一九六八年反體系運動的元素——超越單調而按部就班的社會生活。

對北京來說，將這些情感動員機制納入自身的意識形態，是困難的，儘管愛國主義的「粉紅化」多少也包含了個性和反體系的成分，但它並不足夠形成普遍的吸引力，某種意義上，這是超級大國的某種必然——國家力量太強大了，以至於變成了人民崇拜的對象，國家和人民間的情感關

» 二〇一九年八月三十一日，示威者金鐘立法會外。（攝影：林振東／端傳媒）

係發生了變化。

而在長遠困局之餘，北京的更大危機，來自「全面管治權」和「一國兩制」的憲制安排。這又和它過去一些年頭以來注重「法治」的政治困境所直接相關。

以北京試圖在「止暴制亂」之後推行的教育改革和國民教育為例。北京的媒體現在將火力對準了教協和通識教育科，彷彿等到亂局困境平息下來，港府就可以大刀闊斧改造這些領域，讓之後的年輕人從此「愛國愛港」下去。但除非港府變成一個實行緊急狀態的軍政府，不然教育領域的社會力量，以及人與人之間原有的連接就仍然會分毫不差地在那裡，香港的公民社會就彷彿是戰壕和碉堡一樣環環相扣。中央政府必須考慮，現在有什麼樣的社會力量能在行政之外攻陷這些敵人的陣地？依靠在內地施行的那樣的課堂舉報嗎？到頭來，北京手頭最有力的武器，仍然是技術，比如國民教育App，但北京所欠缺的治港資源，則始終是人。我已經不只一次聽到有參加示威的年輕人表示，如果建制派中能多幾個有威望，在道德、說話水平和能力上能夠服眾的人，事情也不至於如此了。這一切的困境意味著，北京在協調它在香港的行政資源和公民社會中的支援力量時能力相當不足。這種局面，恐怕在未來不會有什麼大的改變。

「全面管治權」正是在這樣的能力不足的基礎上提出的概念。事實上，它繼承的是一種韓非式的法家哲學——令行禁止、嚴法峻刑，列明「不能做什麼」，不提供中間地帶。北京的許多獻策獻計的政治學家聲稱這源自德國法學家施米特（Carl Schmitt，台譯卡爾．施密特）所提倡的主權者的政治決斷。但這種「絕對管治權」恰恰和施米特所批評的新康德主義的外在於主權者的理性沒有任何區別——因為它把政治的餘地和想像力鎖死在了「令行禁止」的空間之內。

從數年前開始，北京幾乎把對香港的治理思路外包給了一群法學家和政治理論家來解釋，如強世功、田飛龍這樣經歷了法學或政治哲學訓練的學者紛紛登場。這樣的趨勢反映出的思路正是這些年北京對內外許多問題的解決方式——制度化，凡事要「有制度」來照辦處理。這種思路在香港問題上的投射，就是把北京的底線說清楚，凡事不符合底線的，全部消滅、清除——DQ議員、逮捕政治人物，加強對社會的控制，乃至試圖修訂逃犯條例，也是這種思路的自然延伸。

然而，相比銅鑼灣書店的逮捕事件和逃犯條例的修訂，我們明顯可以看到，香港人能夠忍受特例中並不「合法」的跨境執法，卻不能接受明確立法規定香港和內地的引渡協作。這種接受度的差距，其實也反映著一國兩制的某種本質。

在政治上，一國兩制事實上就是一種最高主權下才能使用的例外狀態。這個制度天生就是矛盾和內在衝突的。它首先是一種隔離制度，區隔兩種模式。不像民族區域自治制度其實是鼓勵民族融合，一國兩制不鼓勵融合——因為只有保證香港和內地不一樣，才能夠充分利用，有效利用。既然一國兩制不是一種為了融合的制度，那它就必須解釋為什麼一個國家需要兩種制度。一種邦聯式的解釋，是香港有它自己獨特的歷史和文化，北京不應該影響這些東西——這恐怕是大多數香港人對一國兩制的理解，但這就變相承認了香港有一種相對於北京的獨立的個性和主體性，這和家長制的「一國」又是矛盾的。而如果按照北京的家長制思路，把香港的特殊性當作中央主權對地方的一種恩賜（這正是《白皮書》的解釋方式——《基本法》不來自於《中英聯合聲明》，而是來自於《中華人民共和國憲法》），那麼這事實上又變成了在變相暗示港人他們所擁有的制度具備某些比內地更好的成分，因為只有這樣，北京才能指望港人蒙恩於這套制度而感激中央——否則為什麼要感謝中央賜予呢？事實上，「我們做出很大犧牲給了香港人更好的制度」的想法，恐怕在北京的潛意識中根深柢固，而又正是這種意識和制度解釋，讓香港人有底氣傲慢並認定自己的制度優越於北京和內地，從而誕生出本土優越的論述，誕生出對中央政府乃至內地人的意見乃至分離主義。

應該說，一國兩制的本質特徵，就是它在「一國」和「兩制」之間。它的本質上就是一種衝突，一對憲制安排上不可調和的矛盾。把一國兩制當作一套穩定的制度去設計和安排，只是在消除其中的模糊空間和灰色地帶，把這個制度的衝突性質暴露出來。這就是「全面管治權」論述的根本問題——模糊的「一國兩制」才是最適合施米特論述中「主權決斷」的空間，是真正的例外狀態。一種政治上的法外狀態、例外狀態，才是「一國兩制」的本質和精髓。為它加上「全面管治權」的限制，就是把主權者降格，這是北京犯下的極其嚴重的政治失誤。

但是，這並不意味著北京能夠像法理上要求的主權者那樣行事，北京管制的司法化，多少也是現實政治限制的直接結果。施米特所遭受的最嚴重的攻擊，是認為他主張強力的領袖，最終將走向獨裁政治和法西斯。然而北京在香港困局中的行事，說明了中央政府在制度上就缺乏施行主權決斷的能力。在香港發生的已經是一場「內戰」，雙方在「一國」和「兩制」之間將社會拉扯開來。並且長時間的拉鋸為其中一方形成強烈的香港人身分認同提供了豐富的條件和記憶素材。拉鋸的時間愈長，對北京來說，就愈有長遠的風險和難以修復的社會裂隙。如果交付「決斷」的話，那麼應該是要以最快的速度承擔責任，在妥協和強力鎮壓之間做出二選一的抉擇。但如今，所有人都看到，北京的決定是盡可能地避免這個抉擇，把事情拖下去。

恐怕，這種懸而未決的源頭，正是北京引以為傲的制度模式。無論是胡鞍鋼[1]所說的「集體總統制」，又或是「定於一尊」的中國式威權強人政治，都不需要像民主制那樣承擔短期責任，而且可以設定長期的政治遠景，因此被讚揚、認可，也因此在未推行民主制度的前提下，以高效率和負責任獲得了政治上的合法性。但在需要快速做出決斷又會留下極其長遠影響的時刻，這套制度是無法承擔責任的，因為它的責任是絕對的，它必須正確而無法承擔錯誤，它的權力不是來自於民意授權和讓渡的契約理論，而是來自於在執政過程中業績和能力的不斷展示，這個過程不能停下來，也沒有什麼犯錯的機會。於是這套制度——中國特色社會主義政治的憲制安排，就只能盡量迴避任何需要「主權者決斷」的時刻，反之任何決斷都會變成對憲制本身的豪賭。所以我們在香港看到了絕對的逃避責任——沒有人承擔得起主權者決斷的責任——哪怕是面對明顯的分離主義，都只能束手無策，只剩下無盡的拖延，和拖延中勉強保持的自信。

這並不是說抗議者就因此獲得了足夠的籌碼，因為拖延意味著變化，只要有變化，就有不確定性。而且，正在構建新的香港身分的抗議者，也嚴重無視，並無法處理和他們的意見截然相反的「另一個」香港社會，無法處理這場「低溫內戰」塑造出的巨大的社會裂隙。但「攬炒」的確實現了巨大的動能——在北京的銅牆鐵壁的制度上投下了巨大的陰影，在陰影中浮現的是後者能力的某種界限。北京急需政治決斷，但這個決斷會帶來什麼？

（本文作者為中國政治觀察者）

1 中國左派學者之一，現任中國科學院—清華大學國情研究中心主任、清華大學公共管理學院教授。

# 【評論】必須保衛香港：「香港民族」的創建

——鄭祖邦　文　編：李志德

關於「香港民族」或「香港共同體」的論述，在近年早已散見在許多書籍甚至於公開的言論中，但是，要像這次反送中運動出現不同年齡、不分性別、各個階層在各區動員積極抗爭的現象則是前所未見，在素昧平生的抗爭者之間所凝聚出的手足情感連結，更讓「香港人」的自我認同和共同體意識的發展進入全新的階段。更重要的是，當權者縱容警鄉黑對抗爭者、前線醫護、記者、社工乃至於街坊居民的「無差別攻擊」、濫捕濫告，讓近年意見一直處於分歧的反對陣營能「相互理解」、「和（理非）勇（武派）難分」。日常街道上的催淚彈、布袋彈、塑膠彈、胡椒彈、警棍、胡椒噴霧、水炮車形塑了這一代香港人共同的患難記憶，在這個催淚之城「未食過催淚彈唔算香港人！」如安德森（Benedict Anderson）所言，每個現代的民族都是一個想像的共同體，無論是有意識或無意識，每位抗爭者在進行各種自發性的抗爭行動時也無法避免地進行了一種屬於「香港人」的共同體想像，如：各區的遊行集會、對逝去手足的哀悼紀念、到處廣布的連儂牆、從街道巷弄直到獅子山巔的人鏈，通過對我城逝去的悲痛及手足犧牲和苦難的回憶，讓原本僅只是紙上的民族成為每位抗爭者內心的真實。

## 抗爭者正在形塑的「香港民族」

在「兄弟爬山，各自努力」的運動原則之下，除了前線激烈的抗爭行動之外，還有許多香港人發揮了各自的專業長才，創造了許多能傳達抗爭者心聲乃至於形塑一個民族形成的象徵物，它們在一定程度上凝聚了抗爭者的認同、堅定了抗爭者的意志。在八月三十一日時，署名為 dgx dgx 的用戶將〈願榮光歸香港〉原創 MV 上傳 YouTube，點擊次數迅速超過百萬。其後更是在全港十八區各大商城與廣場出現居民自發性的聚集合唱。這是一首即便你不是香港人，聽過也會深受感動甚至流下眼淚的歌曲。香港也曾出現過許多傑出的社運抗爭歌曲，如：Beyond的〈海闊天空〉、〈撐起雨傘〉、〈自由路〉、〈和你飛〉等等，但是從未有一首歌曲得到如此迅速而廣泛的傳播，並且也從來沒有一首歌曲像〈願榮光歸香港〉一樣在合唱過程中讓抗爭者或認同抗爭的香港人產生如此強烈的歸屬感與認同感。正如有論者說「我一生都在等待像〈願榮光歸香港〉這樣的歌」，許多參與合唱的人在接受媒體訪問時紛紛說到「我從未感到和陌生人如此親密」、「我現在終於知道外國人唱國歌唱到哭的感覺」、「我徹底感覺到一個我愛、覺得有榮譽的地方」、「我很感動一個千人的合唱看出香港人的團結」。

儘管，許多人認為〈願榮光歸香港〉是「香港之歌」，甚至於是「國歌」。不過，該曲的創作者卻認為，他的原意是創作抗爭的進行曲而不是國歌。但是，有意思的是他所參考的正是英、美、俄三國的國歌及若干軍歌，並且，在兩個多月的苦思中考慮了香港人的「民族性」。正是在這樣的基礎上，經由合唱這樣的媒介讓「香港人」這樣的集體意識迅速集結，每個人似乎參與了一場成為香港人的神聖儀式，在這儀式中體驗到了一個超越自己之外的「香港民族」。這個「想像的共同體」不再是透過傳統的印刷資本主義，而是現代的網絡資本主義，在手機、電腦螢幕、各類穿戴式裝置前使〈願榮光歸香港〉的歌聲不僅在香港，更在全球各地以不同的語言、樂器和演奏形式，讓所有離散在不同地方的香港人以及支持者來傳唱，同時想像著自己正在經歷苦難的故鄉，讓每一個儘管互不相識的香港人，卻在內心感受到彼此相互連結的真實感受。

〈願榮光歸香港〉不僅鼓舞士氣、凝聚人心，它更成為香港人與中國人進行身分認同的抗爭「武器」，例如，就在全城傳唱的過程中，九月十二日在中環IFC商場，許多陸客揮舞著中國五星旗高唱〈義勇軍進行曲〉，香港人則對唱〈願榮光歸香港〉進行反擊。事實上，在過去這幾年，不認同中國〈義勇軍進行曲〉的香港人，每聞唱國歌時只能轉身背對或者發出噓聲，一直到〈願榮光歸香港〉這樣的歌曲出現。

類似的現象也出現在足球場上，就在二〇一九年九月十日，香港足球隊在銅鑼灣大球場迎戰伊朗隊進行亞洲盃外圍賽，有球迷號召「香港人挺香港隊」，在開場前高唱〈願榮光歸香港〉如唱國歌，當演奏〈義勇軍進行曲〉時則予以噓聲。對香港人而言，這不僅是一場足球比賽，更是香港在一國兩制打壓下宣洩自主本土意識的出口。正如同球迷從球場外到球場內奮力地大聲吶喊著「Fight for Freedom. Stand with Hong Kong」、「We are Hong Kong」、「香港人，加油」。如同韋伯（Max Weber）所說：「民族這個概念意味著：必須要求某些人的群體面對其他人的群體時有一種團結一致感，因此屬於價值的範圍。」所以，這種團結一致感與民族間的敵對性有關，正如在經典名片《北非諜影》中酒吧的那一幕，法國人慷慨激昂地以〈馬賽進行曲〉（La Marseillaise）蓋過德國納粹軍官合唱的愛國歌曲〈守衛萊茵河〉（Die Wacht am Rhein）。無論在商場中或足球場上，這樣的對抗性為香港共同體真真實實地劃出了一條清晰的認同界線。

此外，值得強調的是，當這些愛國的陸客參與對唱的行動，其實是在「協助」香港人認清中國與香港之間的這條界線，尤其當中國政府利用各類傳播媒體與論機制鋪天蓋地的將抗爭者視為「暴徒」、「廢青」而非「手足」時，更讓抗爭者意識到我們不是你們的「同胞」。所以，中港區隔的界線其實是中國人與香港人雙方共同建構的結果。

幾乎與〈願榮光歸香港〉一曲在網路出現的同時，香港一群熱愛藝術的創作者，在連登討論區通過眾籌和設計圖票選，製作了一尊約四．五公尺的「香港民主女神像」，在八月三十一日正式矗立在香港中文大學文化廣場，其後曾快閃出現在多個抗爭場合，還被搬上象徵香港精神的獅子山頂。這尊塑像正是由此次抗爭者的重要元素所構成，頭戴黃色頭盔、眼罩、「豬嘴」防毒面具、右手持抵擋催淚煙的雨傘、左手舉起「光復香港，時代革命」的大旗、腳踏催淚彈。在網路上有一部以「香港民主女神像」搭配〈願榮光歸香港〉合唱的影片被廣傳，有意思的是影片中放置的地點是香港大學黃克競樓的平台，她的對面矗立的正是紀念六四的國殤之柱。

相較於國殤之柱，香港民主女神像代表著抗爭者正在從具體的抗爭過程中創造或「發明」屬於自己的共同體記憶，在這塑像背後承載著那許許多多無名的英雄，他們為這共同體所經受的犧牲與痛

» 二〇一九年九月九日，香港各區數千市民接力在各區商場合唱〈願榮光歸香港〉。（攝影：林振東／端傳媒）

苦，這個塑像彷彿成為抗爭者的集體圖騰與無名英雄的紀念碑。在上述的影片中，看著香港人圍繞著這個塑像高呼口號、合唱〈願榮光歸香港〉，或許這是一場莊嚴而神聖的民族紀念儀式，在這儀式中感受到共同體的不朽。

不知是有意還是無意？在〈願榮光歸香港〉的原版影片中，創作者放了一個背景底圖稱為「榮光旗」，上下兩排各九顆星星代表香港十八區的人民，經由這次的抗爭過程「香港十八區」開始具備了「領土」（territory）概念的內涵，它成為這個想像共同體的具體地理邊界。從香港的抗爭傳統來看，傳統和理非的遊行都是在港島進行，往往會先在維多利亞公園或銅鑼灣集合出發，西行至金鐘政府總部等地和平散去，這條路香港人已經走了二、三十年了。到了雨傘運動開始出現全新的形式，以公民抗命來占領金鐘、旺角、銅鑼灣、尖沙咀等地。而在這次的反送中運動中，除了六月開始出現了兩

» 二〇一九年九月十三日，中秋節，市民在獅子山上掛上大幅橫額，寫上「實行真雙普選」的口號。（攝影：林振東／端傳媒）

次超過百萬人的港島大遊行之外，就迅速出現了各區自辦的遊行與光復行動，此後各類型的抗爭活動（合唱〈願榮光歸香港〉、香港人鏈等等）紛紛在香港十八區同時或輪流進行，而化整為零、流水式的勇武抗爭更是隨時上演。這種十八區的全面抗爭就像一場民族動員，抗爭者正在一國兩制下保衛自己的家鄉（光復香港）。韋伯就提到過，沒有權力願望的民族不屬於政治的範圍。他認為瑞士、比利時、盧森堡不是國家，不是因為它們是小國，而是這些「中立化的」政治體放棄自己權力的現實存在的信念。從當前發展的狀態來看，「香港」這個空間已經不再只是個地理名詞了，住在這個地方的是一個有權力願望的民族，抗爭者堅定地向世人表現出我們要有屬於自己的民主和自由。

## 香港民族的政治難題

儘管這場運動催化出抗爭者之間相互連結且強烈的共同體意識，但是在中國官方民族主義（official nationalism）的壓制下，香港人十分謹慎地迴避香港獨立的議題。然而，這樣的態度仍無法完全迴避香港基本的政治難題：一方面，在一國兩制的體制下，香港人當家作主的欲望反而不斷的被強化。同樣地，在中華民族復興的旗幟下，中國政府永遠不會覺得香港人夠愛國；反過來看，已經具備共同體意識的香港人似乎也無法更「愛國」。儘管在民主回歸論中，香港人試圖以成為中國人的條件下來建立香港的自治與民主，然而，一種非意圖的歷史發展就是，再多的愛國教育始終都無法讓所有香港人成為「真正的」中國人，到如今更是讓抗爭者打造出一個香港民族。其中基本的原因正是在於，無論開頭是多微小的民主要求，最終所導致的將是香港人想要命運自主、建立主體的強烈欲望。

所以，回過頭來看，一九九七年香港回歸中國反而開啟了香港人尋找自我認同的政治空間，看似被動甚至於被迫的民主回歸論，還是把香港人想要當家作主、命運自決的欲望表達出來，香港人是要以民主的方式來「保衛香港」。由於英國長期的殖民統治，香港的發展就只能聽憑統治者的善意與承諾，在有自由無民主的體制下，上述的問題就一直被擱置下來。此外，香港也從未參與現代中國的建國歷程。從傳統帝國到現代國家的轉型過程中，中國的一個特殊之處就在於並未像許多傳統帝國歷經多民族國家解組的過程，反而是中華民國、中華人民共和國接續地繼承了清代的疆域。中國就如同許多舊帝國一樣，為了維持政權的正當性，以及回應十九世紀上半葉出現的群眾民族主義，開展出所謂的「官方民族主義」。如同安德森對此一過程的貼切比喻：「要把帝國龐大的身軀裝進民族那既短又緊的皮膚之中」。

所以，中國基本的轉型問題簡單來說就是「裝不好」，一種由上而下的民族主義卻與周邊地區產生了高度的緊張性（台灣、香港、西藏、新疆等）。在這樣的基礎上，北京政府只著力於一中框架（大一統）的確保，一種同質化國家的打造，此種缺乏內在多樣性的官方民族主義，反而激發了周邊地區強烈的分離欲望。在一國兩制的格局中，香港首當其衝且政治處境極為艱難，北京政府不但無法回應港人在兩制下高度自治的要求，任何的民主爭取都將會被視為去中國化甚至於分離主義的行為而遭受打壓。

香港民族的發展極受地緣政治的牽制，並且當下最終的政治決定權仍牢牢掌握在北京政府手中，然而，歷史的弔詭是，正是在這種自身命運極為被動的社會中，卻爆發了最為全面性且自發性的反送中抗爭。在這場運動中抗爭者提出「攬炒」（If we burn, you burn with us）這種預想的運動結局，這也不禁讓我們去思考：「攬炒」的民族意義是什麼呢？攬炒就是想要去面對香港動彈不得的處境，從而去尋找一種能動性，同時解決一國兩制下的政治難題，尋求香港民族真正的自由。在七月一日晚上抗爭者衝入立法會，在議事廳裡高舉一個長條標語：「沒有暴徒　祇有暴政」。所揭示的意義是什麼呢？勇武抗爭不是在追求一場運動的勝利，而是香港整體政治與社會結構的改造，在勇武抗爭中讓所有人（包括反對者）重新認識香港，不再是過往自豪的高效、理性、中立的公務體系和警政體制，在法律秩序下卻是警鄉黑的連結關係。在攬炒的政治犧牲中，抗爭者試著讓所有香港人去改變過往經濟性的行為慣習（habitus）、去政治化的精神態度（ethos），在實現自己的道路上，不會只因物質利益而出賣自己的精神。

（本文作者鄭祖邦，出生於澎湖，在佛光大學教社會學。多年前注意到「反國教」運動，於是直接跑上香港街頭，希望多瞭解與原本印象不同的香港社會。）

【民調】No. 4

## 抗爭運動如何改變市民的政治傾向——趙安平

香港大學學生會刊物《學苑》在二〇一四年九月出版名為《香港民族論》的專刊，談及「香港民族，命運自決」等相關議題。這本刊物在二〇一五年被時任特首梁振英點名批判，「本土派」做為一種政治路線，開始浮上檯面。本土派、民主派、中間派、建制派，開展成一個新的光譜，也開始成為調查香港市民政治認同的選項之一。

香港中文大學「傳播與民意調查中心」在二〇一六年三月——也就是旺角騷亂後一個月，進行了一次「香港市民政治傾向調查」，調查中首次將「本土派」列為選項。結果有八．四%受訪者認為自己是「本土派」，三四．四%選擇「民主派」（包括「溫和民主派」和「激進民主派」）、二三．七%選擇「建制派」、四三．六%為「中間派」，或者「無傾向」及「拒答」。

用這一套光譜一路往下調查。在二〇一九年三月，反修例運動爆發前的調查中，自認屬本土派的受訪者只剩下五．七%、自認屬民主派者亦跌至二七．九%、自認屬建制派的市民為一三%、自認屬中間派或沒有政治取向的市民則升至五三．五%。

主持調查的中文大學新聞與傳播學院教授李立峯在《明報》刊出評論中分析，二〇一六年至二〇一九年三年間，中央和特區政府強力打壓本土派和民主派，DQ議員和參選人、取締民族黨等事件相繼發生，加上民主派和本土派之間不和，民主派在立法會補選接連失利，社會運動遇上低潮，因此本土派與民主派比例出現下降，中間派市民比例則上升。

但《逃犯條例》修訂爭議爆發之後，在五月底的調查中，自認屬本土派和民主派的市民分別上升至六．九%與三二．四%，自認屬建制派者則下跌至一〇．六%。

到了六月中，在二百萬人大遊行之後，自認屬本土派和民主派的比例再回升至八・二%和三八・三%，已恢復二〇一六年三月的水平，建制派則持續下跌至九・二%。

再到十月，自認屬本土派和民主派的比例分別上升至一三・六%和四四・五%。明顯發現，從二〇一九年三月到十月七個月間，調查中自認屬本土派或民主派市民的比例加總由三三・六%上升至五八・一%；相反的，自認屬中間派或沒有政治取向的市民則由五三・五%下降至三五・八%，自認屬建制派的比例則由一三%下降至六%。

另外，在十五至二十九歲的受訪者中，自認屬中間派或無傾向的比例，由五月底六月初時的四一・八%大跌至十月調查中的一七%，李立峯說，這代表了不少年輕人在這次社會運動開展之前，未必對社會和政治問題有很多的關注，但這次運動讓他們確立了自己的政治觀念。相對的，在最年長的受訪者中，政治傾向分布在反修例運動期間也有轉變，但幅度相對小。

## 延伸閱讀

楊山的〈香港困局〉刊出之後，端傳媒收到了讀者的回應，〈與楊山商榷——我們從沒憲制過〉。

關於「一國兩制」前景的分析，以及運動中始終存在的「解放軍進場」的陰影，推薦閱讀白信、葉建民及揭仲三位專家評論：〈從治理暴力到路線鬥爭，香港革命是中國的內生危機〉、〈反修例危機後，一國兩制的最後機會〉、〈解放軍進香港「維穩治亂」的設想和代價〉。

關於香港人的身分認同，可以進一步閱讀周兆倫、傅景華教授的〈香港人如何建立自己的身份認同？〉以及葉蔭聰的〈香港身份新認同——當「香港認同」變成權力意志〉。

〈願榮光歸香港〉一曲堪稱「香港共同體」成型的重要象徵，學者楊友仁對這首「神曲」，提供了一篇深度分析〈願榮光歸香港〉何以動人？一個音樂社會學的分析視角〉。

# 12

# 香港，在世界

反修例運動的國際宣傳行動開始得很早，六月二十五日，活躍於網路平台「連登」的一群網民以「我要攬炒」及「G20」兩個團隊為名發起眾籌，在十三個國家的十八份報章上刊登廣告，這項行動共籌得超過六百七十萬港元。

八月十九日廣告面世，包括美國《紐約時報》、加拿大《環球郵報》、法國《世界報》、德國《法蘭克福滙報》等。因應不同國家、語言，廣告設計各自不同，例如在《日本經濟新聞》上，以一顆被子彈打中的雞蛋做為主視覺，強調香港在過往約七十天發生無數人道災難。在台灣《自由時報》則以〈自由對抗極權〉為題，文中警告：「朋友們，請務必提防中國的滲透，加強你們國家的安全。」

除了文宣，香港知名的異議人士也積極從事國際遊說，例如歌手何韻詩七月八日在日內瓦聯合國人權理事會發言，要求人權理事會將中國除名。

九月十九日，何韻詩和黃之鋒、羅冠聰、梁繼平等人在美國拜會國務院，並出席國會聽證會，爭取了《香港人權與民主法案》在十一月底順利立法，在〈自救還是通敵？〉的報導中，詳細分析了不同世代的香港反對運動人士，從事國際遊說的差異。

《香港人權與民主法案》通過後，對香港對外金融、經貿可能產生什麼具體影響？〈「逃犯」之城〉一文有深度分析。

（李志德）

# 自救還是通敵？他們如何遊說《香港人權與民主法案》

——彭嘉林　文編：陳倩兒

「今天出生的嬰兒在二〇四七年七月一日甚至還未慶祝他的二十八歲生日，到時香港的『五十年不變』政策即將到期。那個限期比它的表面更接近我們；沒有回頭路。數十年後，當歷史學家回顧過去時，我確信二〇一九年比二〇一四年更加明顯，這將成為一個分水嶺……」

穿戴著寶藍色西服和領帶的黃之鋒，九月十七日在美國國會聽證會上，用這一段話替他的發言做結論。在這場聽證會後，美國國會將開始審議《二〇一九年香港人權與民主法案》（*Hong Kong Human Rights and Democracy Act of 2019*）。這是反修例風波以來，香港政治異議人士再一次前往美國尋求外援。

## 從鄧小平到習近平，從李柱銘到黃之鋒

在國際連結上，二十二歲的香港眾志祕書長黃之鋒已駕輕就熟。「光環是用來燒的」，這是黃之鋒的名言，他要做的，正是依靠自己的形象和影響力引起包括美國在內的國際社會對香港問題的關注。

「（這場反修例運動）就像是維基百科和大英百科全書，沒有一個編輯委員會，大家 specialized 大家做的事（大家做自己最專長的事）。」黃之鋒說。而他擅長的，正是從一個行動者的角度講好香港故事，為了令香港信息在英文社群中傳遞，他說現在自己經營 Twitter 的時間比 Facebook 還多。

對於許多外國記者來說，香港的歷史、制度和脈絡並不容易瞬間理解。黃之鋒說，他要做的是簡明扼要地講述香港，爭取他們同情和支持。對著不太熟悉香港情況的傳媒，他會用極簡單的 bite：「withdraw the bill, stop police brutality, free election（撤回法案，停止警察暴行，自由選舉）」，幾秒讓對方明白示威者的訴求。而外國傳媒常常認為對話可以解決分歧，

» 二〇一九年九月八日，有網民發起在中環遮打花園舉行「香港人權與民主祈禱會」，隨後遊行至美國駐港總領事館。（攝影：林振東／端傳媒）

黃之鋒就說，「民主社會對話是OK的，但這是獨裁政權，吾爾開希在北京見完都會屠城。」令對方快速明白香港的處境。

除了面向媒體以外，黃之鋒和香港眾志還依靠海量的外訪和會見外國政治人物，講述香港故事。香港左派報章《大公報》曾於八月八日報道，黃之鋒等人與美國駐港澳總領事館的政治部主管會面，就此被親建制媒體指控為「勾結外國勢力」。黃之鋒說，他和各國領事一直保持聯絡，不過對他而言，領事在外交系統的體系職級較低，他們更樂於見國會議員。而黃之鋒採取的策略，是盡量爭取跨黨派的支持。

黃之鋒透露，早在修例風波爆發後，香港眾志的羅冠聰就和民主黨創黨主席、資深大律師李柱銘等人組成「反對修例美加團」，在五月分會見加拿大和美國政界人士。

## 兩代美國遊說者

這樣的國際遊說團在香港政壇並不是一

道陌生的風景。早於三十年前，李柱銘等傳統民主派就在美國對華政策中嘗試遊說，並成為美國對港政策《美國—香港政策法》（*United States–Hong Kong Policy Act*）的重要推手。八九年六四爆發後，香港對「一國兩制」亮起信心紅燈，而美國開始醞釀一項全面的對港政策，同時又要求中國改善人權，否則取消對中國的最惠國待遇地位。當時是香港民主運動領袖的李柱銘，在美國調整對中國和香港政策之際都發揮遊說作用。

李柱銘在九〇年代多次訪美，遊說美國延續給予中國貿易最惠國待遇。二〇〇〇年，他亦遊說多名美國國會議員支持中國加入世貿，通過中國永久正常貿易關係的法案。李柱銘當時相信，中國加入世貿，有助改善法治、人權和民主狀況，而這個想法，與克林頓時代的對華全面接觸政策互相呼應。在香港政策方面，李柱銘被指曾建議參議員麥康奈爾（Mitch McConnell）牽頭制定《美國—香港政策法》，又出席國會聽證會陳述香港情況。

最終，《美國—香港政策法》在一九九二年立法，為美國對港政策定下基調。這個法案承認「一國兩制」的事實，確認香港在國際上和中國有不同待遇，其中包括視香港為「獨立關稅區」，美國願意於貿易、投資、出入境、航運、國際協議等給予香港區別於大陸的待遇，從而保障香港國際金融及經貿中心的地位。

根據法案，美國國務院在香港回歸後首十年，每年提交《美國—香港政策法》報告，檢視香港特區自治情況，以決定美國是否視香港為獨立於中國的「非主權實體」。這一慣例原本在二〇〇七年已停止，但在雨傘運動後，於二〇一五年重新恢復。

儘管李柱銘被中國官方指控利用外國勢力對抗北京，但美國約翰霍普金斯大學教授孔誥烽指出，李柱銘在九〇年代遊說美國國會取消制裁中國，其實是「幫中國講話」，「希望賣個人情給北京」，讓北京知道他們為國家好，從而給予民主派和香港更多的空間。孔誥烽亦稱，《美國—香港政策法》有利於中國經濟發展，因為法案保障香港做為中國的離岸金融中心，為中國企業提供上市和專業商業服務，而美國差別對待香港與中國的出口，令中國繞過美國敏感高科技的管制，在香港獲得這些技術。

整體而言，孔誥烽相信，香港的傳統民主派很受美國九〇年代主流對華的接觸政策（engagement）影響，認為若中國和世界的經濟來往更多，民主就會到來，對港政策亦會更加寬鬆。

## 新世代的論述

然而來到習近平年代，上頭這一套論述已經破產。現在，香港抗爭者信奉的是美國對華強硬的新共識。黃之鋒說，自己已完全不相信那一套「中國經濟崛起、人民富強、中產崛起就民主體制」的論述，因此，他在國際場合並不會像九〇年代的李柱銘那樣，留一手幫中國講話，而是「唱衰北京」，希望將國際壓力「出口轉內銷」，向北京施壓。

黃之鋒解釋，李柱銘在國際社會喜歡講鄧小平的故事，強調鄧小平當初允諾「一國兩制」，但北京現在破壞承諾，港人只是爭取真正的「港人治港」，而他則選擇直接講習近平的故事，因為大家對習近平更熟悉和有感覺。這個故事的框架是「大衛和哥利亞」的故事，他會解釋，香港的抗爭之所以這麼大規模，因為對抗的當權者已「從 President Xi 變成 Emperor Xi」（從習主席變成習皇帝），令香港過去五年「立法會議員會被褫奪席位，行動者會被囚禁，書商會被綁架，外國記者會被驅逐」。所以，他會描述「香港就是中美新冷戰的前沿」、「香港的勝利就是自由世界的勝利」。

## 香港眾志：「政治自由取決於北京，經濟自由取決於西方」

在習近平成為全球威權象徵的背景之下，黃之鋒極力喚起美國支持香港的民主運動，尤其透過遊說《香港人權與民主法案》。

黃之鋒是最早關注和推動這條法案的香港政治人物之一，一切始於李柱銘的一次邀請。二〇一五年，雨傘運動後的低潮期，他首次和李柱銘等人去美國，其中有談論《香港人權與民主法案》。這次之後，黃之鋒慢慢建立人脈，知道怎樣跟美國政界人物打交道，也接通李柱銘曾經走過的國際連結之路。

《香港人權與民主法案》脫胎自二〇一四年十一月，當時雨傘運動仍在進行，美國國會及行政當局中國委員會提出新法案，但一直未在國會審議。到二〇

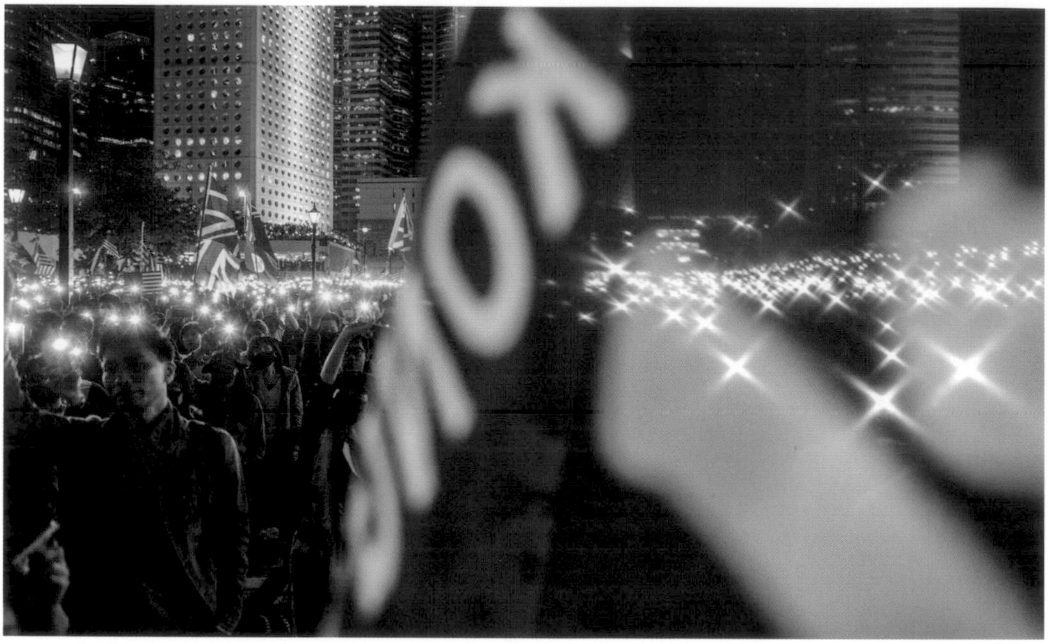

» 二〇一九年十一月二十八日，香港中環愛丁堡廣場，民眾集會感謝美國通過《香港人權與民主法案》。（攝影：林振東／端傳媒）

一九年十月十六日，眾議院先以「全體議員一致同意」的表決形式通過《二〇一九年香港人權與民主法案》。

儘管眾議院版本通過後，參議院延遲了一陣。但十一月初香港情勢再度惡化，一般相信這促成參議院加快審議。十一月十九日參院版本通過。二十七日，總統特朗普簽署後法案生效，時間緊接在區議會選舉，民主派大勝之後。

《香港人權與民主法案》包括規定美國政府將每年評估香港的「自治情況」，並根據評估結果決定香港是否繼續享有當前不同於中國大陸的一系列特殊待遇。同時要求行政部門向國會相關委員會提交一份打擊香港基本人權的「制裁人員」名單，他們可能被凍結在美國的資產或拒絕入境。

法案也規定：美國可以制裁涉及違反人權以及將行使基本人權人士移交中國大陸羈押、逼供的執行及知情人士；參與和平示威而留下刑事前科的香港市民，不會因此被拒發美國簽證；美國行政部門應該向國會提交關於香港是否違反出口管制法規的報告。

法案提及香港的政治改革，明確指出支持香港建立一個「真正民主選項」，即是香港選民可以「自由和公平地提名及投票」，並在二〇二〇年能夠公開直接選出全體立法會議員及行政長官。

簡單而言，法案將更具體地把香港的民主、自由和人權狀況和美國對港特殊待遇掛鉤。

自二〇一六年開始，香港眾志多番訪美遊說法案。黃之鋒認為，通過人權民主法不代表香港就有民主，制裁機制亦未必會啟用，但法案起碼提供方法抓緊中港政府的要害，亦可以增加示威者一方的籌碼，推進民主運動。「Political freedom depends on Beijing, but economy depends on Western countries（政治自由取決於北京，經濟自由取決於西方）……手握香港經濟自由要害的那個，不是北京，而是西方國家。」黃之鋒說。

黃之鋒說，過往基於民族主義情意結、中產崛起換來民主的神話，以及害怕制裁香港會「攬炒」，香港沒有人要求國際制裁中國和香港，但現在，香港眾志已沒有這樣的紅線，在特定的條件下，例如通過《逃犯條例》修訂、動用《緊急法》或出動解放軍下，他們也支持取消香港獨立關稅區。

## 梁家傑、郭榮鏗：支持《香港人權與民主法案》，反對取消獨立關稅區

比起《香港人權與民主法案》，公民黨早期國際交流的重心仍然是《美港關係法》。本身為法律界功

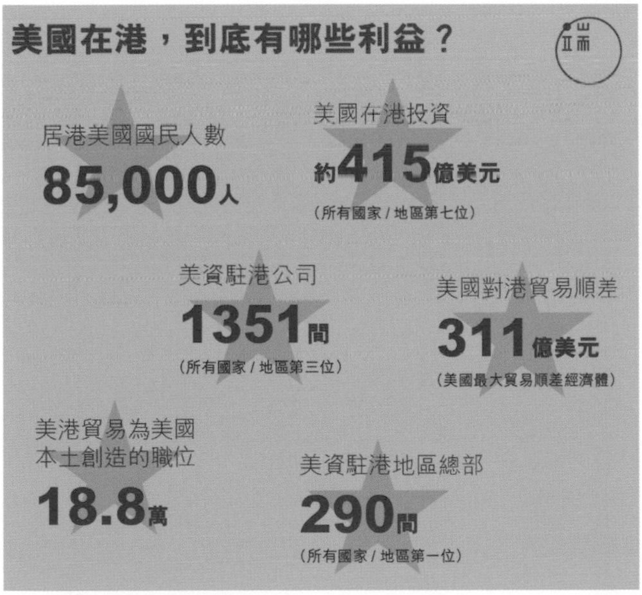


» 製圖：端傳媒設計部

能組別議員的郭榮鏗強調，自己代表的是香港中間派和專業人士的看法。他遊說美國不要改變對港政策，維持香港獨立關稅區地位。

而自政府提出《逃犯條例》修訂，郭榮鏗說公民黨更加大力投入國際連結。在八月十九至二十二日的外訪中，郭榮鏗和楊岳橋、涂謹申、葉建源，以及建制派議員葉劉淑儀、鍾國斌等亦出席「香港—美國立法機關交流團」等活動，其間郭榮鏗和楊岳橋第一次明確表態支持《香港人權與民主法案》。

「中共、林鄭已經做到這麼明顯，現在害我們去到萬丈深淵，破壞香港一制的價值和制度，有人（美國）的出發點是為了自己，副作用是幫到我們，何樂而不為？」公民黨主席梁家傑說。

梁家傑指出，國際外交從來都以本國利益為出發，他理解《香港人權與民主法案》的用意首先是保障美國在港國民的利益，確保香港不是中共的「白手套」和「扯線公仔」，不會因中共利益而不履行國際協議，如轉運美國的軍民兩用科技予內地，於是定期審視《美港關係法》的基礎、香港自主權是否改變，而副作用才是保證香港的自由、人權、法治和國際金融中心的地位。他強調，香港的民主是要自己爭取的。

梁家傑笑說，現在的美國立法是林鄭和中央政府「惡果自招」。林鄭比他更似「漢奸」，因為林鄭堅持推「送中」條例，主動為美國政界輸送彈藥，造就眾議院議長佩洛西（Nancy Pelosi）等反共政客捉住這個千載難逢的機會，壓制美國的親華勢力，亦令香港成為中美博弈的棋子。

## 鍾國斌：「你要回答（美國）那些問題，當他們是老師，說給老師知。」

與民主派議員和抗爭者相比，建制派議員在《香港人權與民主法案》並沒積極發聲，自由黨黨魁鍾國斌是少數到訪美國表達憂慮的建制派議員。

八月的「香港—美國立法機關交流團」原本同時有四位民主派議員和四位建制派議員應邀出訪，但後來兩名建制派議員爽約，建制派剩下自由黨的鍾國斌和新民黨的葉劉淑儀。「這是好的交流，起碼大家都互相瞭解，不會讓人感覺過往一直都是泛民去外國，起碼我們講我們那套，（可以）平衡聲音。」鍾國斌說。

一個香港，各自表述，那麼建制派的主張是怎樣的？鍾國斌說，他對美國議員解釋，「感覺上好像香港的人權和自由削弱，但事實上並沒有，你見到過去每個星期都有遊行、示威，甚至堵路事件，任何一個西方國家容不容許這樣做呀？」

鍾國斌說，他從美國國會議員瞭解到，香港問題一直不是美國的風眼（關注焦點），直到《逃犯條例》修訂風波發生，《香港人權與民主法案》才引起關注，希望藉立法保障美國國民在港利益。鍾國斌於是跟對方解釋，《逃犯條例》修訂已經不會再推，因此《香港人權與民主法案》「無需要，無實際用途」。

「這些民主人權條例美國經常都用，大部分都針對第三世界、發展中國家和極權國家，」鍾國斌對美國議員說，「我們又不是極權國家，又不是發展中國家，香港人跟你們思維很相似，亦都是用西方那一套法治，我不明白為什麼要用這樣的條例針對香港。你說中美貿易戰，應該針對中國，而不是針對香港。」

鍾國斌又強調，制裁個別官員未必可以影響香港的施政，那些官員大可不入境美國，「現在香港出現的情況，就是特首問題，特首如果忽然之間換了的話，新特首處理的方法完全唔同，那就不會有這些問題出現。」

面對美國和不同國家對香港和一國兩制的憂慮，鍾國斌強調，美國認為香港要有真正的自治，但這個說法並沒有清晰的定義，而且基本法寫明的是「高度自治」，並不是百分百自治。他建議，特首應在立法前後做一些國際遊說工作，羅列證據，跟美國和國際社會解釋清楚，香港還是「保持既往的法治、開放度和自由度，還是一個有吸引力的國際城市」。

不過，由特區政府去美國遊說會否引起北京的不滿？鍾國斌認為，特首的角色就是一國和兩制間的橋梁，要向中央在一國之下爭取兩制的空間，「在這種局勢下（特首）更加要跟北京政府解釋，香港的獨特情況就是跟中國其他城市有分別，我們是一個國際城市。」

「（這是）考試嘛，你要回答（美國）那些問題，當他們是老師，說給老師知，我們完全沒有這樣，我們的答案是這樣這樣。」鍾國斌說。

### 「現在既然未死，為什麼要自殺？」

目前，美國在香港利益龐大。其中，美國駐港公司有一千三百五十一間，占外商在港的第三位，當中又有二百九十間地區總部，是所有外資在港設置地區總部最多的國家，另外，美國對港貿易順差達三百三十一億美元，是美國最大貿易順差的經濟體。在《香港人權與民主法案》通過之後，美國商會發表聲明，認為法案重新表達了美國在香港根本利益，但也擔心法案對美國企業的影響，特別是可能會出現一些意想不到的效果，包括限制出入口甚至制裁。

孔誥烽認為，美國商界對此法案並不會反對，因為立法代表美國加強對香港自治狀況的保護，令中國的政治不直接介入，對香港對駐港的美商都有好處。他說，外商會擔心若香港的自治不夠堅挺，中國政府或會因經貿摩擦報復在香港的外商，所以「保存民主、人權、防止中國直接過分的干預」，符合香港外商的利益，而他們亦希望一個有競爭性的選舉，可以令這種保護更加堅挺。

不過，鍾國斌則認為，香港商界不會支持這條法案，因為立法後商界在心理上會感到壓力，不知道外國會怎樣看待香港，影響香港的國際觀感。退後一步，站在商界的立場，鍾國斌認為香港處在中美兩個巨人之間，若處理得當，本來可以在中美貿易戰得益，兩邊通殺，但他認為特區政府處理不當，已經把香港捲入中美關係的漩渦之中。

處在漩渦之中，梁家傑認為先不要「攬炒」和「自殺」。他打比喻說，當前的形勢是香港已變成中國的人質，被習近平用槍指著向美國拿贖款，爭取更大的貿易利益。「情況發展下去一步步再審視（取消《美港關係法》）啦，（現階段）沒理由人質自殺，自殺就是即（立刻）死。」梁家傑認為，香港對中共仍有利用價值，現階段還可用人質身分盡力求存，看看中共可以讓多少給香港。

「火鳳凰式的重生要看講有沒有機會，鳳凰可以燒了之後，不能重生，現在既然未死，為什麼要自殺？」

不過，更年輕一代的政治人物和抗爭者已經不再相信。他們計劃拋棄過往傳統泛民的包袱，做出制裁和抵抗中國的主張。面向重要國家，他們爭取將對港貿易協定和香港民主、自由和人權狀況掛鉤。九月十日，黃之鋒在柏林會見德國外交部長，主張德國延遲與中國及港方的貿易談判，直至人權問題納入談判議程，以及研究推動德國版《香港人權與民主法案》的可能。

而除了香港眾志之外，一些更年輕的力量也在湧現。七月末，大專學界國際事務代表團成立，由香港十二間大專院校的學生會成員組成，目標是以「民間外交形式，把香港問題推向國際」。在國際遊說的道路上，張崑陽邊做邊學，早前鑽研貿易協定的條文，讀書惡補，請教大學老師彌補知識，為澳洲遊說做好準備。張崑陽主張，澳洲應該擱置與香港政府簽訂的貿易協定，甚至使用《反外國干預法》抵抗中國銳實力入侵澳洲社會。

香港職工盟祕書長李卓人、公民黨立法會議員譚文豪、民陣副召集人黎恩灝也在十二月初訪問澳洲，和國會議員討論涉及違反人權問題做出制裁機制的《全球馬格尼茨基人權問責法》（*The Global Magnitsky Human Rights Accountability Act*）[1] 於當地的立法情況。

美國訂立《香港人權與民主法案》更在西方國家間起了帶頭作用。在荷蘭，十一月二十二日通過了《全球馬格尼茨基人權問責法》，同樣針對香港事務。歐盟在二〇一九年十二月九日正式啟動歐洲版《全球馬格尼茨基人權問責法》訂定程序。英國和加拿大也可以聽到香港民主運動者遊說的聲音。

儘管在美國通過《香港人權與民主法案》後，從北京到香港政府各部門無不高聲批評，但從後續效應看來，在這一場由新世代民主人士操作的「民間外交戰」裡，美國這一役恐怕只是序曲。

（梁中勝對本文亦有重要貢獻）

1 簡稱《馬格尼茨基法》。此法案授權美國政府對全球任何地方人權的嚴重侵害者實施諸如凍結資產、拒發簽證等措施。全球至少有六國有類似性質的法案。歐盟、澳、法、荷蘭等亦在審議中。

# 「逃犯」之城：香港獨立關稅區走上歷史路口

——陳莉雅、何欣潔、張宸邦 文編：何欣潔

二〇一九年十月十六日，美國眾議院通過《二〇一九年香港人權與民主法案》。規定美國國務卿將每年向國會提交《香港關係法》年度報告，報告中將評估有關香港自治狀況，評估香港「一國兩制」情形是否名存實亡，若否，國務卿將可向國會提議取消各種給予香港的特殊待遇。

美方給予香港「不同於中國大陸」的系列特惠政策中，首重「獨立關稅區」。而這項措施，接下來將一步步成為中美關係之間的籌碼，香港自殖民時期留下來的百年基業，來到一次風雲變幻的關口。

衡諸獨立關稅區的誕生，本身是香港百年歷史的縮影。獨立關稅區，並非專屬於香港的地位，也並非美港之間專屬的經濟特權，乃是關稅暨貿易總協定（GATT；General Agreement on Tariffs and Trade）成立之初，為了處理當時尚未獲得獨立主權的殖民地而設置，讓這些還未正式分娩的國家，能先在經濟上享有自主權，成為一非主權實體。不少獨立關稅區，如印尼，在正式獨立之後，便以國家的身分加入組織，不必再以獨立關稅區的地位行走江湖。

然而，不是每個獨立關稅區都能以這種方式終結「臨時」狀態，部分經濟體並未走上一般獨立國家之路，因故長久以獨立關稅區的方式參與經貿活動。香港是其中一個案例，「台澎金馬個別關稅領域」即是另外一個近似案例，在這一點上，台灣與香港確實法律地位近似，以非主權實體的方式參與國際經貿組織，儘管台、港形成此等地位的原因，實可說是南轅北轍。

## 「獨立關稅區」是什麼？

回顧香港的歷程，一開始是與英方一同、以英方代表團的身分參與，一九八四年《中英聯合聲明》簽署之後，中國政府同意繼續保留香港的獨立關稅區地

位。一九九五年，WTO 成立之後，香港以「中國香港」的名義成為七十六個創始成員之一，加入時間比中國早了七年。

在改革開放初期，香港是中國通往世界的橋梁，不僅是中國的重要外資來源，更是各國貨物進出口中國的樞紐。一九八九年，北京發生六四天安門事件，各國政府與外資群起抵制中國，多項貸款與計畫因六四而延期討論。雖然外資回鍋的速度要比他們所宣稱的更快一些，仍帶給香港莫大的「九七恐慌」。為了平息相關聲浪、保護美國人在港的利益，一九九二

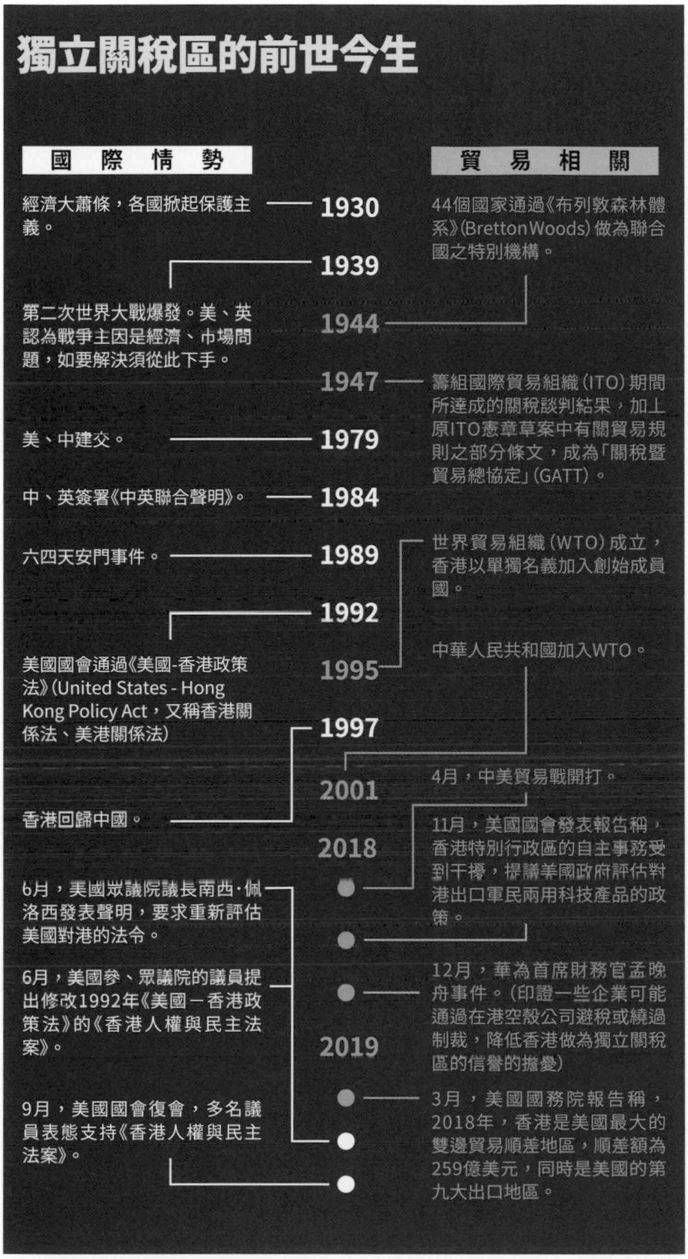
獨立關稅區的前世今生
國際情勢
貿易相關
經濟大蕭條，各國掀起保護主義。
1930
44個國家通過《布列敦森林體系》(BrettonWoods)做為聯合國之特別機構。
1939
第二次世界大戰爆發。美、英認為戰爭主因是經濟、市場問題，如要解決須從此下手。
1944
1947
籌組國際貿易組織(ITO)期間所達成的關稅談判結果，加上原ITO憲章草案中有關貿易規則之部分條文，成為「關稅暨貿易總協定」(GATT)。
美、中建交。
1979
中、英簽署《中英聯合聲明》。
1984
六四天安門事件。
1989
世界貿易組織(WTO)成立，香港以單獨名義加入創始成員國。
1992
美國國會通過《美國-香港政策法》(United States - Hong Kong Policy Act，又稱香港關係法、美港關係法)
1995
中華人民共和國加入WTO。
1997
2001
4月，中美貿易戰開打。
香港回歸中國。
2018
11月，美國國會發表報告稱，香港特別行政區的自主事務受到干擾，提議美國政府評估對港出口軍民兩用科技產品的政策。
6月，美國眾議院議長南西·佩洛西發表聲明，要求重新評估美國對港的法令。
12月，華為首席財務官孟晚舟事件。(印證一些企業可能通過在港空殼公司避稅或繞過制裁，降低香港做為獨立關稅區的信譽的擔憂)
6月，美國參、眾議院的議員提出修改1992年《美國－香港政策法》的《香港人權與民主法案》。
2019
3月，美國國務院報告稱，2018年，香港是美國最大的雙邊貿易順差地區，順差額為259億美元，同時是美國的第九大出口地區。
9月，美國國會復會，多名議員表態支持《香港人權與民主法案》。
» 製圖：端傳媒設計部

年，美國通過《美國—香港政策法》，趕在主權移交前，確保香港的獨立關稅區地位，拉出一條中國與香港之間的體制防火牆。

《香港關係法》主要闡明香港在一九九七年回歸後，依然享有「獨立關稅區」的待遇，無論是政治或經濟，美國都會把香港看作一個獨立自主的地方，讓「美中關係」並不全然等同於「美港關係」。對於美國來說，《香港關係法》除了有經濟目的，無疑也有牽制北京政府的用意。

而從一九九二年制定法案之後，法案的內容未曾有過正式修改。然而，二〇一四年香港占中運動爆發，開始有部分國會議員試圖以《香港關係法》做為槓桿，提出《香港人權與民主法案》，要求國務卿對香港的自治程度進行認證，以決定《香港關係法》下維持的獨立關稅區地位是否仍具備正當性。

隨著雨傘運動七十九日的潮起潮落，當年的草案立法無疾而終。但自二〇一八年底開始，中美貿易戰愈演愈烈，二〇一八年十一月，隸屬於美國國會的「美中經濟與安全審查委員會」（USCC；United States-China Economic and Security Review Commission）發表年度報告。文中指出，習近平擔任中國國家主席期間，香港的自由受到嚴重打壓，像是港府拒絕香港民族黨的參選、香港外國記者協會（FCC；The Foreign Correspondents' Club）副主席馬凱（Victor Mallet）入境香港遭拒，以及港府首次拒絕美國逃犯的請求。委員會表示，這是回歸之後從未發生過的事。

報告中，上述事件被解讀成北京政府的干預，並建議國會應該重新評估軍商兩用的技術出口管制，「因為這關乎美國對香港與中國分成兩個關稅區的做法。」這份報告很快地就在香港社會引發風波，還有香港議員前往美國進行遊說，表示不該取消香港的特殊地位。

## 現任眾議院議長對華強硬

在本次修例風波中，眾議院議長佩洛西無疑是這次法案爭議中的關鍵政治人物。被外界普遍視為「對華強硬」派的佩洛西於一九四〇年出生，家族是巴爾的摩知名政治世家，父親曾任十二年的巴爾的摩市長，後來跟著丈夫搬到舊金山，因其出名的募款手段，成為民主黨內一名急速竄起的新秀。一九八七年，佩洛西第一次進軍國會，兩年之後，中國便爆發六四天安門事件。一九九一年，六四事件發生後兩年，佩洛西與其他美國官員一同到天安門廣場舉布條聲援，並在國會提出《中國學生保護法案》，為六四流亡學生提供庇護。法令頒布的六年內，美國政府一共提供了五．三萬張綠卡給予相關人士。

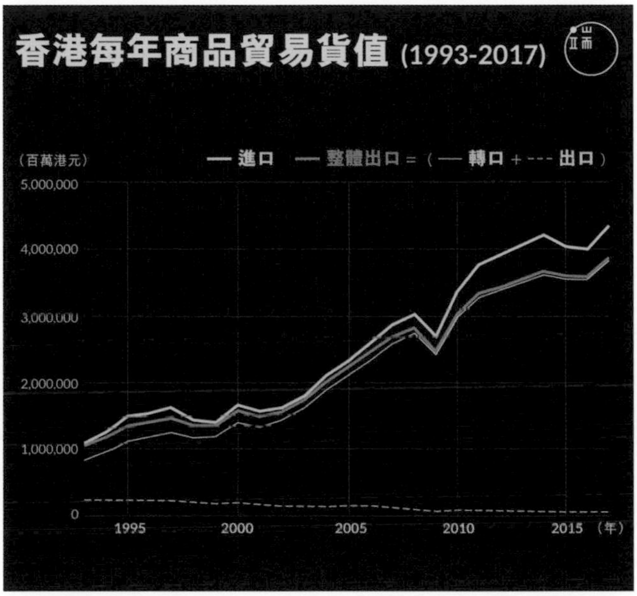


» 製圖：端傳媒設計部

佩洛西曾擔任眾議院民主黨黨團領袖十六年之久，更在二〇〇七年成為美國眾議院史上「第一位女性議長」。二〇一八年期中選舉後，民主黨翻轉眾議院，佩洛西重拾兩年前失去的議事槌。在長期親中的民主黨菁英環境中，佩洛西是少數一直對中國人權議題保持密切關注的政治人物。「多年來，美國總是拒絕使用其經濟優勢向中國爭取更公平的貿易協定，來

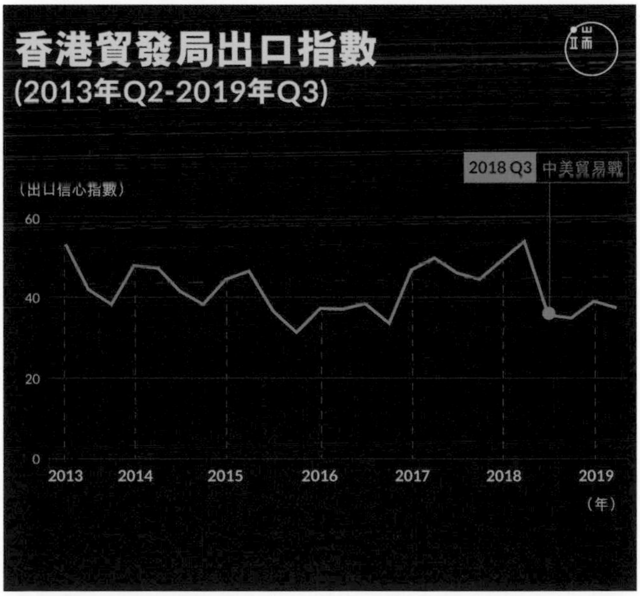


» 製圖：端傳媒設計部

阻止飛彈和其他先進科技在流氓國家中擴散，以及促進中國和西藏的人權發展。北京政府對香港和西藏人權的攻擊挑戰了這世界的良知，我們如若只因為經濟利益而不向中共抗議，那麼我們便失去了在世界上其他地方談人權的道德權力了，」在美中貿易戰前，佩洛西已向川普諫言希望他在貿易談判上態度更強硬。

## 獨立關稅區還重要嗎？

香港成為中美貿易戰的重要籌碼，已是顯而易見的事實。但各方爭辯重點是：今日的香港，究竟對中國還有多重要？香港的獨立關稅區地位，是否還能牽制中國？

若將第一個問題放置在改革開放前夕發問，答案無疑是肯定的。改革開放前，中國銀行體系由國家壟斷，唯一的銀行機構是中國人民銀行。改革開放之時，香港是體制健全的「自由港」，實行貿易自由、匯兌自由和企業經營自由，這讓中國得以持續拒絕開放資本帳、不開放人民幣自由兌換，保持國內的金融安全，又能透過港幣達成人民幣國際化的目標。自一九八二年南洋商業銀行在深圳開設分行開始，香港銀行開始進駐中國，高度國際化的香港金融體系成為為中國金融體系借鑒學習的範本。與此同時，香港成熟的司法體系與商業仲裁制度，也大大降低了外資在中國活動的交易成本。

回顧過去三十餘年，香港對中國的特殊性毫無疑義。即便是同樣有雄厚商業歷史背景的上海，要在二十世紀末重新打造銀行體系，依然必須借力香港。上海市的許多重要項目都得益於來自香港的境外融資，香港金融機構可以對上海銀行界進行放貸，上海銀行界再將融通的資金轉貸企業、項目。直至今日，上海都仍難以完全取代香港的地位。

對於許多香港人士來說，若「自由港」的地位不再，受到外資信賴的健全法律體系與營商環境將出現變數，這些將衝擊到外資投資信心。此外，不少中國內地的國企、民企通過在香港上市對接國際市場；過去二十年，在香港登記的跨境銀行貸款（很大一部分流向了中國企業）也增加了一倍多，而總部位於香港的跨國公司數量增加了三分之二。一旦中美之間的僵局愈演愈烈、香港的體制因此受到影響，也將影響相關產業前途。

但與此同時，也有一些香港經濟學者認為，美港之間的貿易情況已與三十年前有很大差異，時至今日，取消獨立關稅區是否能為香港帶來劇烈衝擊，或許並不如外界所描述。

政界與商界認為取消獨立關稅區這是件大事，但不同黨派也有不同的解讀。民主黨議員黃碧雲認為：「特區政府，應要求北京政府停止干預香港事務，不然國際社會將香港和內地混為一談，不利保護獨立關稅區的地位。」公民黨法律界議員郭榮鏗也說：「現階段若取消香港的獨立關稅區身分，等同將香港推下懸崖。」

香港中文大學兼任教授林和立則表示，香港近期抗爭是主權移交以來，對北京的最大一次反抗，這對習近平來說是一大挫敗，部分西方國家可能想把這當作進一步向習近平施壓的理由，特別是美國。

相較之下，香港經濟學者的看法則相對淡定，他們大多以當下的數據進行分析，認為影響並不如外界說得大。

香港中文大學經濟學教授莊太量以美港貿易數據的變遷舉例，「香港本身是沒什麼直接貿易的，而且香港本來就是世貿的成員之一，美國這樣做不太合理。另外，港美之間的貿易，不是香港在賺美國的錢，是美國賺香港的錢。如果我們不跟美國貿易，是美國要賠錢，對美國沒什麼好處。」

類似的說法不只一個，早前香港科技大學經濟系兼任教授雷鼎鳴曾發表一文〈失獨立關稅區是否仍重要〉，斷言如果取消獨立關稅區，對香港的影響頂多十幾億港元。

確實，十幾年來，香港本土的強勢資金早已易主，以二〇一七年來說，中國大陸投資香港的金額共一千七百九十二億港元，美國投資香港則是一百二十億港元，兩者差異十四倍。

「香港為什麼能吸引別人過來，是因為我們的稅低，以及資金可以自由進出，並不是因為美國給我們面子。美國以前就用這種外交方法，比方說經濟制裁。這個方法或許可以制裁伊朗和北韓，但根本制裁不了香港，香港並不是只靠美國吃飯。」莊太量進一步補充，「如果香港在貿易上成本增加，對台灣也會有很大影響，因為台灣的貨物都經過香港，再去內地。」

近一步觀察香港進出口貿易的狀況，幾十年以來都是進口與轉口的業務占每年商品貿易貨值的大多數。出口的數值從一九九三年的二百二十三億港元下滑至二〇一七年的四十三億港元。

但即便與一九九二年相比，中港經濟落差早已縮小，但中國仍未富強到失去香港也無所謂。二〇一八年十二月，中美貿易戰開打後八個月，香港特首林鄭月娥前往北京向習近平及李克強述職時，李克強特別提到香港獨立關稅區，「在國際形勢錯綜複雜的情形下，香港做為自由港和單獨關稅區，經濟保持了平穩增長，來之不易。」

香港國際關係學者沈旭暉則分析：「香港做為特區對中國的最大價值，就是和美元聯繫的港元，以及被美國承認的單獨關稅區身分。因此能夠在不大規模改變內地金融及外匯管理結構下，協助內地企業『走出去』，在金融市場吸納外資或發美元債。反過來說，也因為香港金融制度同時兼負美國、中國以至本地金融貿易要務，自然也是負擔兩國三地的政治及經濟危機，有著被衝擊的原罪。」

根據港交所的資料顯示，二〇一九年七月底證券市場市價總值於為三十二．一萬億元，較去年同期的三十三．〇萬億元下跌三%。正如商界人士的擔憂，如果取消「獨立關稅區」，除了一定程度衝擊到倚賴出口的業者，也會進一步影響外國投資信心，至於後者所帶來的影響，基本上是難以量化的。而唯一可以確定的是，事已至此，香港的經濟金融體系是否還能維持百年來的「獨立」地位，將漸漸與香港街頭的行動同聲共振，在歷史的潮流中，曾收納無數「逃難」人士的自由港，這一次將要因「逃犯」條例，重新改寫自由港的來源與定義。

## 延伸閱讀

關於香港獨立關稅區的未來，推薦閱讀：〈孔誥烽：香港獨立關稅區前景──《逃犯條例》修例再折射出的中國難題〉。此外，譚競嫦（Sharon Hom）長期在美國針對香港民主化議題進行遊說，端傳媒發表的〈譚競嫦 Sharon Hom：推火車的人〉是一篇深度人物特寫。

# 編後記

在二〇一九的最後一天，盤點端傳媒「#逃犯條例」的標籤頁，一共收錄了三百二十篇文章。包括深度報導、人物特寫、專訪、評論和即時新聞報導。這場由反修例運動颳起的風暴，端傳媒站在風暴最前沿，留下一篇又一篇的歷史紀錄，這是文字和攝影記者、編輯、主編，加上設計師無日無夜，共同奮戰的成果。

端傳媒在香港文字團隊包括記者楊子琪、林可欣、謝梓楓、彭嘉林和每一位特約和實習記者。站在幕後支持前線記者的，是香港新聞主編陳倩兒，副主編鄭佩珊和總理香港辦公室工作的副總編輯馬家豪，加上其他地區記者的投入。評論組編輯符雨欣和草石帶來了精到的評論。攝影總監林振東帶領的攝影團隊，包括陳焯煇、梁詩聰和之後加入的劉子康，共同為端傳媒鍛鍊出質感不輸給文字的精品創作。

過去半年，設計團隊的曾立宇、郭瑾燁和前端工程師梁庭瑋，幾乎是日夜隨傳隨到，交出了一幅幅創意十足，法度嚴謹的作品。社媒組的刀哥帶著鍾嘉瑩、郭芷甄，除了推文、回文外，更是發送即時影像、新聞最重要的團隊。當然，台北編輯團隊的佩佩、安平；春山的瑞琳、君佩，沒有大家，就沒有這本書。

超過半年無日無夜的投入，除了「使命感」，無以名之。但這個使命感不該被兌現為光榮或感謝。因為記者們日日見證著的，是一場港人與港人相殘的歷史悲劇。我們的記者子琪在〈理工大學圍城〉上線之後，曾經在自己 Facebook 上留下的一段話：「現在，交稿了，這些人的臉突然一個個浮現在我眼前，眼睛和氣味突如其來。我想我應該這兩天花點時間把他們寫下來，記錄好，這樣我們才能繼續往前走。」

報導、寫作這件事之於記者，除了是公共服務，恐怕更多是看盡了無數悲傷場景後的自我救贖。

走過被反修例運動覆蓋了大半的二〇一九年，身體的疲倦不在話下——但至少它能恢復。真正在反修例抗爭後回不去的，是香港這座世界級城市失落的文明價值，以及「歷史終將進步」的期待和相信。

在無休止的對抗和鎮壓之間，前路何在？沒人有答案。但端傳媒至少能承諾，我們會緊守崗位，留下一份歷史草稿，留待他年，或許終有史家能夠解答：香港這個血與火織成的二〇一九，究竟所為何來。

**端傳媒總編輯 李志德**

誌於二〇二〇年一月一日

國家圖書館出版品預行編目（CIP）資料

2019香港風暴 / 端傳媒著. -- 初版. -- 臺北市：
春山出版, 2020.01
面； 公分. --（春山之聲；14）
ISBN 978-986-98497-7-7(平裝)

1.社會運動 2.政治運動 3.香港特別行政區

541.45　　108021395

春山之聲 O14

2019香港風暴
——《端傳媒》反修例運動報導精選

作者　端傳媒
總編輯　莊瑞琳
責任編輯　夏君佩
行銷企畫　甘彩蓉
封面設計　陳永忻
內文設計&排版　陳靖玥
海報＆地鐵圖繪製　阮永翰
法律顧問　鵬耀法律事務所戴智權律師
出版　春山出版有限公司
地址　116臺北市文山區羅斯福路六段297號10樓
電話　(02) 2931-8171
傳真　(02) 8663-8233
總經銷　時報文化出版企業股份有限公司
電話　(02) 23066842
地址　桃園市龜山區萬壽路二段351號
製版　瑞豐電腦製版印刷股份有限公司
印刷　搖籃本文化事業有限公司

填寫本書線上回函

初版一刷　2020 年 1 月 31 日
初版四刷　2023 年 7 月 31 日
定價　八〇〇元

有著作權 侵害必究
（缺頁或破損的書，請寄回更換）